K. H. SCHEER

SCIENCE FICTION SERIE

ZBV

Zur besonderen Verwendung

BAND 1

WINFRIED BLACH VERLAG

K. H. Scheer

Zur besonderen Verwendung

Kommandosache HC-9

Dieses Buch wurde auf chlorfrei
gebleichtem Papier gedruckt
– der Umwelt zuliebe –

Titelbild: Jonny Bruck
Vertrieb: Weltbild Verlag GmbH, Augsburg
Im Verkaufspreis ist die gesetzliche Mehrwertsteuer enthalten
Printed in Germany

ISBN 3-86047-964-4

Zur besonderen Verwendung

1.

Ich haßte sie.

Ich wußte nicht mehr, wer sie waren. Ich kannte auch ihren Namen nicht mehr. Dagegen fühlte ich einen tobenden Schmerz, der mir, vom Schädel ausgehend, durch den Körper jagte.

Was hatten sie mit mir vor? Und – warum hatten sie mich festgeschnallt?

„Toltastopin, schnell!" sagte eine der Gestalten, deren Gesicht hinter der weißen Pronap-Gaze kaum erkennbar war. Ich erblickte nur zwei Augen, die mir in dem geriffelten Spiegelglas des Reflektors unwirklich groß und mitleidslos erschienen.

Ich fühlte, daß ich endgültig die Gewalt über meinen Willen verlor. Ein unbändiger Haß flammte wieder in mir auf. Ich versuchte, mich vom Tisch aufzurichten – und fühlte erneut den starken Druck an meinen Handgelenken und Oberarmen.

Ich konnte nichts tun. Zu fest verbanden mich die breiten Schlaufen mit dem weißen Tisch, auf dem ich mich wie ein gequältes Tier wand.

Von da an wußte ich nicht mehr, was geschah. Ich sah jedoch in dem Spiegel über mir ein konturloses, nichtmenschlich erscheinendes Gebilde, das nur annähernd aus Fleisch und Blut zu bestehen schien. Grauen überfiel mich. Mir wurde nicht bewußt, daß ich mein eigenes Gesicht erblickte, in dem sich aller Haß und alle Verzweiflung ausdrückten, deren ein Mensch überhaupt fähig sein konnte.

Ich gebärdete mich wie ein Wahnsinniger. Die Zehntelsekunden wurden für mich zu Ewigkeiten.

Ich war nicht mehr Herr meiner eigenen Reflexe. Ich war zu einem Bündel Mensch geworden, das jede Gewalt über sich verloren hatte; das nicht mehr erkannte, was tatsächlich mit ihm geschah.

Über mir – nein, hinter mir summte etwas. Einer der Schatten forderte erregt:

„Einhundertzehn Volt, nicht mehr. In kurzen Intervallen."

Was wollte der Schatten damit sagen? Ich versuchte darüber nachzudenken, doch ich kam nicht mehr dazu.

Stromstöße jagten durch meinen Körper. Meine verkrampfte Muskulatur entspannte sich. Es tat weh, sehr weh sogar. Meine Schreie gingen in ein Wimmern über. Meine Augen starrten den Spiegelreflektor an, der sich zu einem riesigen, bösartig leuchtenden Auge zu vergrößern schien.

Die Schatten legten mir Metallklammern um die Gelenke. Erneut peitschten Stromstöße durch meinen Körper. Ich verhielt mich so ruhig wie möglich und hoffte inbrünstig auf eine baldige Beendigung der Tortur.

In meinem Gehirn arbeitete etwas. Ich hörte es zischen, und plötzlich war der tobende Kopfschmerz verschwunden. Es stank ekelerregend. Mir wurde übel. Ein anderer Schatten im weißen Kittel stach mir in den Arm. Etwas Flüssiges rann durch meine Adern, das mich wunderbar beruhigte.

„Gott sei Dank", hörte ich eine Stimme erleichtert sagen. „Er reagiert sehr rasch."

„Schalten Sie den Trafo ab, das genügt", entgegnete eine zweite Person mit ruhiger Stimme.

Ich wurde immer müder. Meine Augen fielen mir zu. Mein Wimmern verstummte. Ich fühlte noch, daß sie an meinem Schädel arbeiteten. Etwas wurde gegen meinen Kopf gepreßt. Eine eiskalte Masse rieselte über meine linke Schläfe.

Das war alles, was ich noch mitbekam, ehe ich in tiefen

Schlaf versank. Mein letzter Gedanke war, daß sie vielleicht doch nicht so bösartig waren, wie ich angenommen hatte.

Beherrschung in jeder Lage war nur eine der Künste aller Weisen. Ich wußte es. Man hatte mich in meiner Eigenschaft als GWA-Mann dahingehend unterwiesen und geschult. Ich durfte meine Beherrschung unter keinen Umständen verlieren. Warum hatte ich es dennoch getan? Mit dem Gedanken, vielleicht etwas falsch gemacht zu haben, schlief ich ein.

2.

Der Raum war groß, hell und gut durchlüftet. Die Schiebefenster standen weit offen. Aus dem Park drang angenehmer Blütenduft zu mir ins Zimmer.

Ich atmete ihn erst gierig, dann genußvoll ein. Es war schön, hier zu liegen. Neben mir zischte eine Apparatur. Ich wandte den Kopf. In dem eingebauten Schränkchen neben meinem Bett summte der winzige Kompressor, der meine Schaumplastikmatratze entlüftet und wieder prall aufgeblasen hatte. Ein kühlender Lufthauch, angereichert mit Lavendelduft, strömte aus den Düsen am Fußende meines Bettes. Angenehm umschmeichelte die Frische meinen verschwitzten Körper.

Ich streckte genußvoll die Glieder. Als ich meine Arme hob, bemerkte ich erstaunt die blutunterlaufenen Male an meinen Handgelenken. Sie waren sehr breit und schillerten bläulich.

Diese Zeichen erinnerten mich an die vergangenen Stunden. Plötzlich wußte ich alles! Ich konnte mich auch an die Schreie erinnern, die ich ausgestoßen hatte.

Verstört richtete ich mich auf. Unwillkürlich strich ich mit den Fingerspitzen über meine Wangen, die so fest und glatt wie immer waren. Jemand mußte mich mit Bartentfernungscreme behandelt haben.

Ich erkannte, daß ich mich in dem gut eingerichteten Krankenzimmer einer modernen Klinik befand. Alles deutete darauf hin, auch wenn man offensichtlich Wert darauf gelegt hatte, alles Nüchterne und Unpersönliche zu vermeiden. In meinem Kopf war ein quälendes Hämmern. Wenn ich mich unvorsichtig bewegte, zuckte ein stechender Schmerz auf, der aber sofort wieder nachließ. Vorsichtig ließ ich mich in die Poroplastikkissen zurücksinken, die von dem vollautomatischen Kompressor alle zehn Minuten zu weichen Polstern aufgeblasen wurden. Wie ich gehört hatte, verwendete man in früheren Zeiten Federn oder feinste Daunen als Kissenfüllungen. Im Augenblick war ich froh, daß ich mit meinem wunden Kopf nicht auf einem solchen Marterinstrument liegen mußte. Wie war es nur meiner Mutter gelungen, diese zusammengedrückten Ungetüme mindestens alle zehn Minuten aufzuschütteln, ohne mich dazu pausenlos wecken zu müssen? Oder hatte sie mich gar nicht geweckt?

Ich mußte über den eigenartigen Gedanken lächeln, zumal jetzt keine Zeit dafür war, über derart nebensächliche Dinge nachzugrübeln.

Ich betätigte den Intervallknopf. Die Kühldüsen spendeten mir erneut einen erfrischenden Luftstrom. Anschließend berührte ich die rote Taste, die ebenso bequem erreichbar in dem Schränkchen eingebaut war.

Der kleine Bildschirm des Sicht-Sprechgerätes flammte auf. Das rundliche Gesicht einer älteren Krankenschwester wurde erkennbar. Sie lächelte. Aus dem Lautsprecher erklang ihre Stimme.

„Guten Morgen, Mister Konnat. Haben Sie gut geschlafen? Ich bin die Stationsschwester. Sie können Mamy zu mir sagen."

Sie lachte leise, und ich lächelte zurück. Eine nette Frau.

„Danke, Mamy. Könnte ich Professor Horam sprechen?" sagte ich in das winzige Mikrophon des Visiphons. Ich wußte, daß sie mich auf der Bildfläche ihres Apparates ebenfalls sehen konnte.

Ihr Gesichtsausdruck wandelte sich. Es war ein Zeichen innerer Entspannung. Ich war daran gewöhnt, auf solche Kleinigkeiten zu achten. Deshalb entging es mir nicht. Warum war „Mamy" so zufrieden?

„Ah – Sie erinnern sich an Professor Horam? Das ist gut, das ist sogar ausgezeichnet! Ich freue mich für Sie, denn ich halte Sie für einen netten jungen Mann."

Ich war erstaunt. Ungewollt begann ich zu grübeln.

„Wie meinen Sie das, Mamy? Warum sollte ich mich nicht an den Professor erinnern? Er ist ein ausgezeichneter Chirurg und ein angenehmer Gesellschafter. Warum also ...?"

Ich unterbrach mich, da ihre Lippen von einem eigenartigen Lächeln umspielt wurden. Das gab mir noch mehr zu denken. Ich wurde allmählich nervös.

„Wundervoll, Mister Konnat. Sie sind wirklich genesen; das beweisen Ihre Worte. Glauben Sie mir, junger Mann, ich habe schon andere Szenen erlebt. Es war manchmal grauenhaft."

„Wie meinen Sie das nur?" flüsterte ich.

„Machen Sie sich keine Gedanken", klang ihre tiefe Stimme aus dem Lautsprecher. „Sie haben es geschafft. Erinnern Sie sich bitte an die Fachgespräche. Operationen dieser Art sind gefährlich. Allerdings hat man Ihnen aus gewissen Gründen nicht sagen dürfen, daß solche Eingriffe bei achtundneunzig von hundert Fällen mit einer absoluten geistigen Umnachtung enden. Verstehen Sie?"

O ja – ich verstand! Ich verstand plötzlich nur zu gut. Aufstöhnend ließ ich mich in mein Kissen zurücksinken. Sie schwieg, bis ich nach einigen Augenblicken bat:

„Bitte, schicken Sie mir Professor Horam. Ich muß ihn dringend sprechen."

„Selbstverständlich. Ich werde ihn sofort benachrichtigen. Haben Sie sonst noch Wünsche? Erfrischungen spendet Ihnen der Robotautomat. Sie brauchen nur auf die Tasten zu drükken."

„Ja, ich weiß. Danke! Übrigens, wie lange habe ich geschlafen?"

„Fast fünfzig Stunden. Vor zwei Tagen lagen Sie auf dem Operationstisch. Der Eingriff wurde in den frühen Morgenstunden des 12. Mai vorgenommen. Wir schreiben heute den 14. Mai 2002."

Ich nickte und dachte zu spät daran, daß diese Bewegung mit Schmerzen verbunden war. Sie lachte leise und ermahnte mich, ich solle nicht so unvorsichtig sein. Danach schaltete sie ab. Das Fernbild erlosch.

Der 14. Mai 2002 war also angebrochen. Demnach hatte ich zwei Tage und zwei Nächte geschlafen. Nach dem Stande der biomedizinischen Technik zu urteilen, mußte ich schon wieder so gut wie in Ordnung sein. Die neuen Zellwachstumspräparate ließen auch schwerste Operationswunden binnen fünfzig Stunden verheilen. Immerhin verriet mir der aufzuckende Schmerz, daß ich doch noch nicht ganz wiederhergestellt war.

Ich lauschte ungeduldig; doch Professor Horam ließ auf sich warten. Er war einer der bekanntesten Neurochirurgen der Welt. Das wußte ich sehr genau, und auch der Stationsschwester mußte es bekannt sein. Dennoch blieben mir etliche Dinge unklar. Mir war, als hätte mein Gedächtnis gelitten. Das betraf allerdings nur die Geschehnisse unmittelbar vor der Operation. Sonst konnte ich keine Lücke feststellen. Ich wußte, wer ich war, was ich war und was ich zu tun hatte.

Ich war Thor Konnat, beinahe vierunddreißig Jahre alt, geboren am 19. Juni 1968 in einem Land, das man zur Zeit meiner Geburt Bundesrepublik Deutschland nannte. Mein Vater hatte mir später oftmals von einem geteilten Land erzählt, doch ich selbst konnte mich nicht mehr daran erinnern. Schon bei meiner Reifeprüfung hatte es die Bundesrepublik nicht mehr gegeben. Sie war gleich vielen anderen Ländern in der „Europäischen Union" aufgegangen. Das war für mich alleine maßgebend gewesen. Damals, als sich die europäischen Einzelstaaten zu einem Bund zusammenfanden, hatte mich mein Vater in die USA geschickt. Ich sollte Astronautik und Kernphysik studieren. Seiner Meinung nach besaßen die Vereinigten Staaten die besseren Schulen und Universitäten. Und so war ich abgeflogen.

Dann war alles anders gekommen, ganz anders. Zwei Wochen nach meiner Abreise explodierte das europäische Hallmann-Atomwerk. Mein Vater war unter den zahlreichen Opfern. Infolge der außergewöhnlich hohen radioaktiven Verseuchung konnte man erst Monate später daran gehen, die Ursachen der Katastrophe zu untersuchen. Namhafte Kernphysiker hatten behauptet, die neuartigen Kernprozesse wären dafür verantwortlich gewesen. Die Spezialisten der weltumspannenden GWA dagegen hatten festgestellt, daß die Katastrophe auf einen sorgfältig vorbereiteten Sabotageakt zurückzuführen war. Deswegen war also Nebenwerk „B“ hochgegangen.

Ich flog nach Washington, um die Unterlagen der GWA einzusehen. In mir keimte sehr bald der Verdacht auf, daß sich die Explosion nicht von ungefähr ereignet hatte.

Damals, vor etwa dreizehn Jahren, hatte ich erstmals in vollem Umfange erkannt, was sich hinter dem Begriff GWA eigentlich verbarg. Über dem Portal des großen, schmucklosen Betongebäudes war nur ein kleines Messingschild angebracht, auf dem zu lesen stand: „Geheime-Wissenschaftliche-Abwehr“, in der Abkürzung „GWA“.

Ich hatte einige Mitarbeiter dieser Organisation kennengelernt. Keiner der Männer war jünger als zweiunddreißig Jahre gewesen. Auf meine Fragen hatte man mir erklärt, jüngere Mitarbeiter könne es kaum geben, da die Grundausbildung sich über mindestens zwölf Jahre erstrecke.

Schon wenig später hatte ich begriffen, was das bedeutete; und heute – nun, heute war ich selbst ein Spezialist der GWA im Range eines Captains.

★

Ich grübelte lange über vergangene Dinge nach, was an sich nicht meine Art ist. Anscheinend hing das mit dem Eingriff zusammen, über dessen Gefährlichkeit man mich nicht informiert hatte. Wahrscheinlich hatte die Stationsschwester keine speziellen Anweisungen erhalten, sonst hätte sie nicht so offen darüber gesprochen. Oder war das nur ein Psychotrick gewesen? Sicherlich! In dieser Klinik konnte es unmöglich so schwerwiegende Versager geben.

Ich fühlte, daß ein bissiges Grinsen über meine Lippen huschte. Mit gemischten Gefühlen dachte ich an diesen Professor Horam, der mir offensichtlich bedeutungsvolle Fakten verschwiegen hatte.

Natürlich hatte er seine Befehle befolgt; so, wie auch ich mich an Anweisungen zu halten hatte. Immerhin hätte man mir wenigstens andeutungsweise mitteilen sollen, daß die Operation zum unheilbaren Wahnsinn führen konnte. War mein Toben auf dem Operationstisch eine Folgeerscheinung davon gewesen? War ich mit knapper Not dem Gespenst Irrsinn entkommen? Fast sah es so aus. Die Vorstellung erschreckte mich zutiefst.

Ich wurde immer ungeduldiger, bis plötzlich der Türsummer aufklang. Die Klinik war komfortabel ausgestattet. Man hatte nichts vergessen. Der Visitorbildschirm leuchtete jedoch nicht auf! Eine Vorsichtsmaßnahme? Ich brummte ein mürrisches „Herein". Die Schiebetüren öffneten sich lautlos. Ich erblickte einen sehr großen, hageren Mann. Er gab einigen Assistenten noch kurze Anweisungen, deren Wortlaut ich nicht verstehen konnte. Dann trat er alleine ein.

Professor Horam hüstelte und rückte seine Hornbrille zurecht. Er bemühte sich sichtlich, meinem aggressiven Blick auszuweichen. Ein verlegen wirkendes Lächeln huschte über seine Lippen. Langsam kam er näher.

„Wenn ich jetzt behauptete, Napoleon der Erste auf dem Wege nach Moskau zu sein – was würden Sie davon halten?" redete ich ihn grußlos an. Ich fühlte, daß sich bei diesen Worten meine Stirn rötete.

Meine Reaktion schien ihn keineswegs zu verblüffen. Sein verständnisvolles Schmunzeln regte mich jedoch noch mehr auf.

„Sehr gut! Sie haben sich fabelhaft erholt", meinte er anerkennend.

„Ich bin aber Napoleon", behauptete ich gereizt. „Wollen Sie etwa leugnen, daß Ihnen der große Feldherr unbekannt ist?"

Ich steckte die rechte Hand in den Ausschnitt meiner Pyjamajacke und starrte ihn drohend an.

Horam begann zu lachen. Das schien den Rest seiner Verlegenheit zu beseitigen.

„Hören Sie, ein Mann, der infolge eines aus rätselhaften Umständen mißglückten Gehirneingriffes dem Wahnsinn verfallen ist, würde sich niemals für Napoleon und auch nicht für Ikarus halten, wenn Sie die Bemerkung gestatten. Er würde toben, seine Umwelt hassen und mit den Zähnen auf seine Wärter losgehen. Zufrieden?"

„Nein", lehnte ich schroff ab. „Man hat mir erklärt, es gäbe auch für rätselhafte Phänomene eine Ursache. Weshalb sprechen Sie von rätselhaften Umständen? Kennen Sie Ihr Handwerk so wenig, daß Sie nicht genau wissen, warum Ihre Patienten in achtundneunzig von hundert Fällen den Verstand verloren haben? Ich hatte angenommen, Sie wären auf dem Gebiet der Lobotomie eine Kapazität."

Er sah mich schweigend, aber nicht gekränkt an.

„Sie sind erregt. Ich verstehe das. Die Stationsschwester sollte Sie informieren, nicht aber schockieren. Sie ging etwas über das erlaubte Ziel hinaus."

„Lassen Sie nur Mamy in Ruhe. Sie hat mir wenigstens die Wahrheit gesagt. Kurz und präzise, so wie ich das liebe. Ich weiß also, daß ich dem Wahnsinn nur knapp entgangen bin. Weshalb haben Sie mich vor der Operation nicht über die möglichen Folgen aufgeklärt? Oder hatte ich kein Recht darauf?"

Er nahm seine Brille ab und hielt die Gläser prüfend gegen das Licht.

„Man hatte mir einen Befehl gegeben. Er kam aus dem GWA-Hauptquartier in Washington", erklärte er bedächtig und nahm endlich Platz. Sein Blick ruhte forschend auf meinem Gesicht.

„Sie wissen, Konnat, daß ich ein beamteter Arzt bin. Ähnliche Eingriffe habe ich schon bei verschiedenen GWA-Spezialisten vornehmen müssen. Mir ist grundsätzlich verboten, vorher über die damit verbundenen Gefahren zu sprechen. Ich kann nur hoffen, daß der betreffende Patient eigene Überlegungen anstellt. Das verstößt an sich gegen mein ärztliches Gewissen. Sie dürfen glauben, daß mir das nicht leichtfällt. Ich weiß aber auch, daß jeder GWA-Agent verpflichtet ist, im Notfall seine Gesundheit, – ja, sogar sein Leben zu opfern, wenn es eine bestimmte Sachlage erfordert. Auch Sie haben sich schriftlich dazu verpflichtet, als Sie Ihre Abschlußprüfung auf der GWA-Akademie ablegten. Ihre Vorgesetzten sind in einer extremen Situation nicht verpflichtet, Sie über die eventuellen Auswirkungen eines chirurgischen Eingriffes vorher zu informieren. Selbstverständlich muß ein wirklicher Katastrophenfall vorliegen, wie er in Paragraph sechsundachtzig B der Dienstvorschrift festgelegt ist:

„... sollte eindeutig erwiesen sein, daß die Sicherheit des Landes und seiner Bürger gefährdet ist, so besteht für die GWA keine Verpflichtung ...!"

„Sie brauchen mich über diesen Paragraphen nicht zu belehren", unterbrach ich ihn, „ich kenne ihn auswendig. Trotzdem finde ich Ihr Schweigen nicht korrekt. Sie hätten mir wenigstens eine Andeutung machen müssen, zumal ich der Auffassung war, neurochirurgische Eingriffe hätten ihren Schrecken längst verloren. Wir leben im Einundzwanzigsten Jahrhundert."

„Was hätte das genützt?" fragte er ruhig. „Sie hätten sich geweigert, das steht fest. Auf einen solchen Eingriff läßt sich kein normaler Mensch ein. Ich mußte für kurze Zeit Ihr Ich spalten. Das ist die große Gefahr bei derart speziellen Operationen. Der Körper kann dabei nicht geschädigt werden, wohl aber der Geist. Hätte ich Ihnen das sagen sollen?"

Ich schwieg und dachte über den Paragraphen nach. Tatsächlich hatte der Chef der GWA das Recht, über einen Agenten im Extremfall nach Gutdünken zu bestimmen, ohne ihn vorher aufklären zu müssen. Somit schien eine Situation eingetreten zu sein, die weit über den Rahmen eines üblichen Kriminalfalles hinausging. Wäre es nicht so gewesen, hätte der Alte niemals solche Anweisungen gegeben.

Ich wurde etwas ruhiger.

„Schön, Professor. Lassen wir das! Nur noch eine Frage. Ich war wohl schon dicht an der Schwelle? Ich kann mich dunkel erinnern, getobt zu haben. Stimmt das?"

Er nickte zögernd, reinigte erneut die Brille und setzte sie auf.

„Sie standen dicht davor, aber Sie haben sich noch rechtzeitig gefangen. Sie besitzen einen starken und sehr ausgeprägten Willen. Nur solche Menschen haben eine Chance. Für mich war es erschütternd, Ihre grauenhafte Schreie anhören zu müssen. Ihre ..., hm, sagen wir groben Worte haben mich nicht beeindruckt. Aber die Verzweiflung und der Haß in Ihren Augen ...!"

Er räusperte sich.

Ich preßte die Lippen zusammen und schwieg ebenfalls, weil ich mir vorstellen konnte, was ich in den OP hineingeschrien hatte. Gesellschaftsfähige Ausdrücke waren es sicherlich nicht gewesen.

„Das kann Ihnen aber niemand verübeln, Captain", fuhr Horam fort. „Sie müssen verstehen, daß beim Durchtrennen der ersten Nervenfaser eine Bewußtseinsspaltung eintritt, die wir noch nicht unter Kontrolle halten können. Dieser Nerv steht in direkter Verbindung mit der Funktion des zweiten Nervs, dessen Durchtrennung ebenfalls erforderlich ist, wenn der Eingriff sinnvoll werden soll. Nun vergehen aber wenigstens fünf Minuten, bis es dem Chirurgen gelingt, nach der Durchtrennung des ersten Stranges sich tiefer in das Großhirn vorzuarbeiten, bis er an die zweite Nervenbahn herankommt. Das sind die kritischen fünf Minuten, die Sie mit allen Qualen und Schrecken durchlebt haben. Daran läßt sich nichts ändern. Die Bewußtseinsspaltung hört sofort auf, wenn der tieferliegende Nerv ebenfalls durchtrennt ist. Nachdem wir die Verkrampfung Ihrer Muskulatur durch Elektroschocks gelöst hatten, sind Sie augenblicklich ruhiger geworden."

Mich schüttelte jetzt noch das Grauen, wenn ich daran dachte.

„Es mußte sein, denn Sie hätten beinahe Ihren Schädel aus den Halteklammern gerissen. Sie verfügen über Kräfte wie ein Pferd, wenn Sie mir diesen Ausdruck erlauben", fügte Horam eilig hinzu.

Ich wollte auflachen, unterließ es aber, als mir beim ersten Laut der Kopf zu dröhnen begann. Ich hatte den Eindruck, als hätte der ehrwürdige Professor gegrinst. Mißtrauisch blickte ich ihn an.

Er hüstelte dezent und sah über meine emotionelle Reaktion hinweg.

„Sie wissen, daß an die Großhirnrinde des Menschen alle geistigen und seelischen Leistungen gebunden sind. Es sind unzählige Sektoren, die wir heute ziemlich genau kennen, obwohl uns diese komplizierte und vollendete Rechenmaschine noch immer viele Rätsel aufgibt. Immerhin ist uns bekannt, wo wir jene haarfeinen und versteckt gelegenen Nervenbahnen zu suchen haben, die dafür verantwortlich sind, daß ein Mensch für hypnotische Einflüsse ansprechbar ist. Wenn man diese beiden Stränge, die mit den sonstigen Gehirnzentren nichts zu tun haben, durchtrennt, ist ein derart behandelter Mensch nicht mehr durch einen fremden Willen beeinflußbar. Er reagiert auch nicht mehr auf Drogen, die ihn üblicherweise durch die Lahmlegung des Willenszentrums zu einem plappernden Kind machen können. Es hängt nur an diesen beiden winzigen und kaum sichtbaren Nervenbahnen, die eine Verbindung zwischen den Befehlszentren des Großhirns, den autarken Gruppen des Stammhirns und den Körper- sowie Sinnesorganen herstellen. Es gibt unzählige Verbindungsfasern, die jede eine andere Aufgabe haben. Allein die graue Rinde des Großhirns besteht aus etwa siebzig Millionen Nervenzellen. Uns kam es jedoch ausschließlich auf die beiden Verbindungen an, die dafür verantwortlich sind, daß man einen Menschen hypnotisieren, durch Drogen berauschen und durch weitere Mittel zu einer völligen Preisgabe der absoluten Wahrheit zwingen kann. Dieser Eingriff ist uns gelungen. Damit gehören Sie zu den seltenen Exemplaren des Homo sapiens, deren Willenszentrum man durch keine bekannte Methode ausschalten kann. Sie werden immer die Kontrolle über sich selbst behalten. Der Fragende kann nicht einmal einen geschickt vorgetäuschten Rausch bemerken. Ahnen Sie, Konnat, was das für einen Agenten der GWA bedeutet? Für einen Spezialisten, dem man beim geringsten Verdacht ein Mittel injizieren kann, das ihn all seine Geheimnisse ausplaudern läßt? Ich habe Ihnen eine wirksame Lebensversicherung beschafft! Ihre Prämie war Ihr Kampf mit dem eigenen Ich, den Sie gewonnen haben. Ich gratuliere Ihnen."

Horam schien plötzlich aufgeregt. Seine Augen glänzten.

Der ständige Griff an seine Brille störte mich nicht mehr. Die Faszination der Erklärung hatte mich psychisch überwältigt.

Ich begann zu stöhnen, anschließend zu lachen. Ich konnte ihm nicht mehr böse sein, zumal ich erkannte, wie begeistert er von dem Erfolg seiner Arbeit war.

„Hören Sie auf, Professor, ich habe von der Gehirngeschichte genug. Immerhin gebe ich zu, daß die Aussichten erfreulich sind. Man hat mir vor etwa einem halben Jahr einmal ein Mittel injiziert, unter dessen Wirkung ich prompt verraten habe, daß ich Captain Thor Konnat von der GWA bin. Das hätte mich ums Haar den Kopf gekostet."

„Sehen Sie! Der Eingriff war notwendig, denn Sie sollen zur Lösung eines Falles angesetzt werden, bei dem Ihre neue Eigenschaft unerläßlich erscheint. Ich bin nicht näher orientiert, aber ..."

Er vollendete den Satz nicht und sah mich erwartungsvoll an. Mein Gesicht wurde zur Maske.

„Was halten Sie vom Wetter, Professor?"

„Verzeihen Sie", murmelte er. „Ich vergaß, daß Sie ein GWA-Agent sind. Ich wollte Sie nicht aushorchen. Übrigens – zu Ihrer Beruhigung – außer mir ist in der Klinik niemand darüber unterrichtet, wer Sie sind. Wenn man Sie fragen sollte, so ...!"

„Ich weiß", unterbrach ich ihn. „Ich bin Mister Konnat, Generalvertreter einer Hubschrauberfabrik. Ich wollte mir von Ihnen die Ursachen meiner ständigen Schwindelanfälle beseitigen lassen."

„Sehr richtig, so ist es. Nun lassen Sie mich nach Ihrer Wunde sehen. Ich muß Sie in drei Tagen als voll diensttauglich entlassen. Die Angelegenheit scheint zu brennen."

Ich verriet ihm nicht, daß ich selbst keine Ahnung hatte, was in den Büros und riesigen Labors der „Geheimen-Wissenschaftlichen-Abwehr" wieder einmal ausgebrütet worden war. Ich wußte nur, daß man mich dazu ausersehen hatte, die heiße Suppe auszulöffeln. Darüber wollte ich mit dem Alten noch ein Wörtchen reden, das stand für mich fest.

„Sehr schön", meinte Horam befriedigt. „Die Einschnitte in

der Kopfschwarte sind fast vollständig verheilt. In den nächsten drei Tagen wird auch die Knochenplatte fest verwachsen sein. Haben Sie noch Druckschmerzen?"

Er untersuchte meinen Schädel, daß ich aufschrie.

Professor Horam schmunzelte heimlich. Er rief über sein Befehlsgerät eine Schwester mit dem fahrbaren Instrumentenwagen herein und strich mir frisches Biogewebe auf die Wunden. Es gab auf meiner Schädelhaut keine einzige Naht. Seit etlichen Jahren wurden selbst schwerste Wunden nur noch geklebt. Es war synthetisch gezüchtetes, lebendes Zellgewebe, das eine sehr rasche Verheilung und nahtlose Verbindung der Schnittstellen bewirkte. Abwehrreaktionen des Organismus waren überwunden worden.

Die Medizin hatte erhebliche Fortschritte gemacht. Das galt nicht nur für das Gebiet der Biozellnetik. Krebs und andere Krankheiten gehörten längst der Vergangenheit an.

Nachdem ich versorgt war, verabschiedete sich Horam mit den Worten:

„Mister Konnat, ich bin zufrieden. Sie dürfen alles essen und trinken. Das schadet Ihnen nicht. Hüten Sie sich nur vor unbedachten Bewegungen, und lesen Sie auf keinen Fall. Ihr Sehzentrum ist noch etwas angegriffen."

Er winkte zum Abschied und verließ mit der Schwester das Zimmer.

Ich fluchte leise vor mich hin und strich mir über die Haare, die man mir nur entlang der Schnitte entfernt hatte. Nun, die wenigen kahlen Stellen konnte man überkämmen. Sie bedeuteten keinen Anlaß zur Sorge. Dafür zermarterte ich mir den Kopf, was ich in Washington wohl zu erwarten hatte. Etwas Alltägliches war es keinesfalls, das stand fest. Andernfalls hätte sich der Chef niemals entschlossen, mich derartigen Gefahren auszusetzen. Dafür kannte ich ihn zu gut; außerdem waren wir befreundet. Ich war sehr neugierig, aber auch beunruhigt. Ich war ärgerlich über die drei Tage, die ich wohl oder übel noch in diesem Zimmer verbringen mußte.

3.

Horams Privatklinik lag westlich des Städtchens Warrenton am Rande des Shenandoah-National-Parks.

Bis nach Washington waren es nur etwa sechzig Meilen in gerader Luftlinie. Man hatte mir einen modernen Flugschrauber geschickt; eine Kombination zwischen Starrflügler und Hubschrauber.

Schweigend saß ich neben dem Piloten in der geräumigen Kanzel. Rechts hinter mir erkannte ich die Tragfläche mit dem Steuerbord-Staustrahltriebwerk.

Flugschrauber dieser konstruktiven Auslegung landeten und starteten mit Hilfe von zwei gegenläufigen, hochtourigen Rotordrehkränzen. Erst in der Luft begannen die beiden Strahltriebwerke für den Reiseflug zu arbeiten. Sobald die Flächen genügend Auftrieb erzeugten, wurden die Hubrotoren in den Rumpfwulst eingefahren. Der Helicopter verwandelte sich dadurch in eine normale Maschine. Die Vorteile lagen auf der Hand.

Das kleine Luftfahrzeug erreichte einen Reiseschnitt von vierhundert Meilen. Schon wenige Augenblicke nach dem Senkrechtstart kamen wir über Washington an.

Wir umflogen in weitem Bogen den neuen, nur für die großen Strato-Liner bestimmten Flughafen. Ich sah das Pentagon und die anderen Regierungsgebäude; aber ich bemerkte auch die aufzuckende Lampe, die mir bewies, daß wir unter Radarortung standen.

Der Pilot lächelte. Ich ahnte seine Gedankengänge. Selbstverständlich war das Überfliegen des Regierungsviertels verboten. Diese Vorschrift galt sogar für die Maschinen des FBI. Nur wir konnten notfalls das Sperrgebiet überqueren. Diese Sondergenehmigung war auf die Vollmachten der „Geheimen-Wissenschaftlichen-Abwehr“ zurückzuführen.

„Ich werde die Ecke vorsichtshalber umfliegen, Sir“, erklärte der Pilot. Ich kannte ihn nur flüchtig. Er gehörte jedenfalls zur GWA, und das genügte mir. Solange diese Organisation bestand, war aus ihren Reihen noch kein Verräter hervorgegangen. Bestechungen waren nahezu undenkbar und auch niemals vorgekommen. Wir hatten es nicht nötig, Fremdgelder anzunehmen, da unser Gehalt so hoch war, daß es sich jeder von uns hätte leisten können, jährlich eine andere Villa mit Schwimmbad, Hubschrauber-Landedach und sonstigen Luxuseinrichtungen zu erwerben.

Insofern war man in Washington klug geworden. Einen schlecht bezahlten GWA-Agenten gab es nicht. Infolgedessen kamen unsere Mitarbeiter kaum auf den Gedanken, durch Bestechungsgelder noch besser leben zu können.

Wir umflogen den Regierungsdistrikt, da die Maschine nicht die Kennzeichen der GWA trug. Ich war unauffällig abgeholt worden. In der Klinik hatte man keine Ahnung, daß der höfliche und dienstbereite Pilot nicht mein Angestellter war.

Seinen Namen kannte ich nicht, so wie er auch meinen nicht kannte. Innerhalb der GWA gab es nur einen Mann, der über sämtliche Agenten in jeder Hinsicht informiert war: Den Chef.

Wenn wir im Hauptquartier zu tun hatten, gingen wir in den langen Gängen aneinander vorbei, ohne zu wissen, wem wir begegneten. Wir wußten nur, daß wir einen Mitarbeiter gesehen hatten; mehr nicht.

Die Sicherheitsvorschriften forderten die absolute Anonymität. Niemand durfte in der Lage sein, andere Personen eventuell identifizieren zu können.

Der Pilot sagte „Sir" zu mir. Ich dagegen vermied eine direkte Anrede. An sich war mir diese Geheimniskrämerei schon immer lästig gewesen, doch ich wußte andererseits, daß die Maßnahme für uns eine Art Lebensversicherung bedeutete.

Die Hubrotoren waren wieder ausgefahren worden. Die Reisetriebwerke liefen aus. Die Fahrt war zu gering geworden, als daß die Tragflächen das Gewicht der Maschine noch in der Luft hätten halten können.

Wir überflogen im Langsamflug ausgedehnte Villenkolonien, bis an der Peripherie einige unschöne Betongebäude auftauchten. Sie bildeten ein großes Viereck. Von oben betrachtet schien es, als habe sie ein Riese ins offene Land hineingestellt.

Das war das Hauptquartier der „Geheimen-Wissenschaftlichen-Abwehr“, die ihren Namen nicht umsonst trug.

Es gab in der Welt keine Organisation, die sich mit der GWA hätte vergleichen können. Sie war aus der Geheimen Bundeskriminalpolizei hervorgegangen.

Die GWA verfügte über abwehrtechnische Einrichtungen, die den Staat bislang zirka fünfhundert Milliarden Dollar gekostet hatten. Die wissenschaftlichen Methoden moderner Verbrechensbekämpfung waren in unseren Labors bis zur Vollendung entwickelt worden. Es gab kein naturwissenschaftliches oder technologisches Fachgebiet, das von den ausgesuchten Könnern dieser Sonderabteilung nicht beherrscht wurde. Wir verfügten über modernste Waffen, Sendeanlagen aller Art, Schutz- und Testvorrichtungen, Ermittlungsverfahren und derart hochwertige Computeranlagen, daß selbst Fachleute zutiefst beeindruckt waren.

Nirgends in der Welt existierte eine Polizeiorganisation, die sich rühmen konnte, mit derartigen Mitteln ausgerüstet zu sein. Alleine unsere riesigen Elektronengehirne zur Lösung komplizierter Vorgänge und zur Wahrscheinlichkeitsauswertung diffiziler Fälle waren Wunderwerke.

In den Betongebäuden gab es mehr Forschungsstätten als Büros. Ich wußte, daß die aktiven Mitglieder der GWA nicht mehr als fünfhundert Männer und Frauen zählten. Außerdem waren noch ungefähr fünftausend Techniker und Wissenschaftler aller Fachrichtungen für die GWA tätig. Sie werteten das aus, was wir bei unseren schwierigen Einsätzen ermittelten.

GWA-Spezialisten besaßen Sondervollmachten, die sie in eng begrenzten Notfällen unter anderem ermächtigten, höchste Militärs und Politiker zu verhaften. Es war eigentlich unfaßbar, welch ein machtvolles und präzise reagierendes Instrument der Chef geschaffen hatte. Er hatte seinen Lehrmeister, John Edgar Hoover, der einst die berühmte Bundeskriminalpolizei, das FBI, gegründet hatte, weit überflügelt.

Ende der achtziger Jahre hatte der „Alte“, wie er von uns genannt wurde, seine Ideen in die Tat umsetzen können. Dazu waren ihm Milliarden zur Verfügung gestellt worden.

Erstes Ergebnis davon war die Gründung einer Sonderabteilung des alten FBI. Sie erhielt die Bezeichnung GWA. Bei diesem Begriff lag die Betonung auf dem Wort „wissenschaftlich". Wir arbeiteten mit Methoden, die man früher nicht gekannt hatte. Die in GWA-eigenen Fabrikationsanlagen erzeugten Gerätschaften aller Art galten als streng geheim. Das betraf vordringlich unsere Einsatzausrüstungen, an denen Spezialisten aller Fachgebiete mitwirkten. Angefangen vom Mikro-Feinmechaniker bis zum Kernphysiker; sie alle schufen Dinge, die mehr als erstaunenswert waren.

Der organisatorische Aufbau, der Einsatzbereich erforderte hochqualifizierte Kräfte, die wesentlich mehr beherrschen und können mußten, als es von früheren FBI-Agenten verlangt worden war.

Während meiner zwölfjährigen Spezialausbildung hatte ich ein Studium absolvieren müssen, bei dem die fähigsten Köpfe der Staaten und der „Europäischen Union" meine Lehrer gewesen waren.

Ich mußte lernen, lernen und nochmals lernen. Von GWA-Spezialisten wurde unter anderem verlangt, astronomische Berechnungen erstellen und ein Raumschiff risikolos zum Mond bringen zu können.

Von uns wurde aber auch die Beherrschung anscheinend unsinniger Dinge gefordert. Sie hatten mit wissenschaftlicher Methodik nichts mehr zu tun. So hatte man mir beispielsweise die Anfertigung einer Zahnprothese zugemutet. Anschließend mußte ich lernen, wie man einen Ochsen fachmännisch schlachtet und verarbeitet.

Das mag widersinnig klingen, aber es gehörte zum Ausbildungsplan. Jeder GWA-Agent hatte mindestens acht Weltsprachen zu beherrschen. Wenn ich hier alle Einzelheiten aufzählen wollte, so entstünde daraus ein Werk von dem Umfang eines Lexikons.

Die Kenntnisse wurden uns nicht umsonst mit auf den Weg gegeben, denn wir wurden ausschließlich dort eingesetzt, wo nicht einmal die Bundeskriminalpolizei weiterkam. Wenn jedes Mittel erschöpft war, dann rief man nach der GWA. Aus diesem Grunde hatten wir stets komplizierte Fälle zu bearbeiten.

„Normale“ Verbrechen gehörten nicht zu unserem Einsatzprogramm. Wir hatten uns weder um Großeinbrüche zu kümmern noch um Morde oder Bundesverbrechen wie Kidnapping. Das waren Fälle für ausgesprochene Kriminalisten, was wir nur in einem beschränkten Umfange waren.

Wenn aber Spionageaffären aufgerollt wurden; wenn Dinge geschahen, die die Sicherheit des Landes und der Welt betrafen, dann mußten wir in den Einsatz gehen. Das gehörte zu unserem Aufgabenbereich.

Kein Agent ahnte jemals, wohin ihn der Alte schicken würde, denn dieser konnte seine Entscheidungen alleine treffen. Nur er kannte die besonderen Fähigkeiten jedes einzelnen Agenten. Von jedem Mann hatte er etwa sechshundert Testergebnisse vorliegen, die alle in den elektronischen Mammutgehirnen der Robotspeicher festgehalten waren.

Es gab unzählige Dinge und Eigenschaften, die für die GWA charakteristisch waren. Ich gehörte mit zu dieser Organisation. Das hatte ich vor einigen Tagen wieder einmal deutlich gemerkt.

Sie brauchten mich anscheinend, und so hatten sie mich kurzerhand auf einen Operationstisch beordert. Schon dieser Einzelfall war typisch für die Arbeitsmethoden der GWA. Normale Menschen hätten an derart ausgefallene Dinge überhaupt nicht gedacht. Unsere Wissenschaftler der Sondertruppe hatten es nicht übersehen.

Man benötigte einen Mann, der für fremde Willenseinflüsse unempfindlich war. Also mußte ein solcher Mann herbeigeschafft werden! Ich war überzeugt, daß unsere fähigsten Parapsychologen die elektronischen Gehirne befragt hatten, welcher Agent für den Eingriff in Frage käme. Warum die Gigantmaschinen ausgerechnet mich ausgesucht hatten, war mir rätselhaft.

Ungeduldig blickte ich den Piloten an, der sich mir gegenüber mit seiner Erkennungsmarke ausgewiesen hatte. Auch das mag seltsam klingen, da man sich logischerweise fragen sollte, ob die Legitimationsmarke eines GWA-Spezialisten von geschickten Fachleuten nicht nachgeahmt werden könnte.

Das wäre in unserem Falle nur hinsichtlich der Gravur möglich. Die Marken waren rund und vierzig Millimeter im Durchmesser. Auf der Vorderseite stand GWA zu lesen. Auf der anderen Seite waren die drei Buchstaben ZBV eingraviert.

„Zur besonderen Verwendung", bedeuteten diese Initialen. Damit war alles gesagt. Über den Buchstaben war ein verschlungenes Atommodell eingeprägt. Es galt als Symbol der GWA. All das hätte man zwar fälschen können, nicht aber das Material, aus dem die Marken bestanden.

Von diesem Grundstoff existierten auf der Erde nur knapp vierunddreißig Kilogramm. Es handelte sich um ein sehr schweres, aber natürliches Element, das man in winzigen Mengen auf dem Mond gefunden hatte. Es war ein Zufall gewesen, daß man es überhaupt entdeckt hatte, denn es war in einem kleinen Meteor enthalten, der vor unbekannten Zeiträumen auf die Oberfläche des Mondes gestürzt war. Wir nannten das Element „Lunarium".

Dieses Element, dessen Ordnungszahl höher war als die von Uranium, war von der GWA beschlagnahmt worden. Daraus wurden unsere Marken gefertigt. Das Material war stark radioaktiv; ein harter Gammastrahler. Wir mußten es in einem Etui aus Potronin-Plast tragen, damit uns die Strahlung nicht gefährden konnte. Sie war so kurzwellig, daß sie in keinem irdischen Laboratorium erzeugt werden konnte. Aber sie konnte mit unseren winzigen Spezialgeräten angemessen und elektronisch ausgewertet werden. Außerdem fluoreszierte das Material in einem so eigenartig blaß- bis goldroten Farbton, daß es völlig unmöglich war, ein ähnliches Material für Betrugszwekke herzustellen.

Das wußten wir! Unsere Wissenschaftler hatten jahrelang eine Nachahmung versucht. Es war nicht einmal mit einer gezielten Kernaufladung gelungen. Das war der Grund, weshalb unsere Marken als einmalig galten.

Mein Pilot gehörte fraglos zur GWA.

„Wollen Sie heute nicht mehr landen?" erkundigte ich mich

ungeduldig. Der Pilot deutete auf das Sicht-Sprechgerät am Armaturenbrett.

„Ich habe meine Ankunft gemeldet, Sir. Anscheinend überprüft man zur Zeit die Identität der Maschine. Die Innenaufnahme läuft."

Natürlich, ich hätte daran denken sollen. Die eingebauten Mikroobjektive der Fernsehkamera erfaßten jeden Winkel der Kabine und des Laderaumes. Wir wurden „fern-analysiert", wie das allgemein üblich war. Glauben Sie nur nicht, es sei so einfach, ins Hauptquartier der GWA vorzudringen. Eher hätten Sie unbemerkt zum Präsidenten der USA kommen, ihm die Zigarre aus dem Mund stehlen und ungesehen wieder verschwinden können.

Wir mußten noch einige Augenblicke warten. Inzwischen umkreisten wir ständig die riesigen Gebäude. Plötzlich flammte unser Bildschirm auf. Auf ihm erschien das ausdruckslose Gesicht eines Mannes, den ich – natürlich – niemals zuvor gesehen hatte.

„HS-9, Sie können landen. Benutzen Sie Dachfläche K-3 und folgen Sie dort Ihren Begleitern. Ende!"

Das war alles, was der Mann gesagt hatte, doch mir reichte es. Auch die passiven Mitglieder der GWA waren äußerst vorsichtig, da es in dieser schönen Welt genügend Leute gab, die auf die Vernichtung des GWA-Hauptquartiers mehr Wert gelegt hätten als auf die Ausschaltung des geheimsten Atomwerks der USA. Das Motiv lag auf der Hand.

„Na, endlich", äußerte der Mann neben mir, von dem ich nicht wußte, ob er ebenfalls ein aktiver Agent mit Sonderschulung oder nur Pilot war. Bei uns war alles undurchsichtig und rätselhaft.

Wir flogen über den ersten Gebäuderiesen hinweg, überquerten große Höfe mit gepflegten Grünanlagen und hielten auf den Turmbau zu, der mit seinen einhundertfünfundachtzig Stockwerken die anderen Komplexe weit überragte. Dort oben, in den höchsten Etagen, lagen die Amtsräume des Chefs. Außerdem befanden sich dort einige untergeordnete Robotkarteien. Fremde Agenten hätten dennoch Millionen geopfert, um nur einmal die Abruftaste der Bandspeicher betätigen zu dürfen.

Ich bemerkte, daß mich der Pilot respektvoll ansah. Wenn er von nun an „Sir“ sagte, so klang es nicht mehr monoton und wie automatisch, sondern mit einem Unterton echter Hochachtung.

„Sir“, sagten wir normalerweise zu jedem Mitarbeiter. Dabei wußten wir niemals, ob wir nun einen Vorgesetzten oder einen Mann im Mannschaftsdienstgrad ansprachen.

Ich schmunzelte und fuhr mit der Handfläche über mein Haar. Die Kopfwunden waren vollkommen verheilt. Ich spürte auch keine Druckschmerzen mehr. Professor Dr. Gregory Horam war eine wirkliche Kapazität, wie das von einem Mitarbeiter der GWA auch nicht anders zu erwarten war.

Die Strahlturbine der Rotorkränze wurde im Arbeitsgeräusch etwas lauter, als der Pilot die Maschine einpendelte. Unter uns erstreckte sich der Dachlandeplatz K-3, der zu jenem Bauwerk gehörte, das wir „Vampirturm“ nannten. K-3 durfte nur von Leuten benutzt werden, die zum Chef bestellt waren.

In mir wuchs eine beinahe unerträgliche Spannung. Ich hatte noch immer keine Ahnung, worum es sich eigentlich handelte. Warum hatte man mich durch eine solche Hölle gehen lassen? Das mußte einen schwerwiegenden Grund haben!

Die Maschine setzte sanft auf. Das Triebwerk verstummte. Lautlos öffnete sich die hydraulisch bewegte Schiebetür. Ich kletterte hinaus.

Die wartenden Männer nickten nur. Ich winkte grüßend. Sie waren jung, hart; mit wachsamen Augen und durchtrainierten Körpern.

„Darf ich um Ihre ID-Marke bitten, Sir?“ forderte einer von ihnen. Sie durften mir noch nicht trauen.

Ich nickte, griff in die Hüfttasche und zog das abschirmende Potronin-Etui heraus. Es klappte auf. Vor ihren Augen flimmerte die Lunarium-Scheibe. Das Material war wahrscheinlich Millionen Jahre lang im Weltenraum unterwegs gewesen, bis es von der Schwerkraft des Mondes eingefangen worden und auf seine Oberfläche abgestürzt war.

Sie analysierten die Schwingungsfrequenz mit ihren nur knopfgroßen Mikrotastern. Erst nach der Überprüfung verhielten sie sich etwas persönlicher.

„In Ordnung, Sir. Mußte sein", meinte der Größere. „Der Alte ..., ich meine, der Chef, möchte Sie sprechen. Es steht Ihnen jedoch frei, sich vorher etwas auszuruhen. Wenn Sie es wünschen!"

Ich winkte ab.

„Wie rücksichtsvoll! Danke. Bringen Sie mich zu ihm."

Ein dritter Mann hob mein Gepäck aus der Maschine. Sie startete sofort wieder. Der Pilot durfte diesen Landeplatz nicht blockieren.

Wir betraten den nach unten führenden Expreßlift. Vorher mußten wir einen gepanzerten Zubringergang durchschreiten, dessen Wände sich im Ernstfalle in eine feuerspeiende Festung verwandeln konnten. Ich wußte, daß wir von vielen Augen beobachtet wurden. Wieder einmal fragte ich mich, ob derartige Vorsichtsmaßnahmen nicht übertrieben waren, oder ob sie als unerläßlich eingestuft werden mußten.

Über die Sprühdüsen der Säurestrahler sah ich hinweg. Ihr Höllensegen konnte besten Stahl in kürzester Frist zu kochenden Nebeln verwandeln, Wehe dem unwillkommenen Eindringling, der da hineinlief! Ich hatte es erlebt, wie sich Körper in knapp zwei Minuten in eine wallende und brodelnde Masse aufgelöst hatten.

Diese Dinge beschäftigten mich immer wieder, wenn ich zum Alten befohlen wurde.

Am Ende des Ganges passierten wir eine Durchleuchtungsschleuse. Erst danach konnten wir den Lift betreten, der ebenfalls mit Aufnahmelinsen ausgestattet war.

„Kennen Sie einen neuen Witz über den Alten?" erkundigte ich mich.

Meine Begleiter begannen verständnisvoll zu grinsen. Der wachsame Ausdruck in ihren Augen erlosch. Einer bot mir eine Zigarette an. Jetzt waren sie nicht mehr Agent Nr. X ... Y ... Z, sondern nur noch Freunde, die alle der gleichen Aufgabe nachgingen. Wir haßten und bekämpften das Verbrechen, die

Gemeinheit und die brutalen Methoden gewinnsüchtiger Menschen.

Amüsiert erzählte man mir die neuesten Anekdoten über den Chef. In diesen Augenblicken waren wir junge Männer. Sonst nichts!

Als wir den Lift verließen und durch Panzergänge mit weiteren Sicherheitsvorrichtungen schritten, hatte der Ernst die Heiterkeit schon wieder verdrängt.

Wir passierten eine meterstarke Tür aus molekularverdichtetem Edelstahl. Man konnte sie nur von innen öffnen. Ein Korridor mit Automatkontrollen folgte. Dann standen wir endgültig vor dem Heiligtum des „Vampirturmes".

Hinter der zweiten Panzerpforte lagen die Diensträume des Chefs und die Hallen mit den Robotkarteien.

Ich stellte mich vor das Aufnahmegerät. Nach erfolgter Individualauswertung schwang das kreisförmige Schott auf. Meine Begleiter klopften mir auf die Schulter und wünschten mir viel Glück. Der Blonde flüsterte mir noch zu:

„Vielleicht sehen wir uns noch mal, Sir. Haben Sie schon unser neues Schwimmbad ausprobiert? Wellengang wie vor Hawai!"

„Ich werde es mir überlegen. Auf Wiedersehen und vielen Dank für die Erzählung."

Sie lachten, und auch ich konnte meinen Gefühlen keinen Zwang antun.

Ich trat ein. Hinter mir schloß sich eine Panzertür, die man mit keiner normalen Sprengladung öffnen konnte. Dazu wären schon die Gewalten einer kleinen Kernwaffe notwendig gewesen.

Ich erwähne das nur informatorisch, weil Sie vielleicht nicht wissen, was man unter molekularverdichtetem Stahl zu verstehen hat. Sein Schmelzpunkt liegt bei vierzehntausend Hitzegraden; in Celsius gemessen! Von seiner Festigkeit will ich gar nicht reden. Aus dem gleichen Material wurden die Zellen und Triebwerke der neuen Raumschiffe hergestellt. Eine Tonne Trimolnital-Stahl kostete vierhundertzweiunddreißigtausend Dollar; eine kostspielige Angelegenheit.

Ich betrat den modern eingerichteten Vorraum, in dem mich eine adrette, gut aussehende junge Dame empfing. Sie lächelte; nahezu ein Wunder bei der allgegenwärtigen Sterilität und technifizierten Unpersönlichkeit, die hier herrschte.

„Dürfte ich Ihre ID-Marke sehen, Miss?“ sprach ich sie an. „Sie wirken gefährlich.“

Ihr Lächeln schien zu gefrieren. Sie wies auf ihre Position und die damit verbundene Überprüfung hin. Mein hintergründiges Kompliment über ihre Gefährlichkeit hatte sie einfach überhört. Das mißfiel mir. Wie lange dauerte es, bis in diesen Hallen Menschen menschlich wurden?

Ehe sie mich anmelden konnte, ertönte aus dem Lautsprecher über der Verbindungstür eine tiefe Stimme. Ich erkannte das Organ des Alten, der mich – wie gewohnt – unfreundlich anfuhr:

„Unterlassen Sie Ihre seltsamen Scherze, Miller. Kommen Sie 'rein. Oder soll ich Ihnen eine Einladung schicken? Miss Miller, sorgen Sie gefälligst dafür, daß dieser Jüngling nicht noch mal aus der Rolle fällt.“

Ich verzog das Gesicht. Zum Teufel, in dem Bau schien jeder und jede „Miller“ zu heißen.

„Angenehm, ebenfalls Miller“, sagte sie ironisch. „Benehmen Sie sich bitte. Sie sind dienstlich hier.“

Im Lautsprecher zischte etwas. Das Geräusch konnte nur der Chef verursacht haben. Ich beeilte mich, durch die automatisch aufgleitenden Doppeltüren zu gehen. Vor mir befand sich ein fensterloser Saal. Das Fehlen des natürlichen Sonnenlichtes bemerkte man aber kaum, da drei Bildwände und eine duftvariable Klimaanlage den Eindruck vermittelten, als läge der Raum in einem gepflegten Park.

Hinter dem, den Blick auf sich ziehenden, Schreibtisch, der zur Hälfte mit Visiphongeräten, Kippschaltern und Femmeßinstrumenten überhäuft war, saß ein untersetzter, breitschultriger Mann. Sein Gesicht war tiefgebräunt. Melierte Borstenhaare und ein struppiger Oberlippenbart vollendeten den Eindruck, einem von Wind und Wetter gegerbten Seemann alter Prägung gegenüberzustehen.

In den grauen Augen lag ein ironischer Schimmer. Die Hände ruhten geballt auf dem metallenen Ungetüm, zu dem er Schreibtisch sagte.

Das war Vier-Sterne-General Arnold G. Reling, Oberbefehlshaber und Gründer der GWA. Das war der Mann mit den weitreichendsten Vollmachten der amerikanischen Geschichte.

Prüfend sah mich der Chef an. Ich verbeugte mich und heuchelte Unbefangenheit. Schließlich kannte ich General Reling schon seit etwa vierzehn Jahren. Er war mit meinem Vater befreundet gewesen. Das war auch der Grund, warum ich mich damals zur Aufnahmeprüfung angemeldet hatte.

Ich wollte etwas sagen, als er grollend rief:

„Keine Bemerkungen, bitte, Sie sogenannter Spaßvogel. Sprechen Sie kein Wort, sondern passen Sie auf."

Einen GWA-Agenten kann so schnell nichts verblüffen. Ich schwieg und bemühte mich, möglichst ernsthaft zu wirken.

Spaßvogel hatte er mich genannt! Nun, er schien wieder einmal in Fahrt zu sein.

„Von wem stammte der Witz, der Ihnen im Lift erzählt wurde?" fragte er aufgebracht. „Oder glauben Sie etwa, die Schilderung entspräche der Wahrheit?"

Ich machte „hmmm" und flüsterte:

„Ich darf nicht sprechen, Sir. Ihr Befehl."

Er starrte mich unbewegt an, doch in seinem Gesicht zuckte es verdächtig. Wenn man mit dem Alten alleine war, gab er sich immer menschlich. Nur draußen war er der harte, eiskalte und ungemein logisch denkende Vorgesetzte.

„Sie sollen auch weiterhin schweigen. Warten Sie."

Er berührte einen Knopf. Rechts von mir öffnete sich eine Tür. Zwei Männer traten ein, von denen einer besonders bemerkenswert war.

Er war klein, dunkelhäutig und schmächtig. Sein Gesicht wurde von zwei großen Augen geprägt. Sie schienen ein verzehrendes Feuer auszustrahlen. Er sah wie ein Eurasier aus. Irgendwie wirkte er unheimlich.

Er sah mich nicht direkt an. Der andere Mann war hochgewachsen und machte auf mich den Eindruck eines weltweit erfahrenen Intellektuellen.

General Reling stellte mir die Männer nicht vor. Er gab dem Schmächtigen ein Handzeichen und deutete mit dem Kopf auf mich. Langsam drehte sich der Eurasier um – und plötzlich war mir, als fiele ich in einen Abgrund.

Es waren seine Augen; seine großen, brennenden und zwingenden Augen, von denen ich gefesselt wurde. Ich fühlte mich verwirrt. Seltsame Gefühle wollten mich übermannen. Instinktiv aufbegehrend, rang ich um meine Fassung. Dann war ich wieder psychisch vollkommen klar.

Gelassen blickte ich in diese flammenden Augen, steckte ostentativ die Hände in die Taschen und erkundigte mich, ob er etwas dagegen hätte, wenn ich mir eine Zigarette anzündete.

Sein Gesicht verzerrte sich. Die dunkle Haut verfärbte sich grauweiß. Schweißtropfen perlten auf seiner Stirn. Die kleine Gestalt krampfte sich zusammen; starr sah er mich an.

Ich rauchte mit Genuß und lächelte still in mich hinein. Ich wußte genau, was die Geschichte zu bedeuten hatte.

Der Mann begann zu stöhnen. Plötzlich erklang die Stimme des Alten.

„Hören Sie auf, Doktor. Wenn Sie so weitermachen, verliere ich meinen besten Psychiater. Hören Sie auf."

Der kleine Mann stöhnte nochmals und fuhr sich mit der Hand über Stirn und Augen. Dann sank er in einem Sessel zusammen. Er schien restlos erschöpft zu sein.

„Das ist Dr. Hatteras, Facharzt für Psychotherapie", erklärte General Reling, anscheinend befriedigt. „Es gibt auf dieser Welt keinen Menschen, dessen parapsychische Fähigkeiten stärker sind. Er hat alle verfügbaren Kräfte aufgeboten, um Sie zu hypnotisieren. Wie konnten Sie das aushalten?"

Ich zuckte mit den Schultern. Offenbar erregt ergriff Dr. Hatteras' Begleiter das Wort.

„Sir, was haben Sie verspürt? Haben Sie sich unwohl gefühlt? War Ihnen, als wäre etwas Fremdes – etwas, was Sie nicht mit Ihrem vollen Bewußtsein erfassen konnten – in Ihr persönliches Ich eingedrungen? Sprechen Sie! Sie erstaunen mich. Sie sind ein psychologisches Phänomen! Ich bin noch keinem Menschen begegnet, der fähig gewesen wäre, die Kräfte meines Kollegen zu neutralisieren. Ich kann Ihnen versichern, daß es keinen besseren Mann auf diesem wissenschaftlichen Grenzgebiet gibt."

Ich jubelte innerlich. Dankbar dachte ich an Professor Dr. Gregory H. Horam, der mir zwei winzige Nervenfasern innerhalb meines Großhirns durchtrennt hatte. Ihm hatte ich dieses sogenannte „Phänomen" zu verdanken.

Der Alte sah mich warnend an. An seinem Blick erkannte ich, daß die beiden Wissenschaftler über meine Operation nicht unterrichtet waren. Kein Wunder, daß meine Reaktion für sie unbegreiflich erschien.

„In Ordnung, Doktor", besänftigte Reling. „Beginnen Sie bitte mit dem zweiten Versuch, aber diesmal mit einer Droge. Miller, ziehen Sie Ihre Jacke aus und entblößen Sie den rechten Arm."

Ich gehorchte widerstrebend. Der schlanke Mann befand sich in einer Art fieberhafter Erregung. Er füllte eine Injektionsspritze mit einer zartblauen Flüssigkeit. Ich begann zu transpirieren, als ich das Mittel sah. Es handelte sich um Ralowgaltin, benannt nach dem Entdecker Ralow. Wir kannten und fürchteten es als Verhördroge, die man zur Ausschaltung der menschlichen Willenskraft entwickelt hatte. Ich hatte bereits einmal ihre Wirkung erlebt und unter ihrem Einfluß alles ausgesagt, was man von mir wissen wollte.

Ich blieb stehen, als er mir die Nadel in die Vene einführte und den Inhalt sehr rasch injizierte. Er preßte mir einen desinfizierenden Tupfer auf den Einstich und führte mich zu einem Sessel, in dem ich betont gelassen Platz nahm. Dabei fiel mir ein, daß mich der Alte schon wieder einem nicht ungefährlichen Experiment aussetzte. Ich warf ihm einen unfreundlichen Blick zu. Er räusperte sich.

Sie beobachteten mich angespannt. Unaufhörlich sahen sie auf die Uhr.

Nach drei Minuten wurde mir übel. Ich mußte mich anstrengen, mich nicht zu übergeben. Das war auch alles. Mir war, als hätte ich etwas zuviel getrunken.

„Wer sind Sie?" eröffnete Dr. Hatteras seine Befragung. „Was haben Sie vor einer Stunde getan? Wann wurden Sie geboren?"

Die Fragen verrieten mir, daß sie mich für erledigt hielten. Bei jedem anderen Menschen wäre das auch unweigerlich der Fall gewesen.

Ich überwand meine Übelkeit und stöhnte:

„Fragen dieser Art sind innerhalb der GWA-Gemäuer anstößig. Geboren werde ich wahrscheinlich übermorgen. Demzufolge war ich vor einer Stunde noch gar nicht auf der Welt. Mein Name ist Miller, sogar mit zwei ‚L'. Hätten Sie nun etwas dagegen einzuwenden, wenn ich meinen risikofreudigen Vorgesetzten um eine halbe Flasche Whisky erleichtere? Mir ist nämlich ziemlich übel. Ralowgaltin schädigt den Kreislauf. Wußten Sie das nicht?"

Dr. Hatteras und seinem Kollegen blieb fast das Herz stehen. Das war wenigstens mein Eindruck.

Ein Grinsen huschte über das Gesicht des Alten. Die beiden Psychiater versuchten, mit derart komplizierten Fachausdrükken eine Erklärung zu finden, daß meine Übelkeit alleine vom Zuhören stärker wurde.

Der Alte reichte mir eine kaum angebrochene Flasche. Ich nahm sie dankbar entgegen.

„Legen Sie sich auf den Boden", forderte mich Dr. Hatteras auf. „Sie sind eine Henne. Legen Sie sich hin und gackern Sie. Sie sollen gackern!"

Ich fühlte mich schon wieder recht wohl. Relings „Kreislauftropfen" waren erstklassig.

„Doc, Sie sollten darauf achten, bei diesem Experiment keinen Schock zu erleiden. Wir brauchen Sie noch. Wenn Sie aber unbedingt ein Gackern hören wollen – bitte!"

Ich gackerte. Naturgetreu!

„Legen Sie nur kein Ei!" beschwor mich der Alte.

„Unbeeinflußbar", stellte Hatteras verwirrt fest. „Rätselhaft. Verstehen Sie das, Menchin?"

„Wir sollten die Ampullen auf ihren Inhalt überprüfen", forderte Dr. Menchin. „Unsachgemäße Lagerung, unwirksam geworden ..., viele Möglichkeiten."

Der Alte rettete mich vor den beiden Wissenschaftlern, indem er sie freundlich aber bestimmt hinauskomplimentierte.

Aufatmend strich er sich über die Stirn. Anschließend begann er zu lachen, wie ich es noch nie von ihm gehört hatte. Er schien sich köstlich zu amüsieren. War das noch der eiskalte und immer beherrschte Chef der mächtigen GWA?

Ich sah ihn besorgt an, worauf er fast schrie:

„Sie sind die größte Rarität der Wissenschaftlichen Abwehr. Ist die Wirkung denn tatsächlich so durchschlagend? Ich kann es kaum glauben. Sie haben nicht einmal auf Ralowgaltin reagiert."

„Sie machen mir Spaß, Chef! Erst schicken Sie mich durch die Hölle, und dann wundern Sie sich, daß ich nun Eigenschaften besitze, über die andere Leute nicht verfügen."

Er wurde schlagartig ernst. Fast beschwörend, erstmals meinen Namen nennend, kam er zur Sache.

„Konnat, Sie ahnen nicht, was das für uns bedeutet! Ich habe vierzehn Männer zu Professor Horam geschickt. Jeder war vorher hundertfach getestet worden. Die Robotauswertung bestätigte den Erfolg mit achtundneunzigprozentiger Sicherheit. Trotzdem kam außer Ihnen nur noch ein Mann durch. Die anderen Jungs ...!"

Er unterbrach sich. Ich wußte, weshalb er plötzlich so bedrückt war. Er brauchte nicht weiterzusprechen.

Eindringlich sah er mich an.

„Konnat, glauben Sie mir, ich habe allen Männern außer Ihnen gesagt, wie gefährlich der Eingriff ist! Sie haben es freiwillig getan, weil sie GWA-Leute waren. Ich sollte nicht erschüttert sein und bin es trotzdem. Mit Ihnen konnte ich über die Operation nicht sprechen. Ich hatte nicht den Mut dazu. Ihre Testergebnisse waren die besten von allen. Sie hatten gute Chancen. Deshalb habe ich mich entschlossen, ohne Ihr Wissen zu handeln. Wenn Sie sich geweigert hätten – ich hätte Sie nicht gezwungen! Ich habe gebangt, bis die ersten Nachrichten von Horam eintrafen. Ihr Vater war mein Freund. Als Sie damals zu mir kamen, waren Sie ein junger Mann von achtzehn Jahren. Nun arbeiten Sie schon seit vier Jahren für die GWA. Sie haben Erfolge errungen, die selbst Ihre ältesten Kollegen nicht aufweisen können. Ich setzte all meine Hoffnungen auf Sie, denn Sie wurden von den Elektronikern – ich erwähnte es bereits – als besonders geeignet bezeichnet. Das und Ihre großen Fähigkeiten stempeln Sie zu dem Mann, den ich unbedingt brauche. Sie ahnen nicht, was hinter den Kulissen wieder einmal gespielt wird."

Ich schwieg. So hatte ich ihn noch niemals „kennengelernt". Mir war, als brauchte er jemand, vor dem er sein Herz ausschütten konnte.

Es wurde still in dem großen Raum. Nur das Summen der Klimaanlage war zu hören.

„Es ist alles in Ordnung, Sir. Kann ich nun erfahren, was die Maßnahmen zu bedeuten haben?"

Plötzlich wurde er wieder zu dem Vorgesetzten mit dem undurchdringlichen Gesichtsausdruck. Er verbarg seine innersten Gefühle hinter seiner harten Schale, die kaum jemand so durchlässig gesehen haben mochte wie ich vor wenigen Augenblicken.

Ich fühlte aber, daß er dankbar war. Er war nie ein Freund vieler Worte oder großartiger Beteuerungen gewesen.

„Vor Ihnen liegt eine gewaltige Aufgabe, Konnat. Sie werden noch allerlei erdulden müssen. Man wird Sie verachten, verurteilen; in den Schmutz ziehen und in der Weltpresse als Verbrecher an der Menschlichkeit abstempeln. Ich darf weder eingreifen noch öffentlich erklären, wer Sie in Wirklichkeit sind. Es ist alles vorbereitet. Sie können sich darauf verlassen, daß wir kein Detail übersehen haben. Wir haben exakte Arbeit geleistet. Die Zeit drängt."

Ich glaubte seinen Worten vorbehaltlos! Aber wie war das mit der Verdammung zu verstehen? Bei dem Gedanken rebellierte mein Magen, der infolge der Injektion noch immer angegriffen war.

Ich wollte etwas erwidern, doch er winkte kurz ab. Dann drückte er auf einen Schalter.

„Miss Bogard, schicken Sie den Leutnant herein. Er soll sich beeilen."

Aha, also Bogard hieß die junge Dame. Ich lächelte. General Reling schaute mich durchdringend an.

„Sie sehen zwar gut aus! Sie sind durch und durch männlich. Ihr Gesicht wirkt bei verschiedenen Gelegenheiten etwas brutal. Sie sind groß, haben breite Schultern mit muskulösen Armen und feste Hände. Kurz, Sie sind ein Typ, der jede Frau anzieht. Aber meine Mitarbeiterinnen sind für Sie tabu. Das ist ein Befehl! Haben wir uns verstanden?"

Das war deutlich gewesen. Dieser Mann besaß die Angewohnheit, harmlose Menschen in ihrem innersten Ich zu erkennen.

„Wo bleibt MA-23, Miss Bogard?" rief General Reling ungeduldig in das Mikrophon.

„Sofort, Sir", erklang ihre Stimme im Lautsprecher. „Er betritt soeben die Strahlschleuse."

Der Alte nickte geistesabwesend und zog seine Uniformjakke glatt. Auf dem linken Ärmel schimmerte das GWA-Symbol.

„Wer ist das?" fragte ich. „MA-23, noch nie gehört. Ein Agent, der auf dem Mond eingesetzt wird?"

„Sie dürfen ausnahmsweise Frage stellen, denn Sie werden mit dem Mann zusammenarbeiten", entgegnete er knapp. „MA-23 ist ein Jahr lang als Chefpilot und Astronavigator auf dem Mondbasis-Versorgungsschiff R-95 geflogen. Zuverlässig, aktiv, tüchtig! Wir benötigen ihn dringend. MA-23 hat auf dem Erdtrabanten zwei Anschläge aufgedeckt, die sich gegen unsere neuen Uran-Verwertungsanlagen richteten. Haben Sie davon gehört?"

Ich nickte. Der Einsatz war nicht einfach gewesen. Etwa zur gleichen Zeit hatte ich in Asien andere Aufträge zu erledigen gehabt.

„Schön, Sie werden also mit ihm arbeiten. Er gibt sich betont eigenartig. Wenn er seine Aufgaben nicht so hervorragend löste, hätte ich ihn längst aus dem aktiven Dienst entlassen. Er hat ein lockeres Mundwerk. Dies ist aber eine angeborene und deshalb psychologisch begründete Eigenschaft, die wir nicht ändern können. Sie wissen, welchen Wert ich darauf lege, meine Leute nicht in eine Schablone zu pressen. Jedermann soll und muß seine Individualität behalten. Auch Sie haben Ihre Eigenarten, Konnat! Sehr respektvoll sind Sie auch nicht."

Ich hustete dezent. Reling kam allmählich in Fahrt.

„Ich weiß aber, was ein Befehl bedeutet, Chef. Kann man sich mit dem Kollegen vertragen?"

Er schmunzelte hintergründig. Von da an wurde ich nervös. Wenn der Alte derart die Lippen verzog, hatte er einen dicken Trumpf in der Hand.

„Warten Sie ab! Es dürfte wesentlich auf Sie ankommen. Wenn Sie MA-23 nicht gefallen, wird er es Ihnen in aller Offenheit sagen und sich nicht daran stoßen, daß Sie ein Captain sind. Erwarten Sie keine Unterwürfigkeit und fordern Sie auch keine. Das bedeutet nicht, daß er sich Ihren Anweisungen widersetzen würde; aber er legt Wert darauf, seine Gleichwertigkeit ständig zu demonstrieren. Diese Haltung ist auf seine physischen Mängel zurückzuführen. Das behaupten wenigstens unsere Psychologen."

Hmm – physische, also körperliche Mängel. Ich war neugierig, diesen Mann kennenzulernen.

Allmählich kehrte mein Wohlbefinden zurück. Die Wirkung der Ralowgaltin-Injektion klang ab. Zögernd fragte ich:

„Sie sprachen von einem Mann, der außer mir den Eingriff ebenfalls überstanden hätte. Ist das etwa mein sonderbarer Kollege?"

„Er ist es. Erstaunlich, daß er es durchgehalten hat. In ihm steckt mehr, als man beim ersten Blick vermuten könnte."

„MA-23 ist im Vorraum Sir", meldete sich die Vorzimmerdame über den Lautsprecher.

General Reling betätigte den Öffnungskontakt.

„Soll 'reinkommen."

Die Doppeltüren schwangen auf. Ich vernahm Schritte. Es hörte sich an, als käme eine Frau herein.

„Helauuu ..." rief eine Stimme, die rauh und heiser klang.

„Ah, das ist gut. Hier trinkt jemand scharfe Sachen. Hätten Sie etwas dagegen einzuwenden, Chef, wenn ich mich dazu einlade?“

Ich erstarrte. Sprachlos blickte ich den Alten an.

Tatsächlich, der Besucher zeigte keine Spur von Respekt. Ich hätte es niemals gewagt, meinen höchsten Vorgesetzten so zu begrüßen.

General Reling setzte seine grimmigste Miene auf, aber das schien unseren Gast nicht zu stören. Er lachte vergnügt. Langsam drehte ich mich um. Was ich sah, war unglaublich.

Ich schloß die Augen, öffnete sie aber sofort wieder. Nein, so ein Geschöpf hatte ich noch nie gesehen. Agent MA-23 war in einer reichlich saloppen Freizeitjacke und karierten Röhrenhosen erschienen. Die Hände hatte er bis zu den Ellbogen in den Taschen versenkt. In regelmäßigen Abständen vollführte er mit den Schultern Bewegungen, als bemühte er sich, die übermäßig wattierten Schulterteile seiner Jacke in die richtige Lage zu rücken.

Ein Lachen glitt über sein Gesicht. Als er mich ansah, schienen tausend Teufel in seinen Augen zu tanzen. Sie waren hellblau und zeigten einen verschmitzten Ausdruck.

Seine Haut schien nur aus Falten und Runzeln zu bestehen. Außerdem war sie mit zahlreichen Sommersprossen übersät. Er hatte rostrote Haare und eine nach oben gewölbte Stupsnase mit ungeheuer großen Öffnungen.

Wenn MA-23 nur nicht so unverschämt gegrinst hätte! Es war eine direkte Herausforderung, zumal seine Lippen übermäßig breit ausgebildet waren. Wenn er lachte, mußten seine Segelohren Besuch erhalten. Derart riesige Gebilde hatte ich bislang nur auf Karikaturen gesehen.

Seine Haltung konnte man nur mit einem Fragezeichen vergleichen. Von Figur war er ein dürrer Zwerg. Er konnte mir bestenfalls bis zu den Schultern reichen.

Ich war erschüttert.

Agent MA-23 stand ruhig im Zimmer. Er schien nicht daran zu denken, die Hände aus den Taschen zu nehmen. Sein Grinsen wirkte allmählich ansteckend.

Ich kniff die Augen zusammen und sah den General an. In dessen Augen lag ein Schimmer, der in mir den Eindruck erweckte, als würde er sich innerlich köstlich amüsieren.

Hinter mir lachte mein zukünftiger Mitarbeiter so schauerlich, daß mir eine Gänsehaut über den Rücken lief. Und mit ihm sollte ich in den Einsatz gehen!

Der Alte räusperte sich.

„Nehmen Sie gefälligst die Hände aus den Hosentaschen, Leutnant! Setzen Sie sich und sprechen Sie erst, wenn Sie dazu aufgefordert werden."

„Wenn Sie meinen, Chef!" krächzte mein Kollege. Bei dieser Antwort begann ich zu lachen. Ich konnte mich nicht mehr beherrschen. Ich war gespannt, wie lange sich der Alte solche Töne gefallen lassen würde. Er schien aber von diesem GWA-Agenten allerhand gewöhnt zu sein.

Der Bursche schnupperte in der Luft herum. Es hörte sich an, als wären zehn Bulldoggen im Zimmer. Anscheinend sollte das eine „stille" Aufforderung zum Spendieren eines Whiskys sein. Dann setzte er sich in den anderen Sessel vor dem Schreibtisch.

Affektiert schlug er die Beine übereinander und betupfte seine Lippen mit den Fingerspitzen.

Ich mußte meine ganze Willenskraft aufbieten, um mich einigermaßen zu beherrschen. Das war bestimmt der seltsamste Agent, der jemals zur GWA gehört hatte.

Relings Verhalten wurde immer abweisender. Seine drohenden Blicke schienen ihre Wirkung jedoch zu verfehlen. Der Leutnant veränderte seine Mimik um keine Nuance.

Reling stellte uns vor.

„Konnat, das ist Agent MA-23, laut Robotkartei GWA-Leutnant Utan."

Utan hieß mein neuer Begleiter also. Einen treffenderen Namen hätte er gar nicht haben können. Ich mußte unwillkürlich an einen Orang-Utan denken, die malaiische Bezeichnung für eine Affengattung. „Waldmensch" heißt das in der Übersetzung.

Die Lippen unseres Alten zuckten verdächtig. Ich wollte

mich zusammennehmen und wenigstens den notwendigsten Takt bewahren, als mich der Zwerg vollständig aus der Fassung brachte.

„Bitte vollständiger, Chef", empörte sich Utan. „Ich habe ein Recht darauf, mit meinem vollständigen Namen vorgestellt zu werden. Ich bin Hannibal Othello Xerxes Utan. Es genügt, wenn Sie Hannibal zu mir sagen, lieber Konnat."

Jetzt war ich überfordert und lachte schallend. Auch der Alte kämpfte vergeblich um seine Beherrschung.

„Wer hat Ihnen denn diese sinnigen Namen gegeben?" erkundigte ich mich, nachdem ich mich etwas beruhigt hatte.

„Meine Frau Mutter", erklärte er hoheitsvoll. „Sie war eine gebildete Frau und hat von antiken Feldherren und Königen viel gehalten. Auch mit Shakespeare war sie vertraut!"

General Reling und ich brachen erneut in Gelächter aus.

„Potz Blitz, was schreiet Ihr mir so ins Angesicht? Was ficht euch an?" rief der Kleine dazwischen.

„Was soll das nun wieder", stöhnte ich. „Sind Sie übergeschnappt?"

„Nee", feixte er. „Auf Grund meiner bedeutungsvollen Namen fühle ich mich jedoch genötigt, mich gelegentlich in einer spät-mittelalterlichen Ausdrucksweise zu äußern. Finden Sie mich nicht einmalig?"

Ich will es kurz machen! Ich brauchte zehn Minuten, bis ich mich einigermaßen erholt hatte. Der Bursche hatte ein Gemüt! Inzwischen hatte ich erkannt, daß sein äußerer Eindruck in der Tat täuschte. Hannibal wußte genau, was er tat und sprach. Sein Gebaren war weiter nichts als eine vorzügliche Maske. Das mußte ich neidlos anerkennen. Wenn dieser Mann seine Gegner nicht täuschen konnte, dann konnte das niemand.

Ich sah ihn aus vor Lachen tränenden Augen an und reichte ihm die Flasche hinüber. Er nahm sie erfreut in Empfang.

„Ersticken Sie nicht an dem scharfen Stoff, edler Löwe von Karthago. Ich bin übrigens Captain Thor Konnat. Mein Arbeitsgebiet lag bisher in Ostasien."

Er pfiff schrill und laut. Für wenige Sekunden verschwand

seine Heiterkeit. Seine hellen Augen blickten scharf und intelligent.

„Allerhand", sagte er kurz. „Danach waren Sie der Mann, der das nordchinesische Atomwerk ausfindig gemacht hat, das von der internationalen Atomkontrollkommission nicht genehmigt war. Als das Werk in die Luft flog, war ich gerade auf Raumstation Terra II. Ich habe den Atompilz mit bloßen Augen sehen können. Allerhand! Freut mich, daß ich Ihnen zugeteilt werde."

„Die ersten vernünftigen Worte seit Ihrem Eintritt", bemerkte der Chef. „Captain Konnat ist der andere Agent, der außer Ihnen den Eingriff überstanden hat."

Der Kleine musterte mich abschätzend.

„Also sind auch Sie durch die Hölle gegangen", flüsterte er. „Eben erst angekommen, oder waren Sie schon vor mir dran?"

„Heute entlassen worden", warf General Reling ein. „Es war höchste Zeit. Sie müssen mit Ihrer Arbeit beginnen. Sie haben sich ab sofort zu duzen, damit Sie sich daran gewöhnen. Das ist ein Befehl!"

Ich runzelte die Stirn. Der Kleine wandte keinen Blick von mir. Seufzend hielt ich ihm die Rechte hin, in der seine Hand fast verschwand.

„Okay", lachte er. „Ich bin also Hannibal. Zu dir sage ich Langer; das liegt mir besser als dein Göttername. Deine Mutter hat sich wohl an die nordische Mythologie gehalten, was? Wir sind also artverwandt. Das gefällt mir."

Der Alte erhob sich und beendete unsere Unterhaltung.

„Kommen Sie mit. Ich werde Sie mit Ihrer Aufgabe vertraut machen. Wir müssen dazu die elektronische Datenauswertung in Anspruch nehmen."

Mir stockte der Atem. Dem Zwerg erging es ebenso. Sprachlos sah er mich an.

Er hatte auch allen Grund dazu, denn ich konnte mich nicht erinnern, daß der Chef jemals zwei Männer in das Allerheiligste der GWA mitgenommen hatte. Schlagartig erkannte ich, wie wichtig und bedeutungsvoll die Aufgabe sein mußte, an deren Lösung wir arbeiten sollten.

Innerlich begann ich zu vibrieren, als der General an einen schweren Tresor trat, dem er ein Schlüsselgerät entnahm.

Es war ein winziges und äußerst kompliziertes Elektronengehirn, in dessen Kapazitronen der Kode enthalten war, mit dem man jene Panzerschotte öffnen konnte, die zu den Sälen mit der Robotkartei führten. Die Schlösser, die mit dem Kodegerät gleichgeschaltet waren, reagierten auf den millionenfach zerhackten Impulsstrom, der alleine eine Auslösung der Öffnungskontakte bewirken konnte.

Wortlos steckte General Reling das rohrförmige Gerät in seine kurze Uniformjacke und gab uns einen Wink. Er mußte bemerkt haben, daß wir mehr als sprachlos waren, aber er unterließ jede Bemerkung.

Welches Vertrauen mußte uns dieser sonst so argwöhnische Mann entgegenbringen!

Er schnallte sich den Waffengürtel um die Hüften. In dem Halfter steckte einer der grauenhaften Säurestrahler. Die Waffe war groß und durch den Preßluftzylinder unhandlich. Sie war auch nur im Nahkampf zu gebrauchen. Allerdings war sie dann von verheerender Wirkung.

Er wußte, daß wir unbewaffnet waren. Dennoch schien er diese Vorsichtsmaßnahme für richtig zu halten.

Hannibal verzog die Lippen, unterdrückte aber jede Bemerkung.

Reling öffnete eine schwere Stahltür. Sie glitt in die Wand zurück und gab einen schmalen Betongang frei, in dessen Wänden die verschiedenartigsten Vernichtungswaffen installiert waren. Fernsehkameras überwachten laufend diesen einzigen Zugang zu den Robotkarteien. Aus diesem Grunde konnte auch der Chef nicht einfach eintreten. Über ein Sicht-Sprechgerät gab er einige Befehle an die Männer der Wache, die in einem anderen Raum hinter ihren Bildschirmen saßen und unablässig den Zugang beobachteten.

Kurze Bestätigungen klangen aus den Lautsprechern. Der Alte schritt voran.

Wir folgten mit gemischten Gefühlen. Immer wieder mußte ich auf die gepanzerten Sprühdosen der eingebauten Säurestrahler blicken. Ich sah auch die Mündungen der Maschinenkanonen und die Elektroden der Lichtbogen-Strahlschirme, die mit Temperaturen von fünfzigtausend Grad Celsius und Stromstärken von eintausendfünfhundert Ampere arbeiteten.

Wenn ein Fremder ohne Genehmigung eindrang, war er rettungslos verloren. Es war ein seltsames Gefühl, unter und an den tödlichen Sicherungen vorbeizugehen, die sich teilweise automatisch auslösten, wenn sie nicht vorher ausgeschaltet worden waren.

General Reling öffnete mit dem Schlüsselgerät insgesamt vier Panzertüren aus Trimolnital-Stahl. Dabei meinte er:

„Wenn es einem Unbefugten einmal wider Erwarten gelingen sollte, alle Abwehreinheiten zu überwinden und überdies die Schotten zu öffnen, dann würden die Speicherdaten automatisch gelöscht. Für diesen Fall haben wir besondere Vorkehrungen getroffen. Die Kartei ist das eigentliche Herz der GWA. In ihr sind nicht nur die Namen, Bilder, Fingerabdrücke, Blutgruppen und die Gehirnwellenlängen unserer Agenten festgehalten, sondern auch sämtliche Unterlagen, Ergebnisse und Geheimnachrichten, die die GWA jemals erhalten hat. Sie wissen, was das bedeutet!"

O ja, das wußten wir sehr gut.

Nach zehn Minuten betraten wir einen kleinen Vorraum, anschließend einen quadratischen Saal von riesigen Ausmaßen. Er war hell erleuchtet. Auch hier drohten automatische Abwehrwaffen. Auf der ganzen Welt gab es kein Archiv, das so stark abgesichert war.

Ich erblickte die elektronische Robotkartei. Sie war nichts anderes als ein vielseitiges und hochwertiges Elektronengehirn. Ich betrachtete die Maschinenungeheuer und die Schalttische, von denen aus die Programmierungen vorgenommen wurden.

Die Kartei bestand aus zahlreichen Großrechnern für verschiedenartige Aufgaben. Mit Hilfe einer koordinierenden Synchronschaltung konnten in Minuten Probleme gelöst werden, an denen hundert Mathematiker vom Format eines Einstein Jahrzehnte hätten arbeiten müssen.

Ich war überrascht. Sogar Hannibal machte keine unpassende Bemerkung.

Wir waren allein. Reling schaltete die Aufnahmemikrophone der akustischen Überwachung ab. Von nun an konnte niemand mehr mithören, was in dem Saal gesprochen wurde.

Er bot uns zwei Konturensessel vor dem großen Schaltaggregat an und setzte sich ebenfalls.

„Wir wollen beginnen, meine Herren. Ich mache es so kurz wie möglich, denn sehr viel kann ich Ihnen noch nicht sagen. Das, was ich wissen will, müssen Sie erst herausfinden."

4.

„Von ungefähr habe ich Sie nicht mit in die Robotkartei genommen", fuhr er fort. „Die Bilder, Berichte, Verdachtsmomente und Berechnungsergebnisse, die Sie jetzt sehen und hören werden, sind uns seit etwa drei Wochen bekannt. Wir hätten längst zugeschlagen, wenn es uns möglich gewesen wäre. Es handelt sich um einen Fall, bei dem die Bundeskriminalpolizei nicht weitergekommen ist, einen typischen GWA-Fall also. Wir bearbeiten ihn praktisch vom ersten Tage an. Im FBI-Hauptquartier hat man begriffen, daß dabei keine Lorbeeren zu ernten sind. Ergänzend möchte ich Ihnen noch sagen, daß nicht nur die Sicherheit der USA, sondern die der gesamten Erde auf dem Spiel steht."

Ich hörte Hannibal erregt ausatmen. Selbst gab ich mich betont gleichmütig. Dies war aber nur Maske. Auch in mir brannte die Frage, was die förmliche Einleitung mitsamt den vorangegangenen Sicherheitsmaßnahmen zu bedeuten hatten. Der Alte war sonst dafür bekannt, daß er einen Agenten nur in den allernotwendigsten Worten mit einer Aufgabe vertraut machte. Hier handelte er gegen seine Grundsätze.

Er erhob sich und trat an das Steuer-Schaltgerät mit seinen unzähligen Kontrollampen, Skalen, Schaltern und Bildflächen. Von dort aus wurde das Elektronengehirn gesteuert.

Er zog ein schmales Magnetband aus der Tasche. Es war offensichtlich in anderen Abteilungen vorbereitet worden.

Reling schaltete. Zwei grüne Lampen leuchteten auf. Abgesehen von dem Summen einiger Gebläse arbeitete das GWA-Supergehirn lautlos.

Reling legte die Mikrobandspule in die Abtastautomatik. Von nun an hatten wir zu warten. Das Licht wurde abgeblendet. Unsere Sessel schwangen herum.

Vor uns lag die wandfüllende Bildfläche, auf der das erscheinen würde, was das Gehirn wußte.

„Passen Sie genau auf", forderte uns der Chef auf. „Sie werden später Fotokopien der wichtigsten Daten erhalten. Ehe Sie das Hauptquartier verlassen, müssen die Kopien vor meinen Augen vernichtet werden."

Ich beobachtete die Bildfläche, auf der plötzlich Schriftzeichen erschienen. Das Gehirn hatte also unter seinen vielen Millionen Daten schon die richtigen herausgesucht. Erledigen Sie so etwas einmal in zwanzig Sekunden! Aber nicht nur ein einzelnes Aktenstück, sondern einen weitverzweigten Vorgang, in dem alles enthalten sein muß, was zu dem betreffenden Fall gehört.

„Betrifft Einsatz der Agenten HC-9 und MA-23 zur besonderen Verwendung", konnte ich lesen. „HC-9, laut Kartei Captain Thor Konnat, MA-23 laut Kartei Hannibal Othello Xerxes Utan."

Das Robotgehirn äußerte sich vorerst in weiteren Schriftzeichen:

„Zunächst das Material für die beiden genannten Agenten in chronologischer Folge. Vorfall ‚Duster' vom 23. April 2002."

Vorfall „Duster"? Was war das?

Ich beugte mich gespannt nach vorn.

Die Schrift verschwand. Jetzt tauchten auf dem Bildschirm gewaltige Gebäudekomplexe auf, die zu einer Fabrik mit ausgedehnten Laboratorien zu gehören schienen.

Der Computer schaltete auf akustische Information um. Die „Stimme" klang unpersönlich.

„Sie sehen die staatlichen Laboratorien ‚Hilltown' zur Erzeugung und Neuentwicklung bakteriologischer Waffen", erklärte der Automat.

Ich atmete heftig. Hilltown also! Die geheimnisvollste Anlage in den Staaten – irgendwo in einer Wüste des Südwestens. Ich wußte ungefähr, welche grauenhaften Dinge dort erforscht und teilweise fabriziert wurden.

Das Bild wechselte ständig. Wir sahen Gebäude und Sicherheitseinrichtungen; schließlich einen langgestreckten Flachbau.

„Forschungslabor 22-B. Speziell eingerichtet zur Züchtung von Kulturen, die aus künstlich erzeugten Mutationen weiterentwickelt wurden, aber auch von solchen, die nicht von der Erde stammen."

Bei diesen Angaben schloß ich die Augen. Mutationen von Viren, die man kaum in ihrer normalen Form bekämpfen konnte, waren in diesen Labors gezüchtet worden.

Der Alte schaute mich prüfend an. Ich konnte es trotz des Dämmerlichtes gut erkennen.

„Was bedeutet das?" flüsterte ich heiser.

„Warten Sie ab."

Das Bild blendete in das Innere des Labors um. Wir sahen große Säle, Brutschränke und Wissenschaftler, die sich in ihren Schutzkleidungen schwerfällig bewegten.

Schließlich tauchten Kellerräume auf, in denen ebenfalls Brutschränke und Regale mit Erregerkulturen aufgestellt waren. Die dort beschäftigten Menschen glichen gepanzerten Ungeheuern. Ich bemerkte sofort, daß sie über ihren normalen Schutzanzügen nochmals Kombinationen trugen, die sie gegen radioaktive Strahlungen schützten. Sie trugen Helme und schienen über ein autarkes Lebenserhaltungssystem zu atmen.

„Warum Strahlschutzkleidung?" fragte Hannibal verstört. „Seit wann trägt man die in bakteriologischen Labors?"

Der Alte erwiderte nichts, doch dafür klangen wieder die metallischen Laute des Robotgehirns auf.

„Zuchtlabor 13-L-1. Geheimste Forschungsstätte des Werkes. Sie sehen das Virus Lunaris in dreimillionenfacher Vergrößerung."

Ein kreisförmiges Bild tauchte auf. Es war, als sähe man in eines der modernsten Elektronenmikroskope. Ich erkannte ein Gewimmel von sechseckigen Kleinstlebewesen, die trotz der enormen Vergrößerung kaum zu erkennen waren.

„Das Virus Lunaris, vor einem Jahr in einem der Mondbergwerke entdeckt. Es handelt sich um eine außerirdische Lebensform, die man jedoch auch in den modernen Labors der Erde züchten kann. Das Virus-Lunaris ist das gefährlichste Kleinstlebewesen, das der Wissenschaft jemals bekannt wurde. Es ist unempfindlich gegen das absolute Vakuum. Bei etwa minus zweihundertzehn Grad Celsius tritt eine Erstarrung ein, die sich bei nachfolgender Erwärmung wieder löst. Hitzeunempfindlich bis zu Temperaturen von plus fünfhundertzweiunddreißig Grad Celsius. Das Virus verbreitet und vermehrt sich ungeheuer rasch, sobald es mit der irdischen Atmosphäre in Berührung kommt. Versuche mit anderen Gaszusammensetzungen haben bewiesen, daß der Erreger auch in einer Methanatmosphäre lebensfähig ist. Eine Sauerstoffatmosphäre wie die der Erde ist jedoch sein günstigstes Ausbreitungsfeld."

Das Bild wechselte. Ein anderer Ausschnitt erschien. Darauf schimmerten die teuflischen Kleinstlebewesen in strahlend blauen Farben.

„Die Kontrastfärbung ist gelungen", fuhr das Gigantengehirn monoton fort. „Zuchtlabor 13-L-1 ist absolut luftleer gepumpt worden, um eine unwillkommene Verbreitung des Virus zu verhindern. Die ausgedehnten Versuchsreihen haben zwei bemerkenswerte Eigenschaften des Virus ergeben. Sobald es mit der normalen Luft in Berührung kam, breitete es sich schnell aus und verseuchte dabei das Versuchsgebiet. Nach etwa zehn Stunden konnte aber festgestellt werden, daß die vorher so vitalen Viren abstarben. Die letzten Experimente bewiesen, daß dieser Vorgang in der zweiten Eigenschaft des Virus begründet liegt."

Ein neues Bild zeigte einen Landstrich, auf dem nichts mehr blühte und grünte. Die Bäume waren schwarz, tot und verdorrt. Kein Gräschen lebte mehr. Es war, als erblickte man eine Landschaft aus der Unterwelt.

„Sie sehen das Versuchsgelände, über dem verseuchter Staub abgeblasen wurde. Das Virus Lunaris ist von Natur aus ein Gammastrahler. Seine Radioaktivität steigert sich bei dem Expansionsvorgang explosionsartig bis zu Werten von vierhundertzwanzig Röntgeneinheiten. Der Erreger scheint alle in ihm wohnende radioaktive Energie innerhalb von zehn Stunden abzugeben. Dies wird als Ursache für sein Absterben angesehen."

Ich stöhnte unterdrückt und krampfte die Hände um die Sessellehne. Unfaßlich! Ich wollte und konnte es nicht glauben.

Der Computer fuhr mit seinem Bericht fort. Monoton kamen die genauen Daten über diese höllische Lebensform aus den Lautsprechern. Wir wurden immer wieder mit Bildern von Landschaften konfrontiert, die mit dem Virus „behandelt" worden waren. Demnach stand es fest, daß sich die Viren, die in nur zwei Kubikzentimeter Staub enthalten waren, nach dem Eintritt in die sauerstoffreiche Atmosphäre so enorm und rasch vermehrten, daß sie in einem Zeitraum von etwa zehn Stunden eine Fläche von hundert Quadratkilometern vernichteten.

Dann starben sie plötzlich ab. Ihr grausiges Werk war auf die sehr starke Radioaktivität zurückzuführen, doch lag der sekundäre Wirkungsbereich in dem fast schlagartigen Auftreten einer Seuche, die auf der Erde vollkommen unbekannt war.

Ich sah befallene Versuchstiere. Sie hatten sich in unförmig aufgeblähte Kolosse verwandelt. Ihre schwammig gewordenen Körper waren mit faustgroßen Blasen übersät. Diese Beulen zerplatzten nach kurzer Zeit und sonderten eine weißliche Flüssigkeit ab.

„Das Virus Lunaris wäre auch tödlich, wenn es nicht die Eigenschaft einer natürlichen Radioaktivität besäße", erklärte das Gehirn so kalt und sachlich, wie es nur eine Maschine kann.

„Die Lunaris-Seuche greift nicht nur Menschen, sondern auch Tiere an. Pflanzen werden davon nicht berührt. Für die Vernichtung der Flora sorgt die Radioaktivität. Bei einer bakteriologischen Kriegsführung könnte es mit Hilfe einiger Virus-Staubbomben leicht gelingen, einen Kontinent von der Größenordnung Asiens im Zeitraum von zehn Stunden in eine totale Wüste zu verwandeln. Die von dem Virus abgegebene Radioaktivität nimmt nach wenigen Tagen wieder ab. Es entstehen keinerlei Spaltprodukte mit hohen Halbwertszeiten. Eine Verseuchung der Atmosphäre ist keinesfalls zu befürchten. Die Vorteile dieser bakteriologischen Waffe liegen klar auf der Hand. Totale Ausrottung von Mensch und Tier – totale Abtötung der gesamten Flora. Soweit der Bericht über die Wirkungsweise des Virus-Lunaris."

Die schrecklichen Bilder verschwanden endlich. Die Robotstimme verstummte. Es war wie eine Erlösung.

Ich war schweißgebadet. Mein Verstand weigerte sich, das Entsetzliche als Realität aufzunehmen. Leutnant Utan war leichenblaß. Auf seiner Stirn perlten ebenfalls Schweißtropfen.

Der Chef unterbrach die Vorführung und wandte uns sein Gesicht zu. Es verriet nichts von seinen Gefühlen.

„Fassen Sie sich, meine Herren! Der Computer hat Ihnen nur vorgeführt, was wir in ihm verankert haben. Wir alle wissen, daß diese nichtirdische Lebensform die furchtbarste Waffe ist, über die Menschen jemals verfügt haben. Dagegen verblaßt selbst die Kohlenstoffbombe. Unser Kalter Krieg mit dem ‚Asiatischen Staatenbund' machte die Entwicklung von Waffen erforderlich, deren eventuelle Anwendung uns die Gewißheit gibt, daß wir dabei nicht die Erde und die gesamte Menschheit vernichten. Dies wäre bei C-Bombenexplosionen der Fall. Bakteriologische Kampfstoffe werden auch in Großasien entwickelt – dessen können Sie sicher sein! Man ist immerhin so klug geworden, einzusehen, daß ein eventueller Atomkrieg das menschliche Leben erlöschen ließe. Also sucht man nach Ausweichlösungen; nach Vernichtungsmitteln, die keinen Weltuntergang hervorrufen, die aber trotzdem einen Kontinent in Stunden abtöten können mit allem, was darauf läuft, kriecht und fliegt. Das, meine Herren, sind die Tatsachen, denen wir ins Auge sehen müssen. Kommen wir nun zum Fall ‚Duster', von dem das Gehirn anfänglich gesprochen hat."

Der Riesenautomat nahm seine Berichterstattung wieder auf. Die Bildfläche blieb jedoch vorläufig dunkel und zeigte nichts. „Am 23. April 2002 wurden drei namhafte Wissenschaftler der staatlichen Laboratorien in Hilltown getötet. In der Nacht vom 22. zum 23. April gelang es mehreren noch unbekannten Agenten, in das Zuchtlabor einzudringen und eine Kultur des Virus Lunaris' zu entwenden. Die Radarüberwachung hatte den Anflug des Flugschraubers nicht feststellen können.

Es muß ermittelt werden, auf welchem Wege die Agenten in das streng bewachte Werk hineinkamen. Die Lösung dieser Frage wird den Agenten HC-9 und MA-23 als zusätzliche Aufgabe übertragen. Der Flugschrauber konnte darüber hinaus wieder starten, ohne daß eine rechtzeitige Abwehr erfolgte.

Es steht fest, daß von der Maschine Virusstaub abgelassen wurde. Der sich ausbreitende Erreger verseuchte die gesamte Umgebung. Zum Glück tragen die Wissenschaftler und Laboranten auch während der Nacht ihre schweren Virus- und Strahlschutz-Kombinationen. Sie entgingen dadurch dem Verderben. Die drei Wissenschaftler, die als Gäste von der Boston-University gekommen waren, hatten ihre Schutzanzüge abgelegt. Es ist für einen Ungeübten fast unmöglich, in dem groben Material eines solchen Anzuges einzuschlafen. Da das Gästehaus einige Kilometer von dem Geheimlabor entfernt liegt, wäre den Männern normalerweise nichts passiert. Aber der Staub, der kurz nach dem Start des fremden Flugschraubers über das Gelände wehte, brachte den drei Besuchern die Luna-Seuche und damit den Tod.

Sie sehen jetzt Aufnahmen, die von der Geheimen Bundeskriminalpolizei drei Stunden nach der Katastrophe gemacht wurden."

Ich fühlte nur noch Grauen und Entsetzen, obwohl ich mir eingebildet hatte, ich wäre ein harter und empfindungsloser GWA-Spezialist.

Meine Augen weiteten sich, als das Werk wieder auftauchte. Schwarz – tot, von Radioaktivität verbrannt. Das umliegende

Land war eine Wüste mit abgestorbenen Bäumen, Büschen und Gräsern.

Dann sah ich die drei Menschen, die sich in jener Nacht ohne Schutzanzüge im Werk aufgehalten hatten. Sie glichen aufgedunsenen Ungeheuern. Männer in Schutzanzügen versuchten den Kranken zu helfen.

Kalt, sachlich und mitleidlos fuhr das Gehirn fort:

„Dies ist ein Beispiel von der Wirkungsweise des Virus Lunaris auf hochstehende, lebende Organismen. Die Diebe wollten mit dem Abblasen des Staubes eine sofortige Verfolgung verhindern. Die Nachforschungen der GWA beweisen, daß es sich bei dem Vorfall ‚Duster' um ein planmäßiges Verbrechen handelte, das mit größter Konsequenz durchgeführt wurde. Die Folgerungen, die sich aus dem Diebstahl eines Zuchtbehälters ergeben, liegen auf der Hand. Noch nie war die Menschheit so gefährdet wie jetzt."

Endlich verschwanden die grauenhaften Szenen. Das Licht blendete wieder auf. Ratlos blickte ich auf den Chef, der mit leiser Stimme erklärte:

„Der Anschlag auf das Werk war ein voller Erfolg. Jetzt liegt es an uns, die Attentäter zu finden und sie mitsamt dem Brutkasten unschädlich zu machen. Konnat, Sie erhalten hiermit Vollmachten, wie sie ein GWA-Spezialist noch niemals bekommen hat. Wenn Sie hundert Millionen Dollar benötigen, dann genügt Ihr Scheck, und die Summe wird ohne Gegenfrage ausgezahlt. Wenn Sie fünfzig Atom-U-Boote anfordern, so werden die Boote auslaufen. Sollten Sie bei Ihren Nachforschungen feststellen, daß höchste Persönlichkeiten in die Affäre verwickelt sind, so werden diese Leute bis zur endgültigen Klärung spurlos verschwinden. Sie brauchen in keinem Falle bei mir oder in Washington besondere Genehmigungen einzuholen. Begreifen Sie die Bedeutung der Maßnahme, Konnat, die ich Ihnen soeben mitgeteilt habe?"

Seine Augen schienen zu glühen. Der Atem kam stoßweise. Ungläubig sah ich auf den Mann, der über mehr Vollmachten verfügte, als der Präsident der Staaten.

„Konnat, wenn es Ihnen nicht gelingt, die Kulturen zurückzubringen, oder sie zu vernichten, wird man mit einem Angriffskrieg beginnen! Muß ich Ihnen sagen, daß man drüben nur wartet, bis man eine solche Waffe in den Händen hält? Eine Waffe, die den eigenen Fortbestand garantiert, die aber zur totalen Vernichtung des Gegners führt?"

Ich war deprimiert. Mit einer solchen Entwicklung hatte ich nicht gerechnet.

Hannibal hatte seine Fassung schneller wiedergewonnen. Sein Gesicht war maskenstarr.

„Okay, fangen wir an, Chef! Haben Sie Anhaltspunkte, auf die Sie uns ansetzen können?"

„Ja, die haben wir. Es sind inzwischen drei Wochen vergangen. Wir haben die Zeit nicht ungenutzt verstreichen lassen. Konnat, Sie werden noch in der kommenden Nacht verhaftet. Man wird Sie wegen Hochverrats anklagen. Sie sind von nun an Dr. Tensin, Doktor Bob Tensin. Sie haben unerlaubt und mit verbrecherischen Absichten ein physikalisches Labor unterhalten. Sie sind vermögend. Sie sind Kernphysiker. Ihre Kenntnisse haben Sie sich in den staatlichen Atomwerken von ‚Hellgate-Point' erworben, ehe Sie aus dem Staatsdienst ausschieden. Sie haben sich damit beschäftigt, einen Photonenreflektor zu entwickeln, der als Abwehrwaffe gegen überschallschnelle Raketengeschosse und Flugzeuge dienen kann. Ferner lassen sich durch den dabei entstehenden Strahldruck beliebige Staubmengen über weite Landstriche blasen.

Nun, Dr. Bob Tensin, meinen Sie nicht auch, daß man sich in Asien für einen solchen Reflektor interessieren könnte? Damit wäre es beispielsweise einfach, mikroskopisch feine Staubmengen von einem U-Boot aus in die höchsten Luftschichten über den USA zu blasen. Man könnte uns mit dem Virus Lunaris verseuchen. Ortungssicherer als jede Rakete! Unser Frühwarnsystem wäre zwecklos geworden. Was halten Sie davon, Doktor?"

Ich verstand! Ich begriff blitzartig. Es war unheimlich, auf welche Ideen Reling kam.

„Einverstanden, Sir. Ich bin Dr. Tensin. Hat es den Mann einmal gegeben? Wie sah er aus? Was wußte und was konnte er wirklich? Kann ich die technischen Unterlagen über einen Photonenreflektor einsehen?"

„Alles vorhanden. Dr. Tensin hat gelebt. Spezialagent TS-19 erschoß ihn. Sie fliegen heute noch zu seinen ehemaligen Labors. Alles ist vorbereitet. Dort werden Sie von zwei Beamten der Geheimen Bundeskriminalpolizei verhaftet und nach Washington zurückgebracht. Ich werde die Verhandlung vor dem Obersten Bundesgerichtshof so beschleunigen, daß Sie sofort abgeurteilt werden. Niemand wird etwas wissen; nur ich bin informiert. Erwarten Sie keine sanfte Behandlung. Hoffen Sie auch nicht auf das versteckte Augenzwinkern eines Kameraden. Niemand darf ahnen, daß Sie Captain Thor Konnat sind. Sie sind ein Verbrecher, ein Hochverräter und ein Saboteur an der Menschheit. Die Unterlagen bekommen Sie sofort. Das Robotgehirn wird Sie genauestens unterweisen. Wenn Sie verurteilt sind, wird Ihre Aufgabe beginnen. Sind unsere Gegner Agenten des ‚Astatischen Staatenbundes', dann wird man auf Sie größten Wert legen. Schleichen Sie sich ein. Spielen Sie mit. Ihr Gehirn ist präpariert. Daher wird Sie niemand ausfragen können. Sie sind und bleiben Dr. Tensin. Ist soweit alles klar, Konnat?"

„Alles klar", bestätigte ich.

„Meine Aufgabe, Chef?" fragte Hannibal.

„Sie werden zusammen mit Konnat verhaftet werden", erklärte General Reling. „Sie traten bislang als Chefpilot einer Mondrakete auf. Das können wir einplanen. In Luna-City sind insgesamt zweihundertvierundachtzig Kilogramm Plutonium gestohlen worden. Wir haben den wirklichen Täter gefaßt; von nun an werden Sie der Gauner sein."

„Herrlich, wie ich mich fühle", äußerte Hannibal. „Wie geht's weiter?"

„Der angebliche Dr. Tensin ist Ihr Freund. An ihn haben Sie das entwendete Plutonium geliefert, da er es für seine Experimente benötigte. Sie haben ihm das Material bei jeder Reise in kleinen Mengen mitgebracht. Genaue Anweisungen darüber erhalten Sie noch. Es darf nirgends eine Lücke entstehen. Sie werden sich bei Ihrem Freund aufhalten und mit ihm verhaftet werden. Die Geheime Bundeskriminalpolizei besitzt bereits alle Unterlagen und Beweismittel. In den Labors steht der fast fertige Photonenstrahler. Das Plutonium wird auch gefunden werden. Sie, Konnat, werden das Gerät in die Luft sprengen, sobald die Beamten des FBI ankommen. Ergeben Sie sich rechtzeitig, damit Sie nicht erschossen werden. Ich kann Ihnen nicht helfen. Das wäre alles. Noch Fragen?"

Zum Teufel – und ob ich noch Fragen hatte!

Nun, mein Wissensdurst wurde gestillt. Fünf Stunden lang saßen wir im Vorführsaal der Robotkartei beisammen und spielten Punkt für Punkt durch. Alle Möglichkeiten wurden mit der bekannten Gründlichkeit der GWA erwogen, abgemessen und berücksichtigt.

Als wir wieder in das Büro des Alten zurückkehrten, waren wir erschöpft. In unseren Köpfen schwirrten zahlreiche Daten, die abwechselnd von den Bildern verdrängt wurden, die wir gesehen hatten.

Wir konnten zwei Stunden schlafen. Dann startete die Maschine. Es war ein Turbobomber mit zusätzlichen Staustrahltriebwerken, die erst bei sechshundert km/h zu arbeiten begannen. Die Maschine gehörte der GWA. An Bord befand sich jener Pilot, den ich bereits beim Flug zum Chef kennengelernt hatte. Er stellte keine Fragen.

Mit achtfacher Schallgeschwindigkeit rasten wir an den Grenzen der oberen Stratosphäre nach Westen. Die Zeiten der sogenannten „schnellen" Bomber der taktischen Luftwaffe mit nur zweieinhalbfacher Schallgeschwindigkeit waren lange vorbei.

Unsere Maschine überbrückte die Entfernung von dreieinhalbtausend Kilometern in zwanzig Minuten. Unser Ziel lag im westlichen Nevada; unmittelbar in dem Landstrich, den man „Großes Nevadabecken" nennt.

Dort befand sich auch der neue Raumflughafen, auf dem die Raketen zur Versorgung der beiden amerikanischen Raumstationen starteten. Neuerdings war man dazu übergegangen, die planmäßigen Mondschiffe ebenfalls von den „Nevada-Fields" aus starten zu lassen. Vor zwanzig Jahren wäre es ein Ding der

Unmöglichkeit gewesen, da man damals noch nicht über die neuen chemischen Treibstoffe und Atomstrahltriebwerke verfügte. Heute waren wir soweit, mit einer verhältnismäßig kleinen Zweistufen-Rakete den Mond direkt anfliegen zu können. Früher waren die Moon-Liner von der Kreisbahn der Raumstation aus gestartet.

Wir umflogen den Raumhafen in einem so weiten Bogen, daß wir eine peinliche Kontrolle nicht zu befürchten brauchten. Geortet wurden wir ohnehin.

Unter uns tauchte der Walker-See auf. An seinem nördlichen Ufer lag die kleine Stadt Schurz.

Das war unser Ziel. Etwas weiter westlich begannen schon die Ausläufer der Sierra Nevada; dahinter erstreckte sich Kalifornien.

Der Flug war reibungslos verlaufen. Als die Maschine mit wirbelnden Rotorkränzen auf den kahlen Felsboden hinabsank, war es schon dunkel.

Wir stiegen aus, verabschiedeten uns und schritten auf das große Gebäude zu, das sich dicht an einen felsigen Abhang schmiegte. Dieses einsam gelegene Haus hatte sich Dr. Tensin als Domizil ausgewählt. Es war unbewacht. Kein Mensch begegnete uns. Der Chef hatte dafür gesorgt, daß uns niemand beobachten konnte.

„Unter meiner Kopfhaut juckt es“, meinte Hannibal, als wir eintraten und das Licht einschalteten. „Wenn das gutgeht, will ich ...!“

„Hannibal der Große heißen“, vollendete ich den Satz. „Halte jetzt keine Wahlreden, sondern konzentriere dich auf deine Aufgabe. Wo ist die Tasche mit der Sprengladung? Sie wird hochgehen, sobald die Männer vom FBI auftauchen. Der Photonenreflektor muß vernichtet werden. Die Unterlagen haben wir ohnehin.“

Wir wußten, wohin wir zu gehen hatten. Wir öffneten die getarnte, zu den Kellerräumen hinunterführende Tür. Von dort aus erreichten wir die natürlichen Höhlen, in denen Dr. Tensin eigenmächtig und entgegen den internationalen Bestimmungen experimentiert hatte.

Die Einrichtung war beeindruckend; die Geräte auf dem neuesten Stand. Ich prüfte sie durch und sah mir das unförmige Gebilde an, das nahezu vollendet in dem Labor stand. Der Reflektor sollte einen Strahlschub von sechshundertzwanzigtausend Megapond haben. Das hatte unser Robotgehirn behauptet.

Ich brachte die Sprengladung an und zog die Leitung durch den Keller hindurch bis hinauf ins Haus.

Wir warteten in fieberhafter Erregung und lauschten auf das Brummen von Motoren. Wenn alles planmäßig verlief, mußten sie jetzt da sein. Wir hörten sie aber erst, als sie sich schon dicht vor der Tür befanden.

Sekunden später flog sie mit einem Teil der Hauswand in die Luft. Ein starker Lautsprecher klang auf.

„Doktor Tensin, wir sind darüber informiert, daß Sie sich im Haus aufhalten. Wir kennen auch Ihre versteckten Labors. Hier spricht Major Garry von der Geheimen Bundeskriminalpolizei. Ich fordere Sie auf, mit erhobenen Händen aus dem Haus zu kommen. Ein Fluchtversuch ist zwecklos. Wir haben das Gebäude umstellt und auch den Notausgang gesperrt. Ich bewillige Ihnen drei Minuten Bedenkzeit. Sollten Sie bis dahin nicht kapitulieren, werde ich Feuerbefehl geben."

Als der Lautsprecher verstummte, begann Hannibal zu grinsen.

„Das ist aber ein netter Zeitgenosse! Warten wir die drei Minuten ab?"

„Logisch", brummte ich. „Könnte Verdacht erregen, wenn wir zu schnell herauskommen."

Wir warteten sogar noch etwas länger. Plötzlich begann es zu krachen. Einige Explosionsgarben aus schweren Maschinenkarabinern peitschten durch das Loch in die Vorhalle hinein. Dort detonierten die Geschosse. Unmittelbar danach brüllte die Stimme erneut:

„Das war die letzte Warnung! Kommen Sie heraus, oder wir holen Sie."

Hannibal gähnte seelenruhig. Ich drückte auf den Zündkontakt. Tief im Berg grollte dumpf eine Detonation auf. Sie gab mir die Gewißheit, daß der Strahler zerstört war. Draußen blieb alles still.

„Hier spricht Doktor Tensin. Wir ergeben uns. Schießen Sie nicht."

Zwei Minuten später waren wir verhaftet. Der Major stellte mit Genugtuung fest, daß er auch Hannibal gefaßt hatte. Er stand als „Michael Hollak" ebenfalls auf seiner Fahndungsliste. Unter diesem Namen sollte Hannibal die Mondrakete geflogen haben.

Wir gaben uns wortkarg, verweigerten jede Aussage und lachten herausfordernd, als die FBI-Beamten hustend aus dem Labor zurückkamen.

„Sie hätten sich beeilen müssen, mein Lieber", sagte ich ironisch zu dem Major. Er starrte mich wütend an.

„Ihnen wird das Lachen vergehen, Doktor Tensin! Ich bringe Sie sofort nach Washington. Wir haben achtzehn Kilogramm Plutonium gefunden. Wollten Sie Atombomben fabrizieren? Natürlich, was sonst! Für wen wollten Sie die Kernwaffen herstellen? Wer ist Ihr Auftraggeber? Wer finanzierte Ihre Labors?"

Ich zerrte an meinen Handschellen. Woher die Pressefotografen so schnell gekommen waren, konnte ich mir vorstellen. Ich lächelte arrogant in die Kameraobjektive.

Wunderbar! Das hatte ich dem Chef zu verdanken! Schon in den Frühausgaben aller großen Weltzeitungen würde mein Bild zu sehen sein.

Drei Stunden später flogen wir mit einer Polizeimaschine ab. Es war ein Großtransporter, der mit nur dreifacher Schallgeschwindigkeit flog. Trotzdem dauerte die Reise nicht lange. Infolge der Ereignisse legte ich innerhalb von wenigen Stunden den Weg zweimal zurück.

Das unglaublich komplizierte und doch so machtvolle Räderwerk der Geheimen-Wissenschaftlichen-Abwehr war angelaufen. Es lief sogar schon auf vollen Touren; doch das wußten die FBI-Leute nicht.

Wir wurden verhört und nochmals verhört. Die Beweise

waren erdrückend. Langsam und widerwillig gab ich meine „Schandtaten“ zu. Auch Hannibal wurde überführt.

Kurz nach Tagesanbruch wurden unsere Akten an die Staatsanwaltschaft weitergegeben.

5.

Die Geräusche kamen näher. Ich konnte die Schritte von vier bis fünf Männern unterscheiden. Hellwach stand ich auf.

Die Zelle war nicht groß, erhielt durch das hochliegende Gitterfenster wenig Licht, doch sie war gut eingerichtet. Nun, einem noch nicht verurteilten Untersuchungsgefangenen stand dieser Komfort zu.

Ich trug noch meine eigene Kleidung, besaß ausreichend Zigaretten und sogar Geld. Nur die Papiere, die auf Dr. Bob Tensin lauteten, waren mir abgenommen worden.

Ich dachte befriedigt an den Chef, der rechtzeitig dafür gesorgt hatte, daß die FBI-Daten über den echten Dr. Tensin gegen meine Individualmuster ausgetauscht worden waren. So war es geschehen, daß man beim Vergleich meiner Fingerabdrücke, Gaumenmuster und Hirnschwingungsfrequenzen festgestellt hatte, ich sei wirklich jener Dr. Tensin.

Auch die 3-D-Bilder über Tensin waren vertauscht worden. Durch diese Manipulationen war eine modifizierte Akte in unserem Sinne entstanden. All diese Manipulationen wären nicht einmal hohen FBI-Beamten möglich gewesen. Die GWA hatte es mit geringer Mühe bewerkstelligen können.

Für mich bedeutete das eine gute Rückendeckung. Im Verlauf meines Einsatzes mußte es erfahrungsgemäß zu einer Identitätsüberprüfung kommen. Unsere Gegner waren noch niemals Dummköpfe gewesen. Daher hatten wir sogar die Möglichkeit erwogen, es könnte unseren noch unbekannten „Freunden“ gelingen, die FBI-Akten einzusehen.

Der einzige Quell meiner Beunruhigung war meine äußere Erscheinung. Ich glaube, ich habe noch nicht erwähnt, daß mich die Spezialisten der GWA vor meinem Abflug unter ihre

Fittiche genommen hatten. Ich sah nicht mehr so aus, wie mich Professor Horam in der Klinik gesehen hatte.

Ich trat vor den Spiegel, der über dem Waschbecken angebracht war, und begutachtete mein Gesicht. Mein Körperbau konnte mich nicht verraten. Der echte Tensin sollte genau meine Figur gehabt haben. Ich trug auch einen seiner Anzüge. Jedoch hatte sein Gesicht ein unübersehbares Charakteristikum besessen, das ich demnach ebenfalls nachweisen mußte.

Ich betastete die breite Narbe, die sich von der linken Wange aufwärts über die Schläfe hinzog und erst am Haaransatz endete. An dieser Stelle hatte mein dunkelblondes Haar einen blütenweißen Streifen erhalten; genauso, wie man es von dem echten Tensin erwartete.

Aus meinen Informationen über den Physiker wußte ich, daß er sich die Narbe bei einem Jagdunfall zugezogen hatte. Es gab nichts, worüber ich nicht unterrichtet gewesen wäre. Ich kannte seine ehemaligen Hochschullehrer und Studienkollegen, deren Bilder und Namen ich mir gut eingeprägt hatte. Solche Dinge wurden von einem GWA-Agenten innerhalb von wenigen Stunden verlangt.

Ich studierte mein Spiegelbild eingehend. Die Schrittgeräusche verklangen vor meiner Zellentür. Unidentifizierbare Stimmen waren zu vernehmen. Ich fuhr mir erneut über das Haar.

Die Wissenschaftler unserer biochemischen Maskenabteilung hatten mir versichert, die weiße Haarsträhne würde in dieser Farbe nachwachsen, da sie mir eine Wurzel-Modifizierung unter die Kopfhaut eingespritzt hatten. Auch meine Narbe war hervorragend aus Bioplast gegossen und nicht abwaschbar. Kleine Veränderungen an meinen Augenbrauen und zwei Goldeinfassungen auf den Schneidezähnen des Unterkiefers hatten meine Maske vollendet. Es war verblüffend, wie sehr ich dem echten Bob Tensin glich.

Meine Zellentür glitt in den Laufschienen zurück. Ich wandte mich nicht um, sondern ignorierte die näherkommenden Personen.

Jemand trat zu mir. Im Spiegel erkannte ich das Gesicht des FBI-Majors, der mich in Nevada verhaftet hatte.

„Schauspielern Sie nicht, Tensin", meinte er ironisch. „Sie sind nicht so gelassen, wie Sie vorgeben. Ihre Hände!"

Ich drehte mich langsam um und blickte auf die Handschellen.

„Muß das sein? Glauben Sie, ich könnte Ihnen Schwierigkeiten machen?"

Seine Augen funkelten, doch er beherrschte sich so vorbildlich, wie das für einen Beamten der Bundespolizei angebracht war. Innerlich tat er mir leid, aber ich mußte meine Rolle weiterspielen.

Lässig hielt ich ihm die Hände hin. Er ließ die Stahlbänder über meine Gelenke schnappen.

Draußen standen zwei FBI-Männer in Zivil und zwei Strafvollzugsbeamte. Da sie ihre Hände verdächtig nahe an den Waffen hatten, hütete ich mich, eine Bewegung zu machen, die man als tätlichen Angriff hätte auffassen können. Ich wußte sehr genau, wie blitzschnell die FBI-Leute schießen konnten.

Ich warf noch einen Blick auf den Zellenkalender. Das Datum bewies mir, daß ich nur vier Tage lang in Untersuchungshaft gesessen hatte. Für heute war die Hauptverhandlung angesetzt. Die Beweise gegen mich lagen vor. Der Bundesstaatsanwalt würde leichtes Spiel haben.

Wieder einmal hatte der GWA-Chef sein Wort gehalten. Die Zeit drängte, und so hatte er den Termin forciert. Er war außergewöhnlich rasch angesetzt worden.

Ich verzog sarkastisch die Mundwinkel. Die Beamten schauten mich unpersönlich an.

„Gehen wir!" befahl der Major. „Sie zuerst, Tensin! Folgen Sie den Uniformierten und kommen Sie nicht auf dumme Gedanken. Ich bleibe immer hinter Ihnen."

Ich lächelte anscheinend amüsiert und gehorchte.

Der Weg führte über lange Gänge und Treppen. Man verzichtete auf die Benutzung der Aufzüge. Ich sah, wie der FBI-Mann auf die Uhr blickte. Danach beschleunigte er seine Schritte. Die Verhandlung sollte um neun Uhr beginnen.

Vor einem starkstromgesicherten Tor trafen wir auf eine

andere Gruppe, in deren Mitte ich Hannibal erkannte. Er grinste wie üblich in lausbubenhafter Art und rief mir mit seiner krächzenden Stimme zu:

„Helauuu, Großmogul! Hast du nicht zufällig eine aktivierte Plutonium-Handgranate einstecken? Die Brüder sind hier sehr unfreundlich."

Ich sagte nichts und unterdrückte ein Lächeln.

Endlich erreichten wir das Gebäude, in dem der Verhandlungssaal lag. Wir wurden durch Nebengänge geführt. Sie waren für die Öffentlichkeit gesperrt. Trotzdem hörte ich das Gemurmel vieler Stimmen. Es verstärkte sich, als die Uniformierten eine weißlackierte Tür aufgleiten ließen.

Ich schaute in einen riesigen, vollbesetzten Saal. Das Gemurmel verstummte. Als ich zusammen mit dem Major eintrat, begannen sofort die elektronisch gesteuerten Kameraverschlüsse der Presseleute zu klicken. Natürlich hatten sie hochempfindliche Mikrofilme mit Tonmagnetspur eingelegt.

Aber am willkommensten waren mir die Männer hinter den Fernsehkameras. Sie nahmen mich augenblicklich aufs Korn. Der Chef hatte für eine Live-Sendung gesorgt. Alle Satelliten würden nun ein farbiges 3-D-Bild zu den Kontinenten weiterleiten.

Erregte Stimmen klangen auf. Im Zuhörersaal kletterte man auf Stühle und Bankreihen. Man starrte mich an wie ein seltenes Raubtier. Unverhüllte Sensationslust stand in vielen Gesichtern geschrieben.

Ich wurde von Ton- und Bildreportern umlagert. Ihre Fragen empfand ich teilweise als aufdringlich. Sie kannten nur die Sensation. Sie waren erschreckend hemmungslos. Den FBI-Beamten gelang es endlich, die wißbegierige Meute von mir abzudrängen und mich in den schußsicheren Glaskäfig zu führen.

Ich schaute mich gelassen um, lächelte zynisch in die Fernsehkameras und überprüfte bedächtig die Polsterung des hochlehnigen Stuhles.

Ich setzte mich und schlug die Beine übereinander. Jetzt

wurde Hannibal hereingeführt. Das Grinsen schien auf seinen Lippen festgefroren zu sein.

Ich bemerkte, daß er die Menschenmenge forschend überblickte. Anscheinend bemühte er sich, jemand aus unserem Verein zu entdecken.

„Laß es sein“, murmelte ich kaum hörbar. „Du wirst niemand sehen.“

Er preßte die Lippen zusammen und blickte zu den Geschworenen hinüber. Sie hatten ihre Plätze bereits eingenommen. Der Bundesstaatsanwalt war ebenfalls erschienen. Er warf uns Blicke zu, dir mir unter normalen Umständen eine Gänsehaut über den Rücken gejagt hätten.

Felix Growns war als scharfer Ankläger bekannt. Er besaß eine außerordentliche Überzeugungskraft und war der geborene Rhetoriker.

Hannibal hüstelte. Er schien sich auch nicht sehr wohl zu fühlen.

Pünktlich um neun Uhr erschienen die drei Richter. Nach der neuen Gesetzgebung war in staatsgefährdenden Fällen ein Einzelrichter nicht mehr zulässig. Es wurde still im Saal. Die Zuhörer erhoben sich von ihren Plätzen.

Ich blieb sitzen und schaute zur Decke empor. Hannibal kicherte. Hinter mir vernahm ich eine zornige Stimme:

„Wenn Sie nicht sofort aufstehen, dann ...“

„Was ...?“ sprach ich laut in die Mikrophone des Glaskäfigs. „Wer will mich zwingen, mich von dem reichlich unbequemen Stuhl zu erheben, auf dem ich mich soeben mühevoll zurechtgesetzt habe?“

Die Geschworenen blickten mich schweigend an. Ich wußte, daß ich mir mit dieser Bemerkung die letzten Sympathien verscherzt hatte.

Ich spielte meine Rolle genau nach „Drehbuch“. Es war psychologisch notwendig. Mir war mitgeteilt worden, Dr. Tensin sei in seiner Überheblichkeit kaum zu übertreffen gewesen.

Schließlich stand ich doch auf. Mein gelangweilter Seufzer war unüberhörbar.

Die Richter hatten geduldig gewartet. Sie gaben sich unbeteiligt. Nach Erfüllung dieser Formalität setzte ich mich wieder. Die Verhandlung wurde eröffnet.

Ich sah zu den Berichterstattern der weltweiten Kommunikationsmittel hinüber. Sie flüsterten hastig in ihre Mikrophone. Ihre Hektik bewies mir, daß nun Millionen Menschen vor den Empfängern saßen und die groß angekündigte Verhandlung miterlebten.

Ich hoffte, daß sich darunter auch jene Personen befanden, denen unser Theater vorgespielt wurde. Wenn sie sich nicht meldeten, war alles umsonst gewesen. Mit den geringfügigen Spuren, die wir bereits ermittelt hatten, konnten wir so gut wie nichts anfangen. Sie mußten selbst kommen. Nur sie konnten uns auf die gewünschte Fährte bringen.

Im letzten Augenblick erschien unser Verteidiger. Es war ein kleiner, dicklicher Mann, der sich nur zögernd bereit erklärt hatte, unsere Interessen wahrzunehmen. Er war nur einmal bei mir in der Zelle gewesen. Bei diesem Besuch hatte er mir mitgeteilt, das FBI habe ihn genötigt, den Fall zu übernehmen. Gerne tue er das nicht, weil er nicht die geringsten Erfolgsaussichten sehe.

Er fuhr sich mit dem Handrücken über die schweißbedeckte Stirn, entschuldigte sich mit einigen undeutlich gemurmelten Worten und breitete seine Unterlagen aus. Er saß direkt vor uns. Wir konnten uns gut mit ihm verständigen, was uns natürlich nicht verboten wurde. Die Mikrophone des Glaskäfigs konnten abgeschaltet werden.

„Warum kommen Sie so spät?" fragte ich leise. „Wenn Sie schon von vornherein so nachlässig sind, kann ich kaum glauben, daß Sie Erfolg haben werden."

„Ich bin aufgehalten worden", beschwichtigte er. „Ich hatte einen absurden Verkehrsunfall. Mit einer Kabinengondel. Stellen Sie sich das vor!"

Er stockte bei den Worten und sah mich nachdenklich an. Kaum hörbar fügte er hinzu:

„Kennen Sie einen Mr. Thomason? Groß, schlank, Brille?"

Neben mir pfiff etwas. Das waren Hannibals Atemzüge, die plötzlich sehr hastig kamen.

Ich verhielt mich abwartend. Meine Erregung stieg.

„Ja, sehr gut“, log ich glaubwürdig. „Sie sollen wir etwas ausrichten, nicht wahr?“

Er zögerte erneut und sah blitzschnell zu den Beamten hin, die dicht hinter uns standen.

„Reden Sie“, forderte ich ihn gereizt auf.

„Ich soll Ihnen einen Gruß bestellen. Er saß in dem Magnetfeldgleiter, auf den ich erstaunlicherweise auffuhr. Angeblich hat sein Abstandsregler versagt! Er läßt Ihnen ausrichten, er würde sich freuen, Sie bald empfangen zu dürfen. Er wünscht Ihnen einen guten Flug.“

Der Anwalt war offensichtlich beunruhigt. Mein Gesichtsausdruck schien ihn noch nervöser zu machen.

„Was soll das heißen?“ raunte er. „Was will der Mann damit sagen? Mir ist, als hätte er seinen Regler absichtlich beschädigt. Er war verschwunden, ehe die Verkehrsschienenstreife auftauchte. Hören Sie, ich will mit der Sache nichts zu tun haben! Ich ...“

Der Vorsitzende Richter rief ihn ärgerlich zur Ordnung. Unser Verteidiger war gezwungen, sich erneut zu entschuldigen und zu schweigen.

Unsere Personalien wurden festgestellt. Anschließend verlas der Vorsitzende Richter die Anklage. Der Bundesstaatsanwalt gab sich zurückhaltend und ausgeglichen, was ich von mir nicht behaupten konnte.

Wer war dieser mysteriöse Mr. Thomason? Ich hatte niemals von ihm gehört. War er ein alter Bekannter von Dr. Tensin, oder bluffte er nur? Das Robotgehirn hatte den Namen nicht erwähnt und der Chef auch nicht. Dabei wußte ich, daß ich über Tensins Freundeskreis alles erfahren hatte, was der GWA überhaupt bekannt war.

Meine einzige Hoffnung war jetzt der Alte. Er war sicherlich umsichtig genug gewesen, meinen Anwalt überwachen zu lassen. Wenn das geschehen war, dann lief in diesen Augenblikken schon die Maschinerie der GWA. Dann mußte ich in kürzester Zeit erfahren, ob ich diesen Thomason zu kennen hatte oder nicht. Die Sache war mysteriös. Ein Kabinenbahnunfall dieser Art konnte nur von Spezialisten arrangiert werden. Es war daher zu vermuten, daß hinter Thomason eine mächtige Organisation stand.

Der Gedanke beruhigte mich. Auf die Fragen der Richter antwortete ich geistesabwesend. Ich erklärte mich für „nicht schuldig". Das Wort wurde dem Staatsanwalt erteilt.

Von da an fielen sie über mich her. An Hand der Beweismittel, die aus den Akten des FBI und der GWA stammten, überführte er mich einwandfrei meiner „Verbrechen".

Ich wurde primär wegen Landesverrats angeklagt, da meine physikalischen Entdeckungen offensichtlich an eine fremde Macht weitergegeben werden sollten, oder bereits abgeliefert worden waren.

Ich bestritt alles und warf dem Mann Unverschämtheiten an den Kopf, über die sich die Zuhörer empörten.

Er ließ eine Zeugin vereidigen, die meinen Informationen nach die ehemalige Geliebte Dr. Tensins gewesen war.

Sie setzte sich in den Zeugenstand und beachtete mich kaum. Es war eine hübsche Blondine mit blauen Augen und gepflegtem Äußeren. Sie erklärte, einmal einer Unterredung beigewohnt zu haben, die Dr. Tensin mit zwei Männern geführt habe. Im Verlauf dieses Gespräches habe er die genauen Daten über den Photonen-Strahlreflektor zugesagt und dafür die sofortige Bereitstellung von vorerst zehn Millionen Dollar gefordert. Die Männer hätten mich später noch dreimal aufgesucht, um sich vom Fortschritt der Arbeiten zu überzeugen.

Das war eine konkrete Aussage. Mich erstaunte es erneut, wie sorgfältig der Alte jedes Detail arrangiert hatte. Ich hütete mich, ein Wort zuviel zu sprechen. Diese Elsa Lerant hatte Tensin zu gut gekannt. Ich bedachte sie mit drohenden Blikken, die bei ihr eine merkbare Nervosität hervorriefen.

Der Staatsanwalt ließ den Film vorführen, der in meinem Labor gedreht worden war. Er enthielt Bilder von dem durch die Sprengung zerstörten Strahler. Als die Entdeckung der Plutonium-Menge erörtert wurde, beschworen die FBI-Beamten, den Kernsprengstoff bei mir gefunden zu haben.

Bei der Gelegenheit wurden auch Bilder gezeigt, die in Hannibals Wohnung aufgenommen worden waren. Auch dort waren zwei Kilogramm Plutonium sichergestellt worden. Auf den Bleibehältern leuchtete der Prägestempel der staatlichen Mondlaboratorien.

Als Hannibal verhört wurde, hatte er keine andere Möglichkeit als einzugestehen, er habe das Element zur Erde gebracht und an mich weiterverkauft.

Die Anklage war lückenlos. Unser Verteidiger ergriff nur selten das Wort; aber er begann stärker zu transpirieren. Er gab sich alle Mühe, den Geschworenen klarzulegen, daß er die Verteidigung nur gezwungenermaßen übernommen hatte.

Auch ich gab einige Dinge zu, bestritt aber hartnäckig den Vorwurf eines geplanten Verkaufs meiner Entwicklung an eine fremde Macht.

Zu meinen Ausführungen meinte der Staatsanwalt:

„Euer Ehren, der Angeklagte Dr. Tensin bemüht sich offensichtlich, die Hauptlast seiner Schuld zu verharmlosen. Der Angeklagte hat erkannt, daß er sich gegen die Anschuldigung des Hochverrats wehren muß. Selbstverständlich ist ihm bekannt, daß der Nachweis dieses Verbrechens eine lebenslange Zwangsarbeit in den staatlichen Mondbergwerken bedeutet."

Der Bundesstaatsanwalt trat vor die Glaskabine.

„Dr. Tensin, sie wußten doch sehr genau, daß Sie sich bereits strafbar machten, indem Sie gestohlenes Plutonium aufkauften. Damit begingen Sie ein Verbrechen gegen das internationale Atomsicherungsgesetz, das Privatleuten den nicht genehmigten Besitz von kernspaltungsfähigen Elementen untersagt. Sie wußten auch, daß Ihnen allein diese Tatsache eine Strafe von wenigstens zehn Jahren Zwangsarbeit einbringen konnte. Wußten Sie das?"

Ich antwortete nicht.

„Wußten Sie das?" wiederholte der Staatsanwalt und beugte sich weit nach vorn.

„Denken Sie an Ihren Blutdruck", winkte ich gelangweilt ab. „Natürlich war mir das bekannt. Oder nehmen Sie an, es gäbe auf dieser Welt einen Physiker, der darüber nicht informiert wäre?"

„Das geben Sie also zu", setzte der Anklager seine Beweisführung fort.

„Warum sollte ich nicht? Ich weiß, daß ich Tatsachen nicht leugnen kann. Dessenungeachtet können Sie mir nicht nachweisen, daß ich mit den Agenten einer fremden Macht wegen der Auslieferung der Pläne verhandelt habe. Ich gebe zu, zwei oder dreimal mit Wirtschaftsexperten darüber diskutiert zu haben. Das waren jedoch demokratisch orientierte Industrielle des westlichen Bündnispaktes, die sich für die Entdeckung brennend interessierten. Nennen Sie das etwa Landesverrat? Beweisen Sie mir, daß die Personen Agenten waren.

„Können Sie uns die Namen dieser Industriellen nennen, Dr. Tensin?" fiel der Vorsitzende Richter ein.

„Nein, es tut mir leid. Ich möchte die Herren nicht in das Räderwerk ihrer intoleranten Justiz hineinziehen."

Wegen dieser Äußerung wurde ich verwarnt. Der Ankläger traf noch einige weitere Feststellungen, aus denen hervorging, daß es solche Industriellen niemals gegeben hatte.

Die Verhandlung lief weiter. Die Stunden verrannen. Gegen zwölf Uhr war die Beweisaufnahme beendet. Als sich der Staatsanwalt zu seinem Schlußplädoyer erhob, stand in den vordersten Reihen des Zuhörerraumes ein etwa vierzigjähriger Mann auf. Sein Gesicht war tiefgebräunt, hart und wirkte verschlossen.

Ein Wachbeamter wollte ihn aufhalten, doch plötzlich trat er salutierend zurück. Im gleichen Augenblick bemerkte ich in der Hand des schlanken Mannes ein Etui. Es war mir sehr vertraut. Er schritt zu den Richtern hinüber.

„Ich bitte um Entschuldigung, Euer Ehren. Ehe die Geschworenen das Urteil verkünden, hätte ich noch einige Fragen an Dr. Tensin zu richten."

Der Vorsitzende Richter erhob sich.

„Wer sind Sie? Was berechtigt Sie zu einer solchen Forderung?"

Das Etui klappte auf. Das fluoreszierende Strahlenbündel der berühmten GWA-Marke blitzte durch den Raum.

„Geheime-Wissenschaftliche-Abwehr, Oberst Miller“, gab der Fremde seine Personalien zu Protokoll.

Das genügte. Ohne weitere Fragen erteilten die drei Sonderrichter einstimmig ihre Zustimmung.

Die Fernsehkameras schwenkten herum und richteten sich auf den Mann, der zu jener geheimnisvollen Spezialabteilung gehörte, von der sogar die Öffentlichkeit in den Staaten nur unklare Vorstellungen hatte. Der angebliche Oberst „Miller“ trug eine hauchdünne Folienmaske. Er war ein Agent des aktiven Korps. Natürlich durfte er nicht erkannt werden.

Er verschloß das strahlungssichere Etui und wandte sich mir zu. Ich biß mir auf die Lippen und verhielt mich so, als wüßte ich, welche unheimliche Drohung alleine durch das Erscheinen dieses Mannes auf mich zukam. Wenn Miller gewollt hätte, hätte er die Verhandlung sofort unterbrechen können.

Es wurde still. Ich konnte die schweren Atemzüge der FBI-Beamten hören. Sie schauten respektvoll zu dem weit übergeordneten Kollegen hinüber. Jeder sah die Maske aus biologisch lebender Synthofolie. Jeder wußte, was das zu bedeuten hatte. GWA-Beamte nannte man im Volksmund „Schatten“. Damit war alles ausgedrückt.

„Dr. Tensin, Sie dürften in der nächsten Stunde von diesem Gericht verurteilt werden“, erklärte er mir. „Sie haben erkannt, daß Ihnen die Staatsanwaltschaft einen Landesverrat nicht einwandfrei nachweisen konnte. Sie hoffen, mit einer milden Strafe davonzukommen.“

„Sehr interessant. Was wollen Sie von mir? Ich lehne es ab, auf Ihre Fragen zu antworten. Ich habe mit Ihnen nichts zu tun.“

„Sie haben sehr viel mit mir zu tun, denn ich werde dafür sorgen, daß die stichhaltigen Beweismittel für Ihren Hochverrat in spätestens vierzehn Tagen vorliegen. Sie werden der lebenslangen Verbannung unter Ausschluß des Begnadigungsverfahrens nicht entgehen können.“

Ein Raunen ging durch die Reihen der Zuschauer. Die Szene war dramatisch. Jeder im Saal schien dem Oberst bedingungslos zu glauben.

Ich lachte. Hoffentlich spielte ich meine Rolle gut genug.

Habe ich schon erwähnt, daß GWA-Schatten psychologisch fundierten Schauspielunterricht erhalten?

Wahrscheinlich erheiterte mein Gebaren meinen Kollegen, doch das konnte ich infolge der Gesichtstarnung nicht erkennen.

„Doktor Tensin, ich mache Sie nochmals darauf aufmerksam, daß Sie heute verurteilt werden. Auf Grund der Beweismittel steht es fest, daß Sie eine hohe Zuchthausstrafe zu erwarten haben. Diesen Freiheitsentzug haben Sie in einer der beiden Mondanstalten abzubüßen. Man wird Ihnen reichlich Gelegenheit geben, über Ihre Taten nachzudenken. Verbrecher Ihrer Art werden generell auf dem Mond inhaftiert. Die menschliche Gesellschaft legt auf Ihre Anwesenheit auf der Erde keinen Wert."

Ich beschimpfte ihn und verlangte vom Gericht die Entfernung dieses Mannes aus dem Saal.

Der Vorsitzende Richter ignorierte den Zwischenfall und erklärte bestimmt:

„Ich bedauere, Sir, Sie können fortfahren."

Wieder einmal wurde klar, welche Macht die GWA besaß.

„Doktor Tensin, hören Sie gut zu, was ich Ihnen nun sage", klang Oberst Millers Stimme erneut auf.

„Sie dürfen nicht glauben, daß die GWA, die in letzter Instanz für die Sicherheit des Landes verantwortlich ist, damit einverstanden wäre, Sie relativ ungeschoren durchkommen zu lassen. Wir werden Ihnen den Landesverrat nachweisen. Die Geheime-Wissenschaftliche-Abwehr wird Sie anklagen, ein zweites Verfahren mit neuen Beweisen fordern und Sie anschließend zum Mond deportieren. Wie lange, glauben Sie, werden Sie die harte Zwangsarbeit ertragen können?"

Ich schwieg und starrte den Unbekannten an.

„Wir haben Ihnen jedoch einen Vorschlag zu unterbreiten. Wenn Sie darauf eingehen, werden wir auf eine zweite Anklage wegen Hochverrats verzichten. Das bedeutet aber nicht, daß Ihnen die Strafe, die Ihnen dieses Gericht aufdiktieren muß, erlassen wird. Sie dürfte wesentlich erträglicher sein als eine lebenslange Zwangsarbeit."

Der Oberst legte eine kurze Pause ein, um einen Schluck Wasser zu trinken.

„Unsere Wissenschaftler haben bestätigt, daß Ihr Photonenreflektor keine Fehlkonstruktion war. Ihr Gerät ließe sich innerhalb eines Jahres verwendungsreif entwickeln. Dazu wären jedoch Ihre Forschungsunterlagen notwendig. Ich bin beauftragt worden, öffentlich zu erklären, daß wir keine GWA-Berufung einlegen werden, wenn Sie einwilligen, unseren Wissenschaftlern Ihre umfangreichen Forschungsergebnisse zur Verfügung zu stellen."

Ich sprang von meinem Stubl auf und schrie ihn an. Mr. Miller ließ sich nicht aus der Ruhe bringen. Nur seine Angen musterten mich prüfend und zufrieden.

„Sie geben also zu, daß ich mehr weiß als Ihre GWA-Wissenschaftler! Mein Gerät wäre bereits in vier Wochen fertig gewesen! Damit hätte ich Ihnen jede Fernkampfrakete schon beim Anflug zertrümmert. Der Photonenreflektor arbeitet mit lichtschnellen Strahlschüssen. Es sind nur wenige Berechnungen notwendig, um ein mit zwanzigfacher Schallgeschwindigkeit ankommendes Geschoß vernichtend zu treffen. Was bedeutet diese Geschwindigkeit gegen die lichtschnellen Thermoimpulse des Strahlers? Nichts, gar nichts! Ich bin gücklich, daß Sie öffentlich zugeben, wie wirkungsvoll eine solche Waffe sein kann."

Die Zuhörer hielten den Atem an. Es war ungewöhnlich, solche Dinge öffentlich zu erwähnen.

„Darüber sind wir informiert, Dr. Tensin", bestätigte der Oberst sachlich. „Wenn das Gerät zur eventuellen Verteidigung unseres Landes nicht wichtig wäre, würden wir Ihnen niemals solche Angebote machen."

Ich schwieg. Im Saal hätte man eine Stecknadel fallen hören können. Ich fragte mich, ob der für unsere Gegner ausgelegte Köder nicht zu dick gewesen war. Das Gespräch hatte natürlich einen tieferen Sinn. Den Unbekannten sollte nochmals vor Augen geführt werden, welch ein wichtiger Mann ich war. Alles nur Mittel zum Zweck! Typisch für die oftmals seltsam anmutende Arbeit der GWA.

„Begnadigen Sie mich, dann reden wir weiter!" forderte ich.

„Ihre Unterlagen existieren also noch?"

Das war das verabredete Schlußwort. Unsere „Freunde" sollten wissen, daß es solche Unterlagen noch gab.

„Selbstverständlich. Sie werden sie aber ohne meine Hilfe niemals finden. Sie sind mein geistiges Eigentum. Ich gebe sie nur dann preis, wenn das Urteil aufgehoben wird. Sie hätten sich früher mit mir in Verbindung setzen sollen. Mußte das hier geschehen?"

Er drehte sich um und sagte eisig:

„Es steht uns nicht an, die Wahrheitsfindung durch ein ordentliches Gericht zu verhindern. Die GWA läßt niemand stillschweigend verschwinden, Dr. Tensin! Jetzt können wir eingreifen. Überdies irren Sie sich! Wir finden immer, was wir suchen. Unser Gespräch ist beendet. Wir verzichten auf Ihre Mitarbeit. Die Berufung der GWA wird in vierzehn Tagen mit neuen Beweisen eingereicht."

Erregte Rufe wurden hörbar. Die Fernsehkameras schienen heißzulaufen. Im Saal herrschte eine unglaubliche Spannung. Ich spielte den Überraschten und streckte die Arme nach dem davonschreitenden Mann aus.

„Warten Sie", rief ich, „warten Sie, wir können noch darüber sprechen, ich ..."

„Sie haben Ihre Chance verpaßt, Doktor", lehnte er gleichmütig ab. „Wir werden etwas mehr Zeit benötigen. Der Strahler kommt ganz sicher. Major Garry ..."

Der FBI-Offizier, der immer noch hinter mir stand, trat einen Schritt vor. Dabei umklammerte er meinen Arm.

„Sir ...?"

„Wir danken Ihnen für Ihre schnelle, umfassende Arbeit. Von nun an wird der Fall ‚Doktor Tensin' zur Angelegenheit der Geheimen-Wissenschaftlichen-Abwehr erhoben. Ich entbinde Sie von Ihren Pflichten und bitte um die sofortige Übersendung aller Unterlagen an das GWA-Hauptquartier. Sobald der Angeklagte abgeurteilt ist, wird der Transport zur Strafanstalt durch Agenten der GWA übernommen. Das gilt auch für den Mitangeklagten, den Chefpiloten der Mondlinie, Michael Hollak. Das wäre alles, Major Garry!"

Der geheimnisvolle Mister Miller bedankte sich bei den Richtern und nahm wieder Platz.

Der FBI-Major musterte mich mit eindeutigen Blicken.

„Sie sind ein Narr, Tensin", flüsterte er. „Wissen Sie, was Sie sich soeben eingebrockt haben? Ahnen Sie überhaupt, was es bedeutet, in die Fänge der GWA zu geraten?"

Hannibal, der angebliche Chefpilot Michael Hollak, schmunzelte. Auch der Major erkannte die wahre Ursache nicht. Er war der Meinung, die Reaktion des Kleinen käme daher, weil er selbst in keine größere Gefahr mehr geraten konnte.

Der Bundesstaatsanwalt sprach eine halbe Stunde und fand keinen Milderungsgrund. Auch Hannibal wurde verdammt.

Anschließend ergriff unser Verteidiger das Wort. Sein Plädoyer wurde zu einer Katastrophe. Der Mann stotterte einige Sätze. Er appellierte an die Geschworenen, sie sollten bedenken, daß ich mich nur durch meinen wissenschaftlichen Forschungseifer zu all diesen Dingen hätte hinreißen lassen. Er tat, was er konnte, doch das war nicht viel. Seine Position war von vornherein zu schlecht gewesen.

Die Geschworenen zogen sich zur Beratung zurück. Eine halbe Stunde später wurde das Urteil verkündet. Es lautete für mich auf fünfzehn Jahre und für Hannibal auf acht Jahre Mondzuchthaus.

Nochmals surrten die Vario-Objektive der Kameras. Beamte des FBI führten uns ab.

Der Transport zum Weltraumbahnhof „Nevada-Fields" sollte um siebzehn Uhr des gleichen Tages mit einer Maschine der GWA erfolgen.

Erschöpft ließ ich mich in meiner Zelle auf das komfortable Lager sinken und grübelte darüber nach, wie es nach der offenbar gelungenen Einleitung nun weitergehen sollte. Ich mußte an diesen Mister Thomason denken, dessen Name mir völlig unbekannt war.

Wer, zum Teufel, war dieser Mann? Gehörte er zu der weitverzweigten Spionageorganisation, die uns immer und immer wieder vor Probleme stellte? Oder stand er mit jenen Personen in Verbindung, die für den Diebstahl der Viruskultur verantwortlich waren?

Ich scheute mich, an diese schrecklichen Mikrolebewesen zu denken, derentwegen wir das Schauspiel inszeniert hatten. Wir hatten alles getan, um mich für die Begriffe dieser Leute als hochwillkommenen Mitarbeiter zu klassifizieren.

Sie mußten nunmehr eindeutig darüber informiert sein, daß sich die Forschungsunterlagen noch in meinem Besitz befanden. Sie mußten auch wissen, daß ich zusammen mit Hannibal zu den Nevada-Fields transportiert werden sollte.

Wenn sie mit ihren üblichen Mitteln arbeiteten, dann hatten sie von ihrer Zentrale längst exakte Anweisungen erhalten. In dem Falle konnte es durchaus möglich sein, daß uns auf dem Flug einige Überraschungen bevorstanden.

Ich fiel in einen unruhigen Schlaf. In den verworrenen Schreckensträumen sah ich vernichtete Länder und aufgedunsene, von der Lunaris-Seuche befallene Körper. Auf meiner Brust saß ein Ungeheuer von sechseckiger Form, das mir immer wieder ins Gesicht schrie, es sei der Herrscher über alle Lunaris-Viren und beabsichtige, die Erde zu vernichten.

Ich erwachte mit einem Schrei und starrte aus weitaufgerissenen Augen auf Major Garry, der anscheinend im gleichen Augenblick die Zelle betreten hatte. Stumm sah er mich an. Hinter ihm standen zwei andere Beamte.

„Es ist Zeit, Tensin. Die Maschine der GWA wartet. Möchten Sie vorher von einem Arzt untersucht werden? Ihr Gesundheits- und Seelenzustand scheint angegriffen zu sein."

„Ich habe Sie nicht um Ihre Hilfe gebeten", lehnte ich ab.

„Wie Sie meinen. Kommen Sie. Ihre Handgelenke!"

Die Fesseln schnappten zu. Wieder begann der Marsch durch die Gänge. Minuten später standen wir in dem Aufzug, der uns zum Dachflugplatz des FBI-Hauptquartiers brachte. Nun war es soweit! Jetzt begann die Maschinerie endgültig anzulaufen.

6.

Hannibal sagte kein Wort, sondern blickte mich nur ruhig an. Wir hatten genug Theater gespielt. Ehe wir nicht allein waren und ernsthaft miteinander diskutieren konnten, hatte es keinen Sinn, weitere Gespräche zu führen.

Fernsehen, Stereofunk und die Spätausgaben der internationalen Presse brachten unseren Fall sicherlich in großer Aufmachung. Mehr hatten wir nicht in die Wege leiten können.

Ich musterte den zweimotorigen Turbobomber, der mit ausgefahrenen Rotorkränzen auf dem Dach stand. Auch große Maschinen wurden seit etwa zehn Jahren grundsätzlich so konstruiert, daß sie wie Hubschrauber starten und landen konnten. Das Problem der dafür erforderlichen Sekundärtriebwerke war einwandfrei gelöst worden. Die im Außenring der Rotoren angeordneten Staustrahltriebwerke waren technisch durchkonstruiert und von hoher Schubleistung. Der erforderliche Luftstau wurde bei einer Rotordrehzahl von 587 Umdrehungen erreicht. Der Wert war je nach Durchmesser der gegenläufigen Hubkränze variabel.

Dieser Bomber war eine „Martin-XB-1298". Es handelte sich um ein veraltetes Modell, das nur die fünffache Schallgeschwindigkeit erreichte. An dem hochaufragenden Seitenleitwerk bemerkte ich die Initialen „GWA" mit dem charakteristischen Atommodell.

Die Maschine diente als Passagierflugzeug. An Stelle der Bornbenschächte war eine Kabine eingebaut worden, die notfalls sechs Personen aufnehmen konnte.

Vor der XB-1298 beobachtete ich zwei unauffällig gekleidete Männer. Ihre Gesichter wurden von den lebensecht wirkenden Biosynthfolien bedeckt. Wenn sich GWA-Schatten direkt in ihrer Eigenschaft als ZBV-Agenten zeigen mußten, waren sie verpflichtet, die Masken zu tragen.

Major Garry salutierte und ließ sich von den GWA-Leuten die Auslieferungsbestätigung unterschreiben. Von da an befanden wir uns in der Obhut der eigenen Leute. In dem einen

Mann erkannte ich jenen Oberst Miller, der mir im Gerichtssaal das Angebot gemacht hatte.

Meine Handschellen wurden überprüft. Man forderte uns auf, in die Maschine zu steigen. In dem schlanken Rumpf, kurz vor den scharfgepfeilten Stummeltragflächen, öffnete sich eine ovale Kabinentür. Nachdem ich den Raum betreten hatte, setzte ich mich in einen Schaumstoffsessel.

Ich konnte nach vorn zur Pilotenkanzel sehen. Dort befand sich nur ein Mann. Der Co-Pilot fehlte noch. Hannibal folgte und schimpfte über einen der Beamten, der ihn angeblich zu fest am Oberarm ergriffen hatte.

„Zerbrechen Sie mir nicht die Knochen“, beschwerte er sich.

Die Männer winkten noch einmal nach draußen, ehe sie die Kabinentür schlossen und sicherten. Sie nahmen ebenfalls Platz. Einer von ihnen sprach in das Verbindungsmikrophon zum Pilotenraum.

„Start frei. Gehen Sie sofort auf hunderttausend Fuß Höhe und halten Sie den vorgeschriebenen Kurs.“

Der Pilot bestätigte. Unmittelbar darauf begannen die Anlasser der beiden Strahlturbinen zu summen.

Das Geräusch steigerte sich zu einem schrillen Heulton, der in ein dumpfes Donnern überging, als der Pilot den Brennstoff in die Brennkammern einspritzte. Er zündete, und die Turbos liefen.

Über uns begannen sich die kleinen und doch hubstarken Rotorkränze zu drehen. E-Motoren bewirkten die Anlaufperiode. Als die Umdrehungsgeschwindigkeit hoch genug war, um den vorgeschriebenen Staudruck in den mitschwingenden Triebwerken zu gewährleisten, zündeten sie ebenfalls. Das Donnern der beiden Hauptturbinen mäßigte sich zum Leerlaufsurren.

Leicht hob die Maschine von der Dachpiste ab. Nur mit Hilfe der wirbelnden Doppelkränze stieg sie in die Luft und nahm gleichzeitig Fahrt auf. Erst etliche hundert Meter über dem FBI-Hauptquartier begannen die Haupttriebwerke mit stärkerer Schubleistung zu arbeiten. Von diesem Moment an verwandelte sich der Hubschrauber in einen Turbobomber.

Die Beschleunigung war so enorm, daß die Hubkränze bereits nach wenigen Augenblicken eingefahren werden konnten. Sie klappten zusammen und verschwanden in dem aerodynamisch verkleideten Rückenwulst. Zwei Minuten später durchstieß der leichte Bomber noch während des Steigfluges die Schallmauer. Wir verließen Washington. Der weite Himmel nahm uns auf.

In der Maschine war es still geworden. Das Geräusch unserer eigenen Triebwerke konnten wir nicht mehr hören. Der Schall blieb weit hinter uns zurück. Trotzdem konnte ich feststellen, daß der Pilot noch nicht auf volle Geschwindigkeit gegangen war.

Als ich mich gerade umdrehen wollte, tauchte er in der schmalen Verbindungstür auf. Er mußte die Robotsteuerung eingeschaltet haben. In der Hand hielt er eine Plastikmaske. Zu meiner größten Überraschung erkannte ich den Alten, der die Maschine also höchstpersönlich gestartet hatte.

Der Chef blickte uns verhalten schmunzelnd an und gab einem Kollegen einen Wink. Das mußte demnach der eigentliche Pilot sein.

Wortlos schritt er nach vorn und verschwand im Cockpit.

„Ich wollte nicht erkannt werden", sagte General Reling gemütlich. „Miller, nehmen Sie ihnen endlich die Handschellen ab. Wir haben keine Zeit mehr für solche Scherze."

Hannibal hielt „Miller" die Hände hin.

„Wird aber auch Zeit, Chef! Wenn ich gewußt hätte, was uns alles bevorsteht, hätte ich mich rechtzeitig krank gemeldet."

„Halten Sie Ihren Mund, Hollak", brummte der Alte. „Ich bin nicht hier, um mir Ihre seltsamen Argumente anzuhören."

Auch meine Handschellen wurden gelöst. Anschließend holte Miller eine schwere Tasche.

„Unsere Spezialausrüstung?" erkundigte ich mich.

„Ja. Wir fliegen nur mit dem dritten Teil unserer Geschwindigkeit. Weit über uns steht ein Ionosphären-Atombomber, der uns unablässig in seinem Radargerät hat. Seit etwa drei Minuten werden wir von einer fremden Maschine verfolgt. Es muß sich um ein Privatflugzeug handeln, das die Fahrt unserer Maschine halten kann. Wissen Sie, was das bedeutet?"

Mein Atem ging schneller. Meine Blicke huschten zwischen dem Alten und der Aktentasche hin und her.

„Etwa dieser Mister Thomason, der mir durch den Anwalt einen Gruß ausrichten ließ?" fragte ich gespannt.

„Was dachten Sie? Den Burschen haben wir bereits unter die Lupe genommen. Wir wissen alles über ihn. Mein Verdacht wurde bestätigt. Alles läuft bestens. Unsere Mittelchen haben ihre Wirkung nicht verfehlt, Dr. Tensin! Die Fische haben prompt angebissen, zumal Sie ihnen einen recht fetten Köder hingeworfen haben. Sie haben bisher hervorragend gespielt."

Ich atmete erleichtert auf. Nur gut, daß der Alte über diesen Thomason informiert war.

„Sie haben den Anwalt überwachen lassen?"

„Nicht nur das! In seiner Kabinengondel war sogar ein Mikro-Sprechfunksender eingebaut, der uns alles vermittelte, was in dem Wagen gesprochen wurde. Noch bevor Ihnen die freundlichen Grüße ausgerichtet wurden, wußten wir, wie das Spiel aussah. Der Anwalt hat übrigens einen Scheck über zehntausend Dollar bekommen. Hat er Ihnen das auch gesagt?"

„So ein Gauner", murmelte Hannibal.

„Augenblicklich vollkommen gleichgültig", fuhr Reling fort. „Tensin, die schriftlichen Forschungsunterlagen über den Strahler befinden sich in Ihren angeblichen Laboratorien, und zwar in dem Versteck, das von den FBI-Leuten nicht entdeckt wurde. Sie sind doch orientiert?"

Natürlich war ich das. Wir hatten es lange genug einstudiert.

„Gut. Die Unterlagen sind einwandfrei, bis auf einige Abänderungen, die aber nur sehr schwer festzustellen sind. Auf Grund dieser Dokumente wird man allerdings niemals einen Photonenstrahler bauen können. Kommen wir auf die beiden Agenten zurück, mit denen sich Tensin vor etwa vier Wochen zum letztenmal unterhalten hat und von denen Sie in der Verhandlung behaupteten, es hätte sich um Industrielle gehandelt.

Miller reichte mir Fotografien von den beiden Männern. Ich konnte mich erinnern, die Aufnahmen bereits gesehen zu haben.

„Betrachten Sie die Bilder genau. Der kleine Schwarzhaarige ist Donald Ferason. Der Grobknochige nennt sich Hank Gutris. Es ist gut, daß wir die Burschen trotz der vollständigen Beweise nicht gleich verhaftet haben. Sie gehören zu einem Spionagering, dessen Zentrale wahrscheinlich in Kalifornien liegt. Ohne Zweifel sind sie Agenten des ‚Großasiatischen Staatenbundes'. Offiziell allerdings sind sie die Inhaber einer Firma in Salt Lake City und befassen sich mit dem Großverleih von Hubschraubern und schnellen Reiseflugzeugen. Sie haben also eine sehr gute Operationsbasis und können zu jeder Zeit in der Gegend herumfliegen. Denn sie haben immer plausibel klingende Ausreden zur Hand. Sie erproben die Maschinen, verstehen Sie?"

Allerdings, ich verstand sehr gut. Die Agenten saßen demnach in ummittelbarer Nachbarschaft der Nevada-Fields, in deren Nähe sich auch die wichtigen, neuerbauten Fabriken zur Herstellung moderner Raumschiffe befanden.

Was hatten sie nun aber mit unserem Fall zu tun? Wo war die Verbindung zwischen ihrem Aufgabenbereich, dem Physiker Dr. Tensin und den verschwundenen Virenkulturen?

General Reling schien meine Gedanken zu ahnen. Er blickte auf die Uhr.

„Wir haben keine Zeit zu verlieren. Hören Sie also zu. Die beiden Burschen bilden das eine Ende des Fadens, der zu der Spionagezentrale mit dem unbekannten Chef und damit zu den verschwundenen Virus-Kulturen führt. Sie wissen aus den Angaben des Großcomputers, daß in den staatlichen Laboratorien ein junger Bakteriologe beschäftigt war, der seit jener Unglücksnacht spurlos verschwunden ist. Er hatte in der fraglichen Zeit Dienst im Zuchtlabor. Der Mann heißt Dr. Fresko. Hier ist sein Bild."

Wir besahen uns intensiv die Aufnahme. Allmählich merkten wir, worauf der Alte hinaus wollte.

„Durch unsere pausenlose Arbeit haben wir ermittelt, daß

Dr. Fresko schon Wochen vor der Katastrophe mit den beiden Agenten verhandelt hat, die Ihre Spur bedeuten."

Hannibal pfiff durch die Zähne.

„So hängt das zusammen", murmelte ich. „Weiter!"

„Weil ich mir über den inneren Zusammenhang schon vor Tagen klar war, mußten Sie die Rolle von Dr. Tensin übernehmen. Sie haben also ein stichhaltiges Motiv, nach Ihrer erfolgreichen Flucht die beiden Männer aufzusuchen, die nicht nur mit Tensin, sondern auch mit Dr. Fresko in Verbindung gestanden haben. Fresko ist – wie gesagt – seit der Unglücksnacht verschwunden. Wir haben allen Grund anzunehmen, daß er durch seine Angaben den verwegenen Diebstahl ermöglicht hat. Er wird es auch gewesen sein, der den verseuchten Staub aus der Agentenmaschine abgeblasen hat. Dr. Fresko war nicht unter den Toten. Diese Tatsache läßt die Schlußfolgerung zu, daß er zusammen mit den Agenten untergetaucht ist. Nur er wußte soviel über das Virus, daß er es wagen konnte, den gefährlichen Staub fachgerecht abzublasen. Man wird Fresko mitgenommen haben, da man seine Kenntnisse benötigt. Zur Zeit sind wir noch damit beschäftigt, sein Vorleben zu durchleuchten. Die ermittelten Daten müssen Ihnen jedoch vorerst genügen. Über die beiden Agenten in Salt Lake City können Sie an Fresko herankommen. Wie Sie vorgehen, ist Ihre Angelegenheit. Weitere Hinweise kann ich Ihnen nicht geben. Wie ich bereits ausführte, sind unsere Anhaltspunkte äußerst dürftig. Sie sind GWA-Schatten „Zur besonderen Verwendung". Sie haben nach eigenem Ermessen zu handeln, sobald Sie den Kontakt aufgenommen haben. Alles klar?"

Hannibal und ich hatten noch einige Fragen. Der Alte beantwortete sie nach bestem Wissen.

„Miller, nehmen Sie Ihre Maske ab, damit Sie von Tensin und Hollak jederzeit erkannt werden können", befahl er abschließend.

Miller zog die Biohaut vom Gesicht und lächelte uns an. Wir betrachteten ihn eingehend und wunderten uns gar nicht mehr über die ebenfalls sehr ungewöhnliche Maßnahme. Der Alte schien alles auf eine Karte zu setzen. Es war in der Geschichte der GWA nur äußerst selten vorgekommen, daß sich einige Mitarbeiter persönlich kennenlernten.

„Das ist Leutnant TS-19, der den echten Dr. Tensin im Zuge seiner Aufgabe erschossen hat. Er ist also genauestens über den Physiker und seine Forschungen orientiert. Außerdem kennt er auch die Agenten. Er wird Ihr Verbindungsmann sein, der sich immer in Ihrer Nähe aufhält. Sie können mit ihm über Ihren Mikrosender in Verbindung treten. Kennzeichen sind Ihre gegenseitigen Kodenummern, die Sie bei jeder Sendung zu nennen haben. Zusätzlich haben Sie noch das GWA-Stichwort des betreffenden Tages zu senden. TS-19 ist Ihnen unterstellt. Er wird Ihre Forderungen ohne Gegenfrage ausführen. Mit seiner GWA-Marke kann er das jederzeit erwirken. Denken Sie an Ihre Vollmachten, Tensin, die ich im Robotgehirn zu Ihrer Rückendeckung festgehalten habe."

Der Alte sprach mich grundsätzlich mit meinem angenommenen Namen an. Er hatte noch nicht einmal „Konnat" gesagt.

Der Summer klang auf. Die kleine Bildfläche der Bordverbindung erhellte sich. Der Pilot meldete sich.

„Es wird Zeit, Sir. Wir nähern uns dem Absprunggebiet."

„Danke! Los, Tensin, verstauen Sie Ihre Ausrüstung. Miller, helfen Sie Ihren Kollegen und beeilen Sie sich. Ich werde in der Zwischenzeit ein neues Verbrechen Tensins vorbereiten."

Er schaute mich düster an und runzelte die Augenbrauen. Was sollte das wieder heißen? Darüber hatten wir noch nicht gesprochen.

Ich zog mich rasch aus. TS-19 wühlte in seiner Tasche herum und holte meinen Mikrosender hervor. Er mußte an meinem Körper so untergebracht werden, daß er auch bei einer genauen Untersuchung nicht gefunden werden konnte.

Ich hielt Miller mein rechtes Bein hin. Kritisch betrachtete er die tiefe Narbe in meinem Oberschenkel dicht unterhalb des Hüftknochens. Ehemals war das eine harmlose Schußwunde gewesen, die eine geringfügige und unregelmäßig geformte Vertiefung hinterlassen hatte. Dann hatten die GWA-Chirurgen das Wundmal entdeckt – und ich war ihr Patient geworden.

Es war nur eine kleine Operation gewesen. Bei diesem Eingriff hatten sie mir die verheilte Verletzung wieder aufgeschnitten, um sie zu einem quadratischen Loch zu erweitern, in das ein Mikro-Transistorensender von den Ausmaßen eines Spielwürfels gut hineinpaßte. Die Wunde war anschließend durch Gewebeplastik sauber abgedeckt worden; doch das Loch im Beinmuskel blieb mir für immer erhalten.

„Sehr gut", murmelte Miller. „Eine der besten Operationen, die ich je gesehen habe. Kommen Sie bequem an die Sendetaste heran, wenn Sie in die Hosentasche greifen?"

„Schon tausendmal probiert. Machen Sie schon."

Das Wunderwerk aus den Spezialwerkstätten der GWA verschwand in dem Versteck. Es drückte etwas, doch das Gefühl ließ gleich wieder nach. Sorgfältig kontrollierte er die haardünne Antenne, die dicht unter meiner Beinhaut bis zum Fuß hinablief. Er verband das Ende mit dem Sender und träufelte dann die Biomasse in die Wunde, bis das Loch mit dem Sender vollständig verdeckt war. Darüber wurde ein steriler Hautgewebestreifen gelegt, der jedoch so natürlich wirkte, daß man nur mit einer starken Lupe die winzigen Berührungsränder feststellen konnte. Ich wartete einige Augenblicke, bis sich das Material verdichtet hatte und elastisch wurde.

„In Ordnung, tadellos", sagte Miller. „Die Mikrobatterie ist frisch. Die Aufladung wird durch Ihre Körperelektrizität erfolgen, sobald Sie eine gewisse Menge Strom verbraucht haben. Es handelt sich um das neueste Gerät. Also keine Angst, daß die Energie nachlassen könnte. Es arbeitet auf Sup-Ultra-Kurzwelle, die erst wenigen Forschern bekannt ist. Ihre Sendungen können daher nicht abgehorcht werden. Schade, daß Sie nicht auch empfangen können, doch dafür wäre der verfügbare Rauminhalt nun doch zu klein gewesen. Testen wir das Gerät."

Er nahm seinen winzigen Empfänger aus der Tasche. Ich begann auf die Stelle an meinem Bein zu drücken, wo sich unter der Biomasse der Sendekontakt befand. Wegen der kleinen Morsetaste benötigte ich ein sehr gutes Fingerspitzengefühl.

Ich funkte mein Erkennungszeichen und vernahm gleichzeitig die hohen Pfeiftöne, die aus seinem Empfänger kamen.

„Einwandfrei“, lachte er leise. „Ihre Reichweite liegt zwischen hundertsechzig und zweihundert Meilen. Das genügt vollkommen. Hier sind Ihre anderen Ausrüstungsgegenstände. Ich werde Hollak behilflich sein. Er hat es schwerer als Sie.“

Das stimmte, denn Hannibal verfügte über kein Schußloch im Bein. Ihm wurde der winzige Würfel unter der linken Achselhöhle eingebaut. Über die Stelle kamen Gewebeplastikstreifen, die mit einem echten Haarwuchs versehen waren.

Der Kleine fluchte und meinte, nun brauche er wieder eine Woche, bis er sich an den ständigen Druck gewöhnt hätte.

Ich hatte inzwischen meine Spezialuhr um das linke Handgelenk gelegt. Es war eine schöne, unauffällige Uhr, der man es nicht ansah, daß sie aus einer winzigen Sprühdüse jene Säure ausspeien konnte, die sogar besten Stahl in kochende Materie verwandelte. Es handelte sich um eine Notwehrwaffe, die höchstens für drei Sprühschüsse geeignet war. Es genügten winzigste Mengen, um das Gesicht eines Gegners zu vernichten.

Anschließend griff ich nach dem Zigarettenpäckchen, das nur halb gefüllt war und einen sehr zerknautschten Eindruck machte. In ihm befanden sich auch drei Zigaretten, die nur an einem winzigen Zeichen zu unterscheiden waren. Innerhalb des Tabaks steckten je drei rote Kügelchen, die winzige Mengen jenes grauen Pulvers enthielten, das unsere Wissenschaftler Thermonital nannten. Thermonital ist ein Wirkstoff, der dem altbekannten Thermit gleicht. Er entzündet sich, sobald er mit dem Sauerstoff der Luft in Berührung kommt und entwikkelt beim Abbrennen eine Hitze von zwölftausend Grad. Wir brauchen die Kügelchen notfalls nur zu zerschlagen. Unter zwölftausend Hitzegraden zerfloß selbst massives Gestein.

Das waren nur einige Dinge, die zu den Spezialausrüstungen eines GWA-Agenten gehörten. Die Wissenschaft stand Pate bei immer neuen Entwicklungen. Nicht umsonst nannten wir uns „Wissenschaftliche“-Abwehr.

Ich verstaute alle Gegenstände in meinen Taschen. Hannibal

folgte meinem Beispiel. Zuletzt ergriffen wir die Schulterhalfter mit den plump wirkenden, kurzläufigen Thermo-Rak-Pistolen. Sie stellten die gefährlichsten Waffen dar, die außer atomaren Waffen jemals hergestellt worden waren. Mit diesen Pistolen waren nur höhere Beamte der Geheimen Bundeskriminalpolizei und die aktiven ZBV-Schatten der GWA ausgerüstet. Sie standen nicht einmal dem Heer zur Verfügung.

Ich öffnete das Doppelmagazin und kontrollierte die Füllung, die in der Normalausführung aus fünfundzwanzig Geschossen bestand. Diese Pistolen schossen nicht mehr mit normalen Patronen. Infolgedessen erfolgte auch kein Hülsenauswurf. Die Projektile waren nichts anderes als winzige Raketen. Die fünf Zentimeter langen Rak-Geschosse, Kaliber sechs Millimeter, wurden elektrisch gezündet und erreichten ihren Brennschluß, 1,020 Meter von der Mündung entfernt. Die Endgeschwindigkeit betrug bei V-1,020 genau 2.784 Meter pro Sekunde. Die Auftreffenergie betrug zum Zeitpunkt E-1,020 exakt 834 Meterkilopond. Das entsprach dem Wert einer Spezial-Großwild-Magnumbüchse direkt an der Mündung.

Thermo-Rak-Pistolen entwickelten keinen Rückschlag. Die Abgasentlüftung der Treibladung geschah nahe der Laufmündung. Sie schossen sehr genau und konnten auf Dauerfeuer umgeschaltet werden.

„Nehmen Sie die Waffen an sich", sagte Miller knapp. „Wenn Sie gefragt werden, woher Sie sie haben, so behaupten Sie, Sie hätten Sie den GWA-Beamten abgenommen, die Sie in der Transportmaschine erschossen haben."

Ich traute meinen Ohren nicht.

„... wie war das? Wen soll ich erschießen?"

„Den Chef, den Piloten und mich. Sehen Sie ...!" Er deutete nach hinten. Hastig drehte ich mich um. In diesem Augenblick bemerkte ich erst den Alten, der höchstpersönlich drei bewegungslose Körper aus dem kleinen Laderaum in die Kabine geschleppt hatte. Sie sahen aus, als wären sie mit Thermo-Rak-Pistolen erschossen worden. Der Chef bestätigte meine Vermutung.

„Sehen Sie mich nicht so entgeistert an. Sie wollen doch

fliehen, nicht wahr? Dazu müssen zuerst einmal die Begleitbeamten beseitigt werden. Erfinden Sie eine glaubwürdige Erklärung, wie es Ihnen gelingen konnte, einem der Männer die Waffe zu entreißen. Die Toten sind Verbrecher, die bei einem Ausbruchversuch in der Mondstrafanstalt erschossen wurden. In Ihrer Waffe müssen später drei Geschosse fehlen. Denken Sie daran, wenn Sie landen."

„Wir sind über dem Absprunggebiet", teilte der Mann im Cockpit mit.

„Fertig, Tensin", befahl der Chef. „Sie verschwinden mit der Maschine und fliegen nach Salt Lake City. Sie wissen, wo Sie zu landen haben. Dort steht ein kleines Landhaus, in dem zufällig der Besitzer anwesend ist. Alles arrangiert. Überwältigen Sie ihn und nehmen Sie sich seinen Flugschrauber. Den Bomber lassen Sie stehen. Er wird planmäßig gefunden werden. Machen Sie sich auf eine Großfahndung gefaßt. Passen Sie auf, daß Sie nicht von Polizeibeamten erschossen werden. Sie gelten als Mörder von GWA-Agenten. Sie sollten wissen, was das bedeutet! Man wird Sie ohne Mitleid jagen, doch das kann für Ihre Aufgabe nur vorteilhaft sein. Wir springen jetzt ab. Noch Fragen?"

Nein, ich hatte keine Fragen mehr. Innerlich beschäftigten mich jedoch viele Überlegungen. In fieberhafter Eile stieg der Alte in seinen druckfesten Höhenpanzer, schloß die Helmkappe und öffnete die Ventile der Sauerstoffatmung. Ich kontrollierte den Sitz der breiten Gurte und die wichtigen Fallschirme, die speziell für Absprünge aus der oberen Stratosphäre konstruiert worden waren.

Die drei Männer zischten durch die Druckschleuse hinaus. Sie verschwanden als wirbelnde Pünktchen. Ich wußte, daß man sie unten erwarten würde.

„Ich bin seit vier Jahren bei der GWA, doch solche Maßnahmen habe ich noch niemals erlebt", unterbrach Hannibal das Schweigen, das seit dem Absprung unserer Begleiter eingetreten war.

Ich hatte mich in den Pilotensitz gesetzt und die plastische Reliefkarte eingeschaltet. Auf dem Bildschirm tauchte das Gebiet auf, das wir in dreißigtausend Meter Höhe überflogen. Automatisch wurde unsere derzeitige Position durch ein farbiges Kreuz markiert, das mit der weiterfliegenden Maschine über die Reliefkarte wanderte.

Wir befanden uns demnach bereits über dem Staat Colorado. Nördlich von uns lag Denver, südlich Pueblo. Deutlich waren die gewaltigen Gebirgsketten der Park- und Sawatch-Range zu sehen.

„Ungesunde Gegend für Fallschirmabsprünge", meinte Hannibal. „Ist die fremde Maschine noch hinter uns?"

„Ja. Die Meldung kam kurz vor dem Absprung durch. Der Atombomber hängt dreißig Meilen über uns, wo ein normales Triebwerk infolge der dünnen Luft längst nicht mehr arbeiten kann. Dort beginnt der Bereich der Atom- und Raketen-Strahltriebwerke."

„Wem sagst du das", fuhr er mich an. „Du benimmst dich mir gegenüber wie ein Dozent, der seinen Zuhörern eine Vorlesung hält. Gut, die haben uns also laufend in ihrem Radargerät. Fangen wir an. Es wird Zeit."

Ich preßte die Zähne zusammen und koppelte für einige Augenblicke den Robot-Steuerautomaten ein.

Nachdem wir unsere „Opfer" auf die vorgeschriebenen Plätze gesetzt oder gelegt hatten, damit später keine Verdachtsmomente auftauchen konnten, schaltete ich die Robotsteuerung wieder ab.

Hannibal schwang sich in den Sessel des zweiten Piloten. Die Anschnallgurte schnappten automatisch um unsere Körper. In dem Augenblick meinte der Kleine:

„Also los, Langer. Bedenke, daß wir zwar in einer Druckkabine sitzen, aber keine Druckanzüge tragen. Wenn jetzt etwas passiert, ein winziger Riß nur, so pfeift unsere komprimierte Atmosphäre in das Vakuum hinaus, und unser Blut beginnt zu kochen. Kannst du dir vorstellen, wie es ist, wenn man eine explosive Dekompression erlebt?"

Allmählich wurde mir der Zwerg mit den seltsamen Vornamen und dem skurrilen Humor sympathisch. Ich war überzeugt, daß wir bei unserem Einsatz ein gutes Team sein würden.

Ich stieß die Schubhebel der beiden Triebwerke nach vorn. Von der plötzlichen Beschleunigung wurden wir in die Sessel gepreßt. Sehr scharf schwenkte ich auf den neuen Kurs, der uns direkt nach dem nicht mehr weit entfernten Salt Lake City im Staate Utah bringen mußte. Langsam drückte ich den Knüppel nach vorn. Der leichte Bomber ging mit irrsinniger Fahrt in den Sturzflug über.

Ich beobachtete sorgfältig die Fernthermometer der Außenzelle, die beim Eindringen in die dichtere Atmosphäre sofort nach oben kletterten. Der Luftreibungswiderstand stieg sprunghaft. Die Kühlanlagen begannen zu arbeiten.

In zwanzig Kilometer Höhe fing ich die Maschine ab. Dann rasten wir mit rotglühenden Flügelkanten und einer noch heller glühenden Bugnase nach Nordwest.

„Allerhand“, murmelte der Zwerg. Auf seine Lippen schlich sich schon wieder das bekannte Grinsen. „Du riskierst etwas. Fünffache Schallgeschwindigkeit ist erst ab achtzehn Meilen erlaubt. Wir dampfen ganz schön.“

„Mach mich nicht nervös mit deinen unpassenden Bemerkungen, sonst unterläuft mir noch eine Fehlschaltung.“

Er lachte über meine Zurechtweisung. Ich begann zu überlegen.

7.

Ein Lob für die schnelle und exakte Arbeit der GWA und den Einsatz von unbekannten Kollegen. Ich konnte mir vorstellen, daß man die gesamte Abwehr aufgeboten hatte, um die Voraussetzungen zu schaffen, ohne die ich gar nichts hätte anfangen können.

Ich hatte den Bomber nach einem atemberaubenden Flug gelandet. Mit ausgefahrenen Hubrotoren und einer unter der schnellen Abkühlung knisternden Zelle stand er dicht unter einer überhängenden Bergflanke, die eine gute Deckung gewährleistete.

Wir befanden uns etwas östlich von dem kleinen Ort „Pleasant Grove“, der direkt am Fuße der gewaltigen Uinta-Mountains, am Ostufer des Utah-Sees liegt.

Die Gegend war wild, aber wunderschön. Vermögende Leute hatten hier ihre Landhäuser erbaut. Knapp vierhundert Meter vor uns erstreckte sich ein von zerklüfteten Bergen umschlossenes Hochtal, durch das ein Wildbach toste.

Noch ehe die Motoren verstummt waren, gab ich drei Schüsse ab, die aus meiner Pistole fehlen mußten.

Auf einem grasbewachsenen Hang direkt gegenüber sahen wir ein flaches, langgestrecktes Holzhaus, ganz im Stil der Wochenendvillen erbaut. Nirgends war ein Mensch zu sehen. Man konnte fast den Eindruck gewinnen, als hätten wir den falschen Ort erwischt.

„Wenn das nicht unser Ziel ist, können wir aufgeben“, meinte Hannibal heiser. Er mußte husten. „Der Alte sagte doch, hier sei ein gewisser Mister Connel, der sich mit der Absicht trüge, sein schönes Haus zu verkaufen. Also, wo ist er? Wo steht seine Maschine, mit der wir weiterkommen sollen?“

Auch ich war unruhig geworden. Der Lärm der landenden Maschine war keinesfalls zu überhören gewesen. Ohne Eile betrat ich die kleine Holzbrücke, die über den Bach führte und schritt auf das Haus zu.

„Da ist er ja“, sagte Hannibal plötzlich erleichtert.

Ich drehte mich langsam um und erblickte einen älteren, weißhaarigen Mann, der anscheinend weiter oben gefischt hatte. Er trug hüfthohe Kunststoffstiefel; das Angelzeug baumelte über seiner Schulter.

Wir warteten, bis er nähergekommen war. Als er nur noch wenige Schritte entfernt war, rief er uns zu:

„Willkommen, Gentlemen. Ich habe mich etwas verspätet, da ich auf eine Prachtforelle gelauert habe. Ihre Maschine habe ich gehört. Sind Sie Mr. Gundry, der Interessent für mein Haus?“

Ich lächelte verbindlich und schüttelte ihm die Hand.

„Ja, der bin ich.“

„Connel ist mein Name“, stellte sich der alte Mann vor. „Wissen Sie, meine Tochter hat geheiratet und ist mit ihrem

Mann nach Nordkanada verzogen. Die Gegend wird mir hier zu einsam; deshalb möchte ich das Haus verkaufen. Sehen Sie sich die Räume einmal an. Mit Ihrer Sekretärin habe ich schon verhandelt. Sind Sie mit dem Preis einverstanden? Fünfundzwanzigtausend bar Kasse. Dafür erhalten Sie aber auch das gesamte Tal, die Fisch- und Jagdrechte."

Er sprach unentwegt. Wir folgten ihm ins Haus. Dort entschuldigte er sich, daß außer ihm niemand da sei, der uns eine Erfrischung anbieten könnte. Er sei ganz allein, da er auf lärmende Gesellschaft niemals Wert gelegt habe.

Hannibal sah mich schweigend an. Wieder einmal mußte ich etwas durchführen, was mich anwiderte und mir in diesem Fall sehr leid tat.

„Kann man vor dem Haus bequem landen?" erkundigte ich mich. Er nickte eifrig.

„Sicher. Sogar mit einem großen Flugschrauber. Meine eigene Maschine steht drüben in dem Schuppen. Aber, das fällt mir jetzt erst auf, wo ist denn die Maschine, mit der Sie angekommen sind? Sind Sie etwa da hinten in der Nebenschlucht gelandet?"

Nun mußte ich handeln. Ich mußte mich bemühen, mein Gesicht zu einem zynischen Lächeln zu verziehen. Mit einem raschen Griff riß ich die Thermo-Rak-Automatik aus dem Schulterhalfter und richtete drohend den Lauf auf Connel. Er starrte mich überrascht an.

„Mr. Connel, Sie täuschen sich. Ich bin nicht der Mann, den Sie offensichtlich erwarten. Wir haben Ihr Haus zufällig entdeckt und sind in der Nebenschlucht gelandet. Mein Name ist Tensin, Doktor Tensin."

Er wurde leichenblaß. Er wußte plötzlich, mit wem er es zu tun hatte.

„Te ... Tensin", stammelte er. „Ich habe von Ihnen im Fernsehen gehört. Sie sind doch heute erst ...!"

Er verstummte. Regungslos stand er vor uns.

„Ganz recht, ich bin heute erst verurteilt worden. In der Schlucht steht eine Maschine der GWA, mit der ich zu den Nevada-Fields gebracht werden sollte. Die Beamten waren sehr unvorsichtig. Sie sind tot. Diese Waffe gehörte einem von ihnen."

Ein Zittern durchlief seinen Körper. Er blickte zu dem Funktelefon hinüber, das in der Halle auf einem kleinen Tisch stand.

„Unterlassen Sie das, Connel", warnte Hannibal. „Wir schießen, sobald Sie Dummheiten begehen sollten. Wenn Sie vernünftig sind, passiert Ihnen nichts."

„Sie haben GWA-Leute umgebracht?" flüsterte er.

„Treten Sie an die Holzsäule, von der die Halle abgestützt wird. Mit dem Rücken dagegenstellen und die Hände herumlegen. Beeilen Sie sich!"

Schweigend ging er auf die Säule zu und stellte sich mit dem Rücken dagegen. Kein Wort kam über seine Lippen, als ihm Hannibal mit Handschellen die Gelenke zusammenschloß, die ihn fest mit der Säule verbanden.

Ich hatte Mitleid mit ihm, zumal er keine Ahnung hatte, welch eine wichtige Rolle er in dem großen Spiel innehatte. In diesem Augenblick nahm ich mir vor, ihn später einmal aufzusuchen und mich für mein Benehmen zu entschuldigen. Seine Lage war nicht gerade bequem, aber auch nicht quälend. Außerdem wußte ich, daß man ihn spätestens in zwei Stunden finden würde.

Beim Verlassen der Halle winkte ich ihm noch zu. Draußen wischte sich der Kleine über die schweißbedeckte Stirn und murmelte etwas, das ich nicht verstehen konnte. Als wir im Laufschritt zu dem Schuppen rannten, keuchte er:

„Von nur an sind wir vogelfrei! Weißt du, was uns blüht, wenn wir einer Polizeistreife vor die Mündung laufen? Wir haben noch nicht einmal unsere GWA-Marken einstecken."

„Was auch recht gefährlich wäre", lachte ich rauh. „Connel wird dafür sorgen, daß wir endgültig gebrandmarkt werden."

Hannibal schimpfte in seltenen Ausdrücken, die anscheinend aus dem Jargon der Raketenpiloten stammten.

Als wir die großen Schiebetüren des Schuppens geöffnet hatten, erblickten wir einen modernen Flugschrauber mit kurzen Tragflächen und einem kräftigen Turbostrahltriebwerk für den Reiseflug. Das Triebwerk war hinter der sechssitzigen Kabine im Rumpf eingebaut.

Ich schwang mich in die Rundsichtkanzel und überprüfte mit raschen Blicken die Kontrollinstrumente. Die Tanks waren fast voll. Der Inhalt reichte durchaus für einen Flug nach dem nahen Salt Lake City.

Nachdem wir die Maschine aus dem Schuppen geschoben hatten, ließ ich die Turbine anspringen und koppelte sie auf den Normalmotor um. Augenblicke später befanden wir uns in der Luft.

Pfeifend flog die Maschine über die Berghänge hinweg. Unter uns verschwand das stille Hochtal. Als ich den Rotor einfuhr und das Strahltriebwerk auf seine volle Schubleistung brachte, ging die Sonne unter. Es war kurz vor einundzwanzig Uhr; also hatten sich die Geschehnisse innerhalb von etwa vier Stunden abgespielt.

Ich schaltete die vorschriftsmäßigen Positionslichter ein und vermied die auf der Reliefkarte markierten Hauptfluglinien, um nicht von einer Streife der Luftpolizei angehalten zu werden. Unsere Maschine war unverdächtig, da über Großstädten wie Salt Lake City immer ein sehr reger Privatflugverkehr herrschte. Seit etwa fünfzehn Jahren war man dazu übergegangen, billige und leicht zu bedienende Flugschrauber auf den Markt zu bringen. Für die alten Automobilfirmen hatte das eine große Umstellung bedeutet. Wagen benutzte man eigentlich nur noch für kürzere Distanzen. Sogar der Stadtverkehr spielte sich zu einem großen Prozentsatz in der Luft ab.

Die Maschine war nicht besonders schnell, doch schaffte sie immerhin einen Reiseschnitt von dreihundert Meilen. Nach einem Flug von nur zehn Minuten tauchten weit vor uns die Lichtkaskaden der Großstadt auf, die in den letzten zehn Jahren durch den nahegelegenen Raketenflughafen von Nevada-Fields einen beträchtlichen Aufschwung genommen hatte. An den Ufern des Großen Salzsees waren gewaltige Industrieanlagen entstanden, deren Erzeugnisse alle etwas mit der Weltraumfahrt zu tun hatten. Salt Lake City, die alte Mormonensiedlung, hatte augenblicklich eine Einwohnerzahl von knapp 2,5 Millionen.

Ich hörte Hannibals heftiges Atmen, als ich den Flughafen in einem weiten Bogen umkreiste und mich anschließend in die vorgeschriebene Flugbahn für Maschinen einreihte, die aus östlicher Richtung kamen.

Glauben Sie nur nicht, daß man fliegen konnte, wie es einem gerade gefiel. Die Luftverkehrsvorschriften waren genauso streng wie früher die Straßenverkehrsvorschriften. Nur fand man in der Luft keine Halteschilder oder Verbotstafeln. Dafür aber waren bestimmte Flughöhen und Geschwindigkeiten unbedingt einzuhalten. Beim Einflug in das Stadtgebiet mußte grundsätzlich der Radartaster eingeschaltet werden. Die Luftpolizei verfügte über Geräte, mit denen sofort festgestellt werden konnte, ob der Warntaster eingesetzt war oder nicht.

Ich drückte vorschriftsmäßig auf den Knopf. Das Gerät begann zu arbeiten. Wenn ich in gefährliche Nähe einer anderen Maschine kommen sollte, würde der Taster eine vollautomatische und von mir unbeeinflußbare Ausweichbewegung vornehmen.

Ich drosselte die Geschwindigkeit auf fünfzig Meilen und ging auf dreihundert Meter Höhe. Unter uns huschten die Leuchtzeichen auf den Dächern vorbei, die speziell für den Luftverkehr angebracht worden waren. Man konnte von oben sehen, über welcher Straße man sich befand. Leuchtsignale wiesen nach bestimmten Stadtteilen hin.

Es begegneten uns immer wieder fremde Maschinen, doch niemand schien sich um uns zu kümmern. Dabei wußte ich, daß der Zeitpunkt bald kommen mußte, wo der verlassene Bomber gefunden wurde. Von da an würde die Hölle los sein.

Ich fluchte leise vor mich hin, da ich unwillkürlich zur Waffe gegriffen hatte. Vor uns war ein Schrauber der Luftpolizei vorbeigeglitten.

„Verlier' nicht die Nerven", verlangte Hannibal. „Wir spielen nun einmal ein sehr gewagtes Spiel. Lande drüben am See. Da gibt es große Rasenflächen dicht bei den vielen Restaurants."

Ich überflog den Stadtteil unter uns und steuerte die glitzernde Fläche des Salzsees an, dessen Strand von Lichtfluten erleuchtet war. Immer wieder begegneten wir Luftstreifen der Polizei. Mir war, als wüßten die Männer in den Maschinen genau, wer da an ihnen vorüberflog.

Zehn Minuten später ließ ich die Maschine langsam auf einer Rasenfläche niedergehen, auf der schon mehr als dreißig andere Maschinen standen. Weiter vorn erblickte ich die lichtüberflutete Fassade eines Restaurants, das sich „Green-Salt-Hill" nannte.

Ich vernahm Musik und viele Stimmen, die von den Terrassen zu dem Parkplatz herüberklangen.

Wir blieben einige Augenblicke schweigend sitzen und musterten den gesamten Platz, auf dem kein Mensch zu sehen war. Dicht am Ufer bemerkte ich ein kleines Holzhaus, in dem sich anscheinend der Wächter aufhielt.

Soeben ging die Tür auf, und ein älterer Mann schaute zu uns herüber. Obwohl wir auf dem dunkelsten Teil des Platzes gelandet waren, schienen wir sein Mißtrauen jedoch nicht zu erregen.

„Stell' den Motor ab und bleib' sitzen", brummte ich. „Halte aber die Augen offen. Ich sehe mich nach einem Visiphon um."

Ich öffnete die Kanzel und sprang auf den Boden hinunter. Unmittelbar vor mir tauchte der Wächter auf. Um eventuellen Fragen zuvorzukommen, rief ich ihm zu:

„Wir wissen nicht, ob wir bleiben. Ich werde mich erst einmal umsehen, was da vorn los ist. Ich rufe Sie."

„Okay, Sir", antwortete der Mann interesselos. „Es ist schon ziemlich voll. Sie müssen sich beeilen, wenn Sie noch einen Platz bekommen wollen. Wir haben heute ein grandioses Feuerwerk."

„Mal sehen", sagte ich abweisend und schritt an ihm vorbei. Er zuckte mit den Schultern und schlenderte zu seinem Wachhäuschen zurück.

Ich winkte zur Maschine hinüber, drückte den weichen Hut noch etwas tiefer ins Gesicht und ging auf das Klubhaus zu.

Die grünliche Lichtfülle aus den vielen Leuchtstoffröhren

gab meiner Haut einen eigenartigen Schimmer. Irgendwie wurden die Gesichtskonturen der Menschen verwischt. Dieser Effekt war mir sehr willkommen.

Ich mischte mich unauffällig zwischen einzelne Paare, die mir lachend und unbeschwert entgegenkamen. Ein stark angeheiterter Mann wurde von seinen zwei Begleitern zu einem Flugtaxi gebracht. Er randalierte heftig und zog die allgemeine Aufmerksamkeit auf sich. Auch dieser Umstand war für mein Vorhaben äußerst günstig.

Ich drückte mich rasch an dem Taxi vorbei und ging auf die verglaste Zelle zu, die dicht neben der vorderen Terrasse stand. Über ihr flimmerte der rötliche Bildschirm mit dem Mikrophonsymbol. Es war eine Zelle mit einem modernen Sicht-Sprechgerät.

Niemand achtete auf mich, als ich die Tür hinter mir zugleiten ließ. Es war ein Spezialglas, das Außenstehenden den Einblick verwehrte, dagegen einen einwandfreien Ausblick gestattete.

Ich brauchte nicht lange zu suchen, da ich die SP-Nummer genau im Kopf hatte. Ich warf meine Münze ein und wählte. Die kleine Bildfläche begann aufzuleuchten. Das Summen des Lautsprechers bewies, daß der Anschluß hergestellt worden war.

Da ich mit dem Gesicht direkt vor dem Fernsehauge stand, wandte ich mich etwas zur Seite und zog den Hut noch tiefer ins Gesicht.

Nach wenigen Augenblicken erschien auf dem Bildschirm das Gesicht einer jungen, schwarzhaarigen Frau. Ich konnte sie deutlich erkennen. Sie sah gut aus. Aus meinen GWA-Informationen wußte ich, daß sie die angebliche Sekretärin jenes Agenten war, der sich Hank Gutris nannte.

Natürlich konnte sie mein Gesicht auf ihrer Bildfläche nicht klar erkennen, doch sie zeigte darüber keine Verwunderung. Entweder war sie daran gewöhnt, oder sie verstand es meisterhaft, sich zu beherrschen.

„Ja, bitte?“ klang es aus dem Lautsprecher.

„Ich möchte Mr. Gutris sprechen“, sagte ich knapp und

unfreundlich. „Ist er zu Hause? Wenn nicht, können Sie mir sagen, wo ich ihn erreichen kann?"

Ich schielte auf die Bildfläche und versuchte, in ihrem Gesicht zu lesen. Zwischen ihren Augenbrauen war ein winziges Fältchen erschienen, doch sie beherrschte sich immer noch.

„Sie scheinen die Uhrzeit zu übersehen, Mister", antwortete sie kühl. „Wer sind Sie, und was wünschen Sie?"

„Unwichtig. Ich möchte Mr. Gutris sprechen. Sagen Sie ihm, es sei sehr dringend."

Sie begann zu lächeln. Zwischen ihren vollen Lippen wurden makellose Zähne sichtbar.

„Wollen Sie nicht etwas näher an das Fernsehauge treten?" fragte sie verbindlicher. „Ich möchte gerne sehen, mit wem ich mich unterhalte."

„Das werden Sie noch früh genug sehen. Verbinden Sie mich endlich mit Gutris."

Bei diesen Worten mußte ich etwas näher an die Aufnahmeoptik gekommen sein. Ich bemerkte, wie sich ihre Augen plötzlich weiteten. Sie atmete so hastig, daß sie kaum sprechen konnte.

„Sind Sie wahnsinnig! Wie können Sie hier anrufen! Sie wissen wohl gar nicht, daß ...!"

Ich lachte höhnisch. Sie war irritiert und vollendete den Satz nicht mehr.

„Reden Sie nicht so lange. Wagen Sie es außerdem nicht, die Verbindung zu unterbrechen", entgegnete ich kalt und stellte mich voll vor die Optik. „Sie sollten einsehen, daß es mir in meiner Lage gleichgültig ist, ob Ihnen der Anruf paßt, oder nicht. Geben Sie mir Gutris."

„Augenblick", sagte sie nervös. Ihr Fernbild verschwand.

Ich begann verhalten zu lächeln. Sie hatte mich erkannt; das genügte mir. Sie schien schon zu wissen, daß Dr. Tensin eine tolle Sache gedreht hatte. Offiziell konnte die Nachricht vom Auffinden des Bombers und der „ermordeten" GWA-Beamten noch nicht bekannt sein. Infolgedessen hätte sie über meinen Anruf entschieden überraschter sein müssen, da sie der Meinung sein mußte, ich befände mich im sicheren Gewahrsam auf den Nevada-Fields. Ihre Reaktion ließ jedoch die Schlußfolgerung zu, daß man bereits über den Vorfall im Transportbomber und die späteren Ereignisse umfassend informiert war. Die Meldung konnte nur von jenem Piloten ausgeführt worden sein, der uns von Washington aus gefolgt war.

Den Leuten mußte es tatsächlich eigenartig vorgekommen sein, als der Bomber plötzlich vom Zielkurs abdrehte und mit Höchstgeschwindigkeit davonraste. Wahrscheinlich hatte der Pilot eine Meldung abgesetzt, die dieser Hank Gutris ebenfalls erhalten hatte.

Auf dem Bildschirm tauchte das Gesicht eines Mannes auf, den ich auf Anhieb erkannte. Die Photos waren gut und einwandfrei gewesen.

Ich vernahm schwere Atemzüge und sagte erheitert:

„Hallo, Gutris, auch schon da? Mit meinem Anruf haben Sie wohl niemals gerechnet, was? Wer war die junge Frau? Was weiß sie?"

Sein breites, etwas aufgeschwemmtes Gesicht verzerrte sich zu einer ärgerlichen Grimasse. Ich hatte den Eindruck, als versuchte er ein Lächeln.

„Mann, Sie haben Nerven", stöhnte er. „Ich sehe an der Verbindung, daß Sie im Stadtnetz hängen. Wo sind Sie?"

„Ich hoffe, daß Sie mich sofort abholen, Gutris", erwiderte ich und trat noch dichter an das Aufnahmeauge heran. „Ich hoffe außerdem, daß Sie keine Dummheiten begehen."

Sein Gesicht zeigte keine Regung.

„Reden Sie doch keinen Unsinn! Wir haben auf Sie gewartet. Außerdem wollten wir auch etwas unternehmen, doch Sie sind uns zuvorgekommen. Mensch, wie haben Sie das geschafft. Halt – sprechen Sie nicht weiter. Wo sind Sie? Ich lasse Sie umgehend abholen. Erklärungen später. Hören Sie sich die TV-Meldung an, die soeben durchkommt. Man hat den Bomber gefunden und einen gefesselten Mann. Verschwinden Sie sofort aus der Nähe Ihrer Maschine. Die Beschreibung wird soeben durchgegeben."

Mir wurde sehr heiß! Unser Suchkommando war etwas zu früh eingetroffen; auch die Fernsehsendung kam zu früh durch. Nur wenige Meter hinter mir stand der gestohlene Flugschrauber, auf dessen Rumpf die Erkennungszeichen leuchteten.

Hastig erklärte ich, wo wir uns befanden. Mr. Gutris gab mir noch einige kurze Anweisungen.

„Holy wird Sie abholen. Ein grüner Hubschrauber mit unserem Firmenzeichen. Holy ist die Frau, mit der Sie gesprochen haben. Ende. Verschwinden Sie."

Die Bildfläche verdunkelte sich. Ich verließ die Zelle.

Als ich über die angestrahlten Stufen zum Parkplatz hiaunterging, hörte ich hinter mir die Stimme eines Nachrichtensprechers. Jemand hatte sein TV-Gerät auf volle Lautstärke aufgedreht. Ich bemerkte erstaunte und erstarrende Gesichter.

„Achtung, Achtung, Warnung an alle! Wir wiederholen unsere Sondermeldung und erbitten die Mithilfe der Öffentlichkeit. Hier spricht Oberstleutnant Gernier, Chef der Staatspolizei in Utah. Achten Sie auf einen Flugschrauber, Modell ‚Bell-TK-860', bekannt unter der Bezeichnung ‚Moskito'. Kennzeichen CC-S-25-2895. Die Maschine wurde von zwei flüchtigen Verbrechern gestohlen. Es handelt sich um den in Washington wegen Landesverrats angeklagten und verurteilten Physiker Dr. Bob Tensin und um den ehemaligen Chefpiloten der Moon Lines, Michael Hollak. Es ist ihnen gelungen, die Begleitmannschaft zu ermorden und mit der soeben beschriebenen Maschine zu entkommen. Die Bevölkerung von Utah wird dringend gebeten, auf die Gangster zu achten, deren Bilder im Anschluß an diese Durchsage gezeigt werden. Achtung, dringende Warnung an alle Polizeieinheiten! Doktor Tensin und Hollak sind mit gefährlichen GWA-Waffen ausgerüstet. Eröffnen Sie rücksichtslos das Feuer, sobald Sie die Gesuchten sehen sollten. Wir ...!"

Ich mußte mich bemühen, nicht in weiten Sätzen über den Parkplatz zu rennen. Meine Hände waren verkrampft. Ich war bereit, jeden niederzuschlagen, der meinen Weg kreuzen sollte.

Hinter mir hörte ich erregte Worte und Zurufe. Man schien

allgemein zu wissen, wer die beiden Übeltäter waren. Für diese Informationen hatten die öffentlichen Kommunikationsmittel schon seit Tagen gesorgt. In den USA gab es wohl kaum jemand, der die Gerichtsverhandlung nicht verfolgt hätte. Es war die Sensation der Woche gewesen.

Als ich fast unsere Maschine erreicht hatte, erkannte ich plötzlich den Wächter, der hinter einem anderen Hubschrauber in Deckung stand und zu unserem Fahrzeug hinübersah. Mit einem unterdrückten Ausruf fuhr er herum, wollte eilig davonlaufen und rannte mir bei diesem Versuch direkt in die Arme.

Er wollte aufschreien, doch er kam nicht mehr dazu. Wieder einmal war ich gezwungen, einen Unschuldigen anzugreifen, obwohl es als GWA-Agent meine Pflicht gewesen wäre, solchen Menschen beizustehen.

Er glitt lautlos zu Boden, als meine Handkante seinen Hals traf. Ich schob den Besinnungslosen in den Schatten der fremden Maschine und eilte mit weit ausholenden Schritten zu unserem Flugschrauber hinüber.

Als ich dort ankam, sprang Hannibal aus der Kabine. In seiner Hand funkelte die Thermo-Rak-Pistole.

„Abhauen", rief er mir leise zu. „Hast du die Meldung gehört?"

Ich nickte nur. Gleichzeitig rannten wir von dem erleuchteten Parkplatz weg.

„Hinunter zum See", informierte ich Hannibal hastig. „Wir werden abgeholt. Wir sollen an der östlichen Umzäunung eines kleinen Salzwasser-Schwimmbades warten. Dort ist jetzt nicht mehr viel Betrieb. Es fällt daher nicht auf, wenn ein Hubschrauber landet."

Wir rannten weiter und hielten uns immer auf den schmalen Wegen, die sich am Ufer des Großen Salzsees entlangzogen. Nach etwa zehn Minuten erblickten wir eine freie Rasenfläche, die mit dichten Hecken umgeben war.

Auch hier sahen wir einige Menschen, denen es ein Vergnügen zu bereiten schien, sich bei Nacht in dem Becken zu tummeln. Das Wasser war so salzhaltig, daß man bewegungslos auf dem Rücken liegen konnte und kein Untergehen zu befürchten brauchte.

„Sieh dich nach dem Denkmal eines Mormonen-Predigers um", sagte ich leise zu Hannibal. „Es muß hier in der Nähe stehen."

„Welches Denkmal? Wie hieß der Mann?"

„Was weiß ich", fuhr ich ihn an, „das ist doch wohl gleichgültig."

„Mir nicht", beschwerte er sich. „Ein Mann, der so bedeutungsvolle Vornamen besitzt wie ich, hat sich grundsätzlich nach den Namen anderer, ebenfalls berühmter Persönlichkeiten zu erkundigen."

Er grinste und deutete nach links hinüber, wo ich tatsächlich die Umrisse einer Statue erkannte, die auf einem mächtigen Sockel ruhte.

Wir schlichen uns vorsichtig näher und gingen den Leuten aus dem Weg, die uns zumeist paarweise und eng umschlungen entgegenkamen.

„So gut möchte ich es auch einmal haben", äußerte der Kleine. „Die wissen gar nicht, welch ein angenehmes Leben sie führen."

Ich sagte nichts, denn was hätte ich darauf erwidern sollen? Wir setzten uns hinter einigen Büschen nieder und lauschten nach oben. Brummend flogen Maschinen vorbei, doch der grüne Hubschrauber mit dem Firmenzeichen unseres ehrenwerten Freundes war nicht dabei.

„Ob TS-19 schon in der Nähe sein kann? murmelte ich auf Grund meiner Überlegungen. „Wenn er nach seinem Fallschirmabsprung sofort von einer schnellen Maschine aufgenommen worden ist, kann er sich jetzt in der Stadt aufhalten. Der Alte wird wohl dafür gesorgt haben, daß er zuerst bedient wurde. Wir wollen es versuchen."

Ich lehnte mich zurück, griff in die Hosentasche und tastete nach der Stelle, wo in meinem Bein der Sender untergebracht war. Mit den Fingerspitzen fühlte ich durch das dünne Taschenfutter hindurch die kaum spürbare Erhebung, unter der sich die winzige Sendetaste befand.

Ich gab viermal mein Rufzeichen durch und funkte einen kurzen Bericht im Klartext. Wenn unser Verbindungsmann in der Stadt weilte, mußte sein Empfänger jetzt ansprechen.

„Denk an unsere Sicherheit", flüsterte Hannibal. Eine leichte Unruhe machte sich bei ihm bemerkbar. „Es ist ein äußerst unangenehmes Gefühl, vor den eigenen Leuten auf der Flucht zu sein und eventuell von ihnen beschossen zu werden. Wenn ich schon meinen bildschönen Kopf hinhalten muß, so soll es wenigstens einen Sinn haben."

Ich blickte zur Seite, betrachtete seine rostroten Borstenhaare und lächelte anzüglich.

Abschließend zu meiner Meldung gab ich durch:

„Sofort dafür sorgen, daß eine Meldung durchgegeben wird, wonach wir in einem anderen Stadtteil gesehen worden sind. Die Aufmerksamkeit des Publikums und der Polizei muß abgelenkt werden. Diese Aufgabe hat Vorrang. Ende."

Ich nahm die Hand aus der Tasche und hoffte, daß unsere Botschaft TS-19 erreicht hatte. In dem Fall würde er nun umgehend dafür sorgen, daß wir hier ungestört blieben.

Es war in unserer Lage eine Wohltat, einen Kameraden in der Nähe zu wissen, in dessen Tasche das allmächtige Symbol der GWA steckte.

„Nur gut, daß die Sup-Ultrakurze-Frequenz noch nicht allgemein bekannt ist", meinte Hannibal. „Wenn das so wäre, könnten wir es wegen der Abhörgefahr niemals riskieren, öffentlich zu funken. Auch ein komplizierter Code würde dann nicht viel nützen."

Es dauerte noch zehn Minuten, bis über dem Schwimmbad ein hellgrüner Hubschrauber auftauchte. Für Augenblicke stand er still im hellen Lichtschein des Bades. Dann flog er auf das Denkmal zu.

„Das ist sie", raunte ich aufgeregt.

„Wieso ‚sie'?" fragte Hannibal erstaunt.

Ich erklärte den Sachverhalt mit kurzen Worten. Während die Maschine sanft vor dem Denkmal aufsetzte, zog ich meine Thermo-Rak-Pistole aus dem Halfter. Hannibal machte die gleiche Handbewegung. Mit riesigen Sätzen sprangen wir auf den Schrauber zu. Als wir ihn völlig außer Atem erreichten, glitt die rechteckige Kabinentür sofort zurück.

„Hallo", empfing uns eine weibliche Stimme. „Wollen Sie mich braten, Doktor?"

Ich starrte in das Gesicht der jungen Frau, deren verführerische Schönheit ich jetzt erst erkannte.

„Sind Sie alleine?" erkundigte ich mich schroff. „Verfolgt worden?"

„Aber, aber Doc, wie sprechen Sie denn mit einer Dame? Steigen Sie beruhigt ein und begeben Sie sich unter meine schützenden Fittiche."

Hannibal amüsierte sich. Dann sprangen wir in die Maschine hinein. Unsere Pilotin hatte sich vorbildlich in der Gewalt. Wenn ich nicht gewußt hätte, daß sie zu dem Spionagering gehörte, hätte ich ihr wahrscheinlich mein Scheckbuch anvertraut. Aus dem Bekenntnis ersehen Sie, daß GWA-Schatten auch nur Menschen sind.

Sie sah sich rasch um und ließ die Maschine sofort starten. Ich saß neben ihr; die gefährliche Waffe glänzte immer noch in meiner Rechten.

Während sie Kurs auf den See nahm, meinte sie wie beiläufig:

„Wollen Sie die Waffe nicht wegstecken, Doktor? Ich habe gehört, daß diese GWA-Spielzeuge sehr gefährlich sind."

„Da haben Sie recht gehört, Miss", sagte ich kühl. „Aus den Läufen kommen glühheiße Geschosse. Darf ich fragen, wer Sie sind?"

Wieder zuckte das winzige Lächeln über ihre Lippen.

„Warum nicht, Doc! Ich weiß ja auch, wer Sie sind. Ich heiße Sester, Holy Sester und bin Chefsekretärin bei Mister Gutris. Genügt Ihnen das?"

Hannibal hüstelte.

„So, Chefsekretärin sind Sie. Nun, mir soll es recht sein. Sie wissen, daß wir gesucht werden? Sie wissen auch, daß sämtliche Polizeieinheiten den Befehl erhalten haben, ohne Anruf auf uns zu schießen?"

„Allerdings. Es wurde deutlich genug durchgegeben. Vor

einigen Augenblicken wurde übrigens eine neue Meldung verbreitet. Sie sollen mit der geschilderten Maschine oben an der Grenze von Idaho gesehen worden sein. Das ist gut für Sie. Man wird Zeit brauchen, um das Mißverständnis aufzuklären."

Aha, Agent TS-19 hatte meinen Funkspruch erhalten und sofort gehandelt! Er hatte unseren angeblichen Aufenthalt sogar viel entfernter angegeben als ich ihm gegeben hatte.

Ich unterdrückte ein befreites Aufatmen und musterte das Mädchen nochmals so genau, wie das im schwachen Licht der Armaturenbeleuchtung möglich war.

„Zufrieden?" erkundigte sie sich.

„Wie meinen Sie das?"

Sie lachte leise auf.

„Sind Sie so weltfremd, Doktor, oder tun Sie nur so? Ich fragte, ob Sie mit mir zufrieden sind."

„Kann ich noch nicht beurteilen. Ich kenne Sie ja erst seit einigen Minuten", wich ich aus.

Sie stieß einen tiefen Seufzer aus und lachte erneut.

„Wissen Sie, ich kann es kaum glauben, daß Sie es fertiggebracht haben, drei Männer zu überwältigen, die zu der berühmtesten und gefährlichsten Polizeiorganisation der Welt gehörten. Wie haben Sie das nur geschafft? Wir ahnten schon vor Stunden etwas, als die Funkmeldung unseres Mitarbeiters ankam, der Ihrer Maschine gefolgt war. Er hatte von der Zentrale den Auftrag erhalten, festzustellen, ob Sie auch wirklich zu den Nevada-Fields gebracht würden. Er gab durch, Ihre Maschine hätte in der Nähe von Pueblo plötzlich Fahrt aufgenommen, so daß er Sie aus seinem Radarschirm verlor. War das die Stelle, wo Sie zugeschlagen haben?"

„Allerdings", bestätigte ich abwehrend. „Erstaunlich, daß Sie darüber informiert sind. Was sollte die Beschattung durch einen Ihrer Leute bedeuten? Wollten Sie mich befreien?"

Sehr höhnisch und spöttisch hatten die letzten Worte geklungen. Sie wandte den Kopf und sah mich fest an.

„Ja, das wollten wir. Gutris hatte von der Zentrale den Auftrag erhalten, Sie unter allen Umständen herauszuholen. Sie scheinen dem Chef sehr kostbar zu sein, Doktor! Außerdem hat es allgemein gefallen, daß Sie während Ihrer Verhandlung so verschwiegen waren. Sie hätten ja auch die Namen der beiden Männer angeben können, die Ihnen den Bau Ihres Strahlers finanzierten, nicht wahr? Warum haben Sie das eigentlich nicht getan? Warum sind Sie nicht auf das Angebot des GWA-Obersten eingegangen?"

„Sie fragen beinahe so eindringlich, wie mein besonderer Freund, der Bundesstaatsanwalt", lachte ich rauh. „Ich habe auf die Hilfe Ihrer Organisation gehofft, Miss Sester. Ich habe deshalb darauf gehofft, weil mir mein unfähiger Anwalt noch vor der Verhandlung einen Gruß bestellte, der von einem Mann namens Thomason kam. Deshalb war ich vorsichtig und hoffte auf den Strohhalm, den Ihr Verein für mich darstellte. Trotzdem habe ich es vorgezogen, mir selbst zu helfen, als sich die Chance bot. Einer der GWA-Schnüffler wollte mir eine Spritze in den Arm geben. Ich glaube, sie wollten mich zum Reden bringen und flogen deshalb so langsam. Anscheinend wollten sie die Angelegenheit noch innerhalb der Maschine und während des Fluges erledigen."

Plötzlich war ihr apartes Gesicht von einem lauernden Zug geprägt.

„Und ...?" Ihre Augen funkelten.

„Er hat wohl nicht damit gerechnet, daß ich sehr rasch reagieren und auch sehr gut schießen kann", stieß ich hervor. „Als er sich über mich beugte, um mir die Nadel in die Vene zu stechen, entriß ich ihm die Waffe, die er in einem Schulterhalfter trug. Gleichzeitig stieß ich ihn so hart zurück, daß er durch die Kabine taumelte. Zwar griff der andere Mann sofort nach seiner Waffe, doch ich war schneller. Der Pilot merkte viel zu spät, was in der Kabine gespielt wurde. Wir mußten mit dem Bordfeuerlöscher den Brand ersticken, sonst wäre die Maschine explodiert. Danach bogen wir ab, da ich zu Ihnen, beziehungsweise zu Gutris wollte. Ich war mir darüber klar, daß wir mit dem GWA-Bomber nicht weit kommen konnten. Deshalb besorgten wir uns bei einem einsam gelegenen Landhaus einen neutralen Flugschrauber, mit dem wir hierherflogen. Das ist alles.

Sie bedachte mich mit einem Blick, in dem ich begeisterte Anerkennung zu lesen glaubte.

„Donnerwetter! Das ist toll! Die Erklärung ist überraschend. Wir hätten Ihnen eine derart rasche und präzise Handlungsweise niemals zugetraut. Meine Anerkennung, Doktor."

„Danke", sagte ich mit einem spöttischen Unterton. Es zuckte mir in den Händen. Diese Frau empfand nichts dabei, einen Verbrecher zu beglückwünschen, der einen dreifachen Beamtenmord auf sein Gewissen geladen hatte. Das verriet mir alles über sie, wirklich alles.

Hannibal sah sie so drohend an, daß ich ihm einen warnenden Blick zuwarf. Holy Sester konnte uns noch nützlich sein. Ich schlug eine neue Taktik ein und lächelte sie etwas freundlicher an.

„Darf ich Holy zu Ihnen sagen?"

Sie war offensichtlich überrascht. Ein prüfender Blick traf mich.

„Ich habe nichts dagegen, Doc! Sagen Sie ruhig Holy zu mir. Das dürfen allerdings nur meine Freunde. Es ist ein besonderer Gunstbeweis."

„Demnach wäre ich Ihr Freund."

„Seltsam, Ihr Wissenschaftler habt meistens eine ekelhafte Art, bestimmte Dinge so nüchtern und logisch zu betrachten, daß man einen Schüttelfrost bekommen kann, wenn man die Dummheit begangen hat, eine Sache nicht vorher mit wissenschaftlicher Logik zu bedenken. Das habe ich soeben nicht getan. Ein normaler Mensch hätte nicht gesagt ‚demnach wäre ich Ihr Freund', sondern etwas anderes; beispielsweise ‚das freut mich aber' oder ‚Sie machen mich glücklich'. Sie können nicht verleugnen, daß Sie Mathematiker sind."

Ich schmunzelte in die Dunkelheit hinein. Hannibal schien sich wieder einmal köstlich zu amüsieren. Sehr schön. In ihren Augen war ich also unverdächtig; mehr wollte ich nicht.

„Ich werde mich bemühen, zukünftig etwas impulsiver und ohne vorherige Befragung des Verstandes zu antworten", lachte ich. „Sind Sie damit zufrieden?"

„Vielleicht! Wie kann man nur so direkt fragen?"

„Das haben Sie vorhin auch getan."

„Sicher, aber ich habe zu einem Mann gesprochen."

Ich räusperte mich. Diese Frau war zweifellos gefährlich. Ich hatte ihr nicht umsonst auf den Zahn gefühlt. Sie war intelligent, reaktionsfähig und schien sich ausgezeichnet beherrschen zu können. Das waren Eigenschaften an ihr, die ich gut im Augen behalten mußte, wenn ich nicht eines Tages eine böse Überraschung erleben wollte.

Ich wechselte das Gesprächsthema.

„Wohin bringen Sie uns? Wir befinden uns mitten über dem Salzsee."

„Ja. Wollen Sie ein Bad nehmen?"

„Was soll der Unsinn, Holy", wies ich sie zurecht. „Ich bin etwas nervös. Das dürfte in dieser Situation wohl verständlich sein. Wohin geht es? Wie verhält sich Gutris zu unserer Ankunft?"

„Das Erscheinen von Hollak war an sich nicht vorgesehen. Doch nun ist er einmal da und wird auch bleiben. Wir haben Verwendung für erfahrene Raumpiloten mit abgeschlossenen Astronautenprüfungen."

„Vielen Dank, mein Kind", neckte Hannibal. „Sie dürfen auch Mike zu mir sagen und mein zartes Gemüt pflegen, falls mich Ihre Erscheinung einmal aus dem seelischen Gleichgewicht bringen sollte."

„Okay, Mike, warten wir ab. Ich bringe Sie zu unserem Landhaus, das allerdings nicht mit dem vergleichbar ist, wo Sie sich Ihren Flugschrauber besorgt haben. Wir haben es vorgezogen, unsere hiesige Zentrale, die ausschließlich für Colorado, Utah und Nevada zuständig ist, außerhalb der Stadt einzurichten. Dort sind Sie in Sicherheit, bis die Hauptzentrale entschieden hat, was mit Ihnen geschehen soll. Gutris hat sich schon mit dem Chef in Verbindung gesetzt und ihn benachrichtigt, daß Sie wider Erwarten auch ohne unsere Mithilfe freigekommen sind. Es kann sein, daß Sie schon morgen abberufen werden. Man ist an Ihnen interessiert."

Hmm, das sagte mir viel und doch nicht viel! Gutris war also der Chef eines bestimmten Bezirks, jedoch einer Hauptzentrale unterstellt. Wir hatten bis jetzt nicht gewußt, daß er gleichzeitig drei Staaten zu bearbeiten hatte. Die Nachricht mußte ich schnellstens weiterleiten.

Zu gerne hätte ich mich nach dem eigentlichen Chef und dem Sitz der Hauptzentrale erkundigt; aber ich unterließ es, weil mich mein Gefühl davor warnte. Diese Frau war nicht leicht zu täuschen. Ich konnte solche Fragen wahrscheinlich erst dann riskieren, wenn ich ihr etwas nähergekommen war.

Nachdem sie noch einige belanglose Erklärungen abgegeben hatte, wurde sie von Hannibal in ein recht inhaltsloses Gespräch verwickelt. Er hatte beobachtet, daß ich meine rechte Hand in die Hosentasche gesteckt hatte.

Während sie sich unterhielten, funkte ich die neuen Nachrichten an TS-19 weiter. Abschließend wies ich auf den Landsitz hin, der sich am Westufer des Sees befinden mußte. Ich gab nach einem unbemerkten und unverfänglichen Blick auf die Reliefkarte unsere derzeitige Position und unseren Kurs an. Auf Grund dieser Daten konnte sich TS-19 genau ausrechnen, an welchem Punkt wir das Westufer berühren mußten. Zufrieden mit mir selbst, zog ich die Hand zurück und fragte noch nach einigen Einzelheiten über diesen Mr. Thomason.

„Unser Verbindungsmann in Washington", erklärte sie. „Er dient nur als stiller Beobachter und ist an sich bedeutungslos. Er hatte den Auftrag erhalten, Sie vor der Verhandlung zu beruhigen. Der Chef hegte die größten Befürchtungen, Sie könnten Gutris und Ferason bloßstellen. Für den Fall hatten wir schon alle Vorbereitungen für eine planmäßige Absetzung getroffen. Wir hätten hier schleunigst verschwinden müssen."

Ich machte „aha" und dachte daran, daß sie doch nicht so gut informiert war, wie es anfangs den Anschein erweckt hatte. Sie schien die Arbeit der GWA gewaltig zu unterschätzen, obgleich sie vorher zugegeben hatte, diese Polizeieinheit für ungemein tüchtig und gefährlich zu halten.

Vor uns tauchte das jenseitige Ufer des Salzsees auf, den wir trotz unserer gedrosselten Fahrt in einer Viertelstunde überflogen hatten.

„Vorsicht, legen Sie sich auf den Boden", rief sie plötzlich.

Ich reagierte augenblicklich und ließ mich nach unten fallen. Dann erblickte ich auch die beiden Polizeiflugschrauber, die an ihrem rotvioletten Fluoreszenzlicht deutlich erkennbar waren.

Ich preßte die Zähne aufeinander und hoffte inständig, daß wir nicht angehalten und zur Landung gezwungen würden. Sie heulten jedoch in geringem Abstand vorüber und waren kurz darauf in der Nacht verschwunden.

Sie atmete befreit auf. Vergeblich versuchte Sie, das leichte Zittern in ihrer Stimme zu verbergen.

„Das war knapp. Sie flogen mit Höchstgeschwindigkeit und hielten genau auf die Stelle zu, wo am anderen Ufer der Klub liegen muß. Wahrscheinlich hat man die Maschine entdeckt. Jetzt aber nichts wie weg."

Unser Hubschrauber nahm mit sausendem Rotor Fahrt auf. Sie zog ihn steil nach unten. Dicht über dem unebenen Boden steuerten wir auf die kleine Hügelkette zu, wo ich die Umrisse eines großen, luxuriösen Landhauses erblickte. Es war von einem üppigen Park umgeben, in dem aber keine hohen Bäume standen. Sicherlich konnte sich der flache Steinbau notfalls in eine feuerspeiende Festung verwandeln. Ich wußte sehr genau, wie solche Zentralen großer Organisationen eingerichtet waren.

Wir landeten überstürzt, und Augenblicke später war die Maschine in einem Hangar verschwunden. In Begleitung unserer Pilotin stiegen wir die breite Freitreppe hinauf. Dabei murmelte ich:

„Aha, Luxuswohnung der Inhaber der Firma Gutris und Ferason. Zahlt der ‚Großasiatische Staatenbund', auch GAS genannt, so gut?"

Sie stockte mitten im Schritt und sah mich mißtrauisch an.

„Woher wollen Sie wissen, daß wir für den GAS arbeiten?"

„Sie halten mich wohl für dumm, was?" fragte ich zurück. „Das liegt doch klar auf der Hand. Für wen sollten Sie sonst arbeiten?"

Sie beruhigte sich augenblicklich und öffnete die Tür. Es fiel kein Lichtschimmer aus der Halle. Diese Tatsache ließ die Vorsicht der Bande erkennen.

„Zu Ihrer Information, Doc! Solche Fragen oder Mutmaßungen sind unerwünscht. Wir wissen selbst nicht, für wen wir arbeiten; wir wissen nur, daß wir gute US-Dollar erhalten. Mehr interessiert nicht. Wenn Sie erfahren wollen, wo das Geld herkommt, müssen Sie schon den Chef im Hauptquartier fragen. Vielleicht wird er Ihnen sogar antworten. Kommen Sie, hier draußen wird es für uns immer gefährlicher. Über dem See tauchen schon wieder Polizeimaschinen auf. Die sind anscheinend ganz wild nach Ihnen."

„Er ist eben ein begehrter Mann", stichelte Hannibal. „Sie hätten einmal sehen sollen, wie reizend die GWA-Schatten zu ihm waren. Die waren direkt liebevoll besorgt um ihn."

Sie warf mir einen nachdenklichen Blick zu und betrat den Bungalow.

Wir folgten ihr durch den dunklen und sehr großen Vorraum, bis sie eine automatische Schiebetür langsam aufgleiten ließ. Hier gab es gedämpftes Licht. Ich stellte fest, daß man die Fenster sorgfältig verdunkelt hatte.

Es war ein geräumiges Arbeitszimmer. Hinter dem schweren Metallschreibtisch saß ein Mann von kräftiger Statur. Ich erkannte Hank Gutris.

Er sah prüfend auf die Bildfläche eines modernen Radarobjekttasters, dessen Tastimpulse nach der Reflexion ein sehr deutliches Reliefbild des angestrahlten Körpers zeigten.

„Sie fliegen uns an", sagte er als Begrüßung. „Ist deine Maschine über dem See bemerkt worden, Holy?"

Uns beachtete er vorerst überhaupt nicht.

„Ja. Zwei Polizeiflugschrauber begegneten uns auf entgegengesetztem Kurs."

„Zum Teufel, da haben wir es! Sie haben ein unverschämtes Glück gehabt, Doktor, daß man Sie nicht sofort kontrolliert hat. Da, sehen Sie, sie halten genau auf das Haus zu. Wahrscheinlich haben sie die Landung im Radar beobachten können. Natürlich hat der verlassene Flugschrauber den Verdacht erweckt, Sie könnten mit einer anderen Maschine weitergeflogen sein. Holy, bringe unsere Gäste ins Versteck. Ich werde die Burschen schon abfertigen, wenn sie nachfragen sollten."

„Eben, Gutris, eben! Sie sind ja auch ein angesehener Mann", sagte ich herausfordernd. „Was bin ich gegen Sie! Ein verfolgter, gejagter und obendrein schon zum indirekten Tode verurteilter Landesverräter. Die Geschichte mit den drei GWA-Agenten hat mir endgültig das Genick gebrochen."

„Ich hatte Sie schon vor Wochen vor dieser Person gewarnt", grollte er. „Es war Ihr Fehler, sie laufen zu lassen, zumal sie Ferason und mich gesehen hatte. Wenn Sie mir einen Wink gegeben hätten, wäre sie unauffällig beseitigt worden. Nun hat sie Kronzeugin der Anklage gespielt, nicht wahr?"

Ich preßte die Lippen zusammen und dachte an die Blondine, die im Gerichtssaal gegen mich ausgesagt hatte. Dabei beobachtete ich Gutris unauffällig, aber scharf. Er schien mich wirklich für Dr. Tensin zu halten, obgleich meine Augen etwas heller waren. Doch wer achtet normalerweise so genau auf die Augenfarbe eines Menschen, mit dem er nur selten bei geschäftlichen Besprechungen zusammenkommt? Auch meine Stimme unterschied sich etwas von der des echten Tensin. Meine Aussprache hatte einen tieferen Klang.

Er merkte es nicht – oder besser gesagt, er merkte es noch nicht! Immerhin war er augenblicklich sehr nervös. So etwas lenkt ab.

„Verschwinden Sie endlich. Die setzen tatsächlich zur Landung an", sagte er aufgeregt. „Übrigens, Tensin, Ihre ehemalige Freundin ist am vergangenen Nachmittag tödlich verunglückt, nachdem Sie eine solche Sicherheitsmaßnahme versäumt hatten. Sie wird mich nicht mehr identifizieren können."

Ich nickte ungerührt, obwohl in mir alles tobte. Wie kaltblütig und selbstverständlich dieser Bursche über einen Mord sprach!

„Von wem beseitigt? Arbeitet der Mann sicher?"

Ich mußte diese Frage stellen, um mir keine Blöße zu geben.

„Kein Mann, sondern eine Frau", lautete seine Auskunft. „Die Freundin von Thomason hat das erledigt, wenn Sie sich schon dafür interessieren. Nun gehen Sie, es wird höchste Zeit."

Hannibal nahm die kaum angebrochene Whiskyflasche an

sich, die auf dem Schreibtisch gestanden hatte. Gutris war ärgerlich und nannte ihn einen Alkoholiker, der sich nur in einem Rausch wohlfühlte.

Der Zwerg runzelte verächtlich die ohnehin faltige Stirn und folgte uns mit raschen Tippelschritten. Während wir hinter Holy Sester hergingen, faßte ich den Entschluß, umgehend eine weitere Funkmeldung abzusetzen.

8.

Hinter mir schnappte es leise. Blitzartig fuhr ich herum. Mit dem gewohnten, zehntausendfach geübten Griff hatte ich die Thermo-Rak-Pistole mit der rechten Hand aus dem Halfter gerissen.

Die Mündung bedrohte die beiden Männer, die zusammen mit Holy Sester durch eine Tür eingetreten waren, die ich vorher nicht bemerkt hatte. Dieser Fuchsbau schien allerlei technische Einrichtungen zu besitzen, die gar nicht so einfach zu entdecken waren.

Holy und Gutris kannte ich. Der schlanke Mann mit dem graumelierten Haar und den dunklen Augen war mir unbekannt.

Er sah mit zusammengekniffenen Augen in die drohende Mündung meiner Waffe. In diesem Augenblick wußte ich, daß mir ein Fehler unterlaufen war. Ein Wissenschaftler zieht nicht so blitzschnell, wie ich es getan hatte.

Ich räusperte mich und zauberte einen verbissenen Ausdruck auf mein Gesicht. Noch ehe sie sprechen konnten, ergriff ich die Initiative.

„Sie sollten bedenken, daß Sie einen recht nervösen Mann besuchen, der einige Stunden seiner Nachtruhe geopfert hat, um sich im raschen Ziehen der Waffe zu üben. Es tut mir leid, aber Sie hätten anklopfen sollen."

Holy und Gutris hatten nichts gemerkt. Der Fremde aber, der Mann mit den dunklen Augen, sah mich sehr aufmerksam und forschend an.

„Morset“, stellte er sich vor. „Sie entwickeln erstaunliche Talente, Dr. Tensin. Sie verblüffen uns immer wieder. Wenn ich bedenke, wie unglaublich schnell Sie soeben Ihre Waffe gezogen haben, erscheint es mir nicht mehr unwahrscheinlich, daß es Ihnen gelungen ist, drei GWA-Schatten unschädlich zu machen.“

Die Worte hatten ironisch geklungen. Die Falte zwischen seinen Augenbrauen wollte mir dagegen überhaupt nicht gefallen.

Ich musterte ihn betont ruhig. Langsam steckte ich die Thermo-Rak-Pistole in das Schulterhalfter zurück und zog mein Jackett zurecht.

„Warum sollte Ihnen diese Tatsache auch unwahrscheinlich erscheinen“, entgegnete ich zurückhaltend. „Sie können sich wohl nicht vorstellen, wie schnell ein Mensch reagieren kann, wenn er den sicheren Tod vor Augen sieht!“

„O doch, das kann ich. Ich bin Arzt.“ Er lächelte unmerklich. „Inwieweit sind Sie aber der Meinung, daß Sie dem Tod ins Auge gesehen hätten? Man hat Sie doch nicht zu einer so unangenehmen Strafe verurteilt, nicht wahr?

„Gefahr!“ signalisierte mein Gehirn. Wenn dieser Mensch nicht von der Hauptzentrale geschickt worden war, um mich einem gründlichen Test zu unterziehen, dann wollte ich wirklich der echte Tensin sein. Da mir der „Arzt“ vollkommen unbekannt war, konnte ich mit Sicherheit annehmen, daß auch General Reling keine Unterlagen über ihn hatte. Also wieder ein neues Gesicht, das ich irgendwie unterbringen mußte.

Hank Gutris schien leicht erstaunt zu sein. Seine Blicke irrten zwischen dem angeblichen Arzt und mir hin und her.

„Sie stellen seltsame Fragen, Doktor“, erwiderte ich sarkastisch. „Natürlich hat man mich nicht zum Tode verurteilt; aber das war den GWA-Leuten offensichtlich gleichgültig. Hat man Ihnen nicht berichtet, daß mir eine Spritze gegeben werden sollte? Ich hatte das Gefühl, dem Tod ins Auge zu sehen. Deshalb habe ich gehandelt. Sagen Sie nur nicht, das paßte Ihnen oder der Zentrale nicht!“

„Aber, aber, ganz im Gegenteil, Doktor", beschwichtigte er sachlich. „Sie sind uns entgegengekommen, zumal wir noch gar nicht genau wußten, welche Maßnahmen wir hätten einleiten müssen, um Sie aus dem Gefängnis auf den Nevada-Fields herauszuholen."

„Na also, warum fragen Sie dann so eigenartig?" fragte ich empört.

„Ich würde es bedauern, wenn Sie es so auffassen sollten. Ich habe jedoch den Auftrag erhalten, nähere Erkundigungen einzuziehen, die ich von Ihnen wohl in ausführlicherer Form erhalten kann. Der Bericht unseres Mitarbeiters Hank Gutris war etwas unklar, verstehen Sie!"

Ich warf dem stämmigen Mann einen forschenden Blick zu und übersah auch nicht die wachsamen Augen seiner angeblichen Sekretärin. Sie schien zu spüren, daß mir Dr. Morset nicht recht traute. Das war an sich nicht verwunderlich, denn ein intelligenter Mensch mußte sich über meine Handlungsweise einige Gedanken machen. Es war durchaus verständlich, daß man Dr. Tensin eine so verwegene Flucht unter den offenkundigen Begleitumständen niemals zugetraut hatte. Die Fragen waren deshalb begründet.

Infolge dieses Eindrucks sagte ich mir, daß ich absolut nicht beunruhigt zu sein brauchte.

„Schön! Was wollen Sie wissen? Machen wir es kurz. Wollen Sie sich nicht setzen?"

Hannibal, der schweigend, aber sehr aufmerksam auf einer niedrigen Couch lag, rückte mit der Fußspitze einen leichten Sessel zurecht. Dr. Morset setzte sich. Holy und Gutris blieben stehen.

„Man hat mich geschickt, weil ich Mediziner bin", erklärte er verbindlich. „Es interessiert uns, wie das Mittel ausgesehen hat, das man Ihnen einspritzen wollte."

Innerlich begann ich zu lachen. Wenn er auf eine falsche Antwort hoffte, dann sollte er sich aber gründlich getäuscht haben.

„Wie wollte es der GWA-Offizier injizieren? Intramuskulär oder intravenös?"

Ich sah ihn spöttisch an, doch er ignorierte mein Benehmen.

„Da er mir meinen rechten Arm entblößen wollte und den Ärmel nur hochstreifte, sehr wahrscheinlich intravenös."

Er nickte.

„So, so! Wußten Sie, um welches Mittel es sich dabei handelte?"

„Keine Ahnung", brummte ich ärgerlich. „Ich bin schließlich Kernphysiker. Ich hatte aber das instinktive Gefühl, daß es eine Gefahr bedeutete."

Er strich sich mit der gepflegten Hand über das Kinn.

„Das ist verständlich. Sie haben aber doch sicherlich beobachten können, wie der Beamte die Injektionsspritze füllte. Geschah das aus einer Ampulle, oder aus einem Fläschchen mit durchstechbarem Plastikverschluß?"

Ich atmete tief ein und blickte gelangweilt zur Decke. Er lächelte nur.

„Ich habe es sehen können; deshalb wurde ich auch so unruhig. Es handelte sich um eine Ampulle. Er sägte das Ende ab und zog den Inhalt auf. Wenn Sie wissen wollen, wie die Flüssigkeit aussah, so kann ich Ihnen nur sagen, daß sie eine zartblaue Farbe aufwies."

Ich bemerkte, wie er innerlich zusammenzuckte. Er wußte also genau, wie „Ralowgaltin" aussah.

„Ah, zartblau. Interessant! Als Physiker haben Sie doch bestimmt ein gutes Schätzungsvermögen für Flüssigkeitsmengen, nicht wahr?"

„Das entspricht zwar durchaus nicht der Regel, aber ich habe es zufällig", sagte ich überheblich. „Die Spritze enthielt schätzungsweise vier bis fünf Kubikzentimeter. Einen Geruch konnte ich nicht feststellen, wenn Sie das auch noch wissen wollen."

Er lachte leise und strich sich über seine grauen Schläfen. Auf seine äußere Erscheinung schien er sehr bedacht zu sein.

„Danke, das genügt mir. Sie wußten also nicht, um welches Mittel es sich handelte?"

„Ich sagte es bereits, zum Teufel."

Gutris begann zu grinsen. Auch Holys Gesichtszüge entspannten sich. Sie schienen zu bemerken, daß er mit meinen Antworten zufrieden war.

„Bitte, regen Sie sich nicht auf. Ich stelle die Fragen nur, weil es meine Pflicht ist. Wir möchten gern erfahren, was man mit Ihnen vorhatte. Ich kann Ihnen bestätigen, daß Sie Ihr Gefühl richtig beriet. Wenn es dem Mann gelungen wäre, Ihnen das Mittel in die Vene zu spritzen, hätten sie nach zehn Minuten Ihr ganzes Wissen ausgeplaudert. Anscheinend wollte man von Ihnen hören, mit wem Sie während Ihrer Forschungsarbeit in Verbindung gestanden haben. Das scheint mir auch die logische Begründung für die reichlich anmaßenden Worte jenes GWA-Obersten zu sein, der Ihnen im Gerichtssaal ins Gesicht sagte, er würde Ihnen den Landesverrat nachweisen."

Die letzten Worte hatte er sehr nachdenklich ausgesprochen. Der Mann konnte denken. Aus diesem Grunde war er auch todsicher auf die falsche Spur geraten.

„Erscheint mir einleuchtend, Doc", warf Holy Sester ein. „In Wirklichkeit hatten die GWA-Leute keine Ahnung. Der Oberst bluffte nur und nahm Tensins Ablehnung zum Anlaß, ihn in seiner GWA-Maschine zu transportieren. Dort sollte er durch das Mittel zum Sprechen gebracht werden. Das wäre auch zweifellos geschehen, wenn er nicht gehandelt hätte. Hätte er aber gesprochen, so wäre die GWA über unsere Utah-Zentrale informiert gewesen, denn Tensin kennt Gutris und Ferason."

Der Mediziner nickte erneut und schien die Angelegenheit gründlich zu durchdenken.

„Absolut lückenlos und logisch. Typisch für die Arbeitsweise der Wissenschaftlichen Abwehr. Diese Leute arbeiten mit Methoden, die immer wieder neue Überraschungen bringen."

„Verdammte Bande", rief Hannibal empört aus. Ich warf ihm einen verweisenden Blick zu, aber der Arzt verhielt sich so, als habe er die Worte gar nicht gehört.

„Sind Sie nun zufrieden?" fragte ich. „Oder wundern Sie sich immer noch, warum ich mich zum Handeln entschloß. Die geplante Injektion kam mir mehr als verdächtig vor."

„Natürlich", stimmte er mir zu. „Sie schießen sehr gut, nicht wahr?" Sein Blick wurde lauernd.

„Genau erraten. Das war schon immer mein Hobby. Außerdem kann man mit einer GWA-Waffe gar nicht vorbeischießen. Wenn Sie wollen, halte ich Ihnen einen ausführlichen Vortrag über die Wirkungsweise eines Thermo-Rak-Geschosses."

Er lachte erheitert und erhob abwehrend die Hand.

„Nein, lieber nicht. Ich bin kein Freund solcher Mordwerkzeuge. Sie sind zu laut und zu aufdringlich. Meinen Sie nicht auch?"

Das war mein Stichwort. Nun riskierte ich es erstmalig, auf das Thema zu kommen, das mich brennend interessierte.

„Darüber kann man streiten", entgegnete ich. Ich spielte nicht mehr den Gereizten. „Ich ziehe eine laute und deshalb noch einigermaßen ehrliche Waffe vor. Man hört sie wenigstens. Wenn ich beispielsweise ein maßgeblicher Generalstabsoffizier wäre, würde ich aus meinem persönlichen Empfinden heraus die Anwendung einer Kernenergiewaffe vorziehen, wenn das schon notwendig sein sollte. Es ginge beispielsweise gegen meine Gefühle, den Einsatz einer Gaswaffe zu befehlen. Von bakteriologischen Waffen halte ich noch weniger, obgleich ich zugeben muß, daß sie entschieden wirkungsvoller sein können als eine C-Bombe. Ich dürfte mich also nur von meiner Logik, nicht aber von meinem Gefühl leiten lassen."

Er sah auf seine Fingerspitzen. In seinem Gesicht zuckte kein Muskel.

„Ihre Erklärungen finde ich hochinteressant, Doktor", sagte er liebenswürdig. „Da Sie gerade von bakteriologischen Waffen gesprochen haben, möchte ich eine rein persönliche Frage an Sie richten. Sie hat nichts mit meiner Aufgabe zu tun."

Er war sehr freundlich, doch ich durchschaute ihn! Und ob das etwas mit seiner Aufgabe zu tun hatte! Das schien überhaupt der springende Punkt zu sein!

„Ja, bitte!"

„Ich verstehe nicht viel von dem sogenannten Photonenstrahler, den Sie entwickelt haben. Er scheint jedoch äußerst wirkungsvoll zu sein; dies mußte auch der GWA-Oberst zugeben."

„Das stimmt. Sie können sich darauf verlassen."

„Ich glaube es. Auch die Zentrale ist der gleichen Auffassung. Nun meine persönliche Frage: Ich interessiere mich sehr stark für Bakteriologie. Ihr Gerät arbeitet doch auf der Basis der Abstrahlung, nicht wahr?"

„Nun, man kann es so ausdrücken. Eine bestimmte Arbeitsmasse, feststoffliche Materie, wird innerhalb des Gerätes zu Lichtquanten umgewandelt. Materie wird zu Photonen degeneriert. Das geschieht durch die thermische Energieentwicklung eines kleinen Plutoniummeilers. Die derart erzeugten Photonen werden in der Form eines sonnenhellen, blauvioletten Bündelstrahls nach Laserart auf das Ziel geschleudert, was natürlich nicht durch normale Reflektoren geschieht. Es gibt kein Material, das die Temperaturen im Brennpunkt aushalten könnte. Die Bündelung und anschließende Reflexion erfolgt durch ein magnetisches Kraftfeld, das die gleichen Eigenschaften besitzt, aber von den thermischen Energien nicht angegriffen werden kann. Die Abstrahlung geschieht ausschließlich unter extrem hoher Dichte. Das Gerät ist einem Laser überlegen. Ein solcher Strahlschuß bewegt sich mit Lichtgeschwindigkeit. Bei meinem Gerät beträgt der erzeugte Strahldruck sechshundertzwanzig Megapond. Das genügt völlig, um jeden festen Körper von der Masse eines modernen Atombombers oder einer Fernkampfrakete in der Luft zu zertrümmern. Dazu kommt noch die thermische Wirkung. Selbst Trimolnitalstahl zerfließt."

„Interessant, interessant", äußerte er sich anscheinend sehr beeindruckt. „Nun, das sind physikalische Daten, die mir weniger wichtig sind. Sagen Sie, Doktor, wäre es mit dem Gerät möglich, mikroskopisch feine Staubmassen abzublasen? Sie sprachen doch von einem Strahldruck, nicht wahr?"

Mein Herz begann wild zu pochen. Wieder mußte ich an den Alten denken, der mir vor einigen Tagen ähnliche Worte gesagt hatte.

„Dazu wäre eine Konstruktionsänderung erforderlich. Doch wozu sollte das gut sein?"

Seine Augen schienen zu glühen, als er fortfuhr:

„Stellen Sie sich vor, dieser feine Staub wäre mit Bakterien oder anderen Erregern verseucht. Könnte das nicht eine gefährliche Waffe sein? Könnte man diesen Staub mit Hilfe Ihres Strahlers nicht über weite Landgebiete hinwegblasen, so daß man auf leicht zerstörbare Ferngeschosse mit Staubbehältern verzichten könnte?"

Ich erkannte ganz klar, was er mit seinen angeblichen „rein persönlichen" Fragen bezweckte. Von meinen folgenden Worten war ich durchaus nicht überzeugt, aber ich sprach sie trotzdem aus.

Ich warf ihm einen noch größeren Köder hin, dessen wahren Charakter er aber unmöglich erkennen konnte. Dazu wäre er nur fähig gewesen, wenn er gewußt hätte, daß ich über die Existenz von Kleinstlebewesen orientiert war, die von Natur aus radioaktiv waren.

Ich schüttelte nachdenklich den Kopf.

„Hmmm, da muß ich Sie enttäuschen, Doktor! Wenn Sie Staubmengen von bestimmter Masse mit Erregern verseuchen wollten, so sollten Sie zuvor bedenken, daß der Reflektor innerhalb der Strahlungsbahn eine beträchtliche Hitze entwikkelt. Dieses Übel könnte man notfalls durch eine breite Fächerung beseitigen, da die thermischen Verluste dann sehr hoch sind. Man dürfte den abzustrahlenden Staub nicht direkt vor dem sehr heißen Brennpunkt anbringen. Das müßte ich durchrechnen. Generell ließe sich das Problem lösen."

„Ja, wirklich?" Seine steigende Nervosität war nicht zu übersehen. „Sie haben aber noch andere Bedenken, nicht wahr?"

„Allerdings. Dadurch wird der Reflektor für Ihre Zwecke illusorisch. Selbst widerstandsfähige Kleinlebewesen müßten sofort absterben."

„Wieso? Bitte erklären Sie mir das. Die Hitze ließe sich doch reduzieren, oder?"

„Sicher! Aber bei der von mir angewendeten Technik zur Umwandlung von Materie in Lichtquanten entsteht eine hohe Radioaktivität im Frequenzbereich härtester Höhenstrahlung. Sie sollten besser wissen als ich, daß kein Lebewesen eine derart hochkonzentrierte Dosis überleben kann. Schon der Versuch wäre zwecklos."

Seine anfängliche Ruhe war vollkommen verschwunden. Er konnte das Zittern seiner Hände nicht mehr verbergen.

„Das sind also alle Einwendungen, die Sie haben?"

„Ja, genügen die etwa nicht?" fragte ich verwundert.

„Nein, durchaus nicht", stieß er hervor. „Stellen Sie sich vor, es gäbe Mikroorganismen, die von der Radioaktivität Ihres Strahlers nicht geschädigt würden. Nehmen Sie beispielsweise an, es gäbe ein Virus, das von Natur aus radioaktiv ist! Einem solchen Virus würde die Strahlung absolut nicht schaden. Stellen Sie sich das alles vor und dann sagen Sie mir, ob Sie unter solchen Voraussetzungen eine Verwendung Ihres Gerätes für möglich halten."

Er sah mich mit einer derartigen Spannung an, daß ich mir Mühe geben mußte, meinen Triumph nicht zu zeigen. Nun hatte ich die endgültige Gewißheit gewonnen, daß wir auf der richtigen Fährte waren! Das starke Interesse des Mediziners an bakteriologischen Fragen hatte mir verraten, daß er genau wußte, wo ich die gestohlenen Kulturen finden konnte. Er war „mein" Mann, das stand fest!

Für mich war es selbstverständlich, absolut positiv zu antworten. Hier wurde mir die Chance geboten, näher an die Kulturen heranzukommen. Ich ignorierte die auf mich einströmenden Gedanken und überlegte mir die beste Antwort. Als ich das Gespräch gerade fortsetzen wollte, mischte sich Hannibal ein.

„Was, radioaktive Viren? Gibt's ja gar nicht! Wie kann ein Lebewesen radioaktiv sein. Unmöglich!"

„Schweigen Sie gefälligst!" fuhr ihn Dr. Morset aufbrausend an. „Ich habe Sie nicht nach Ihrer Meinung gefragt. Nun, Doktor, wie lautet Ihre Antwort?"

Heimlich lachte ich über den Kleinen, der den Beleidigten spielte und sich auf der Couch zusammenrollte.

„Angenommen, es existieren wirklich solche Viren. Dann könnte ich dafür garantieren, daß der Strahler besser und zuverlässiger arbeitet, als jede Trägerrakete mit einem Staubbehälter. Außerdem ist er unauffälliger und praktisch unangreifbar", entgegnete ich bestimmt. „Ich könnte Ihnen große Staubmengen bis in die höchsten Schichten der dichteren Atmosphäre hinaufblasen. Die chemische Zusammensetzung des Virusstaubes könnte so ausgeklügelt werden, daß er nach der Abstrahlung rasch, aber in guter Verfassung auf den Boden sinkt. Das wäre kein Problem."

Dr. Morset wischte sich mit dem Taschentuch über die feuchte Stirn und warf Holy Sester einen zufriedenen Blick zu. In dem Augenblick erkannte ich, daß auch sie in die Virusgeschichte eingeweiht war.

Hank Gutris schien dagegen keine Ahnung zu haben. Er sah uns reichlich verständnislos an. Seinem Gesichtsausdruck war zu entnehmen, daß er nicht unterrichtet war.

„Sehr gut, Doktor, ausgezeichnet", lobte Morset und sprang auf. „Wir bieten Ihnen alles, verstehen Sie, alles bieten wir Ihnen, wenn Sie Ihr Gerät schnellstens vollenden und mit den Abstrahlungsexperimenten beginnen."

Ich bemühte mich, einen erstaunten Ausdruck in meinen Blick zu legen.

„Moment! Wollen Sie damit etwa sagen, daß es tatsächlich ein Virus gibt, dem harte Radioaktivität förmlich willkommen ist? An die Tatsache muß ich mich erst gewöhnen."

„Ich auch", pflichtete mir Hannibal bei.

Morset lächelte und blickte auf die Uhr.

„Darüber sprechen wir später, Doktor. Ich habe den Auftrag erhalten, Sie unter allen Umständen schnellstens zur Zentrale und damit in Sicherheit zu bringen. Das hätten wir zwar ohnehin getan, doch durch Ihre Erklärungen sind Sie uns noch wertvoller geworden. Sie können sich darauf verlassen, daß wir all unsere Machtmittel ohne Rücksicht auf damit verbundene Schwierigkeiten und Kosten einsetzen werden, um Sie über die Grenzen der USA zu bringen. Ich denke, Sie sind damit einverstanden, oder?"

„Dumme Frage! – Selbstverständlich bin ich einverstanden! Ich hätte diese Forderung sogar gestellt. Was denken Sie wohl, was mich erwartet, wenn die Hetzjagd Erfolg hätte?"

„Sie sind erstaunlich vernünftig. Das freut mich. Ich werde Sie also zur Zentrale bringen. Dort müssen Sie wahrscheinlich einige Tage warten, bis eine Transportgelegenheit zur Verfügung steht. Nein", er hob abwehrend die Hand. „Nein, fragen Sie nicht, wo die Zentrale liegt, um welches Transportmittel es sich handelt und wohin Sie gebracht werden sollen. Ich könnte und dürfte Ihnen darauf nicht antworten. Ich versichere Ihnen aber, daß wir es ehrlich meinen. Wir haben nicht vergessen, daß Sie während Ihrer Verhandlung über unseren recht unvorsichtigen Freund Gutris geschwiegen haben."

Gutris verfärbte sich, als ihn der Blick des Mediziners traf. Morset schien innerhalb der gigantischen Spionageorganisation ein mächtiger Mann zu sein.

„Ich habe Tensin immer vertraut. Deshalb bin ich damals auch zu ihm ins Labor gegangen", warf er hastig ein. „Sie sehen ja, daß er nichts gesagt hat."

„Ihr Glück, Gutris, Ihr Glück", nickte Morset. „Sie wären heute ein toter Mann, so wie Ihr ehemaliger Mitarbeiter Donald Ferason."

Gutris schluckte mühsam. Ich hatte bei den Worten aufgehorcht. Ferason, der zweite Spion sollte tot sein?

Dr. Morset bemerkte meinen fragenden Blick.

„Sie werden sich vielleicht schon gewundert haben, daß Ferason nicht anwesend ist", äußerte er maliziös. „Er war unvorsichtig; wenig später erlitt er einen bedauerlichen Unfall. Das hat aber mit Ihrem Fall nichts zu tun. Versager können wir uns nicht leisten."

Ich war beruhigt. Es konnte mir gleichgültig sein, wenn diese Leute sich gegenseitig umbrachten. Das erleichterte uns die Arbeit. Jedenfalls hatte ich jetzt eine Antwort auf die Frage, wo sich Ferason aufhalten könnte.

Gutris kämpfte um seine Fassung; sein Gesicht war grau. Morset beachtete ihn gar nicht mehr. Wieder blickte er auf die Uhr.

„Doktor, Sie werden begreifen, daß es nicht einfach ist, Sie zur Zentrale zu bringen. Sie können sich nicht vorstellen, was in den westlichen Staaten der USA los ist. Man sucht Sie fieberhaft! Sämtliche Fluglinien werden überprüft. Die Luftpolizei zwingt jede Privatmaschine zur Landung. Die Straßen sind hermetisch abgeriegelt, und die Bevölkerung ist zur Mithilfe aufgefordert worden. Besonders in Salt Lake City wimmelt es von Beamten der Bundeskriminalpolizei. Wahrscheinlich sind hier auch einige Agenten der GWA aufgetaucht. Schließlich hat man Sie in dieser Gegend zuletzt gesehen. Gegen Sie läuft eine gigantische Fahndungsaktion, in die Hollak natürlich auch einbezogen ist."

Hannibal äußerte unverhohlen seinen Unwillen. Als ich impulsiv nach meiner Waffe tastete, schüttelte der Mediziner den Kopf. Er hatte meine Handbewegung bemerkt.

„Sinnlos! Auch Ihre GWA-Pistole wird Ihnen nichts nützen, wenn Sie gesichtet werden. Sie sind vogelfrei! Jeder Bürger kann Sie ohne Anruf erschießen. Das haben Sie einem Befehl des GWA-Chefs zu verdanken, der Sie für Ihre Handlung unter Aufbietung aller Mittel büßen lassen will."

Wie geschmeidig er sich um das Wörtchen „Mord" herumdrückte. Mein Zorn kannte keine Grenzen und doch mußte ich mich um der Sache willen beherrschen.

„Gut, das sehe ich alles ein. Wie wollen Sie mich also fortbringen? Auch Ihre Maschine wird kontrolliert werden."

Er lächelte rätselhaft.

„Machen Sie sich fertig, Doktor! In einer halben Stunde wird hier in der Nähe ein kleiner Betriebsunfall geschehen. In einer chemischen Fabrik wird ein Gasbehälter explodieren. Zwei Arbeiter werden schwere Gasvergiftungen erleiden – und diese Männer werden Sie und Hollak sein. Ich bin Internist und besitze eine Privatklinik. Zufällig werde ich an Ort und Stelle sein und sofort veranlassen, daß die Gasvergifteten in meinen Flugschrauber kommen, um sie in meine Klinik zu bringen. Meine Maschine wird nicht angehalten werden! Sie trägt das Rote Kreuz auf dem Rumpf. Außerdem werde ich dafür sorgen, daß an alle Überwachungseinheiten der Befehl gegeben wird, uns passieren zu lassen. Was halten Sie von der Idee?"

„Glänzend", sagte ich. Meine Verblüffung war echt. „Wird das auch klappen? Sie müssen uns sofort mitnehmen."

„Natürlich. Es ist alles arrangiert. Die Fabrik ist nur wenige Meilen entfernt. Ziehen Sie die Arbeitsanzüge an, die Ihnen Gutris geben wird. Sie sind etwas verbrannt und angeätzt, doch so müssen Verletzte dieser Art aussehen. Beeilen Sie sich! In zwanzig Minuten explodiert der Behälter. Unser Verbindungsmann wartet schon."

Ich konnte nur noch staunen. Hannibal warf mir Blicke zu, die es an Deutlichkeit nicht fehlen ließen. Ich erkannte, daß er bereit war, mit unerbittlicher Wucht zuzuschlagen, sobald unsere Chance gekommen war.

Wir zogen uns um. Beim Wechseln der Kleidung mußten wir aufpassen, daß unsere Spezialausrüstungen unauffällig in den Taschen der Arbeitskombination verstaut wurden. Meine Waffe schnallte ich unter dem Anzug fest. Morset schien das zu erheitern.

„Machen Sie keine Dummheiten. Ich bringe Sie schon sicher durch die Luftsperren."

Wir legten uns in den Laderaum seiner weißlackierten Maschine. Er begab sich in die Kanzel. Da Holy Sester auch mitflog, gelangte ich endgültig zu der Ansicht, daß sie mehr zu sagen hatte als Hank Gutris.

Wir mußten noch fünf Minuten warten. Diese Zeit benutzte ich, um Agent TS-19 anzurufen. Ich schilderte kurz die Tatsachen und funkte abschließend:

„Dafür sorgen, daß Morsets Maschine durchkommt. Radarbeobachtung durch Höhenbomber der Air-Force. Feststellen, wo die Maschine landet. Sie begeben sich sofort dorthin. Ende!"

Ich hatte den Text gerade durchgegeben, da heulten unsere Triebwerke auf. Mit rasender Fahrt schossen wir über eine Bucht des Sees hinweg. Ich konnte durch die winzige Sichtluke des kleinen Laderaumes sehen, daß über einigen flachen Steingebäuden eine schwefelgelbe Qualmwolke stand. Das mußte die erwähnte Fabrik sein.

Nach einigen Augenblicken landeten wir. Morset und Holy stürzten hinaus. Ich hörte das Heulen der Sirenen und vernahm laute, aufgeregte Stimmen. Minuten später erklangen die Sirenentöne anfliegender Polizeimaschinen auf. Die Qualmwolke war gesehen worden und hatte zwei Flugschrauber der Luftüberwachung herbeigelockt.

Dicht neben uns war eine Maschine gelandet. Deutlich sah ich die uniformierten Beamten hastig aus ihren Kabinen springen und Erkundigungen einziehen.

Es vergingen höllische Minuten angespannten Wartens, bis ich draußen Morsets Stimme hörte. Sie klang scharf und klar.

Der Mensch besaß die Unverfrorenheit, die Bahren mit den angeblichen Verletzten von den Polizisten tragen und auch in die Kabine schieben zu lassen. Wir machten uns so klein wie möglich; doch niemand kam auf den Gedanken, den Laderaum zu öffnen.

Ich vernahm noch verschiedene Stimmen, darunter die eines Polizeioffiziers, der über ein Sprechfunkgerät Anweisungen gab.

Augenblicke später konnten wir abfliegen. Von diesem Zeitpunkt an waren wir in Sicherheit.

Die beiden „Schwerverletzten", die nicht die geringfügigste Verwundung aufwiesen, tauchten im Laderaum auf. Hannibal und ich erhielten dicke Bandagen über Gesicht und Hände gelegt. Aus ihrem Gespräch entnahm ich, daß sie gar nicht zur Belegschaft der Fabrik gehörten. Es waren angebliche Vertreter, die sich „zufällig" in der Nähe des Raumes aufgehalten hatten, in dem der Behälter in die Luft geflogen war.

Als wir uns auf die Bahren gelegt hatten, tauchte Holys lachendes Gesicht über mir auf.

„Nun, Doc, wie haben wir das gemacht? Unsere Leute sind dort unbekannt, da sie als wildfremde Vertreter aufgetreten sind. Wenn man wirklich nach ihnen fragen sollte, so wird der Arzt erklären, daß sie bereits wieder entlassen wurden, da die Vergiftungserscheinungen schnell behoben werden konnten. Die Ätzverletzungen sind mit den neuen Medikamenten leicht heilbar. Verhalten Sie sich ruhig! Warten Sie, bis wir gelandet sind."

Ich sah nur noch Hannibals Augen, aus denen ein wilder Grimm funkelte. Da wir flach und ziemlich tief lagen, konnten wir nicht beobachten, welche Gebiete wir überflogen. Die starke Maschine raste mit Höchstgeschwindigkeit durch die Luft. Wie vorausgesagt – wir wurden tatsächlich nicht angehalten!

Das Flugschraubermodell hatte ich mir genau angesehen. Ich wußte daher, daß die Höchstgeschwindigkeit bei fünfhundert Meilen lag. Der Flug dauerte knapp eine Stunde, so daß wir nun etwa siebenhundertfünfzig bis achthundert Kilometer vom Großen Salzsee entfernt sein mußten.

Der Ort konnte in Kalifornien liegen; doch war es leicht möglich, daß wir uns in einem anderen Staat befanden. Ich tippte aber auf Kalifornien, da ich aus den Andeutungen des Alten entnommen hatte, daß er die langgesuchte Spionagezentrale dort vermutete.

Wir wurden von Krankenträgern in die Klinik gebracht. Ich schaute mich unauffällig um. Der Bau war mittelgroß, aber supermodern und stand in einem schönen Park. Als ich die Pflanzen sah, wußte ich, daß wir uns in einem südlichen Bundesstaat befinden mußten. Allerdings brauchte das noch lange nicht zu bedeuten, daß es wirklich Kalifornien war. Es war sehr heiß und die Sonne stand fast im Zenit. Östlich der Klinik bemerkte ich hohe Berge, die gar nicht weit entfernt waren. Gehörten sie nun zur Sierra Nevada, oder zu einer anderen großen Gebirgskette?

Ich gab es auf, den Fragenkomplex lösen zu wollen, zumal ich keinen Ton sprechen durfte. Nur als wir einen langen Gang betraten, stellte ich fest, daß sie uns durch einen Hinterausgang in das Gebäude getragen hatten. Das konnte noch heiter werden!

Hoffentlich hatte TS-19 rechtzeitig geschaltet. Wir wurden in einen kleinen Raum gefahren. Damit schien die Aufgabe der Wärter beendet zu sein; sie verschwanden.

Unmittelbar darauf erschien Dr. Morset. Er erklärte mir lachend, daß die beiden „Vertreter" wieder unsere Rollen übernommen hätten, nachdem wir sie aus Sicherheitsgründen während des Fluges getauscht hatten.

„Einige Patienten könnten uns beobachtet haben. Es ist besser, wenn man die Einlieferung auch wirklich vornimmt. Ihre

Ersatzleute erhalten ein Extrazimmer und werden sich wenigstens zwei Tage lang mit Verbänden herumquälen müssen. Sie sind jedenfalls in Sicherheit."

„In Ihrer Klinik, ja", sagte ich unwillig. „Ich dachte, Sie brächten uns zur Zentrale?"

Er sah mich durchdringend an.

„Sie sind in der Zentrale, Doktor Tensin. Nehmen Sie die Hände hoch. Machen Sie keine unbedachte Bewegung."

Hinter mir klickte etwas laut und hart. Als ich langsam den Kopf wandte, blickte ich in die Mündung einer schweren Maschinenpistole; Hannibal wurde die gleiche Aufmerksamkeit zuteil.

„Was soll das bedeuten, Morset?" flüsterte ich erblassend. „Sieht so Ihre zugesicherte Hilfe aus?"

Wortlos trat er näher und zog mir mit einem Ruck die Thermo-Rak-Automatik aus dem Schulterhalfter. Der Kleine wurde auch entwaffnet.

Der Arzt hatte noch immer keinen Ton gesprochen. Rückwärts ging er auf die Tür zu. Bevor er jedoch verschwand, fiel ein durchsichtiger Glasbehälter auf den Boden und zersprang. Ich sah die grünlichen Gasschwaden, die fast augenblicklich den ganzen Raum erfüllten. Dann waren wir alleine.

Ich wollte aufspringen, irgend etwas unternehmen; doch ich kam nicht mehr dazu. Das Zeug wirkte so rasch, daß mir schon beim zweiten Atemzug die Sinne schwanden.

„Aus ...", hörte ich Hannibals Stimme wie aus weiter Ferne.

„Aus ...", war auch mein letzter Gedanke. „Aus, etwas ist schiefgegangen."

9.

Ich erwachte durch den festen Druck eines Gegenstandes, den man mir auf das Gesicht gepreßt hatte. Beinahe ruckartig schlug ich die Augen auf.

Es dauerte einige Augenblicke, bis ich die Sachlage erfaßt hatte. Dann wußte ich wieder, was geschehen war.

Dr. Morset sah mich prüfend an und hob die Sauerstoffmaske von meinem Gesicht ab. Mit einem Griff verschloß er das Ventil der Druckflasche. Die leisen Zischlaute verstummten.

Meine Gedanken begannen sich zu überschlagen. Was war geschehen? Was hatte ihn zu dieser Maßnahme veranlaßt?

Ich wollte mich bewegen. Erst jetzt bemerkte ich, daß ich auf einem Operationstisch lag, an Händen und Füßen festgeschnallt. Unwillkürlich mußte ich an Professor Horam denken; doch die Erinnerung kam nur nebelhaft in mir auf, obwohl das Ereignis erst wenige Tage zurücklag.

Mein Gesicht rötete sich vor Zorn.

„Was, zum Teufel, soll das bedeuten? Sind Sie wahnsinnig geworden, Morset!"

Der Arzt zuckte mit den Schultern und schwieg. Dafür klang hinter mir die sanfte Stimme eines Mannes auf, der das Englisch mit einem deutlich erkennbaren Akzent sprach. Ich lauschte nur eine Sekunde. Dann war mir klar, daß der Sprecher ein Chinese sein mußte. Ich war zwei Jahre lang in Asien eingesetzt worden, und bei diesem Aufenthalt hatten sich meine Sprachkenntnisse so gefestigt, daß ich absolut sicher war.

„Machen Sie ihm keine Vorwürfe, Dr. Tensin! Der Arzt handelte auf meine Anweisungen."

Ich wandte mühevoll den Kopf und erblickte einen zart gebauten, feingliedrigen Mann, der mich sehr höflich und freundlich anlächelte. Natürlich war das ein Chinese. Ein Irrtum war ausgeschlossen.

„Ach, ich beginne zu verstehen", lachte ich rauh. „Ein Abgesandter des ‚Großasiatischen Staatenbundes', nicht wahr?"

Er lächelte puppenhaft und verneigte sich leicht.

„Warum sollte ich es nicht zugeben? Sie haben es erraten, Doktor."

„Was soll das bedeuten? Man hat mir versichert, daß man mich anständig behandeln würde."

„Selbstverständlich", bestätigte er ruhig. „Tun wir Ihnen etwa weh? Das Betäubungsgas ist vollkommen unschädlich und hinterläßt nicht einmal Kopfschmerzen. Doktor Morset, bitte, beginnen Sie."

Ich drehte meinen Kopf wieder in die andere Richtung und seh, daß Morset den blaßblau schimmernden Inhalt einer großen Ampulle in eine Spritze aufsaugte. In dem Augenblick war mir alles klar!

Ich begann schrill zu lachen und versuchte erneut, mich von dem Tisch zu erheben. Der Versuch war natürlich sinnlos.

„So sieht das also aus", brüllte ich anscheinend außer mir. „Sie wollen mir das Mittel injizieren, das einen Menschen zu einer willenlosen Puppe macht! So sagten Sie doch, Morset, nicht wahr? Der GWA gelang es nicht, aber Sie machen es. Warum, warum nur? Ich weigere mich, mir das Zeug ins Blut spritzen zu lassen, und ..."

„Erregen Sie sich nicht unnötig", unterbrach mich der Chinese mit seiner öligen Stimme. „Ich versichere ihnen, daß dieses Medikament vollkommen unschädlich ist, wenn man seine Anwendung nicht übertreibt. Es wird Ihnen etwas übel sein, wenn Sie wieder erwachen, doch dieser Nebeneffekt geht rasch vorüber. Wir wollen Sie also durchaus nicht quälen."

„Ich weigere mich trotzdem", tobte ich „Ich lasse mich nicht zu einem geistlosen Roboter machen. Nehmen Sie mir die Fesseln ab!"

„Es tut mir leid", beteuerte der Fremde. Das Lächeln verschwand nicht von seinem Gesicht. „Ich bin beauftragt worden, Sie nach China zu bringen. Das kann ich aber niemals verantworten, wenn ich mich nicht vorher felsenfest davon überzeugt habe, daß Sie keine unlauteren Absichten haben. Meine Mission ist zu wichtig. Ich kann es nicht riskieren, unter Umständen unzuverlässige Leute an Bord zu nehmen. Ich führe nur meine Befehle aus."

Endlich erfuhr ich nähere Details! Da ich bemüht sein mußte, mich nicht zu verraten, tobte ich weiter.

„Ah, ich verstehe! Sie sind also gar nicht der Chef der hiesigen Organisation! Sie sind ein Luftwaffen- oder Marineoffizier."

„Sehr richtig", lächelte er. „Ich werde Sie unter der Einwirkung des Mittels verhören. Falls sich Ihre Angaben als wahr erweisen, werde ich mich entschuldigen. Sollte es sich jedoch herausstellen, daß Sie uns täuschen wollen, so werden Sie diesen Raum nicht mehr lebend verlassen. Ich sehe also keinen Grund, Ihnen nicht zu bestätigen, daß ich der Kommandant eines chinesischen Atom-U-Bootes bin."

Dr. Morset kam mit der Spritze in der Hand näher. Sein Blick drückte Mitleid aus.

„Ich halte das für unnötig, Kapitän", murmelte er. „Seine Angaben sind wahr."

„Natürlich sind sie das", schrie ich außer mir. „Welche Gründe sollte ich haben, Sie zu belügen? Wissen Sie nicht, daß ich von der Polizei und den Bewohnern eines ganzen Landes verfolgt werde?"

Er verlor nicht eine Spur seines ewigen Lächelns.

„Ja, es sieht so aus! Unser Geheimdienst hat mich jedoch eingehend darüber informiert, mit welchen Methoden die GWA arbeitet. Es könnte also recht gut möglich sein, daß man Sie während des Transportfluges vor die Wahl gestellt hat. Man könnte Ihnen Ihr Leben, Ihre Freiheit und Ihre gesellschaftliche Stellung angeboten und als Gegenleistung verlangt haben, daß Sie sich als Verfolgter in unsere hiesige Organisation einschleichen. Ich wüßte, was ich an Ihrer Stelle getan hätte, Doktor Tensin! Erscheint Ihnen die Überlegung so unlogisch?"

Nun begann ich wirklich zu schwitzen! Dieser asiatische U-Boot-Kommandant hatte beinahe die wirklichen Geschehnisse erfaßt. Nun lag es an mir, seine Bedenken zu zerstreuen.

„Ach nein! Und anschließend haben sich die drei GWA-Leute von mir erschießen lassen, was?" sagte ich beißend.

„Man könnte einen geschickten Trick angewandt haben", nickte er höflich. „Ich kann mir zwar nicht vorstellen, wie Sie das ausgeführt haben sollen, aber ich habe trotzdem meine Bedenken. Ich muß gestehen, daß ich vor der Arbeit der GWA den allergrößten Respekt empfinde. Also, Doktor, sträuben Sie sich nicht länger, denn wir werden Ihnen das Mittel unter allen Umständen einspritzen."

Bittend wandte ich mich an Morset.

„Seien Sie doch wenigstens vernünftig! Sie haben mir jede Unterstützung zugesichert."

Er preßte die Zähne aufeinander und zuckte hilflos mit den Schultern.

„Selbst der Chef ist dem Kapitän unterstellt", murmelte er. „Er hat mit seinem U-Kreuzer noch einen anderen Transport vorzunehmen, der tatsächlich zu bedeutend und wichtig ist, um ihn durch mangelnde Vorsicht zu gefährden."

„Sie sind irrsinnig", stöhnte ich. „Sie wollen aus mir nur herauslocken, wo sich meine Unterlagen über den Strahler befinden. Aber die bekommen Sie auch so! Deshalb brauchen Sie mir doch nicht das Wahrheitsserum zu injizieren."

„Sie irren sich, Doktor", mischte sich der Chinese ein. „Sie sind uns als Mitarbeiter und Wissenschaftler hochwillkommen. Es kommt uns gar nicht darauf an, Ihnen hohe Honorare zu zahlen. Wir wollen Sie nicht betrügen. Ich verspreche Ihnen, daß ich Sie nicht nach Ihren Forschungsunterlagen fragen werde. Wir wollen nur sichergehen. Können Sie das nicht begreifen?"

Ich bäumte mich erneut auf und sagte verächtlich:

„Gut, dann tun Sie, was Sie nicht lassen können."

Morsets Gesicht entkrampfte sich. Er schien aufzuatmen. Er band mir den Arm ab, ertastete sorgfältig die Vene und stach mit der Nadel zu. Langsam spritzte er mir die Flüssigkeit ein, die mich zu einem menschlichen Roboter gemacht hätte, wenn Professor Horam nicht gewesen wäre!

Jetzt begann die „Lebensversicherung" zu wirken, die er mir durch seine gewagte Gehirnoperation mitgegeben hatte. Nun mußte ich nur scharf aufpassen, daß ich mich auch so verhielt, wie sich ein Ralowgaltinbetäubter zu benehmen hatte. Wenn sie den geringsten Verdacht schöpften, war ich erledigt. In dieser Beziehung brauchte ich mir nichts vorzumachen.

Ich wußte genau, daß die ersten Einwirkungen in einem Zeitraum zwischen drei und fünf Minuten eintreten mußten. Ich hoffte inbrünstig, daß meine Gesichtshaut den gelblichen, wächsernen Farbton annehmen würde, der für Ralowgaltinbehandelte typisch war. Um den damit verbundenen, sehr starken Schweißausbruch brauchte ich mich dagegen nicht zu sorgen, denn ich wußte aus dem Testversuch des Alten, daß mir entsetzlich übel geworden war. Ein wirklich Betäubter konnte das aber nicht verspüren. Ich durfte mich deshalb unter gar keinen Umständen übergeben. Professor Horam hatte mir zwar erklärt, daß das schon einmal vorgekommen wäre, aber es wäre vorteilhafter, wenn ich die Übelkeit unterdrücken könnte.

Ich machte mich auf allerhand gefaßt. Allmählich begann die Wirkung einzusetzen. In meinem Schädel hämmerte es dumpf.

Der Schmerz ging rasch vorüber, doch jetzt trübte sich mein Sehvermögen. Ich konnte deutlich hören, wie Morset sagte:

„Die Reaktion beginnt, Kapitän. Sie müssen sich aber noch einige Minuten gedulden. Das Willenszentrum wird nun angegriffen und ausgeschaltet."

„Ich habe Zeit, Doktor", meinte der Chinese geduldig.

Der Druck im Schädel wich endgültig; auch mein Sehvermögen besserte sich wieder etwas. Das Medikament schien sich im gesamten Blutkreislauf verteilt zu haben.

Diese Vermutung wurde für mich durch die fast schlagartig auftretende Übelkeit zur Gewißheit. Zwar konnte ich nicht sehen, ob sich mein Gesicht verfärbte, aber ich glaubte es zu fühlen. Zusammen mit der Verfärbung setzten der Schweißausbruch und die Atembeschwerden ein. Meine Lungen arbeiteten wie Blasebälge, mein Mund öffnete sich, und der Schweißausbruch wurde immer stärker.

Nun war es soweit! Jetzt mußte ich mich strecken, steif machen und meine Augen auf „Null" stellen, wie Professor Horam so treffend gesagt hatte.

Es fiel mir nicht schwer, einen erstarrenden Blick zu heucheln. Ich lag reglos; nur meine Lungen pumpten.

Morset hob meine Augenlider an, kontrollierte meine Herztätigkeit und stach mir eine Nadel ins Ohrläppchen. Es tat weh, obwohl es eigentlich nicht weh tun durfte. Ich zuckte mit keiner Wimper und stieß einige stöhnende, unartikulierte Laute hervor. Krampfhaft mußte ich den immer stärker aufkommenden Brechreiz unterdrücken.

„Volle Reaktion", hörte ich Morsets Stimme klar und deutlich. „Ich garantiere dafür, daß dieser Mann hundertprozentig willenlos ist. Er muß auf jede Frage wahrheitsgemäß antworten, da er einfach nicht lügen kann. Das gesamte Erinnerungsvermögen liegt offen vor Ihnen, Kapitän. Es kann durch kontrollierte Nebenbeeinflussung nicht mehr daran gehindert werden, die absolute Wahrheit preiszugeben."

„Ich danke Ihnen. Rufen Sie bitte die anderen herein."

Es war gut, daß er das gesagt hatte, denn damit half er mir über meine Übelkeit hinweg. Ich war gespannt und neugierig. Nicht nur auf die eintretenden Personen, sondern in erster Linie auf das, was sie voraussichtlich sprechen würden. Jetzt oder nie mußte ich das erfahren, was ich noch nicht wußte.

Ich durfte den Kopf nicht wenden und mußte mich auch hüten, die Augen zu verdrehen. Trotzdem erkannte ich Holy Sester, die in Begleitung eines sehr großen und fülligen Mannes vor den Tisch trat.

Der korpulente Mann stützte sich schwer auf einen Stock. Ich wußte sofort, mit wem ich es zu tun hatte. Dieser Mann war der ganzen Welt ein Begriff. Das war Leo Estat, der Herrscher über unzählige Schiffsreedereien, Werften, Fluglinien und Flugzeugfabriken.

Welche Gründe mochte der Milliardär haben, den Handlanger für den „Großasiatischen Staatenbund" zu spielen? Was versprach er sich davon? Er hatte doch wirklich genug Besitz, um nicht auf die Zuschüsse der Asiaten angewiesen zu sein. Erhoffte er sich eine noch machtvollere Position? Wollte er seine Handelsbeziehungen noch größer und gewaltiger ausbauen? Wußte er denn nicht, daß er gerade im Begriff war, dem „GAS" eine Waffe auszuliefern, die zur Vernichtung der ganzen westlichen Welt führen konnte?

„Wollen Sie einen Stuhl, Chef", fragte Holy. Bei dieser Anrede schwang alles in meinem Gehirn, das eigentlich betäubt sein sollte.

Also Leo Estat war der Chef jener Spionageorganisation, die die Staaten unsicher machte! Das hätten wir niemals vermutet.

„Nein danke", lehnte er ab. Sein Asthma schien ihm heute

das Atmen besonders zu erschweren. „Ich möchte ihn sehen. Das ist also dieser Doktor Tensin, Morset? Was halten Sie von ihm? Kann man ihm vertrauen? Wird es mit seinem Strahler möglich sein, den Virenstaub abzublasen?"

„Soweit ich die Sache beurteilen kann, hat er die Wahrheit gesprochen. Ich kann deshalb Ihre Frage mit ‚ja' beantworten", entgegnete Morset. „Sie können beginnen, Kapitän!"

Ich atmete immer schwerer. Die keuchenden Laute kamen jetzt von selbst aus meinem Mund. Ich litt stärker, als ich erwartet hatte. Die überaus heftige Reaktion war jedoch nicht verwunderlich, denn man hatte mir ja erst vor einigen Tagen bei dem Testversuch eine Dosis injiziert.

In meinem Blickfeld tauchte der Chinese auf. Er sah mich prüfend an und fragte mit seiner einschmeichelnden Stimme:

„Hören Sie mich? Antworten Sie, hören Sie mich?"

Beinahe hätte ich „ja" gesagt! Beinahe! Der Schreck rann mir eiskalt durch die Glieder. Mit diesem einen Wörtchen hätte ich mich unwiderruflich verraten.

„Er kann nicht antworten, Kapitän", erklärte Morset. „Sie müssen bei einem Ralowgaltinbetäubten immer den Namen erwähnen, damit sich seine noch wachen Gehirnzentren auch angesprochen fühlen."

„Ja, ich weiß", sagte der Chinese verbindlich. „Ich wollte nur noch einmal testen."

Innerlich fluchte ich über diesen kaltschnäuzigen Burschen, der mich um ein Haar hereingelegt hätte.

„Doktor Tensin, Dr. Bob Tensin, hören Sie mich? Antworten Sie!"

„Ich höre", stammelte ich.

„Sind Sie Dr. Tensin? Wann und wo wurden Sie geboren?"

„Ich bin Dr. Tensin", stöhnte ich. „Geboren am 28. August 1960 in Monico, Wisconsin."

„Stimmt genau", warf Holy flüsternd ein. Sie kontrollierte meine Angaben. Ich bemerkte den Zettel, den sie in den Händen hielt.

Der Chinese lächelte wie immer. Ihn schien nichts aufzuregen.

„Sie hatten einen Lehrer, einen bedeutenden Atomphysiker. Er heißt Professor Samuel Huntris. Wie lautete der Spitzname, der ihm von Ihnen verliehen wurde?"

Donnerwetter, der Mensch war aber haargenau orientiert. Ein Glück, daß ich von unserem Karteiroboter auch diese Angabe erhalten hatte.

„Schnauzer. Schnauzer wegen des Bartes."

Holy kicherte verhalten, und Morset lächelte zufrieden über meine Antwort.

So ging das noch eine Stunde weiter. Er fragte sehr ausführlich nach den Geschehnissen in der GWA-Maschine. Ich stammelte genau das, was ich schon vorher erklärt hatte. Es gab keine Abweichungen.

Er fragte dreimal nach den gleichen Dingen, doch er konnte mir keine Widersprüche nachweisen.

Anschließend kam er auf meinen Photonenstrahler zu sprechen, der für ihn die größte Bedeutung zu haben schien.

„Doktor Tensin, können Sie mit Ihrem Gerät virusverseuchte Staubwolken abblasen?"

„Ja, mit Zusatzgeräten", keuchte ich und begann wieder mit einem Brechreiz zu kämpfen.

Er unterbrach das Verhör und wandte den Kopf.

„Holy, bitten Sie Doktor Fresko herein."

Als ich den Namen hörte, wäre ich beinahe zusammengefahren. Fresko – das war der Biologe, der in den staatlichen Labors von „Hilltown" gearbeitet hatte und der seit jener Katastrophennacht spurlos verschwunden war.

Also war unser Verdacht berechtigt gewesen! Er und niemand anders war der Mann, der den verwegenen Einbruch in das geheime Zuchtlabor erst ermöglicht hatte.

Ich stöhnte stärker, um meinen emporwallenden Gefühlen wenigstens ein kleines Ventil zu verschaffen.

Morset beugte sich über mich und kontrollierte erneut meine Herztätigkeit. Infolge meiner starken Erregung war sie sehr hektisch. Ein besorgter Ausdruck trat in seine Augen.

„Bitte, beeilen Sie sich", meinte er unruhig. „Er verträgt das Ralowgaltin sehr schlecht. Seine Willenskraft ist stark ausgeprägt. Sein ganzer Körper wehrt sich verzweifelt gegen das Gift. Ich muß ein Herzmittel spritzen. Beeilen Sie sich, oder ich garantiere für nichts."

Der Chinese nickte. Im gleichen Augenblick tauchte in der Tür ein dürrer, hochgewachsener Mann mit schlaksigen Bewegungen auf. Ich erkannte ihn sofort, da er direkt in meiner Blickrichtung stand.

Dieses schmale, unrasiert wirkende Gesicht mit der Hakennase und der schweren Hornbrille war mir vertraut. Ich hatte mir Freskos Bilder sehr genau angesehen.

Sein Adamsapfel hüpfte bei jedem Wort. Mit großen Schritten trat er an den Tisch heran und starrte neugierig auf mich herab.

„Ah, das ist dieser Tensin. Tüchtiger Bursche, was? Ist er einwandfrei, Kapitän?"

„Vollkommen", antwortete der Asiate zu meiner größten Erleichterung. „Beeilen Sie sich mit Ihren Fragen. Kurz und präzise. Seine Herztätigkeit läßt zu wünschen übrig."

Fresko beugte sich über mich. Ich hätte ihm ins Gesicht schlagen mögen. Er war für den Tod der drei Bostoner Professoren verantwortlich, die in jener Nacht von den Höllenviren hinweggeschafft wurden.

Er begann mit seinen Fragen, die alle auf die Verwendung seiner Viren hinausliefen. Er erwähnte die Temperaturen, unter denen das Virus Lunaris noch sicher leben konnte und fragte, ob ich die thermischen Wirkungsgrade eines Lichtquantenbündels entsprechend regulieren könnte.

Ich bejahte, obwohl ich mir durchaus nicht sicher war. Was spielte das jetzt für eine Rolle!

Er erwähnte die natürliche Radioaktivität und fragte nach der Strahlungsintensität meines Gerätes. Auch in dieser Beziehung beruhigte ich ihn, da ich über die Eigenschaften des Virus Lunaris ja genau orientiert war.

Das genügte ihm. Sehr zufrieden und beinahe strahlend richtete er sich auf.

„Ich bin fertig. Der Mann ist sehr wichtig und jederzeit für unsere Zwecke zu gebrauchen. Ein breites Gewissen hat er auch, so daß ich vorschlagen möchte, ihn unter allen Umständen mitzunehmen."

„Die beiden Brutkästen mit den Kulturen befinden sich im Boot, Fresko", erklärte Leo Estat. „Halten Sie es für richtig, ihn in die Nähe der für uns so unsagbar wichtigen Viren zu bringen?"

„Warum nicht? Ich sehe keinen Hinderungsgrund. Es kann ihm doch gleichgültig sein. Er wird höchstens neugierig werden und Fragen stellen. Ich möchte die Zeit während der Überfahrt benutzen, um mich mit ihm auszusprechen. Wir können drüben sofort mit der Arbeit beginnen."

„Das Zubringerboot ist sehr klein", gab der Milliardär besorgt zu bedenken. „Sie haben selbst kaum Platz, und Sie müssen bald tausend Seemeilen unter Wasser zurücklegen, bis Sie zu Ihrem großen Mutterschiff kommen."

„Spielt auch keine Rolle. Das Beiboot hat atomaren Antrieb. Wir brauchen nicht aufzutauchen. Wir machen unter Wasser fünfzig Knoten in der Stunde. In etwa zwanzig Stunden können wir das Mutterschiff erreicht haben. In dem großen Untersee-Kreuzer haben wir genügend Platz."

Ich begann innerlich zu jubeln. Brennend hoffte ich auf nähere Angaben über den derzeitigen Liegeplatz des Beibootes, das von dem U-Kreuzer ausgeschleust worden war.

Ich lauschte auf jedes Wort. Es fiel aber kein Ton, der mich auf den Liegeplatz des Beibootes aufmerksam gemacht hätte.

Anschließend stritten sie sich noch darüber, ob sie Mike Hollak ebenfalls mitnehmen sollten. Der Kapitän entschied, daß diese Frage meinem Entschluß überlassen bliebe.

Aus dem Gespräch hatte ich entnommen, daß Dr. Morsets Klinik tatsächlich in Kalifornien, und zwar nördlich von San Francisco lag. Nur wenige Meilen entfernt mußte die kleine Stadt Santa Rosa liegen.

Die Information war für mich wertvoll, obwohl ich mir sagen mußte, daß unser Verbindungsmann TS-19 darüber längst unterrichtet war. Er war uns garantiert gefolgt. Wenn mich nicht alles täuschte, dann gab es in der Nähe weit mehr als nur einen GWA-Schatten „ZBV".

Diese Gewißheit nützte mir aber recht wenig! Ich mußte wissen, wo das Boot lag – oder ich konnte gar nichts unternehmen. Es wäre sinnlos gewesen, die führenden Leute der Spionageorganisation verhaften zu lassen. Durch diese Aktion hätten wir nicht das Boot in unseren Besitz bekommen, auf dem sich bereits die Kulturen befanden.

Aber sie taten mir nicht den Gefallen, über den Ankerplatz zu sprechen. Ich verzweifelte fast. Meine Herztätigkeit wurde dadurch weiter geschwächt. Diese Beobachtung veranlaßte Dr. Morset zu einem erschreckten Ausruf.

„Jetzt genügt es aber. Ich spritze das Herzmittel", sagte er energisch. „Wenn es so weitergeht, kann ich nicht mehr helfen. Schweigen Sie bitte. Das Gespräch muß ihn aufregen."

Die Stimmen verstummten. Morset eilte mit einer Spritze herbei.

Besorgt hörte der Arzt mein Herz ab. Ich reagierte schnell auf das Beruhigungsmittel. Morset atmete auf.

„Das war höchste Zeit. Holy, helfen Sie mir, ihn loszuschnallen und in sein Zimmer zu bringen. Hollak kann sich um ihn kümmern."

Als die Schlaufen von meinen Gelenken gelöst worden waren, hoben sie mich gemeinsam auf eine Bahre. Da hörte ich, wie Leo Estat sagte:

„Ich verschwinde. Ich möchte nicht von ihm oder Hollak gesehen werden. Ich muß vorsichtig sein."

„Es ist gut", entgegnete der Chinese. „Ihre Anweisungen haben Sie bereits erhalten. Ich laufe gegen dreiundzwanzig Uhr aus."

Auslaufen wollte er also!

An alles hatten sie gedacht, nur nicht daran, daß es einen Mann geben könnte, dessen Gehirn speziell gegen Drogen präpariert worden war.

Sie brachten mich in ein geräumiges Zimmer, in dem sich anscheinend Hannibal aufhielt. Ich hatte die Augen geschlossen und öffnete sie auch nicht eher, bevor wir nicht alleine waren. Daher vernahm ich nur die zornigen Ausrufe des Kleinen.

„Na, sind Sie jetzt zufrieden", brüllte er den Arzt an, der den Wutausbruch ignorierte.

„Es ist Dr. Tensin doch kein Leid zugefügt worden", entgegnete Dr. Morset beschwichtigend.

Hannibal tobte weiter. Sein Verhalten bereitete mir Spaß. Der Zwerg war ein Genie. Er spielte seine Rolle ausgezeichnet.

„Wenn er aufwacht, rufen Sie mich sofort", sagte Holy. Sie strich mir dabei fast zärtlich über die schweißbedeckte Stirn.

Hannibal lachte meckernd und ließ sich in seinen Beschimpfungen kaum unterbrechen.

„Sie rufen mich sofort, sobald Dr. Tensin aufwacht, verstanden", wiederholte Holy gereizt.

Wortlos ging sie zusammen mit Dr. Morset hinaus und ließ die Schiebetür hinter sich zugleiten.

Ich grinste still. Hannibal flüsterte sofort:

„Verziehe nicht das Gesicht, Langer. Du bist vorläufig noch k.o. Wie war es gewesen? Etwas erfahren?"

„Und ob! Besorge mir gute Stärkungsmittel. Ich bin restlos fertig. In drei Stunden muß ich wieder fit sein."

10.

Ich hatte etwas mehr als drei Stunden tief und fest geschlafen. Bei meiner totalen Erschöpfung war das auch nicht verwunderlich.

Holy Sester war vor einigen Minuten gegangen, da sie mir einen neuen Anzug und Wäsche besorgen wollte. Die Kleidung, die ich zur Zeit trug, war recht strapaziert, da sie einen angeblichen Unfall überstanden hatte.

Hannibal huschte zur Tür und preßte sein Ohr dagegen.

Ich wußte, daß er nach Fernsehaugen und verborgenen Mikrophonen suchte. Auch ich hatte mich schon sehr gewissenhaft umgesehen – und das hatte ich mit den Augen eines GWA-Beamten getan.

„Nichts", sagte ich leise. „Warum sollten sie ihre Zentrale

auch mit einer Überwachungsanlage ausstatten! In diese Gästezimmer kommt vielleicht alle Schaltjahre jemand hinein."

„Da kannst du dich aber leicht täuschen. Mir will die ganze Geschichte nicht gefallen. Erzähl doch. Was hat es gegeben?"

Ich erklärte in knappen Worten, was ich erfahren hatte. Bei meinen Stichworten wurde sein Gesicht sehr blaß. Er schwieg einige Sekunden, ehe er flüsterte:

„Was willst du tun? Du bist hier der Chef, aber wenn ich zu bestimmen hätte, dann würde ich keinesfalls raten ..."

„Was?" unterbrach ich ihn.

„Nicht ausheben lassen, auf keinen Fall! Wir müssen nochmals in den sauren Apfel beißen. Wir müssen einfach auf das Boot. Sonst ist alles unwichtig. Die Bande haben wir ohnehin schon in der Tasche."

Ich nickte. Es hätte mich auch gewundert, wenn er auf einen anderen Gedanken gekommen wäre.

Plötzlich fiel mir ein, daß der chinesische Marineoffizier sein Versprechen gebrochen hatte. In meinem angeblichen Rausch hatte er doch nach dem Aufbewahrungsort meiner Forschungsunterlagen gefragt. Ich hatte natürlich gesagt, wo sie zu finden wären. Jetzt sah ich das als Vorteil an, da es keinen unliebsamen Aufenthalt mehr geben konnte.

In meinem Kopf brummte es noch ziemlich, so daß es mir einigermaßen schwerfiel, einen klaren Gedanken zu fassen. Trotzdem kam ich zu der Ansicht, aus Tarnungsgründen nach meinen Papieren fragen zu müssen.

Hannibal sah mich erstaunt an, als ich das kleine Sichtsprechgerät einschaltete, das direkt neben der Couch auf einem Tischchen stand. Man hatte mir gesagt, daß ich damit jederzeit meine Wünsche äußern könnte, da ich das Zimmer nicht verlassen durfte.

Sofort erschien auf der handgroßen Bildfläche das Gesicht eines Mannes, der mir unbekannt war. Hier mußte es überhaupt noch viele Personen geben, von deren Existenz wir keine Ahnung hatten.

„Ja, Doktor, Sie wünschen?"

„Könnte ich Dr. Morset oder den Kapitän sprechen? Ich hätte eine Frage?“

„Moment, ich verbinde Sie mit dem Kapitän. Der Doc ist oben in der Klinik.“

Es klackte leise. Augenblicke später tauchte das Gesicht des Chinesen auf. Wie immer lächelte er höflich und zuvorkommend.

„Kann ich etwas für Sie tun, Doktor?“

Ich lachte stoßartig in das Mikrophon hinein und entgegnete grollend:

„Nun, schweigen wir darüber! Sie hätten vor einigen Stunden etwas für mich tun können. Ich fühle mich hundeelend.“

Um seine Lippen legte sich ein bedauernder Zug, doch das Lächeln blieb auch auf seinen Zügen.

„Oh, es tut mir sehr leid, Doktor. Ich fühle mich verpflichtet, mich zu entschuldigen. Sie sollten jedoch einsehen, daß ich kein Risiko eingehen konnte.“

„Sind Sie wenigstens zufrieden? Holy hat mir gesagt, daß es heute noch losgeht. Stimmt das?“

„Ja. Wir bereiten zur Zeit alles vor. Ich bin mit Ihren Aussagen sogar sehr zufrieden und werde dafür sorgen, daß Sie bei uns mit offenen Armen aufgenommen werden.“

„Warum dürfen wir das Zimmer nicht verlassen? Mißtrauen Sie uns immer noch?“

„Aber nein, keineswegs. Es gehört nur zu den Gepflogenheiten der hiesigen Zentrale, daß sich Besucher in ihren Räumen aufhalten müssen.“

„Schön, auch das will ich noch akzeptieren. Dafür beunruhigt mich ein anderer Gedanke.“

„Ja ...?“

„Wenn ich heute noch an Bord Ihres U-Bootes soll, dann müssen Sie unbedingt dafür sorgen, daß ich vorher noch meine Unterlagen bekomme. Ich verliere viele Monate, wenn ich ohne die Aufzeichnungen anfangen muß.“

In seinem Gesicht bewegte sich kein Muskel.

„Ach so, das wissen Sie ja nicht“, meinte er verbindlich. „Wir haben vor einigen Minuten eine Nachricht erhalten, aus der hervorgeht, daß sich unser Kurier bereits wieder auf dem Rückflug befindet. Ihre alten Labors sind unbewacht. Die Siegel an den Türen störten uns nicht. In fünfzehn Minuten werden Sie im Besitz Ihrer Papiere sein."

Zuerst heuchelte ich Überraschung, dann sagte ich empört:

„Woher konnten Sie wissen, daß sich die Unterlagen in meinem alten Labor befanden? Haben Sie mich im Rausch danach gefragt? Sie hatten mir doch zugesichert, es ...!"

„Gewiß, sicher", unterbrach er mich. „Ich muß mich also zum zweiten Male entschuldigen, denn ich habe Sie trotzdem danach gefragt. Infolge Ihrer Mitteilungen, die für uns wichtig waren und sind, mußte ich mich jedoch entschließen, mein Versprechen zu brechen. Es hätte sonst eine unangenehme Verzögerung gegeben."

Ich sagte nichts mehr und spielte den Beleidigten. Er überging meine Reaktion und erkundigte sich, ob ich irgendwelche Wünsche hätte.

„Nein, danke. Alles da."

Er nickte mir freundlich zu. Ich schaltete ab.

Hannibals Mimik drückte größte Zufriedenheit aus.

„Soll mal einer sagen, wir hätten Fehler gemacht. Ist es sicher, daß ich mitfahren kann? Ich möchte dich auf keinen Fall allein lassen."

„Ist sicher. Mit Holy schon geregelt. Es hing ja von meinem Entschluß ab. Du mußt mir bei der Montage des Strahlers assistieren, okay?"

„Okay. Willst du nicht ...?"

Er schwieg und deutete stumm auf mein Bein. Ich nickte zustimmend. Sofort schlich er wieder zur Tür, lauschte und gab mir ein Zeichen.

Ich legte mich flach auf die Couch, schloß die Augen und schob unauffällig meine Rechte in die Hosentasche. Als ich die Taste fühlte, fragte ich leise:

„Hast du eine Ahnung, wo wir uns eigentlich befinden? Wohl im Keller der Klinik?"

„Glaube ich kaum. Ich war von der Gasbetäubung nicht vollkommen bewußtlos und konnte wenigstens etwas sehen.

Der Eingang liegt in den Kellerräumen der Klinik, das ist sicher. Danach ging es aber mit einem Lift weiter hinunter, und anschließend brachten sie uns durch einen Gang, der kein Ende zu nehmen schien. Sieht also ganz so aus, als befänden wir uns tief unter der Erde und recht weit abseits von der Klinik. Sind wahrscheinlich natürliche Hohlräume, die man ausgebaut hat. Sie liegen todsicher innerhalb des felsigen Hügels, auf dem das Krankenhaus steht."

Ich probierte es trotzdem und gab an TS-19 genaue Anweisungen durch. Abschließend teilte ich ihm mit:

„Wiederholung der Sendung gegen zweiundzwanzig Uhr. Falls Sie empfangen haben sollten, sofort veranlassen, daß ein schneller Flugzeugträger der Navy aus Frisco ausläuft. Muß ein Träger mit Atommaschinen sein; größte Beweglichkeit erforderlich. Keinen Alarm an Küstenwachstationen geben. Träger muß unauffällig auslaufen. Ende!"

Mehr konnte ich augenblicklich nicht veranlassen. Ich blickte auf meine Spezialuhr, die man mir nicht abgenommen hatte. Ich bemerkte das dünne Lächeln, das über Hannibals Lippen zuckte.

„In jeder Uhr drei Säureschüsse", sagte er betont. „Das dürfte unter Umständen ausreichen."

In seinen Augen flammte Haß auf; Haß gegen die Verbrecher an der Menschheit. Nach dem Erreichen unserer Ziele waren wir verpflichtet, vernichtend zuzuschlagen.

„Zwanzig Uhr", sagte ich. „In spätestens zwei Stunden müssen wir aufbrechen, wenn das Boot wirklich gegen dreiundzwanzig Uhr auslaufen soll. Wir brauchen Zeit für den Transport. Die Klinik liegt etwa sechzehn Meilen landeinwärts. Hoffentlich ist der Spruch einigermaßen gut durchgekommen."

„Wenn wir auf dem Boot sind, wenn alles klar geht, und wenn die Kulturen wirklich an Bord sind – was, was willst du dann tun?" raunte er mir ins Ohr.

„Notfalls werde ich auf Grund meiner Vollmachten den Befehl zum Abwurf einer leichten Wasserstoffbombe geben, die fünfhundert Fuß unter der Wasseroberfläche explodieren soll. Wir müssen dafür sorgen, daß der Abwurfautomat des Bombers zielgenau arbeiten kann. Die Unterwasserdetonation einer fünfundzwanzig Kilotonnen-H-Bombe übersteht kein U-Boot-Druckkörper."

Sein Gesicht glich einer Maske. In diesen Sekunden dachte er wohl an unser Schicksal. Noch gedämpfter fügte ich hinzu:

„Wir werden versuchen, vorher herauszukommen. Wenn das nicht möglich ist, dann werden wir aber unter allen Umständen die Funkstation des Bootes verteidigen und Peilsignale geben, bis der Bomber über uns ist. Sind Sie damit einverstanden, Leutnant Utan?"

11.

Holy und der chinesische Kommandant standen plötzlich in unserem Zimmer.

„Es wird Zeit, Doktor. In wenigen Minuten landet die Polizeimaschine."

„Sind Sie wahnsinnig? Sagten Sie Polizeimaschine?"

„Natürlich, Sie haben sich nicht verhört. In dem Fahrzeug befinden sich zwei Beamte der Luftpolizei, davon ein Offizier. Sie werden uns zur Küste bringen, und wir werden garantiert nicht angehalten werden. Das war der einzig gangbare Weg, um einen so gesuchten Mann wie Sie sicher zu transportieren."

Er lachte triumphierend. Ich atmete auf.

„Ach so! Die Polizisten sind bestochen, nicht wahr?"

„Ungefähr. Sie sind uns verpflichtet, da sie schon öfter für uns gearbeitet haben. Sie brauchen sich keine Sorgen zu machen. Die Leute werden über Sie hinwegsehen, als wären Sie nicht anwesend. Machen Sie sich fertig. Haben Sie Ihre Unterlagen sorgfältig nachgesehen? Alles vorhanden?"

„Ja, genau überprüft. Es fehlt nichts."

Er musterte meine neue Kleidung, die mir Holy besorgt hatte.

„Sehr schön. Hollak, sind Sie auch fertig?"

Der Kleine nickte und warf mir einen blitzschnellen Blick zu. Ich wußte, was er damit sagen wollte.

„Kapitän, ich muß eine sehr dringende Bitte aussprechen. Ja, ich muß sogar darauf bestehen, daß sie erfüllt wird."

Er sah mich prüfend an.

„Ja, bitte!"

„Geben Sie mir meine Waffe zurück. Ich werde auf gar keinen Fall diese Unterkunft verlassen, wenn ich nicht eine Pistole in der Tasche habe."

„Nun gut, wenn Sie so darauf bestehen", lächelte er. „Holy, gehen Sie in mein Zimmer und bringen Sie Dr. Tensin das Halfter mit der GWA-Pistole. Beeilen Sie sich."

Ich atmete auf und war froh, daß Hannibal einwarf:

„Und ich? Erhalte ich meine Pistole nicht auch zurück?"

„Unnötig", wehrte er ab. „Es genügt vollständig, wenn der Doktor eine Waffe besitzt, zu deren Anwendung er ohnehin nicht kommen wird. Sie können sich darauf verlassen, daß wir jede Gefahrenquelle ausgeschaltet haben."

Minuten später trug ich wieder mein Schulterhalfter mit der gefährlichen Thermo-Rak-Automatik. Hannibal grinste heimlich. Ich fühlte mich plötzlich viel ruhiger.

Wir durchschritten einige Gänge und passierten anschließend einen langen Stollen, der vor dem Gitter eines großen Aufzuges endete.

Das Gitter glitt zurück. Als wir den hell erleuchteten Lift betreten hatten, winkte mir Holy noch einmal zu.

Der Lift sauste nach oben.

Das Schiebegitter öffnete sich. Wir verließen den Korb und betraten einen kleinen Raum, in dem nur eine Leuchtröhre brannte. Der einzige Einrichtungsgegenstand war ein Wandbrett mit einem Bildtelefon.

Im gleichen Augenblick mußte ich meine Beherrschung erneut unter Beweis stellen, da ich plötzlich vor Dr. Morset und dem Biologen Dr. Fresko stand.

Ich sah ihn an, als sei er mir vollkommen fremd. Der Chinese stellte ihn vor.

„Dr. Fresko, der Mann, den ich ebenfalls von hier wegbringen muß. Das ist Dr. Tensin."

„Angenehm", sagte Fresko und reichte mir seine knochige Hand. „Ich kenne Sie bereits, aber ich glaube nicht, daß Sie sich an mich erinnern können. Ich habe Sie auf dem Tisch gesehen, wissen Sie!"

Ich blickte ihn äußerst mißtrauisch an. Ihn schien das zu erheitern. Er war so groß wie ich, doch wirkte er infolge seines dürren Körpers übermäßig lang.

„Sie scheinen nur aus Mißtrauen zu bestehen", lachte er amüsiert. „Warum sehen Sie mich so prüfend an?"

„Weil es mir nicht gefällt, daß Sie auch zugegen waren, als ich nicht mehr Herr über meine Sinne war."

„Ach so! War aber interessant. Hat Ihnen der Kapitän schon gesagt, daß wir eng zusammenarbeiten werden?"

„Keine Ahnung." Ich schaute verblüfft den Chinesen an, dessen Name mir noch immer unbekannt war. Ich wußte nur, daß er den Rang eines Kapitäns zur See besaß.

„Während der Überfahrt haben wir genügend Zeit für eine Unterhaltung", meinte er. „Wie weit sind wir, Dr. Morset?"

„Die Maschine muß jeden Augenblick landen", erwiderte der Arzt aufgeregt. „Tensin, wie fühlen Sie sich? Alles wieder okay?"

„Es geht. Angenehm war es nicht. Kommen Sie auch mit?"

„Nein, nur Sie, Fresko und Hollak. Das genügt vollkommen. Meine Aufgaben halten mich in den Staaten fest."

„Sind Sie Physiker, Fresko?" fragte ich.

Er schüttelte den Kopf, fügte aber nichts mehr hinzu, da in dem Augenblick das Visiphon summte. Auf der Bildfläche erschien das Gesicht eines weißgekleideten Mannes. Kurze Worte klangen auf.

Morset schaltete ab und drängte uns.

„Kommen Sie. Die Polizeimaschine nähert sich schon. Sie sind pünktlich."

„Ist das auch die richtige?" fragte ich zweifelnd. Meine Hand näherte sich der offenen Jacke.

„Er hat schon wieder die Hand an der Waffe", nörgelte

Fresko. „Das ist die richtige Maschine, verlassen Sie sich darauf."

„Keine Dummheiten, Doktor", warnte der Chinese. „Wenn Sie sich nicht beherrschen können, muß ich Ihnen die Pistole wieder abnehmen."

Ich preßte die Lippen zusammen und beobachtete Morset, der durch den Druck auf einen verborgenen Kontakt eine schwere Betonplatte aus der Wand schwingen ließ.

„Gar nicht übel", äußerte Hannibal seine Meinung. „Haben Sie noch mehr Eingänge von der Sorte?"

Niemand antwortete.

Wir verließen den Raum. Nachdem wir den menschenleeren Gang durchquert hatten, öffneten sich die Flügeltüren des hinteren Ausganges. Im gleichen Augenblick landete draußen eine schwere Polizeimaschine, die an ihrem rötlichen Licht deutlich erkennbar war. Es war ein starker Flugschrauber der Küstenüberwachung, Section San Francisco.

Ich prägte mir die Kennummer ein, und von diesem Moment an waren die beiden Beamten verloren. Sie konnten jetzt schon dem Zuchthaus nicht mehr entrinnen.

„Rasch, steigen Sie ein", forderte uns Morset auf. „Die Polizisten landen, um mich angeblich nach Tensin zu fragen. Ein guter Grund. Gehen Sie um die Maschine herum, die Kabinentür steht offen."

Während wir auf den wenig komfortablen Sesseln sitzen blieben, huschte der Chinese nach vorn und erteilte dem Offizier einige Anweisungen. Es war ein Leutnant der Küstenüberwachung.

Die Gasturbine des Rotors heulte auf. Dieses Geräusch nutzte ich aus, um Hannibal zuzuflüstern:

„Fresko ablenken. Sprechen. Ich funke."

Der Kleine begann sofort zu schwatzen. Ich schob die Hand in die Hosentasche. Während sich die Maschine leicht vom Boden hob und fast senkrecht nach oben stieg, jagte ich mein Erkennungszeichen auf der GWA-Welle in den Äther.

Ich erwähnte den Polizeiflugschrauber und gab die Nummer durch. Genaue Daten über den versteckten Eingang zur

Zentrale folgten. Niemand störte mich, denn der U-Boot-Kommandant stand noch vorn beim Piloten und gab anscheinend Richtungsanweisungen.

Als ich schon das Schlußzeichen geben wollte, fiel mir noch etwas ein, was ich vorsichtshalber anordnen konnte.

Aus diesen Erwägungen heraus fügte ich noch hinzu:

„Für alle Fälle Luftlandetruppen in Bataillonsstärke bereitstellen. Flugschraubereinheiten zum sofortigen Alarmstart fertigmachen. Feststellen, wo die Polizeimaschine landet. Geben Sie mir ein deutliches, aber unauffälliges Zeichen, daß Sie meine Sendung empfangen haben. Nehme das als Bestätigung dafür, daß meine Anweisungen ausgeführt worden sind. Ende."

Ich war gerade rechtzeitig fertig geworden, denn unter uns tauchte bereits die Küste auf.

Unter uns dehnten sich felsige Ufer aus. Ich unterschied flachen Sandstrand. Weiter vorn stieg das Ufer zu einer Steilküste an. Die Felsen schienen massiver zu werden. Der Mond war aufgegangen; die Landschaft war unter uns klar zu erkennen. Dann setzte die Maschine kurz aus.

Die beiden Polizisten drehten sich nicht einmal um, als der Chinese in die Kabine zurückging.

„Kommen Sie", sagte er laut, um das Arbeitsgeräusch der laufenden Turbine zu übertönen. „Beeilen Sie sich. Sehen Sie zu, daß Sie draußen eine gute Deckung finden. Wir warten, bis die Maschine abgeflogen ist. Hier hält sich niemand auf. Fresko, Sie steigen zuerst aus."

Ehe ich hinaussprang, sah ich, daß er eine Thermo-Rak-Pistole in der Hand hatte. Das mußte Hannibals Waffe sein.

Ich sprang und rannte zu Fresko hinüber, der nun doch sehr unruhig zu werden schien. Nervös betrachtete er die Gegend. Ich konnte bemerken, daß sich seine knochigen Finger um den Fels krallten.

Hannibal kam zusammen mit dem Kapitän nach. Gleich darauf heulte die Turbine des Flugschraubers auf. Brummend hob er sich in die Luft, flog einen weiten Halbkreis und entfernte sich rasch landeinwärts.

„Noch warten, es besteht keine Gefahr“, sagte der Chinese gefaßt. „Ich will sichergehen, daß sie uns mit ihrem Objekttaster nicht mehr ausmachen können. Sie brauchen nicht zu wissen, wo das Boot liegt.“

„Ja, zum Teufel, wo liegt es denn?“ fluchte ich unbeherrscht. „Ich sehe hier eine zerrissene und felsige Steilküste, doch ich erspähe das Boot nirgends. Liegt es etwa getaucht auf dem Grund?“

„Nein, das wäre zu gefährlich. Mit den neuen Asdic-Geräten können getauchte Boote auch von einem Flugzeug aus erkannt werden. Ich möchte nicht den Argwohn der Unterwasserabwehr der Küstenverteidigung wecken. Das Boot liegt in einer sehr großen Höhle, fast direkt unter uns. Wir haben sie für diese Zwecke ausgebaut. Sie kann nur bei Flut erreicht werden, da die Zufahrt unter dem Wasserspiegel liegt. Diese Öffnung kann man von der Seeseite aus nicht erkennen und von Land her auch nicht.“

Ich hatte schon wieder die Hand in der Tasche und gab die Lage der Höhle mit dem unterirdischen Eingang bekannt.

„Lassen Sie die Luftlandetruppen starten“, funkte ich abschließend. „Noch nicht eingreifen. Abwarten, bis meine Anweisungen durchkommen. Wo bleibt Ihr Verstandenzeichen? Ende.“

Ich zog die Hand zurück. Gerade als der Chinese die Dekkung verlassen wollte, hörten wir das tiefe Donnern schwerer Strahlturbinen. Das Geräusch kam von der offenen See her.

Fresko stieß einen erschreckten Schrei aus, als er das im Mondlicht blitzende Ungetüm erkannte, das mit einer enormen Fahrt direkt auf unseren Standort zuraste.

„Runter mit den Köpfen“, schrie der Chinese. „Zurück, hinter den Fels!“

Wir befolgten seinen Befehl. In mir begann jedoch alles zu jubeln. Wenn das nicht ein unübersehbares Verstandenzeichen war, so wollte ich auf der Stelle auf die Klippen hinunterspringen.

Heulend und dröhnend flog der Deltabomber rechts von uns über die Küste hinweg und verschwand in Richtung Nevada-Fields. Langsam verstummte das Grollen der schweren Triebwerke. Die Positionslichter erloschen in der Dunkelheit.

„Verdammt, das war aber nahe", fluchte Hannibal. „Wieso überfliegt man die Küste so tief? Will das Flugzeug auf den Nevada-Fields landen?"

„Leicht möglich", murmelte der Chinese. „Vielleicht ist ihm der Sprit ausgegangen, obwohl ich das nicht für möglich halte. Diese Maschinen werden in der Luft betankt, wenn sie nicht landen sollen. Der Kommandant wird den Landebefehl erhalten haben. Vielleicht hängt er schon seit gestern in der Luft. Aber das ist unwichtig. Kommen Sie nun! Vorwärts!"

Wenn der eine Ahnung gehabt hätte, wie wichtig es war!

Wenn es nicht gelingen sollte, die Besatzung unschädlich zu machen, so lauerten draußen die Flugschrauber mit den atomaren Wasserbomben. Ein einziger Funkspruch von mir würde genügen, um die gesamte Bucht in eine Hölle zu verwandeln.

Wir folgten dem Kapitän. Er rannte genau auf einen schmalen Einschnitt in den Felsen zu. Erst als wir uns dicht vor der Wand befanden, entdeckte ich eine Pforte, die sich lautlos öffnete.

Der Kapitän wurde leise angerufen Er gab sein Codewort, das ich allerdings nicht verstehen konnte.

„Kommen Sie schon, treten Sie ein", rief er. Zum erstenmal sah ich ihn nervös.

Wir schlüpften in den engen Durchgang, der sehr sorgfältig hinter einer Betonplatte verborgen lag. Auf der Außenseite war sie dem natürlichen Fels angeglichen worden. Das Versteck war hervorragend! Wer hätte hier schon eine Höhlung mit einem U-Boot-Liegeplatz vermutet?

Wir erreichten einen Felsgang, der sich in unzähligen Windungen nach unten schlängelte. Der Gang war natürlich entstanden; man hatte nur die schlimmsten Hindernisse geglättet oder ganz beseitigt. Es mußte eine schwierige Arbeit gewesen sein. Kein Wunder, daß wir immer vergeblich nach einem Stützpunkt gesucht hatten.

Wir schritten schnell aus. Niemand sprach ein Wort. Nur ab und zu klangen einige Verwünschungen auf, die überwiegend von Hannibal stammten.

Es ging immer tiefer hinab. Die Wände wurden feucht. Plötzlich sah ich in eine Felshalle hinein, die fast vollständig von Wasser ausgefüllt wurde. Nur auf unserer Seite gab es einen schmalen Felsstreifen, der hoch genug lag, um vom Wasser nicht überspült zu werden.

Hier brannten einige starke Lampen, die den Raum gut erhellten. Mein Atem ging pfeifend, als ich rechts von uns das reglos auf dem Wasser liegende U-Boot erblickte.

Ich war nicht umsonst in Asien gewesen. Über die neuen Modelle war ich gut informiert. Infolgedessen erkannte ich in dem kleinen, knapp achtzehn Meter langen, zigarrenförmigen Boot eines jener Acht-Mann-Fahrzeuge, die für ausgesprochene Küstenunternehmungen gedacht waren.

Hannibal sah mich kurz an und wußte sofort Bescheid. Niemand achtete in diesen Augenblicken auf uns, so daß ich ihm zu verstehen geben konnte

„Otter-Typ. Acht Mann Besatzung, einschließlich Kommandant."

Ich betätigte den Sender und gab Befehl, die Truppen zu landen.

Rechts von uns entdeckte ich vier Asiaten, die sich auf dem schmalen Uferstreifen zu schaffen machten. Sie hantierten mit einigen Gepäckstücken herum, die sie wahrscheinlich noch auf das Boot schaffen wollten. Die schweren, bleigepanzerten Kästen mit den Viruskulturen waren aber nicht darunter. Sie wären keinesfalls zu übersehen gewesen. Demnach mußten sie schon verladen sein.

Das waren also vier Mann! Keiner von ihnen trug eine Uniform, obwohl ich mir durchaus darüber klar war, daß sie Angehörige der GAS-Kriegsmarine waren.

Den fünften Mann bemerkte ich auf dem Boot. Er stand außen auf dem Druckkörper, der sich nur wenig über die Wasseroberfläche erhob.

Das waren fünf Mann von der achtköpfigen Besatzung.

Zwei andere Burschen standen hinter uns. Der Kapitän war einige Schritte vorausgegangen, um den Leuten einige Worte in chinesischer Sprache zuzurufen. Ich verstand jeden Ton und erkannte, daß der Mann auf dem Boot ein Offizier war.

Ich zählte nochmals. Acht Mann waren draußen, und acht Mann war die Besatzung stark. Fresko zählte nicht. Er war unbewaffnet. Außerdem schien er kein Held zu sein.

„Das ist doch toll, was?“ meinte er aufgeregt. „Hätten Sie das für möglich gehalten?“

Sehr gut! Er hatte mir ein ausgezeichnetes Stichwort gegeben.

„Waren Sie denn noch nicht hier?“ fragte ich. „Haben Sie kein Gepäck, das Sie persönlich an Bord bringen wollen?“

Hannibal lauerte auf die Antwort. Das fühlte ich förmlich.

Fresko lachte.

„Allerdings habe ich Gepäck, aber das hat der Kapitän persönlich besorgt. War ziemlich schwer, denn ein Bleipanzer hat sein Gewicht.“

„Bleipanzer? Sind das radioaktive Stoffe?“

„So könnte man beinahe sagen“, erwiderte er. „Allerdings lebende Radioaktivität. Können Sie das verstehen?“

„Kein Wort“, brummte ich und war mehr als zufrieden. Nun wußte ich hundertprozentig, daß sich die beiden Zuchtbehälter mit den Viruskulturen im Boot befanden. Natürlich befanden sie sich tief unten im Druckkörper; aber das war gut so.

Hannibals Grinsen wirkte wie eingefroren. Er beobachtete mich unablässig und schien nur auf ein Zeichen zu warten. Er hatte verstanden, daß ich mich letztmalig vom Vorhandensein der Kulturen überzeugt hatte.

Der Kapitän rief etwas zu seinen Leuten hinüber. Der Offizier auf dem Boot antwortete. Diese Gelegenheit benutzte ich, um dem Kleinen zuzuflüstern:

„Wir steigen nicht ein. Der Kommandant hat deine Waffe. Paß auf, jetzt kommt er auf uns zu. Sorge dafür, daß du sie bekommst. Hinter uns liegt der Stollen. Dort ist unsere Dekkung.“

Er beobachtete die beiden Burschen, die recht aufmerksam seitlich hinter uns standen. Sie hatten ihre Maschinenpistolen in den Armbeugen, Finger am Abzug.

Ich sah zu ihnen hin. Durch diesen Blick war der Kleine informiert.

Fresko tänzelte ungeduldig und fragte den Chinesen, wie lange er noch warten wolle.

„Wir laufen sofort aus. Gehen Sie zu meinen Leuten hinüber."

Der Biologe nickte und schritt vorsichtig über den unebenen Boden. In dem Augenblick legte sich in mir jede Aufregung. Ich war eiskalt, so wie es die Situation verlangte.

Er kam direkt auf mich zu. In seiner herabhängenden Rechten glänzte die Thermo-Rak-Pistole, die er schon in der Polizeimaschine aus dem Halfter gezogen hatte.

„Wir wären soweit, Doktor. Darf ich um Ihre Waffe bitten!"

Damit hatte ich gerechnet. Ich blickte ihn verwundert an und murrte:

„Warum denn? Sie nehmen mir damit jedes Gefühl der Sicherheit."

„Es tut mir leid! Ich habe Ihnen die Pistole bewilligt, solange wir uns noch draußen befanden. An Bord meines Bootes kann ich es nicht erlauben. Los, machen Sie schon, Doktor. Ihre Waffe!"

Er streckte die linke Hand aus. Ich zuckte entsagungsvoll mit den Schultern. Aus den Augenwinkeln heraus beobachtete ich die bewaffneten Posten, die uns sorgsam im Auge behielten, offensichtlich aber verstanden hatten, daß ich nur auf die Aufforderung ihres Kommandanten hin unter meine Jacke griff. Sie waren unvorsichtig genug, ihre Maschinenpistolen nicht in Anschlag zu bringen.

Mit gespielter Gleichgültigkeit zog ich meine Thermo-Rak hervor. Als der Chinese danach greifen wollte, handelte Hannibal so blitzschnell, daß man seine Bewegungen kaum verfolgen konnte. Das war GWA-Schulung.

Sein kleiner, drahtiger Körper schoß nach vorn, und der Kommandant schrie auf. Unter dem unerwarteten Judogriff wirbelte sein Körper herum, die Beine sausten durch die Luft, und im nächsten Augenblick fiel er schwer zu Boden.

In Hannibals Hand glänzte die Thermo-Rak, doch ehe er schießen konnte, hatte ich schon gehandelt.

In dem Moment, als die Mündungen ihrer Waffen nach oben ruckten, riß ich meinen Abzug zweimal durch. Die Thermo-Rak peitschte auf. Gleichzeitig ließ ich mich nach hinten fallen.

Es gelang ihnen nicht mehr zu schießen. Dicht hinter ihnen an der Felswand explodierten die höllischen Thermo-Raketengeschosse, die im gleichen Augenblick zwei Meter durchmessende Glutbälle mit einer Hitzeentwicklung von zwölftausend Grad Celsius entwickelten. Die beiden Körper verschwanden. An den Aufschlagstellen begann der Fels zu schmelzen und zu kochen.

Das Geschehen hatte sich innerhalb einer Sekunde ereignet, da ich zusammen mit Hannibal gehandelt hatte. Durch das peitschende Fauchen meiner Waffe hörte ich seinen schrillen Ruf. Ich konnte ihn nicht verstehen. Ich sah nur, daß der Kleine mit weiten Sprüngen auf die dunkle Öffnung des Stollens zuraste. Ich folgte ihm.

Hinter uns klangen laute Stimmen auf. Die Höhle hallte wider von verschiedenartigen Geräuschen. Plötzlich begann es hinter mir zu hämmern.

Sie reagierten sofort, viel schneller, als ich es erwartet hatte. Natürlich waren auch sie bewaffnet. Einer mußte rasch genug die Sachlage begriffen und seine abgelegte Maschinenpistole aufgerafft haben.

Ich rannte um mein Leben. Vor mir verschwand Hannibal in der sicheren Deckung, doch ich befand mich noch im Schußfeld. Neben und über mir begann es zu zwitschern. Die Mantelgeschosse prallten von den Felsen ab und jaulten als deformierte Querschläger davon. Vor mir spritzten Steine auseinander. Dann traf mich etwas mit solcher Wucht am linken Arm, daß ich um meine Achse gewirbelt wurde und noch vor dem Stollen zu Boden stürzte.

Das war mein Glück, denn die nächste Garbe peitschte so

haarscharf über mich hinweg, daß sie mich garantiert durchsiebt hätte, wenn ich noch aufrecht gestanden hätte.

Dicht vor mir sah ich es grellweiß aufzucken. In meinen gequälten Ohren hämmerte das fauchende Peitschen einer Thermo-Rak-Automatik.

„Bleib liegen", brüllte Hannibal mit vollster Lungenkraft.

Ich machte mich so klein wie möglich. Seine Rak-Geschosse heulten mit blitzenden Gasschweifen über mich hinweg. Nur einen Sekundenbruchteil später war vierzig Meter hinter mir die Hölle los.

Das Rattern der Maschinenwaffen verstummte. Ich vernahm abrupt abbrechende Schreie. Im nächsten Augenblick war auch ich in der guten Deckung und wirbelte sofort herum.

Hannibal lag flach auf dem Bauch. Nur die Mündung seiner Waffe ragte um die Ecke.

In der großen Höhle donnerte und krachte es, als sei in unmittelbarer Nähe ein Vulkan ausgebrochen. Dort, wo soeben noch die vier Besatzungsmitglieder gestanden hatten, kochte der Boden in weißer Glut. Hannibal hatte zumindest fünfzehn Schuß hinübergejagt. Das hatte das Ende bedeutet.

Zwischen uns und dem brodelnden Fels lag ein hysterisch schreiender Mann am Boden. Ich sah seinen weitaufgerissenen Mund, verstand aber nicht, was er schrie. Dr. Fresko, der vielfache Mörder und Hochverräter, erlebte jetzt schon die Hölle.

Das peitschende Knallen neben mir war verstummt.

„Leer, ich habe kein Ersatzmagazin", schrie Hannibal mir zu, doch ich hörte es kaum.

Ich sah nur den Offizier, der vorher auf dem Boot gestanden hatte und der sich nun in größter Eile bemühte, sich durch das Turmluk zu schwingen. Wenn es ihm noch gelingen sollte, mit dem Boot zu verschwinden, dann war alles vergebens gewesen.

Meine Waffenhand zuckte nach vorn. In der Visierlinie erschien der Bootsturm, in dem der Körper des Offiziers schon zur Hälfte untergetaucht war.

Ich zog sehr rasch, aber nicht überhastet durch. Vor meiner Mündung flammte es auf. Es gab den typischen, scharf peitschenden Mündungsknall, der sofort von dem hellen Heulen des davonrasenden Raketengeschosses übertönt wurde.

Ich sah, daß der Mann die Hände in die Luft warf und nach unten verschwand. Der Turm glühte in den zwölftausend Hitzegraden blitzschnell auf.

Ich feuerte weiter.

„Ich rufe TS-19 mit meinem Sender an", schrie mir Hannibal ins Ohr.

Ich nickte nur und beobachtete die Wirkung. Meine Geschosse hatten die Verkleidungsbleche durchschlagen, waren noch einige Millimeter tief in den Stahl eingedrungen und dort explodiert.

Der Bootsturm verwandelte sich endgültig zu kochender Materie. Der Panzerstahl wurde glutflüssig und zerrann. Dort, wo soeben noch der Turm zu sehen gewesen war, existierte jetzt ein weißglühender Vulkan.

Ich stellte das Feuer ein. Das genügte. In dieses Boot kam niemand mehr auf dem normalen Wege hinein. Der Turm war mitsamt dem Luk zusammengelaufen wie Butter unter einem Schneidbrenner. Als ich den Finger vom elektrischen Auslöser nahm, wurde es plötzlich sehr still in der großen Höhle. Die Lampen brannten alle. Trotzdem war ich noch nicht beruhigt.

Wenn sich nun doch einige Leute innerhalb des Bootes aufhielten? Der Gedanke erschreckte mich. Ich blieb ruhig liegen, immer in der Erwartung, der stählerne Fisch könnte sich in Bewegung setzen. Andererseits war mir klar, daß diese Hitze niemand ertragen konnte.

Nein ..., er bewegte sich nicht. Dafür klang wieder das haltlose Wimmern auf, das aus Freskos Mund drang. Aus weit aufgerissenen Augen starrte er zu mir herüber. Ich erhob mich langsam und stellte mich mit schußbereiter Waffe vor den Stollen. Zu Hannibal sagte ich:

„Flitze hinauf und öffne den Eingang. Paß auf, daß dich die Soldaten nicht unter Feuer nehmen. Reiß dir einen Fetzen aus dem Hemd und schwenke ihn. Verschwinde."

Er rannte davon, nachdem er vorher die Lampe des Kommandanten an sich genommen hatte.

„Besinnungslos", sagte er, als er an mir vorbeisprang. „Wahrscheinlich ein Schädelbruch."

Dann herrschte völlige Stille. Ich überzeugte mich, daß der Kapitän wirklich aktionsunfähig war. Sein Schädel war blutüberströmt. Langsam ging ich auf Fresko zu, der vor mir zurückwich, als käme ein wildes Tier über das schmale Felsband.

Während ich Schritt für Schritt weiterging, sagte ich laut:

„Doktor Fresko, ich verhafte Sie wegen Landesverrats, Bandenverbrechens und wegen Mordes an einigen Mitarbeitern der staatlichen Laboratorien von Hilltown."

Er rang nach Luft wie ein Ertrinkender. Seine Augen schienen ihm aus dem Kopf zu treten.

„Wer – wer sind ...?"

„Ich bin Captain HC-9, Agent der Geheimen-Wissenschaftlichen-Abwehr zur besonderen Verwendung."

Dr. Fresko brach so schnell zusammen, daß ich ihn kaum auffangen konnte. Er war nicht besinnungslos, aber der Schreck hatte ihn umgeworfen. Kalt und erbarmungslos sah ich in seine aufgerissenen Augen, in denen der Irrsinn loderte.

„Stehen Sie auf und stellen Sie sich neben den bewußtlosen Kapitän!"

★

Ich stand vor den beiden Verbrechern und hielt sie mit meiner Waffe in Schach. Dabei lauschte ich auf die näherkommenden Rufe. Es hallte und dröhnte in dem Gang, als käme ein Regiment herabgerannt.

Augenblicke später tauchten Stahlhelme auf. Ich sah wachsame Augen und blitzende Waffen. Die Männer quollen förmlich aus den engen Stollen.

Ein blutjunger Soldat rannte auf mich zu und schrie:

„Haben Sie alle gefaßt? Wo ist das Boot, ich ...!" Er unterbrach sich, starrte mich an und riß im gleichen Augenblick seinen schweren Maschinenkarabiner hoch.

„Hierher", brüllte er, „hierher, ich habe Doktor Tensin gefaßt. Hierher, ich habe ihn."

Ich stand reglos mit gesenkter Pistole. Der Junge war so aufgeregt, daß er mich sofort erschossen hätte, wenn ich auch nur einen Finger bewegt hätte.

Weiter hinten tauchte ein Major der Luftlandetruppen auf. Agent TS-19 war auch da. Im scharfen Ton rief er dem Jungen zu:

„Nehmen Sie die Waffe herunter. Sofort, nehmen Sie die Waffe 'runter!"

Der Soldat drehte sich verblüfft um, als ihm mein Kollege den Maschinenkarabiner aus den Händen riß.

„Aber ..., Sir, das ist doch Doc Tensin und ...!" Völlige Verständnislosigkeit zeigte sich auf seinem Gesicht.

„Ja, ja, schon gut", beruhigte ihn TS-19. „Lassen Sie das von nun an meine Angelegenheit sein. Hollak, kommen Sie her."

Hinter ihm tauchte das Gesicht Hannibals auf, der sich grinsend an meine Seite stellte. Die Soldaten besetzten die Höhle. Einige kletterten auf das Boot hinüber, dessen Stahlkörper aber noch so heiß war, daß sie sich fluchend zurückzogen.

„Ich bringe Sie sofort nach oben, Sir", gab mir TS-19 zu verstehen. „Der Chef erwartet sie in San Francisco. Darf ich gratulieren?"

„Ja, aber erst später", murmelte ich. „Sorgen Sie nur dafür, daß wir nicht von unseren eigenen Leuten erschossen werden. Mein Anblick scheint ihnen nicht zu behagen."

„Kein Wunder", lachte er leise. „Major Eskap!"

Der Offizier kam näher. Ich blickte in Augen, die mich so drohend ansahen, daß ich unwillkürlich zu schwitzen begann.

„Sir ...?" fragte er, doch sein Blick ruhte trotzdem unablässig auf mir. Ich sah ein, daß wir so nicht weiterkamen. Dieser Mann würde mich niemals ungeschoren aus der Höhle herauslassen.

„TS-19, erklären Sie dem Major, wer ich bin", entgegnete ich ruhig.

Mein Kollege setzte zu einer knappen Erklärung an. Die Augen des Soldaten wurden immer größer. Abschließend meinte TS-19:

„Major Eskap, wir verlangen von Ihnen, daß Sie darüber schweigen. Sie haben etwas erfahren, was keinesfalls an die

Öffentlichkeit dringen darf. Es könnte unserer Arbeit schaden. Vielleicht wird es später wieder einmal notwendig sein, daß ein GWA-Beamter in der Rolle eines Verbrechers arbeitet. Sie geben mir Ihr Wort?"

Eskap war fassungslos. Aus starren Augen sah er mich an und drückte mir die Hand, daß ich vor Schmerzen aufstöhnte.

„Ihr linker Ärmel ist ja total durchblutet", sagte er erschrokken und rief nach dem Sanitäter. Sie schnitten mir den Ärmel auf und verbanden die häßliche Wunde an meinem Oberarm.

„Der Knochen ist angekratzt", sagte der Sanitäter unfreundlich. Er machte durchaus kein Hehl aus seinen Gefühlen und zeigte mir unmißverständlich, daß er es für unnötig fand, einen Verbrecher von meiner Sorte auch noch zu verbinden.

„Eine Armschlinge, Tempo ...", fuhr ihn der Major an, dem man den Stolz über sein Wissen an den Augen ablesen konnte. Ich hatte mich auf einen Stein gesetzt. Er beugte sich über mich.

„Sir, Ihre Plastiknarbe hat sich von der Wange gelöst", flüsterte er. „Da müssen Sie von einem Steinsplitter getroffen worden sein."

Jetzt war er vollkommen davon überzeugt, daß ich wirklich ein GWA-Mann war; das konnte ich an seinem Gesichtsausdruck erkennen. TS-19 lachte verhalten, und Hannibal grinste. Ich tastete mit der gesunden Rechten nach meiner künstlichen Narbe und fühlte, daß sie sich tatsächlich von der Haut gelöst hatte.

„Besorgen Sie mir ein Heftpflaster", bat ich ihn. „Das braucht niemand zu sehen."

Er besorgte das und fragte dann nach Befehlen.

„Lassen Sie bitte das U-Boot sicherstellen und fest verankern. Der Eingang ist zugeschmolzen. In ihm befinden sich wichtige Geheimdokumente, die nach Asien gebracht werden sollten. Sorgen Sie dafür, daß niemand an das Boot herankommt, bis die Spezialisten der GWA und der Geheimen Bundeskriminalpolizei eintreffen."

Er nickte nur und erteilte sofort die entsprechenden Befehle.

Eine Viertelstunde später befanden wir uns wieder im hellen Tageslicht. Zwischen uns taumelte ein gefesselter Mann, der sich Dr. Fresko nannte. Der Chinese war noch immer besinnungslos.

Wir starteten mit einer Maschine, die TS-19 persönlich flog. Er überreichte uns die GWA-Marken und unsere Biosynthfolien. Wir legten sie sofort an.

Völlig unangefochten landeten wir auf dem Dach des Polizeihauptquartiers in Frisco. Wieder hielt uns niemand an. Zwei Kollegen erwarteten uns bereits. Sie sorgten dafür, daß Fresko und der Chinese in eine stark gesicherte Zelle gebracht wurden, die nur unseren Leuten zugänglich war.

Nach einer weiteren Viertelstunde standen wir vor dem Alten, der das ganze Hauptquartier in Aufruhr versetzt hatte. Die Verhaftungen nahmen kein Ende.

Er schlug mir seine Rechte so kräftig auf die Schulter, daß ich wieder einmal aufstöhnte.

„Konnat, Sie haben ja keine Ahnung, welche Schätze wir in der Zentrale gefunden haben", strahlte er, als wir alleine waren. „Ich habe Leo Estat durch unsere Agenten verhaften lassen. Er tobt und verlangt den Präsidenten der Staaten zu sprechen. Na, wie finden Sie das?"

„Wir werden ihn in die Mondbergwerke schicken, auch wenn er Milliardär ist und Leo Estat heißt", sagte Hannibal eiskalt. „Er ist der Chef der gesamten Organisation. Quetschen Sie Dr. Fresko aus. Er kann Ihnen das bezeugen."

„Gut, das genügt. Konnat, können Sie beeiden, daß er währen des Verhörs anwesend war?"

„Er stand direkt vor dem Tisch, auf dem sie mich festgeschnallt hatten. Haben Sie diese Holy Sester und Doktor Morset verhaften können?"

„Die Frau ist tot. Sie ist von einem Soldaten erschossen worden, als sie eine Handgranate warf", entgegnete er. „Morset haben wir erwischt. Er ist hier."

„Gut. Er ist über alles orientiert. Was macht die Zentrale am Großen Salzsee?"

„Wurde in der gleichen Minute angriffen, als wir hier begannen. Konnat, Sie wissen ja gar nicht ...!"

„Ja“, unterbrach ich, „ja, ich weiß. Könnte ich jetzt etwas ruhen? Ich bin restlos erschöpft, das können Sie mir glauben.“

Er nickte kurz.

„In Ordnung, legen Sie sich hin. Nur noch eine Frage, Konnat! Sind Sie davon überzeugt, daß sich die beiden Brutbehälter in dem U-Boot befinden?“

„Felsenfest. Ich habe den Turm zugeschmolzen, damit niemand hinein kann. Schicken Sie unsere Spezialisten und lassen Sie die Dinger herausholen. Der Druckkörper muß aufgeschweißt werden.“

„Schon veranlaßt. Ich schicke Ihnen sofort einen Arzt. Sie müssen wahrscheinlich in die Klinik. Ihr Arm gefällt mir nicht.“

„Und mir gefällt es nicht, daß ich schon wieder in ein Krankenhaus muß“, räsonierte ich schläfrig. Ich war nur noch müde.

Ich schlief in dem Sessel ein. Hannibals Worte drangen nur noch undeutlich in mein Bewußtsein. Ich träumte einen scheußlichen Traum. Aber die Viren, die darin vorkamen, starben alle einen schnellen Tod. Sie erlagen einer unbekannten Seuche. Träume sind unlogisch, dachte ich noch, ehe ich endlich in tiefen, traumlosen Schlaf fiel.

Kommandosache HC-9

1.

Er war vor drei Minuten angekommen. „Er“ war kein Mensch, sondern ein Brief. Der längliche Umschlag war von einer Qualität, die man in jedem Warenhaus für fünfundzwanzig Cents im Pack kaufen konnte.

Ich hielt ihn in der linken Hand und tastete mit der rechten die Auswurfklappe der Rohrpostleitung ab, um festzustellen, ob „er“ alleine eingetroffen war.

Es war beinahe eine feierliche Handlung, denn ich gehöre zu den Menschen, die grundsätzlich keine alltäglichen Briefe empfangen. Flattert aber einer von länglichem Format zu mir ins Haus, dann kann ich mit einiger Bestimmtheit sagen, daß es Arbeit geben wird.

Ich pfiff geistesabwesend vor mich hin und überprüfte nochmals das Fach. Nein, es war wirklich leer!

Ich drückte auf den Rückholknopf. Der Metallkasten glitt lautlos nach unten, wo er wieder seinen Platz als Briefkasten einnahm. Meine Wohnung gehörte zu jenen Apartments, die längst mit derartigen Einrichtungen ausgestattet waren. Sobald eine für mich bestimmte Nachricht in den Briefkasten geworfen wurde, sauste er vollautomatisch nach oben. In meinem Flur zuckte dann ein rotes Licht auf, das zusammen mit einem kräftigen Summton den Empfänger auf die Ankunft einer Sendung aufmerksam machte.

Ich wartete, bis das grüne Licht aufflammte. Es bestätigte mir, daß mein Briefkasten wieder seinen Platz in der eleganten, immer stillen Halle des großen Apartmenthauses eingenommen hatte.

Langsam drehte ich mich um. Als ich den unsichtbaren Strahl der Selenzelle durchbrach, öffnete sich die Schiebetür zu meinem Wohnzimmer.

Lautlos glitt die Tür hinter mir zu. Ich befand mich in dem niedrigen, dafür aber sehr großen Wohnzimmer. Es konnte fast als Saal bezeichnet werden und war mit allen luxuriösen Annehmlichkeiten des Jahres 2002 eingerichtet.

Die riesige Fensterfront mit der davorliegenden Hochterrasse war wegen der heißen Junisonne automatisch abgeblendet worden. Die Klimaanlage hatte diese Maßnahme zur Temperaturregelung veranlaßt.

Ich warf einen Blick auf meine Kalenderuhr und stellte fest, daß wir heute den 20. Juni 2002 schrieben.

Anhand dieses Datums rechnete ich mir aus, daß ich knapp drei Wochen Urlaub gemacht hatte; diese Erholungspause war auch notwendig gewesen.

Seufzend ließ ich mich in einen Schaumplastiksessel sinken. Die automatisierte Sitzgelegenheit klappte sofort leise zischend nach hinten und hob gleichzeitig meine Füße an.

Ich lag also reichlich bequem. Neben mir stand der Erfrischungsautomat. Ich musterte kritisch die Wählskala und drückte schließlich auf den Plastikknopf, der die Bezeichnung „peng-aus" trug.

Nun, man muß den seltsamen Humor der Amerikaner verstehen, um sich unter den beiden Wörtern etwas vorstellen zu können. Andere Knöpfe waren beispielsweise mit den sinnigen Aufschriften „Donnerkeil" und „Höllengift" versehen. Es handelte sich um Mixgetränke, die in ihrer Wirkung nicht zu unterschätzen waren.

In dem Automaten summte und klirrte es. Unmittelbar darauf schob sich aus der Servieröffnung ein geschliffenes Glas, in dem außer einem Eiswürfel noch eine giftgrüne Flüssigkeit glänzte.

„Die Automatic Company wünscht Ihnen allergrößten Genuß, Sir", plärrte der Lautsprecher, der von einem eingebauten Tonband „bedient" wurde. Wenn man einen Drink wählte, bekam man beim Servieren stets ein Sprüchlein zu hören, das eine junge Dame mit angenehmer Stimme sprach. Es war immer ein anderer Spruch, doch niemals wurde dabei vergessen, die allmächtige Automatic Company zu erwähnen.

Ich griff nach dem Glas und streckte dem Automaten in einer lausbubenhaften Anwandlung die Zunge heraus.

Während ich das Glas in der Hand hin- und herschwenkte, fiel mir wieder ein, daß ich gestern Geburtstag gehabt hatte. Jetzt war ich tatsächlich vierunddreißig Jahre alt, da ich am 19. Juni 1968 das Licht der Welt erblickt hatte; und zwar in einem Land, das man damals noch „Bundesrepublik" genannt hatte.

Nun, diese Zeiten waren lange vorbei. Heute gab es nur noch ein Riesenland, das man „Europäische Union" nannte; in ihr war auch die ehemalige Bundesrepublik aufgegangen.

An meinem Geburtstag hatte mich niemand besucht, um mir seine Glückwünsche auszusprechen. Sang- und klanglos war der Tag vergangen. Ich hatte kaum wahrgenommen, daß für mich ein neues Lebensjahr angebrochen war. Mein einziger Gefährte war „Mister Automat" gewesen.

Und nun hielt ich den länglichen Brief in der Hand.

„Alter, ich habe das Gefühl, als enthielte er unangenehme Nachrichten", sprach ich den Automaten an. Er antwortete nicht. Ich setzte das Glas an die Lippen und nahm einen kräftigen Schluck. Aus der Erfahrung des vergangenen Tages wußte ich, daß man diesen Drink blitzartig hinunterkippen mußte, wenn man nicht umfallen wollte. Irgendwie mußte ich es aber doch falsch gemacht haben.

Das eisgekühlte Giftzeug floß so langsam durch meine Kehle, daß ich krampfhaft zu husten begann. Dieser Cocktail verdiente seinen Namen tatsächlich zu Recht. Ich fühlte mich wirklich so, als wäre ich „peng-aus".

Aus tränenden Augen starrte ich auf den Brief. Als ich ihn öffnen wollte und mir dabei fast den Fingernagel abknickte, bemerkte ich, daß der Umschlag aus dem neuen Helfos-Plastikmaterial bestand, das man nicht zerreißen konnte. Ich wankte hustend zu meinem Schreibtisch und ertastete eine Schere, mit der ich den Umschlag endlich aufschneiden konnte.

Ich warf einen fragenden Blick auf den gefalteten Bogen und suchte nach einem Grund, um mich wenigstens noch einige Minuten vor dem Lesen drücken zu können. Es half aber nichts. Ich wußte nur zu gut, daß ich den Inhalt doch zur Kenntnis nehmen mußte.

Ich schritt also betont forsch zu meinem Sessel zurück und ließ mich hineinfallen. Dann entfaltete ich den Briefbogen.

Zuerst sah ich die verkleinerte Porträtaufnahme einer bildschönen jungen Dame. Sie lachte mich aus der linken, oberen Ecke an, wo man normalerweise seinen Namen hinschreibt. Es handelte sich demnach um ein modernes Mädchen, das sein Bild sogar auf das Briefpapier drucken ließ. Ich betrachtete es liebevoll und mußte bei seinem Anblick wieder an meinen einsam verlaufenen Geburtstag denken. Unter dem farbigen 3-D-Bild stand in einem dünnen Schriftgrad gedruckt: „Elis Teefer".

Ich murmelte anerkennend „hmm – hmm" und begann zu lesen.

„Lieber, alter Schurke", lautete die Anrede. Ich runzelte die Stirn. Ob die junge Dame wirklich so burschikos war oder ob sie diese Worte nur auf höheren Befehl hin geschrieben hatte, konnte ich noch nicht klar durchschauen. Fest stand aber, daß sie eine Kollegin sein mußte, und mit diesen Mädchen konnte man nur selten gut auskommen.

„Ich finde es immerhin sehr nett, daß Du den Brief geöffnet hast", las ich weiter. „Ich nehme an, daß Du Dich zu dieser ungemein schwierigen Arbeit nur mühevoll aufraffen konntest. Ferner nehme ich an, daß Du Dich nicht ganz wohlfühlst. Falls Dir das verwunderlich erscheinen sollte, so erlaube mir, Dich daran zu erinnern, daß wir uns heute abend verabredet hatten. Augenblicklich sitze ich in dem netten Lokal und bewege meinen Schreibstift. Es ist so gut wie sicher, daß Du nicht mehr kommst, zumal auch die Bildfläche des vor mir stehenden Bildsprech-Gerätes leer bleibt. Ich werfe also den Brief in den nächsten Kasten. Soeben fällt mir ein, daß es eigentlich töricht ist, einem Mann zu schreiben, der eine Verabredung nicht eingehalten hat. Solltest Du den üblichen Abdruck meiner Lippen auf dem Papier vermissen, so erinnere Dich daran, daß ich neuerdings Cutlafs-Lackstift benutze. Dazu habe ich mich entschlossen, weil Dich ein abfärbendes Präparat störte.

Dürfte ich Dich, da Du Dich immerhin mit mir verloben möchtest, höflichst bitten, morgen abend zu erscheinen? Ich bin pünktlich um 21 Uhr auf der Dachterrasse des Moonshine-Hotels. Ich warte höchstens fünf Minuten. Wehe Dir, wenn Du nicht eine sehr gute Ausrede mitbringst.

Ein winzig kleines Küßchen, Elis."

Ich brauchte einige Minuten, bis ich den Inhalt des Briefes verdaut hatte. Gegen meinen Willen begann ich zu lachen. Meine Finger tippten beinahe automatisch auf die „peng-aus"-Taste des Erfrischungsapparates.

Ich war also ein „lieber Schurke"; eine Verabredung hatte ich nicht eingehalten, und Ausreden sollte ich mir auch zurechtlegen. Das konnte heiter werden, denn von einer Dame namens Elis Teefer hatte ich noch nie gehört.

Mit ziemlich glasigen Augen sah ich auf die zierliche Handschrift und prägte mir nochmals den Satz ein, in dem sie behauptete, vergeblich auf mich gewartet zu haben.

Kleine Elis ..., wenn sie eine Ahnung gehabt hätte, wie alleine ich am vergangenen Abend gewesen war!

Der zweite „peng-aus" wirkte. Das mochte wohl der Grund dafür sein, daß ich gerührt auf das Bild blickte und mit meinen Fingerspitzen über die dunklen Haare strich. Elis hieß sie – Elis!

Der Automat spendete mir ein alkoholfreies Eisgetränk. Als ich dadurch wieder munter geworden war, fiel mir ein, daß ich überhaupt keinen Anlaß hatte, mit einer Anwandlung zärtlicher Gefühle das Bild zu betrachten. Ich wußte nur zu gut, daß ich mit dem vollkommen unverfänglich wirkenden Brief einen Befehl erhalten hatte.

Alles war Tarnung, alles! Ich war Captain Thor Konnat,

Spezialagent „ZBV“ einer gigantischen Polizeiorganisation, die sich „Geheime-Wissenschaftliche-Abwehr“ nannte. Ich war einer von den Männern, die niemand mit richtigem Namen kannte und von denen niemand wußte, womit sie ihren Lebensunterhalt wirklich verdienten.

Für die Bewohner des Apartmenthauses war ich Mister Konnat, Generalvertreter einer Hubschrauberfabrik. Mehr hatten sie nicht über mich erfahren. Aber das genügte auch.

Es gab in meiner Wohnung drei Bildtelefone. Es wäre für den Chef der GWA einfach gewesen, mich zur Befehlserteilung anzurufen. Das hatte ich jedoch noch niemals erlebt, seitdem ich ein Angehöriger dieser Einheit war. Einen „normalen“ Polizisten, sogar einen Beamten der Bundeskriminalpolizei, konnte man anrufen, nicht aber einen „Schatten“ der GWA.

So etwas gab es einfach nicht! Es gehörte nicht zur Dienstordnung der GWA, zumal es nur einen einzigen Mann gab, der alle Spezialagenten kannte. Das war der Chef, General Arnold G. Reling. Ich stand im Range eines Captains, doch ich hätte mit dem besten Willen nicht sagen können, wie meine Kollegen hießen oder wie sie aussahen. Der letzte Auftrag hatte mich mit zwei Agenten zusammengeführt. Da ich sehr eng mit ihnen zusammenarbeiten mußte, waren sie mir ausnahmsweise bekannt geworden. Ein solcher Sonderfall hatte sich vorher noch niemals ereignet.

Nirgends in der Welt gab es eine Organisation, die derart von Geheimnissen umgeben war wie die GWA. Diese Tatsache wurde mir erneut durch den Brief verdeutlicht, der mir von einer Dame geschrieben worden war, die ich nie in meinem Leben gesehen hatte. Von einem GWA-Mann wurde selbstverständlich verlangt, daß er eine so unverfänglich aussehende Nachricht verstand und entsprechend handelte.

Unmißverständlich ausgedrückt, ich hatte den Befehl erhalten, mich heute pünktlich um 21 Uhr auf der Dachterrasse des Moonshine-Hotels einzufinden. Dort würde jemand auf mich warten; das stand fest. Vielleicht kam ich bei der Gelegenheit zu einem unverhofften Kuß, denn sicherlich würde Miß Elis Teefer ihre Rolle sehr ernst nehmen.

Ich faltete den Briefbogen zusammen und steckte ihn in den Umschlag zurück. Ich mußte ihn wieder abliefern; darüber konnte es keinen Zweifel geben.

Tief durchatmend, von verworrenen Vorstellungen gequält, erhob ich mich und schritt auf die Terrasse hinaus. Da mein Apartment im zweiunddreißigsten Stockwerk des Hochhauses lag, hatte ich einen wundervollen Blick über die Chesapeake-Bucht. Unter mir sah ich das Villenviertel der Stadt Annapolis und westlich, etwa vierzig Meilen entfernt, mußte Washington liegen. Dort befand sich der zentrale Sitz der GWA. Dort war anscheinend etwas ausgearbeitet worden, was in spätestens einigen Stunden auf mich zukommen mußte.

Ich fuhr mit der flachen Hand über meinen nackten Oberkörper. Eigentlich hatte ich jetzt ein Sonnenbad nehmen wollen. Kritisch betastete ich die hervorragend verheilte Wunde, die mir vor knapp vier Wochen von einem Stahlmantelgeschoß zugefügt worden war.

Wie lange lagen diese Ereignisse schon zurück! Ich dachte kaum noch an den Fall „Virus Lunaris", der mit seinen Brutbehältern längst wieder in den abgesicherten staatlichen Laboratorien von Hilltown verschwunden war.

Nun aber war dieser Brief eingetroffen, in dem mich eine geheimnisumwitterte Dame einen „lieben, alten Schurken" nannte.

2.

Ich hatte einen Hubschrauber des Flugtaxi-Dienstes angerufen, da ich meine eigene Maschine nicht benutzen wollte. Leise brummend stand der Schrauber auf der Landefläche des Daches. Der Pilot ließ dienstbeflissen die Kabinentür aufgleiten.

Ich überprüfte den korrekten Sitz meines dunklen Anzuges, ehe ich hineinkletterte und mich in die weichen Polster sinken ließ.

„Bringen Sie mich zur Dachterrasse des Moonshine-Hotels".

Der Mann nickte. Die Tür rollte zu. Unmittelbar darauf begann die kleine Strahlturbine zu summen. Die Geräuschdämpfung war vollkommen, wie man das von einer modernen Maschine auch verlangen konnte. Selbst die Geräuschabsorber der Lufteinlaßöffnungen wirkten so hundertprozentig, daß nur ein zischender Ton zu vernehmen war, als die Ansaugturbine anlief. Der Arbeitslärm der Verdichterschaufeln, der vier Brennkammern und der beiden Turbinen war überhaupt nicht zu hören.

Aus den Augenwinkeln heraus bemerkte ich, daß der Pilot die beiden Hubrotoren einkuppelte. Die Maschine glitt langsam in die Luft.

Über mir wirbelten die Auftriebsschaufeln der gegenläufigen Kränze; unter mir tauchten die Straßen, Gärten und Gebäude der kleinen Stadt auf.

Der Pilot flog einen Umweg, da er offensichtlich bemüht war, dem dichten Luftverkehrsstrom über der Stadt auszuweichen. Eine schnelle Maschine der Luftpolizei flog an uns vorbei. Sie war an ihren Farben und an dem roten Licht deutlich erkennbar.

Ich erblickte die Grünanlagen des Strandparks. Auf der breiten Durchgangsstraße fuhren nur wenige Turbowagen, doch dafür wimmelte es in der Luft von Privatmaschinen aller Art. Seitdem man schon für neunhundertfünfzig Dollar einen zweisitzigen Schrauber kaufen konnte, hatten sich die Leute überraschend schnell von den Autos abgewandt. Das war innerhalb von zehn Jahren geschehen. In dieser Zeit hatten die Automobilfabriken Gelegenheit gehabt, ihre Produktion umzustellen. Selbst Lastentransporte wurden zu bereits neunzig Prozent von Hub- oder Flugschraubern vorgenommen.

Wir überflogen den Strandpark in der Höhe, die für Luftfahrzeuge aus westlicher Richtung vorgeschrieben war. Über uns pulsierte der Strom der von Osten kommenden Maschinen. Unter uns lag die Luftstraße der Südverbindungen. Es war alles genau geregelt. Wenn jeder Pilot die Verkehrsvorschriften genau einhielt, konnte es kaum zu Unfällen kommen.

Nur unbewußt achtete ich auf das scheinbare Durcheinander. In meiner Gesäßtasche spürte ich den Druck des strahlungssicheren Plastiketuis, in dem sich meine GWA-Marke befand.

Ob Elis Teefer auch eine besaß? In mir erwachte schon wieder das ewige Mißtrauen, denn man hatte mir während meiner zwölfjährigen Ausbildung ständig vorgehalten, ein gesundes Mißtrauen sei die Voraussetzung für eine Lebensversicherung.

Ich dachte darüber nach, daß ich der jungen Dame ohne biosynthetisch lebende Maske entgegentreten sollte. Es war nicht üblich, daß sich zwei Kollegen ohne die fleischfarbenen, hauchdünnen und absolut echt wirkenden Biosynthfolien trafen.

Das hatte nichts mit einem übertriebenen Mummenschanz zu tun, sondern war eine Vorsichtsmaßnahme des Alten, der grundsätzlich verhindern wollte, daß sich die einzelnen Mitarbeiter persönlich kennenlernten. Es traten immer wieder Situationen ein, in denen diese Tatsache vorteilhaft war. Auch mir war es lieber, wenn mich niemand oder fast niemand kannte.

Allerdings war in den Reihen der GWA ein Verrat noch nie vorgekommen. Das war das Ergebnis einer überaus großzügigen Bezahlung, die einem Agenten ein ausgesprochen luxuriöses Leben gestattet hätte, wenn er dafür die erforderliche Zeit gehabt hätte. Auch mir war der kurze Urlaub nur deshalb genehmigt worden, weil ich bei dem letzten Unternehmen in eine sehr unangenehme Situation geraten war.

Vor uns wuchs der Glaspalast des Moonshine-Hotels aus den Grünanlagen empor. Überall flammten die Lichter und Leuchtreklamen auf. Der Strand verwandelte sich in eine unwirklich anmutende Landschaft.

Die Maschine ordnete sich in den Luftverkehrsstrom ein. Minuten später landeten wir auf dem Dach des vielbesuchten Hotels.

Nachdem ich bezahlt hatte, flog der Pilot sofort wieder in die nun rasch anbrechende Dunkelheit hinaus. Im Hintergrund bemerkte ich ungefähr fünfzig Privatmaschinen, die korrekt auf der dafür vorgesehenen Dachfläche abgestellt waren. Vor mir glühte die grüne Lichtnummer, die jedem hochfliegenden Piloten verriet, daß sich an dieser Stelle das Moonshine-Hotel befand.

Automatisch griff ich mit der rechten Hand an die hüftlange Jacke, doch ich fühlte meine Pistole nicht. Wir hatten den strikten Befehl erhalten, grundsätzlich auf Waffen zu verzichten, solange wir uns nicht im Einsatz befanden. Die Einsätze aber wurden vom Chef, vom Alten, angeordnet, der sich an den vorliegenden Fällen orientierte, ehe er einem von uns eine Aufgabe übertrug.

Wir waren keine „normale" Polizeieinheit. Für die Geheime-Wissenschaftliche-Abwehr waren all jene Verbrechen uninteressant, die von den anderen Polizeiorganisationen des Landes erledigt werden konnten. Bankeinbrüche, Morde und sogar Entführungen waren Angelegenheiten des FBI. Es wäre General Reling niemals eingefallen, auch nur einen Spezialagenten dafür abzustellen.

Wir hatten nur Fälle zu lösen, die sich gegen die Sicherheit des Landes richteten. Wir waren ein Geheimdienst, in dessen Reihen es nicht einen Kriminalisten im eigentlichen Sinne des Wortes gab. Man hatte uns geschult und nochmals geschult. Jeder GWA-Agent mußte über die Fähigkeit verfügen, als Astro-Navigator in einer Mondrakete zu fungieren; aber er mußte auch in der Lage sein, jederzeit einen Marineoffizier zu ersetzen. Das sind nur zwei kleine Beispiele. Ich darf Ihnen versichern, daß es keinen GWA-Agenten gab, der nicht imstande gewesen wäre, in jeder Hinsicht seinen Mann zu stehen und eine Aufgabe mit den nötigen Voraussetzungen anzugehen. Auf Grund dieser Anforderungen hatten wir alle eine zwölfjährige Schulung absolvieren müssen, die in einem streng wissenschaftlichen Rahmen verlaufen war.

Beunruhigt sah ich mich auf dem Dachlandeplatz um. Weit hinter mir schossen Lichtkaskaden in den Himmel, und östlich, jenseits der Chesapeake-Bucht, flammte die Strandbeleuchtung auf.

Langsam ging ich an dem Parkplatzwächter vorbei, der mich höflich grüßte und den Lift nach oben gleiten ließ.

„Möchten Sie zur Dachterrasse, Sir?" fragte er.

Ich verstand und drückte ihm einen Silberdollar in die Hand. An sich wäre das nicht nötig gewesen, da ich nicht mit meiner eigenen Maschine gekommen war.

„Ja, zur Terrasse", bestätigte ich, als ich den Lift betrat. Dienstbeflissen betätigte der Wächter den Knopf und sprang danach zurück.

Bereits nach wenigen Augenblicken hielt der Lift an. Automatisch schob sich das Gitter zurück. Vor mir lag die riesige Dachterrasse mit ihrem wundervollen Ausblick über den Strand und die Bucht.

Oberall brannten kleine Lampen; überall standen subtropische Gewächse. Weiter rechts wurden die versteinerten Reste eines sechsbeinigen Tieres angestrahlt, das vor undenkbaren Zeiten einmal auf dem Mond gelebt haben mußte. Die Direktion des Luxushotels hatte den Fund für einen hohen Preis erworben.

Ich schlenderte zwischen den elegant gekleideten Menschen hindurch und sah mich diskret nach einer jungen Dame um, die sich Elis Teefer nannte.

Ich entdeckte sie an einem abseits stehenden Tisch, direkt an der vorderen Terrassenbrüstung. Sie trug ein schulterfreies Abendkleid aus einem der vielen neuartigen Kunststoffe. Jedesmal, wenn sie sich bewegte, war es, als überflutete ein Lichtermeer ihren Körper.

Billig war das Kleid bestimmt nicht gewesen; auch die herrlichen Smaragde an ihrem Hals waren echt.

Ich beobachtete meine Briefschreiberin einige Augenblicke aus der Deckung einer Zierpflanze, ehe ich auf meine Uhr blickte. Es fehlten noch achtzehn Sekunden an der vollen Minute. Ich wartete, bis der Zeiger weitergesprungen war, und ging dann mit einem strahlenden Lächeln auf ihren Tisch zu.

Sie bemerkte mich sofort und schien mich auch gleich zu erkennen. Aus dieser Reaktion schloß ich, daß ihr jemand mein Bild gezeigt haben mußte. Das gefiel mir an sich gar nicht.

Sie drückte ihre Zigarette aus und hielt mir eine schmale, gepflegte Hand hin. Ich begrüßte sie mit einem Handkuß. Die Leute am Nachbartisch sahen neugierig zu uns herüber. Das auf uns gerichtete Interesse mochte wohl die Ursache sein, weshalb sie mit einem glücklichen, beinahe verträumten Lächeln sagte:

„Wie schön, Liebling, daß du so pünktlich bist. Ich dachte schon, du hättest nicht mehr rechtzeitig hier sein können. Verlief dein Flug angenehm?"

Ich hielt ihre Hand etwas länger als notwendig und blickte dann erst in ihre betörend schönen Augen. Sie bot mir die Wange zum Kuß.

Die ältere Dame am Nebentisch schien gerührt zu sein. Ich konnte hören, wie sie zu ihrem Nachbarn sagte:

„Das ist aber ein nettes Paar!"

Ich beugte mich zu meiner charmanten Partnerin herunter und flüsterte ihr zu:

„Bringen Sie mich nicht um meine Fassung. Ich bin auch nur ein Mensch."

Ein zärtliches Lachen war ihre Antwort. Als ich mich auf den Stuhl an ihrer Seite gesetzt hatte, rückte sie sofort näher und legte den Kopf an meine Schulter.

„Nun legen Sie schon Ihren Arm um meine Schultern", forderte sie mich mit gedämpfter Stimme auf.

Das waren Töne, die ich viel besser verstand. Ich hatte einige Mühe, ein amüsiertes Grinsen zu unterdrücken, und umfaßte sie liebevoll. Es war allerhand, was von einem Agenten der GWA verlangt wurde!

Wir unterhielten uns leise, aber trotzdem deutlich genug, damit man am Nebentisch unsere närrischen Worte verstehen konnte. Als ich daran dachte, daß die ältere Dame vielleicht versuchen könnte, das „nette" Paar anzusprechen und einzuladen, überfiel mich ein unangenehmes Gefühl.

Ich ließ unser Gespräch verstummen, indem ich mein Gesicht in Elis' dunkelbraunem Haar verbarg.

„Na, na", murmelte sie an meinem Ohr. Bei diesen Worten mußte ich lächeln.

Wissen Sie, ich war vom Chef der GWA wirklich allerhand gewöhnt, aber diese Art von Befehlsübermittlung war die seltsamste, die ich jemals erhalten hatte.

Zu dem Zeitpunkt nahm ich jedenfalls an, daß es sich um die Übermittlung eines Befehls handelte, denn woher hätte mich Elis Teefer sonst kennen sollen. Immerhin war ich vorsichtig genug, vorläufig mit keinem Wort darauf einzugehen. Außerdem unterließ ich es, ihr gegenüber eine Bemerkung über die bedeutendste und gefährlichste Polizeieinheit der Welt zu machen. Zuerst mußte ich ihre Marke gesehen haben. Es lag an ihr, nähere Erklärungen zu geben.

„Gestern hatte ich Geburtstag, Liebling. Wie schade, daß ich unsere Verabredung vergessen hatte."

„Eine gute Ausrede", entgegnete sie so leise, daß man es am Nebentisch bestimmt nicht verstehen konnte. „Sie brauchen mich übrigens nicht zu duzen, wenn uns niemand hören kann, Sir."

Dieses „Sir" wirkte wie eine eiskalte Dusche. Ich zeigte offen meine Verärgerung, aber sie schien sich über meine Reaktion zu amüsieren. Meine Verstimmung steigerte sich. So konnte das nicht weitergehen.

„Es kommen immer mehr Leute, Liebling", sagte ich etwas lauter. „Wollen wir nicht gehen? Ich habe daran gedacht, die ..."

„Oh, an eine Bootsfahrt, nicht wahr?" unterbrach sie mich erfreut. Es war beinahe unheimlich, wie geschickt sie das überglückliche Menschenkind spielte. Ob sie diese Kunst auch beim psychologisch fundierten Schauspielunterricht auf den Hochschulen der GWA erlernt hatte?

Ich sah sie mit überströmender Zärtlichkeit an und bemerkte erstmalig die tausend Teufelchen, die in ihren großen, braunen Augen tanzten. Die kleine Elis nahm mich ganz schön auf den Arm. Es war nur gut, daß ich mein einsames Herz vorher gewappnet hatte.

„Ja, Kleines, eine Bootsfahrt", flüsterte ich.

„Oh, die Kinder sind ja reizend", hörte ich hinter mir die alte Dame sagen. Ihre Stimme verriet leichte Rührung.

Elis' Lippen begannen verdächtig zu zucken. Ich drängte auf raschen Aufbruch.

„Nichts wie weg. Gleich kommt sie an unseren Tisch. Dann

ist es aus. Sie sind mir überhaupt einige Erklärungen schuldig. Was hatten Sie bestellt?"

Aus ihren Angaben konnte ich erkennen, daß sie zumindest eine halbe Stunde gewartet hatte. Ich zahlte und gab dem verständnisvoll lächelnden Kellner ein reichliches Trinkgeld, weil ich nichts verzehrt hatte.

Beim Vorbeigehen verbeugte ich mich höflich vor der älteren Dame. Sie winkte freundlich zurück.

Elis war schon einige Schritte vorausgegangen. Während ich ihr folgte, fiel mir auf, daß diese junge Frau eine herrliche Figur hatte. Ob es in der GWA noch mehr weibliche Agentinnen dieser Art gab?

Als wir den Lift betreten hatten, drückte sie sofort auf den Knopf. Sie wollte also wirklich nach unten. Ich wollte gerade fragen, was das ganze Theater bedeuten sollte, als sie ihre Handtasche öffnete und ein dünnes Plastiketui hervorzog.

Der Deckel klappte nach oben. Ich sah die berühmte GWA-Erkennungsmarke, die niemand auf dieser Erde nachahmen konnte. Ein Mensch, der diese Marke besaß, mußte unter allen Umständen ein aktiver Schatten der Geheimen-Wissenschaftlichen-Abwehr sein.

Ich trat unwillkürlich einen Schritt zurück, da mir das fluoreszierende Leuchten in die Augen stach. Außerdem wußte ich nur zu gut, daß dieses seltsame Material, aus dem die Marken hergestellt waren, stark radioaktiv strahlte. Aus diesem Grunde mußten wir sie in strahlungssicheren Etuis tragen.

„Sie brauchen nicht nachzumessen, Captain", sagte sie mit vollkommen veränderter Stimme.

Ich nickte. An dem blaß- bis goldroten Leuchten und dem eigenartigen Wallen hatte ich deutlich erkannt, daß die Marke echt war. Ich sah die Gravur der Vorderseite mit den drei Buchstaben „ZBV" und dem darin abgebildeten Atommodell. Elis Teefer war eine Agentin der GWA; daran gab es keinen Zweifel.

Ich war deshalb davon überzeugt, weil es das Lunarium-Material, aus dem unsere Erkennungsmarken bestanden, auf der Erde nicht gab. Es war ein natürliches Element, das man in der geringfügigen Menge von wenigen Kilogramm auf dem Mond entdeckt hatte. Der Fund war von der GWA beschlagnahmt worden. Bevor man jedoch daraus unsere Marken angefertigt hatte, waren sicherheitshalber langwierige Versuche unternommen worden.

Unsere Wissenschaftler hatten in ihren mit allen technischen Neuerungen ausgerüsteten Laboratorien versucht, das Element künstlich herzustellen. Alle Experimente waren fehlgeschlagen. Sogar die Kernphysiker hatten kapituliert. Diese Tatsachen hatten unseren Alten bewogen, das Lunarium-Material für unsere Marken zu verwenden. Obwohl Miß Teefer behauptet hatte, eine Kontrolle sei nicht notwendig, zog ich doch mein kleines Meßgerät aus der Tasche und überprüfte die Wellenlänge der Strahlung. Sie war so kurz, wie es für das Mondelement charakteristisch war.

Befriedigt steckte ich das Gerät in die Tasche zurück.

„Schließen Sie das Etui! Das intensive Leuchten kann gesehen werden, wenn wir die einzelnen Stockwerke passieren."

Sie nickte und ließ das Etui in ihre Handtasche gleiten.

Wir schwiegen, bis wir unten ankamen. Als wir die große Halle betraten, verwandelten wir uns wieder in das junge Liebespaar. Unsere Gesichter zeugten von unserem Glück. Niemand achtete auf uns, als wir in den Park hinausgingen. Elis schlug den Weg zum Landeplatz ein. Fragend sah ich sie an.

„Ich habe meine Maschine hier unten geparkt, Sir. Wir müssen sofort starten. Der Chef erwartet Sie."

Nun, das hatte ich mir beinahe denken können. Während ich langsam neben ihr ging, erkundigte ich mich:

„Weshalb die feierliche Zeremonie und die Liebesszene? Hätte man meine Benachrichtigung nicht anders arrangieren können? Es hätte doch genügt, wenn man mich brieflich zu einem bestimmten Ort bestellt und dort abgeholt hätte."

„Natürlich hätte das genügt", bestätigte sie. „Der Chef hat aber Wert darauf gelegt, daß wir uns an einem recht belebten Ort treffen. Wir werden zur Zeit von unseren Agenten beobachtet. Der General will feststellen, ob Sie durch Ihr letztes Unternehmen aufgefallen sind. Sie wissen doch, welche Mühe sich unsere Gegner geben, einen GWA-Agenten ausfindig zu machen. Es wäre immerhin möglich, daß Sie während Ihres Urlaubs unter Beobachtung gestanden haben."

„Dann hätten sich unsere Freunde bestimmt gemeldet." Ich lachte leise. „Schön, die Vorsicht in Ehren, aber sie braucht nicht so weit zu gehen, daß man als geplagter GWA-Mann obendrein noch mit seinem Gewissen, oder sagen wir Herz, in Konflikt gerät. Hat der Alte keine Agentin finden können, die weniger gut aussieht als Sie?"

Sie warf mir einen raschen Blick zu. Ein Lächeln huschte über ihre Lippen. Ablenkend meinte sie:

„Ich bin übrigens Leutnant Teefer. Ich habe den Befehl erhalten, Sie über meinen richtigen Namen zu informieren. Im Robotgehirn der Zentralkartei werde ich unter der Codenummer TS-102 geführt."

Das sagte mir viel und doch nichts. Ich fand er nur außerordentlich erstaunlich, daß mich der Alte in letzter Zeit mit einigen Agenten persönlich bekannt machte.

Auch bei dem letzten Unternehmen hatte ich einen Mann kennengelernt, der hinsichtlich seiner äußeren Erscheinung kaum so angesprochen werden konnte. Das war Agent MA-23 gewesen, einer von den Leuten, die auf dem Mond eingesetzt wurden. Er war mir zur Lösung der Aufgabe zugeteilt worden; deshalb hatte ich zwangsläufig sein Gesicht sehen müssen.

Nun schickte mir der Chef eine weibliche Kontaktperson. Auch sie sah ich ohne Maske; außerdem kannte sie meinen Namen und den Dienstgrad. Das konnte nur bedeuten, daß der Chef eine Zusammenarbeit zwischen ihr und mir plante.

Ich sah mich vorsichtig um und schwieg so lange, bis die entgegenkommenden Leute außer Hörweite waren.

„Erstaunlich", sagte ich leise. „Haben Sie etwa bereits Ihre Spezialausrüstung erhalten?"

„Allerdings. Ich bin auch bewaffnet."

„Das heißt mit anderen Worten, Sie befinden sich im Einsatz", stellte ich stirnrunzelnd fest. „Können Sie mir nähere Angaben machen? Wo brennt es diesmal?"

„Sie werden informiert, Sir", entgegnete sie verbindlich. Elis

Teefer verhielt sich mir gegenüber jetzt völlig distanziert. Die veränderte Umgangsform gefiel mir überhaupt nicht.

Verärgert brummte ich etwas vor mich hin, was sie jedoch nicht verstehen konnte. Dann erreichten wir den Parkplatz. Ich betrachtete die dort vorschriftsmäßig abgestellten Maschinen.

Während meine Begleiterin dem Parkwächter ihren Schein aushändigte, tauchte unmittelbar neben mir ein Mann auf. Er stand halb verborgen hinter einem großen Flugschrauber. Sein Gesicht wurde vom Hut fast verdeckt. Ich fuhr herum Meine Rechte glitt unwillkürlich an die Stelle, wo ich sonst meine Waffe trug. Im gleichen Augenblick vernahm ich eine leise Stimme:

„Agent TS-19, Sir. Überwachung beendet. Sie können starten."

Meine angespannte Haltung lockerte sich. Der Mann verschwand in der Dunkelheit. TS-19 war beim letzten Einsatz mein Verbindungsmann gewesen und hatte mir bei dem gefährlichen Unternehmen unschätzbare Hilfe geleistet. Auch er kannte mich ohne Maske. Es war daher nicht verwunderlich, daß er mich angesprochen hatte.

Elis Teefer stand plötzlich neben mir. Ihre Hand war in der Tasche verschwunden.

„Was ist?" flüsterte sie.

„Schon erledigt. Lassen Sie Ihre Waffe stecken. TS-19 hat den Start freigegeben."

„Ausgezeichnet. Dann können wir abfliegen. Sie sind also nicht beobachtet worden, Sir."

„Gebrauchen Sie doch nicht immer dieses unparteiliche ‚Sir' ", fuhr ich sie unfreundlich an. „Nennen Sie mich meinetwegen Mister Miller, wie das allgemein üblich ist, wenn man sich im Hauptquartier begegnet. Unterlassen Sie aber das ‚Sir'."

„Jawohl, Sir." Sie lachte verhalten. „Aber immerhin sind Sie doch mein Vorgesetzter, und es sieht so aus, als sollte ich Ihnen zugeteilt werden. Die Dienstordnung der Abwehr schreibt vor, daß ein Vorgesetzter grundsätzlich mit ‚Sir' anzureden ist."

Ich holte tief Luft und öffnete mit ihren Schlüsseln die Kabine des viersitzigen Flugschraubers.

„Sie erlauben ...!“ murmelte sie und schlüpfte an mir vorbei. Mit gemischten Gefühlen sah ich, daß sie sich hinter den Knüppel setzte. Natürlich konnte sie fliegen, das stand außer Frage. Mir verursachte es jedoch stets Unbehagen, wenn ich mich einer Frau anvertrauen mußte.

Ich setzte mich neben sie und schloß die Schiebetür. Meine Pilotin ließ die kleine Strahlturbine anlaufen und kuppelte den Rotor ein. Pfeifend glitten wir senkrecht in die Luft. Auf den Armaturen leuchtete die Fernbildkarte der Distrikt-Luftpolizei auf.

„Beachten Sie bitte die vorgeschriebenen Flughöhen“, erklang eine Automatenstimme aus dem Lautsprecher.

Wir hörten kaum hin. Dieser Hinweis wurde beim Start einer Maschine immer erteilt. Die Fernbildzentrale eines Distriktes wurde automatisch informiert, sobald der Pilot den Radartaster zur Verhütung von Unfällen einschaltete.

„Vorgeschriebene Höchstgeschwindigkeit über dem Stadtgebiet von Annapolis achtzig Meilen“, leuchtete es in grüner Schrift auf der Reliefkarte auf.

Ich war sehr zufrieden, als sie darauf verzichtete, die Rotoren einzufahren, um das Gewicht der Maschine den kurzen Tragflächen anzuvertrauen. Das hätte eine erhebliche Geschwindigkeitssteigerung bedingt, und die war über der Stadt verboten.

So verwandelte sich die als Hubschrauber gestartete Maschine nicht in ein normales Flugzeug, sondern blieb weiterhin ein Helicopter, der gemächlich über Annapolis hinwegzog.

Hinter uns verschwand die Lichterpracht des Strandes. Auch das Stadtbild wanderte aus dem Erfassungsbereich.

Nach einigen Minuten veränderte sich die Leuchtschrift auf der Reliefkarte.

„Stadtgrenze von Annapolis erreicht. Geschwindigkeitssteigerung auf dreihundert Meilen erlaubt.“

„Na endlich“, murmelte sie, während ihre Hände bereits schalteten.

Unter uns heulte das Strahltriebwerk für den schnellen Reiseflug auf. Sie ging sofort auf volle Schubleistung. Die Maschine ruckte so stark an, daß ich hart gegen die Lehne meines Sitzes gepreßt wurde. Als wir eine Fahrt von zweihundert Meilen erreicht hatten, wurden die nun hinderlichen Hubrotoren automatisch in den Rumpfwulst eingezogen. Die kleine Turbine verstummte. Dafür begann das Strahltriebwerk noch vernehmlicher zu tosen. Mit dreihundert Meilen schossen wir durch die Nacht. Als die Geschwindigkeitsbeschränkung endgültig aufgehoben wurde, beschleunigte TS-102 mit wenigstens zwei Gravos auf vierhundert Meilen. Das war die Höchstgeschwindigkeit des Flugschraubers, einer Kombination zwischen einem Starrflügler und einem Hubschrauber.

„Warum so eilig, Kollegin?“ fragte ich etwas spöttisch. „Brennt es denn?“

Sie sah mich von der Seite her an. Ein rätselhafter Ausdruck erschien in ihren Augen.

„Wenn der Wunderknabe der Geheimen-Wissenschaftlichen-Abwehr vom Chef persönlich angefordert wird, dann dürfte es wohl brennen.“

Ich sah sie erstaunt an. Mein Gesicht mußte wie ein großes Fragezeichen wirken.

„Ganz recht“, erklärte sie, „mit dem Wunderknaben habe ich Sie gemeint. Wissen Sie nicht, daß der Alte sehr viel von Ihnen hält? Er hat mir einige Hinweise auf Ihr letztes Unternehmen gegeben. Mir ist es sehr lieb, daß ich mit ...!“

„Hören Sie auf“, unterbrach ich sie heftig. „In unserer Organisation gibt es etwa fünfhundert aktive Schatten, die den Fall ebenfalls gelöst hätten.“

„Sicher“, stimmte sie mir zu. „Es gibt aber nur zwei Aktive, die einen Gehirneingriff überstanden haben, der sie gegen hypnotische Beeinflussung unempfindlich macht. Muß ich Ihnen erklären, wie gefährlich unsere Arbeit geworden ist, seitdem es Drogen wie ‚Ralowgaltin‘ gibt? Wenn Sie beispielsweise mir dieses Teufelszeug injizieren, so werde ich zehn Minuten später prompt jede Frage beantworten. Wahrheitsgemäß beantworten, wohlverstanden! Wenn wir im Zuge unserer Nachforschungen nur ganz geringfügig auffallen, ist es eine Kleinigkeit, uns unter Rauscheinwirkung zu befragen. Das, Captain, haben Sie nicht zu befürchten, denn in Ihrem Gehirn sind zwei Nervenfasern durchtrennt worden, die Sie gegen einen solchen Rausch vollkommen immunisieren. Das heißt mit anderen Worten, daß Sie durch diese Fähigkeit zu einem Wunderknaben geworden sind."

Ich preßte die Lippen zusammen und dachte schaudernd an die Operation, die unser fähigster Neurochirurg vorgenommen hatte. Ich hatte schon sehr dicht an der Schwelle des Wahnsinns gestanden. Es erschien mir jetzt noch wie ein Wunder, daß ich diese Tortur gut überstanden hatte.

Sie bemerkte, daß ich unwillkürlich über die Stelle meines Kopfes strich, wo man mir vor etwa fünf Wochen eine Knochenplatte herausgeschnitten hatte.

„Sie haben es überstanden", warf sie ein. „Ihre besonderen Eigenschaften führen natürlich dazu, daß Ihnen der Chef Aufgaben überträgt, die von anderen Agenten kaum gelöst werden können. Sie sind der Mann, den man unbesorgt in den Einsatz schicken kann. Eine Beeinflussung Ihres Willens und Ihres Erinnerungszentrums ist nicht möglich."

In meinem Gehirn begannen sich die Überlegungen zu jagen. Es mußte einen Grund haben, daß Elis Teefer so schnell flog. Wir befanden uns bereits über dem Stadtrand von Washington. Meine Pilotin betätigte nun den Knopf, der das Ausfahren des fluoreszierenden Rot-Lichtes bewirkte. Der Flugschrauber verwandelte sich dadurch augenblicklich in eine Polizeimaschine, die über den vorgeschriebenen Luftstraßen mit beliebiger Geschwindigkeit fliegen durfte. Eine aufzuckende Kontrollampe bewieß, daß der Automatsender ebenfalls arbeitete. Damit waren wir den Luftstreifen gegenüber ausgewiesen.

Elis Teefer riß die Maschine noch um dreihundert Meter höher und überquerte mit hoher Geschwindigkeit die Stadt. Das Regierungsviertel wurde in einem weiten Bogen umflogen, da wir sonst mit hundertprozentiger Sicherheit eine

Kampfrakete der immer schußbereiten Radarbodenabwehr in den Rumpf bekommen hätten.

Wenn man noch dreißig Jahre zuvor von einem Kalten Krieg mit Rußland gesprochen hatte, so redete man heute von einem Kalten Krieg mit dem Großasiatischen Staatenbund, der weitaus gefährlicher und unsagbar brutaler in seinen Mitteln war.

Diese Mittel bekamen wir laufend zu spüren. Wir sagten dazu „GAS-Geheimdienst". Die Bezeichnung genügte vollständig, um den Abwehrapparat eines ganzen Kontinents in höchste Aktivität zu versetzen. Das war auch der Grund, warum eine Polizeiorganisation geschaffen worden war, die den Namen GWA trug.

Wir setzten alle Möglichkeiten der modernsten Wissenschaft und Technik ein. Das riesige GWA-Hauptquartier bestand zu fünfundneunzig Prozent aus Labors und Forschungsanstalten. Dort arbeiteten etwa fünftausend Spezialisten aller Fachgebiete. Wir hatten sogar unsere eigenen kernphysikalischen Labors, in denen komplizierteste Untersuchungen vorgenommen wurden. Außerdem wurden in ihnen Spezialwaffen für die GWA-Agenten hergestellt, die man auf der Erde sonst nicht erhalten konnte.

Die gesamte GWA kostete den Staat jährlich etwa sechzig Milliarden Dollar. Dieses Geld bedeutete jedoch keine Verschwendung, sondern war gut angelegt. Wir wußten, daß die Machthaber des vereinigten Ostasiens noch mehr ausgaben, um ihren weltumspannenden Geheimdienst in all seinen vielfältigen Funktionen erhalten zu können.

Wir führten zur Zeit einen erbitterten Kampf hinter den Kulissen. Es waren Ereignisse, von denen die Öffentlichkeit nichts erfuhr und nichts erfahren durfte. Alleine die Veröffentlichung des letzten Falles hätte eine Katastrophe bedeutet. Anhand der Fakten hätte man erkannt, wie gefährdet die westliche Welt gewesen war.

Nachdem wir Washington überquert hatten, sank unsere Fahrt rasch. Vor uns lag der westliche Stadtrand. Soeben zuckte die rote Schrift auf der Reliefkarte auf.

„Sperrgebiet! Robot-Bodenabwehr. Ändern Sie Ihren Kurs um neunzig Grad Süd oder Nord."

Schweigend sah ich auf die Leuchtschrift, die in ihrem Farbton immer intensiver wurde, je mehr wir uns dem Luftsperrgebiet über der GWA-Zentrale näherten. Wenn schon das Regierungsviertel Washingtons unter einem dichten Radarschirm lag, so traf das auf unser Hauptquartier in besonderem Maße zu. Wir wußten, daß der Gegner Millionen für die Möglichkeit geopfert hätte, die gewaltigen Betongebäude der Zentrale zu vernichten. Auch in Asien war man darüber informiert, daß alle wichtigen Unterlagen, Forschungsergebnisse und Geheimnachrichten in der umfangreichen Kartei verankert waren, die sich in dem Turmbau der GWA-Zentrale befand.

Es handelte sich dabei nicht um eine normale Kartei, sondern um ein grandioses Elektronengehirn, in dem alles gespeichert wurde, was wir überhaupt in Erfahrung bringen konnten.

Über uns begannen wieder die Hubrotoren zu surren. Unsere Maschine drehte hart nach Norden ab. Ehe sie uns unten identifiziert hatten, war es vollkommen unmöglich, in das weite Sperrgebiet einzufliegen. Ich sah vor meinem geistigen Auge die schußbereiten Robotraketen auf den steil in den Himmel ragenden Abschußrampen und war mir bewußt, daß wir augenblicklich von zumindest zwanzig Radargeräten angepeilt wurden.

Elis Teefer sprach leise in das Mikrophon des Bildsprechgerätes. Es dauerte einige Augenblicke, bis unsere Bildfläche aufflammte. Dann erschien das ausdruckslose Gesicht eines Mannes, der eine dunkelgrüne Uniform trug.

Er hatte keine Maske angelegt, also konnte er nicht zu den aktiven Schatten der GWA gehören.

„Zentrale an TS-102", drang es monoton aus dem Lautsprecher. „Umfliegen Sie das Sperrgebiet und warten Sie auf Anweisungen."

Elis bestätigte.

„Agent TS-19 ist hinter uns", bemerkte sie. „Er beschattet uns und kontrolliert, ob uns eine fremde Maschine gefolgt ist.

Der Chef scheint um seinen besten Mann sehr besorgt zu sein. Oder waren die Sicherheitsmaßnahmen schon immer so scharf?"

Ich lachte humorlos und schüttelte den Kopf.

„Nein. Vor der Operation bin ich weniger dramatisch abgeholt worden. Weshalb kommt der Alte nur auf den Gedanken, man könnte mich bei dem letzten Unternehmen erkannt haben? Das ist doch ausgeschlossen. Niemand hat mein wahres Gesicht gesehen."

„Sie haben aber eine bemerkenswerte Figur", äußerte sie sachlich. Sie musterte mich so, wie eine Sportärztin einen Berufsboxer betrachtet, um festzustellen, ob seine Form gut ist. Ihr Verhalten mißfiel mir. Auch wenn sie eine hochwertige Spezialagentin der GWA war, hätte sie sich trotzdem etwas liebenswürdiger geben können.

Ihr Gesichtsausdruck verriet eine gewisse Erheiterung. Sicherlich hatte sie bemerkt, daß ich „unauffällig" die Armmuskeln angespannt hatte. Nur gut, daß es in der Maschine ziemlich dunkel war, sonst hätte sie auch noch sehen können, daß ich unprogrammgemäß rot geworden war.

„Zentrale an TS-102", klang es erneut aus dem Lautsprecher. „Einflug genehmigt. Landen Sie auf Dachfläche K-3. Sie werden erwartet. Ende."

Ich begann zu pfeifen. In meinem Gehirn schwirrte der Begriff „K-3" umher. Dort war ich vor etwa vier Wochen schon einmal gelandet. Ein risikoreicher Auftrag hatte mich damals erwartet.

Meine Kollegin steuerte das Sperrgebiet an. Unter uns tauchten die nur schwach erhellten Gebäude des Hauptquartiers auf. Ich erkannte die gewaltigen, quadratisch angelegten Betonklötze, in denen größtenteils die Labors und Forschungsanstalten untergebracht waren.

Wir flogen in langsamer Fahrt darüber hinweg und näherten uns dem Turmbau, dessen meterstarke Stahlbetonwände vor uns emporwuchsen. Dort befanden sich die geheimnisumwitterten Amtsräume des Alten, der über mehr Vollmachten verfügte, als der Präsident der Vereinigten Staaten.

Wir glitten dicht über ein feuerbereites Raketengeschütz hinweg, ehe wir unterhalb der Turmspitze auf einem vorragenden Dach aufsetzten.

Das war Platz K-3. Wer dort landen durfte, konnte sich darauf etwas einbilden. Es geschah nur selten, daß der Alte persönlich mit den Agenten sprach, die er in den Einsatz schikken wollte. In neunundneunzig von hundert Fällen kamen seine Anweisungen schriftlich oder über die Sprechgeräte an.

Wenn man also direkt zu ihm beordert wurde, dann stand grundsätzlich allerhand auf dem Spiel.

Wir wurden von zwei Männern erwartet, die vorschriftsmäßig ihre Biosynth-Masken angelegt hatten. Diese Sicherheitsmaßnahme mußte von den Agenten streng beachtet werden, sobald sie im Hauptquartier auftauchten, da sie ständig Kollegen und wissenschaftlichen Mitarbeitern begegneten. Die Leute sollten und durften sich nicht näher kennenlernen.

Wir hatten unsere Masken ebenfalls übergestreift. Elis erhielt dadurch ein etwas puppenhaftes Aussehen. Mein Gesicht schien erstarrt zu sein, obwohl das feine Material jeder Muskelbewegung folgte.

Die Männer verbeugten sich.

„Darf ich um Ihre Marken bitten?“ sagte einer von ihnen.

Sie wußten sicherlich, daß wir bereits getestet worden waren. Trotzdem verlangten sie unsere Marken. Auch das gehörte zu den Vorschriften.

Unsere Etuis klappten auf. Die beiden Männer wurden von Fluoreszenzlicht angestrahlt. Sie maßen sehr sorgfältig die Wellenlänge, obwohl sie an dem wallenden Licht erkannt haben mußten, daß unsere Marken absolut echt waren.

„Okay, Sir“, wandte sich der Sprecher an mich. „Folgen Sie uns bitte!“

Wir sprachen keinen Ton und schritten hinter ihnen durch eine Betonpforte. Anschließend gingen wir durch den hell erleuchteten, schmalen Gang, der den einzigen Zugang zu den oberen Räumen des Turmbaues bildete. Diese Einrichtung kannte ich bereits, doch Elis schien merklich unruhig zu werden.

Ich sah ihre geweiteten Augen, mit denen sie auf die schwach erkennbaren Sprühdüsen der Säurestrahler starrte, die als Abwehrwaffen in die Stahlbetonwände eingebaut waren. Ich konnte es nicht unterlassen, zu erwähnen:

„Wenn die Dinger rein zufällig losgehen sollten, hochverehrte Kollegin, dann verwandeln sich unsere Körper innerhalb von fünfundvierzig Sekunden in eine kochende breiartige Masse."

„Danke für die Aufklärung, Sir", entgegnete sie gereizt. Getarnt durch die Maske, entlockte mir ihre Reaktion ein amüsiertes Lächeln. Das war meine kleine Rache für die „stille" Betrachtung in der Maschine gewesen.

Einer unserer Begleiter hustete. Ich bemerkte seine lachenden Augen. Gerne hätte ich dem Mann die Hand geschüttelt und mich nach seinen letzten Einsätzen erkundigt, doch das war uns leider untersagt.

Wir passierten die Durchleuchtungsschleuse mit den zusätzlichen Aufnahmegeräten, ehe wir den Lift betreten konnten, der uns nach unten brachte.

Als wir ihn verließen, ging es durch schmale und ebenfalls sehr stark gesicherte Gänge weiter. Elis Teefer konnte vor uns nicht verheimlichen, daß dies ein Erlebnis für sie war. Beeindruckt musterte sie die zischend aufschwingenden Panzertüren aus molekular-verdichtetem Edelstahl und die Durchgangsräume mit den hochwertigen Automatikkontrollen.

„Kennen Sie die Geschichte von dem GWA-Major, der probeweise den Versuch unternahm, unbemerkt in diese Räume einzudringen?" fragte ich sie.

Sie schüttelte stumm den Kopf.

„Zum Glück hatte es der Alte vorher erfahren. Deshalb ließ man den Major gewähren. Aus den Säurestrahlern spritzte nur eine sirupartige Klebemasse, und die Maschinenkanonen schossen mit Konfettigranaten. Die Lichtbogensicherungen arbeiteten lediglich mit zwölf Volt Spannung, die Flammenwerfer nur mit fünfundvierzig Hitzegraden, und die Gasdüsen sprühten Alkoholnebel aus. Was denken Sie wohl, reizende Kollegin, in welcher Verfassung und Maskerade unser Major vor den Arbeitsräumen des Chefs angekommen ist? Die gesamte GWA hat sich vor Lachen gebogen. Der Major war drei Tage lang vom vielen Alkohol wie benommen. Das war sein Glück. So fühlte er wenigstens nicht die schmerzhafte Prozedur, als man ihm mit reichlich scharfen Mitteln den Klebestoff mitsamt der Konfettischicht von der Haut entfernte. Die Flammenwerfer hatten das Zeug zusätzlich mit einer dicken Kruste versehen."

Elis lachte herzlich über meine Anekdote. Von der Geschichte war natürlich kein Wort war, da sich jeder GWA-Beamte gehütet hätte, in diesen Todesbezirk einzudringen.

Wir kamen vor der letzten Panzertür an. Ehe wir in den Vorraum eintreten durften, mußten wir noch eine Fernbildkontrolle über uns ergehen lassen. Unsere Begleiter verabschiedeten sich. Dann waren wir allein.

Das Vorzimmer war leer, aber die Leuchtröhren brannten. Elis sah sich beunruhigt in dem fensterlosen Raum um. Sie schien in diesem Augenblick darüber nachzudenken, wieviel Dezimeter Stahl und Beton zwischen ihr und der Außenwelt liegen machten.

Ich zog langsam die lebende Biohaut vom Gesicht. Elis sah mich fragend an.

„Zeigen Sie ruhig ihr klassisches Profil, Kollegin", neckte ich sie. „Der Alte ist gar nicht so unmenschlich, wie er immer tut. Ich ...!"

„Konnat", brüllte es dicht über mir aus dem Lautsprecher.

Elis Teefer konnte sich nun ihrerseits ein anzügliches Lächeln nicht verkneifen. Wieder einmal war mir zu spät eingefallen, daß man in diesem Fuchsbau kein vorwitziges Wort sprechen durfte, da alle Gespräche grundsätzlich abgehört wurden.

„Kommen Sie herein", dröhnte es erneut aus dem Lautsprecher. Ich begann leicht zu schwitzen.

Elis war die Schadenfreude in Person. Ehe ich ging, sagte sie voller Ironie:

„Bestellen Sie dem Major einen schönen Gruß, Sir. Ist der Arme noch immer dienstuntauglich?"

Aha, sie hatte meine bildschöne Geschichte also doch für ein Märchen gehalten.

Ich nestelte an meinem modischen Halstuch, als ich durch die aufschwingenden Doppeltüren ging. Vor mir lag der riesige Arbeitsraum des Alten.

Auch hier gab es keine Fenster, doch dafür strahlte eine künstliche Sonne. Die Klimaanlage lief auf Hochtouren.

Ich schritt auf den Metallschreibtisch zu, der eher einer komplizierten Schaltstation als einem nützlichen Büromöbel glich. Schon bei meinem ersten Besuch hatte ich mich gefragt, auf welchem freien Fleckchen der Chef eigentlich arbeiten wollte. Ich hätte da noch keinen normalen Briefbogen ausbreiten können.

In seinem gebräunten Nußknackergesicht funkelten die hellen Augen. Sein eisgrauer Schnurrbart schien ebenso gesträubt zu sein wie seine kurzen Haare. Er trug wieder seine Uniform mit den Rangabzeichen eines Viersterne-Generals. Auf dem linken Ärmel schimmerte das Atommodell der GWA.

General Arnold G. Reling war der Mann, der die „Geheime-Wissenschaftliche-Abwehr" gegründet und aufgebaut hatte. Früher war er Abwehrchef der NATO-Staaten gewesen, bis man im Verteidigungsministerium einsah, daß die Geheime-Bundeskriminalpolizei die vielen Aufgaben nicht mehr bewältigen konnte.

Die Industrialisierung des Landes war immer komplizierter und weitläufiger geworden. Es waren Riesenwerke und staatliche Geheimfabriken hinzugekommen, die man vor dreißig Jahren noch nicht gekannt hatte.

Das waren die Ansatzpunkte für die gegnerische Spionage. Auf Grund der gebotenen Abwehrmaßnahmen war es schließlich zur Bildung der GWA gekommen, deren erste Mitarbeiter aus den Reihen des FBI stammten. Heute waren wir dieser Organisation weit übergeordnet. Niemals zuvor hatte es eine Spezialeinheit gegeben, die über derartige Vollmachten und Ausrüstung verfügte, wie die GWA.

„Konnat", grollte der Alte, „Konnat, wenn Sie es nochmals

wagen sollten, meinen Mitarbeitern erfundene Geschichten zu erzählen, so werden Sie sich wundern. Ist das klar?"

„Oh, Sir, ich wollte nur einen Hinweis auf die Abwehr ..."

„Solche Scherze liebe ich nicht", unterbrach mich der Alte. „Setzen Sie sich, oder wollen Sie einen Rekord im Dauerstehen erzielen?"

Ich sah ihn ziemlich sprachlos an. Selbstverständlich hätte ich es niemals gewagt, mich unaufgefordert hinzusetzen. Schließlich stand ich vor meinem höchsten Vorgesetzten.

Er schmunzelte unmerklich und musterte mich mit einem kurzen, aber alles umfassenden Blick.

Entschieden ruhiger erkundigte er sich:

„Sie haben sich gut erholt. Was macht die Armwunde? Gut verheilt?"

„Ausgezeichnet, Sir. Kaum noch etwas zu sehen."

„Okay, demnach sind Sie auch wieder einsatzfähig."

Er griff nach einigen Papieren, die auf seinem Schreibtisch lagen. Stirnrunzelnd betrachtete er ein Bild.

★

„Eine schöne Frau kann in den Händen eines skrupellosen Burschen zu einem gefährlichen Machtinstrument werden. Das wissen Sie doch, oder?"

Ich sah ihn verblüfft an. Was sollte das bedeuten?

„Tun Sie nicht so scheinheilig", fuhr er mich polternd an. „Sonda Sorop ist eine schöne Frau; und Sie sind ein Narr! Was fiel Ihnen eigentlich ein, mit der Dame nach Miami zu fliegen? Sie sollten sich in Ihrem Urlaub erholen. Haben Sie das etwa getan?"

Mit dieser Wendung des Gesprächs hatte ich nicht gerechnet. Was wußte der Alte von meiner kurzen Bekanntschaft mit Sonda Sorop! Ich hatte mich noch rechtzeitig genug zurückgezogen, bevor sie meinem Gemüt gefährlich werden konnte.

General Reling hielt mir ein Bild entgegen, das mich mit Sonda in einer liebevollen Umarmung zeigte. Das war in Miami gewesen.

Ich schwieg, da es nichts zu sagen gab.

Er lachte und warf das Bild auf den Tisch zurück.

„Sie hatten Glück, daß Sie nicht aufgefallen sind. Sonda Sorop ist nämlich verheiratet. Wußten Sie das nicht?"

Ich stöhnte bei dieser Eröffnung. Das hatte mir gerade noch gefehlt!

„Und Sie nennen sich Captain Konnat, Spezialagent ‚ZBV' der GWA. Merken Sie sich eins, mein Lieber! Wenn ein GWA-Schatten mit Frauengeschichten anfängt, dann ist er für mich schnell wertlos geworden. Ich brauche Männer, die in keiner Weise gebunden sind. Gefühlsduseleien sind überflüssig und unerwünscht. Sie haben nur dann freundlich, nett und zärtlich zu sein, wenn Ihnen das befohlen wird. Sie sehen gut aus, Konnat. Diese Tatsache haben Sie als Waffe im allgemeinen Abwehrkampf der GWA zu gebrauchen. Auch der Gegner setzt gutaussehende Menschen beiderlei Geschlechts ein, um wichtigen Geheimnissen auf die Spur zu kommen. Achtzig Prozent aller Fälle sind auf Spionageakte schöner Frauen zurückzuführen. Achtzig Prozent aller Landesverräter sind in die Fänge eines bezaubernden weiblichen Geschöpfes geraten, doch das merkten sie erst, als sie auf dem elektrischen Stuhl saßen. Sie haben als Captain der GWA nur dann Ihr Herz zu entdecken, wenn das im Rahmen einer zu lösenden Aufgabe erforderlich ist. Sollten Sie außerdienstlich Gefühlssprünge machen, so werde ich Sie mit einem Gummihammer bearbeiten, damit Sie wieder zu sich kommen. Sollte das nichts helfen, müssen Sie aus den Reihen der GWA ausscheiden und den Ehemann spielen. Haben wir uns verstanden?"

Er stand dicht vor mir. Ich konnte bequem auf ihn hinuntersehen. Seine Augen funkelten, und seine Borstenhaare schienen sich noch steiler aufgerichtet zu haben.

„Verstanden, Chef", war alles, was ich erwidern konnte. An sich hätte ich eine Überwachung während meines Urlaubs einkalkulieren müssen. Der Alte traute niemand, noch nicht einmal seinen engsten Mitarbeitern.

„Okay, dann setzen Sie sich endlich, Sie Unglücksrabe, und

denken Sie über Ihre Sünden nach, ehe ich Sie mit Ihrer Aufgabe vertraut mache. Sie sind doch einsatzfähig, oder?"

Ich zog die Augenbrauen hoch. Hatte er diese Frage nicht schon einmal gestellt?

Er schmunzelte und wandte sich ab. Auf Grund seines Verhaltens vermutete ich, er würde wieder zu dem Panzerschrank gehen, in dem der Elektronenschlüssel zum Öffnen der schweren Panzerpforten lag. Sie versperrten den Zugang zu den Riesensälen, in denen das gigantische Kartei-Elektronengehirn aufgestellt war.

Vor dem letzten Unternehmen hatte er mich dort hingeführt. Diese Handlung war mehr als außergewöhnlich gewesen.

General Reling setzte sich aber wieder hinter seinen Schreibtisch. Also schien er diesmal doch nicht die Absicht zu haben, mich in das Allerheiligste der GWA zu bringen.

Er legte einen Schalter um und sprach in das Mikrophon.

„Leutnant Teefer, treten Sie ein."

Mit einem Knopfdruck öffnete er die Doppeltüren. Elis trat ein. Sie trug immer noch ihr kostbares Abendkleid. Von nun an gab es für mich keinen Zweifel mehr, daß ich mit ihr zusammenzuarbeiten hatte. Immerhin war es vom Alten ziemlich rücksichtsvoll gewesen, daß er mir die Standpauke nicht in ihrer Gegenwart gehalten hatte.

Die Pforten schlossen sich wieder. Dann bot der Alte auch ihr einen Platz an. Nun waren wir unter uns. Es war vollkommen ausgeschlossen, daß ein Unbefugter unsere Unterredung belauschen konnte. Wir saßen im Hauptquartier eines Mannes, der einen erbitterten Abwehrkampf gegen den Geheimdienst eines ganzen Kontinents führte. In Relings Händen liefen alle Fäden zusammen. Nur er konnte diese Fäden zur Auswertung an unsere wissenschaftlichen Abteilungen weitergeben.

3.

„Kennen Sie die Andrejanoffskij-Inseln?“ fragte der Alte wie beiläufig. „Man sagt auch Andreanoff-Inseln dazu, aber Andrejanoffskij ist der korrekte Name.“

Ich kniff die Augen zusammen und durchforschte mein Gedächtnis. Zögernd entgegnete ich:

„Andrejanoffskij-Inseln? Gehören sie nicht zu den Aleuten?“

„Tüchtig, tüchtig“, schmunzelte General Reling. „Sie gehören wirklich zu den Aleuten, also zu dem großen Inselbogen zwischen dem Beringmeer und dem Stillen Ozean, genau südwestlich von Alaska. Können Sie sich auch unter dem Begriff ‚Aleuten-Graben‘ etwas vorstellen?“

Allerdings, das konnte ich.

„Ja, es handelt sich um eine Senkung des Meeresbodens. Deshalb spricht man von einem Graben. Große Wassertiefen, zwischen siebentausend und siebentausendfünfhundert Metern.“

Elis Teefer warf mir einen kurzen Blick zu, der mir aber gar nichts sagte.

„Noch besser“, lobte der Alte. Er machte heute einen sehr unruhigen Eindruck. So hatte ich ihn vor Wochen schon einmal erlebt. Damals hatte das bedeutet, daß sich irgendwo ein ausgesprochen gefährlich erscheinender Zwischenfall ereignet hatte.

Ich beobachtete ihn lauernd, während sich in meinem Kopf zahlreiche Überlegungen jagten. Weshalb kam er ausgerechnet auf die gottverlassene Inselgruppe hoch im Norden zu sprechen? Dort gab es kaum Menschen, geschweige denn etwas, was mich als GWA-Agenten hätte interessieren können.

In der Hinsicht irrte ich mich jedoch gewaltig. Das erkannte ich schon wenige Augenblicke später.

Der Chef nickte Elis zu.

„Beginnen Sie, Leutnant. Berichten Sie über Ihre Arbeit.“

Elis wandte sich zu mir um. Von nun an schien sie nur noch die kühle Agentin zu sein, die mit der Präzision einer Maschine ihren Bericht gab.

„Ich arbeite seit vier Monaten als Leiterin des technischen Zeichenbüros SM-8 auf einer Aleuteninsel. Es handelt sich um die Insel Tanaga, die ihrerseits zur Gruppe der Andrejanoffskij-Inseln gehört. Im technischen Zeichenbüro mit der Kennnummer SM-8 werden die Pläne für die Schleusenanlagen und Pumpstationen angefertigt. Ich habe vor vier Monaten den damaligen Chef abgelöst und bin dort als Doktor Mauryn Fiskul bekannt."

Der Alte sagte kein Wort, doch ich konnte bemerken, daß er mich unter den gesenkten Lidern beobachtete. Elis fuhr fort:

„Der Ausbau der Insel Tanaga gilt zur Zeit als Staatsgeheimnis Nummer eins. Normalerweise dürfte und könnte kein Unbefugter darüber informiert sein, daß Tanaga schon seit vielen Monaten mit den modernsten Mitteln der Technik zu einem schlagkräftigen Bollwerk in der vordersten Front gegen Asien ausgebaut wird. Für die Geheimhaltung des Bauvorhabens waren alle Voraussetzungen geschaffen. Die dort arbeitenden Wissenschaftler und Techniker haben noch niemals Urlaub erhalten. Als sie abreisten, wußten sie nicht, wohin man sie bringen würde. Sämtliche Material- und Lebensmitteltransporte erfolgten nur durch U-Boote. Auf Tanaga ist in den letzten zwei Jahren kein einziges Flugzeug der Air-Force gelandet. Von Überwasser-Schiffen wurde die Insel ebenfalls nicht angelaufen. Die Bauten geschehen ausschließlich unterirdisch. Niemals kommt ein Mensch auf die Oberfläche der Insel, abgesehen von den Spezialsoldaten des Sicherheitsdienstes, die im Zuge der Vorschriften die Insel abgehen. Das sind die Tatsachen, die etwa eineinhalb Jahre lang zur unbedingten Geheimhaltung beigetragen haben."

Sie legte eine kurze Pause ein und schien offensichtlich scharf nachzudenken. Als ich zum Alten hinüberblickte, bemerkte ich, daß er mich mit einem eigenartigen Lächeln ansah. Wenn General Reling derart die schmalen Lippen verzog, pflegte er seine Pläne fertig durchdacht zu haben. Ich fühlte, daß mir dünne Schweißtropfen auf die Stirn traten, obwohl ich versuchte, mich zu beherrschen.

Ich konnte mir vorstellen, was unter den wilden Bergen der

fernen arktischen Insel gespielt wurde. Elis' knappe Schilderung hatte mir alles gesagt. Ich kannte ähnliche Bauarbeiten aus eigener Erfahrung.

Dort entstanden gigantische U-Boot-Bunker, Nachschubdepots für alle Waffenarten, unterirdische Abschußpisten für interkontinentale Atomraketen, Kraftstationen, Radarzentralen, Werftanlagen für Unterwasser-Flotteneinheiten, Versorgungsstationen zur Aufladung der U-Boot-Atommeiler und natürlich auch Depots für Kernwaffen.

Das brauchte mir niemand zu erklären. Ich stellte deshalb auch keine Fragen. Ich rief mir das Kartenbild ins Gedächtnis und kam zu der Erkenntnis, daß Elis Teefer nicht zuviel behauptet hatte, als sie von einem schlagkräftigen Bollwerk in nächster Nähe der asiatischen Grenzen sprach. Auf Tanaga waren wahrscheinlich Tausende von Menschen damit beschäftigt, einen riesigen Stützpunkt unter den tarnenden Felsmassen der großen Insel zu erschaffen. Es war klar, daß es dort unzählige Geheimnisse gab, die den GAS-Geheimdienst anlokken mußten, wie ein Honigbrötchen die Bienen.

Relings Lächeln verstärkte sich. Meine Blicke wanderten zu meiner Kollegin hinüber.

„Die Bauarbeiten nähern sich ihrer Vollendung", fuhr sie fort. „Die U-Boot-Bunker sind fertiggestellt. Die Schleusenanlagen funktionieren tadellos. Die Verbindungswege unter der Insel existieren bereits, doch müssen sie noch ordentlich ausgebaut werden. Der Nachschub an allen erdenklichen Gütern klappt einwandfrei, beziehungsweise er klappte einwandfrei. Seit genau sieben Tagen ist der U-Transporter ‚Titan' spurlos verschwunden. Es handelt sich um einen unserer modernsten Transporter mit Atomantrieb. Besatzung hundertzweiundsechzig Mann einschließlich Kommandant, zwölftausendzweihundert Tonnen Wasserverdrängung, Aktionsradius unbegrenzt, Geschwindigkeit zweiundfünfzig Seemeilen bei reiner Unterwasserfahrt. An Bord der ‚Titan' befanden sich keine Güter, da sie sich auf dem Rückweg in die Staaten befand. Das Boot beförderte aber einen unserer bekanntesten Kernphysiker, Professor Edgar D. Morrow, der bei einem vorhergehenden Transport die fachgerechte Lagerung von sechs Wasserstoffsprengköpfen, Einbauformat BM-235, überwacht hatte. Professor Morrow sollte mit der ‚Titan' nach San Francisco zurückkehren. Er hatte einige sehr wichtige Unterlagen bei sich, die zusammen mit ihm und dem Transporter verschwunden sind. Das wäre an sich alles, Sir."

Sie lehnte sich in ihrem Sessel zurück. Ich wischte mir über die schweißbedeckte Stirn.

„Soll ich die Klimaanlage kälter stellen?" fragte der Alte beißend.

Ich warf ihm einen ärgerlichen Blick zu.

„Das heißt also mit anderen Worten, daß wir in einer ganz dicken Suppe stecken! Ein Atomtransporter der Navy ist verschwunden und mit ihm ein Wissenschaftler, der sein Gewicht in Diamanten wert ist. Soll ich den Fall bearbeiten?"

Der Alte nickte zustimmend.

„Alles vorbereitet, Konnat. Sie werden eine harte Nuß vorfinden, doch stehen Ihnen zwei Mitarbeiter zur Verfügung, auf die Sie sich unbedingt verlassen können. Leutnant Teefer fliegt in zwei Stunden nach Frisco. Sie werden am späten Nachmittag folgen. Nach der Ankunft werden Sie mit Ihrer Kollegin zusammentreffen und sie als Doktor Mauryn Fiskul kennenlernen. Agent MA-23 hält sich bereits seit vier Tagen auf der Insel auf. Er bekleidet die Stellung eines Sicherheitsdienstoffiziers der Marine. Das gesamte Bauvorhaben ist der Marine unterstellt. Chef der Sektion ‚Aleuten' ist Vizeadmiral Glenn H. Songal."

Ich prägte mir die Namen sorgfältig ein. Plötzlich wurde ich jedoch etwas unruhig.

„Sagten Sie Agent MA-23?"

Der Alte konnte sich ein Grinsen nicht versagen. Auch Elis' Lippen zuckten verdächtig. Also hatte ich recht vermutet! Agent MA-23, die unmöglichste Figur in den Reihen der aktiven GWA-Schatten, die Nervensäge mit den antiken Vornamen, befand sich bereits in Tanaga.

„Ich bin zu allem bereit, Chef", erklärte ich, „aber ersparen Sie mir um Himmels willen die Zusammenarbeit mit diesem

Monstrum. Der Bursche mag ja tüchtig sein, doch überschätzen Sie nicht meine Nervenkraft, Chef. Sie ahnen nicht, was ich mit diesem Menschen durchgemacht habe! Durch sein loses Mundwerk kann er mich in die unangenehmsten Situationen bringen. Er muß sich doch ständig über jedermann lustig machen. Das kann nicht gutgehen. Ich ...!"

„Ersparen Sie sich Ihre Worte, Konnat", unterbrach mich der Alte. „MA-23 ist bereits dort. Er sitzt in einer Schlüsselposition des Marine-Sicherheitsdienstes. Wir haben große Mühe aufgewendet, um ihn so unauffällig einzuschleusen, daß nicht einmal das FBI, Abteilung Marine, argwöhnisch wurde. Sie werden mit ihm arbeiten. Ich habe feststellen können, daß er für Sie der denkbar beste Mitarbeiter ist. Außerdem kennen Sie sich bereits. Diese Tatsache gab den Ausschlag. MA-23 weiß noch nicht, daß Sie es sein werden, der auf Tanaga eintreffen wird, seine Freude wird um so größer sein."

Ich lächelte anscheinend so gequält, daß Elis ihre Heiterkeit nur mühsam unterdrücken konnte.

Plötzlich ging das Licht aus, und der Alte schaltete einen automatischen Vorführapparat ein. Auf der gegenüberliegenden Wand lief ein kurzer, aber inhaltsreicher Film ab. Es handelte sich um Innenaufnahmen des Stützpunktes Tanaga. Das Bildmaterial übertraf meine ursprünglichen Vorstellungen. Ich sah den Unterwasserzugang, durch den der Stützpunkt sogar von größten U-Transportern erreicht werden konnte. Die Schleusen und die Schleusentore waren gigantisch. Aus den kurzen Erklärungen des Sprechers ging hervor, daß die beiden Hauptschleusen zweiundachtzig und vierundneunzig Meter unter Wasser lagen.

Über dem unterirdischen Stützpunkt wölbte sich ein mächtiges Gebirge aus härtestem Urgestein, das vor unbekannten Zeiten durch vulkanische Gewalten aufgefaltet worden war. Mir war bekannt, daß die Aleuten in junggeologischer Zeit entstanden waren. Sie bildeten die Reste einer ehemaligen Landbrücke, die Amerika und Asien verbunden hatte.

Das war bei sorgfältigen geologischen Untersuchungen festgestellt worden. Außerdem galt es als erwiesen, daß der totale

Einbruch der Landbrücke auf vulkanische Gewalten zurückzuführen war.

Es war daher nicht verwunderlich, daß man unter den gewaltigen, vegetationslosen Bergen der großen Insel viele und teilweise gigantisch anmutende Hohlräume gefunden hatte. Nur mit dieser Tatsache waren die überraschend schnellen Fortschritte der Bauarbeiten zu erklären. Die allmächtige Natur hatte den allergrößten Teil schon erschaffen. Wenn man alle Ausschachtungsarbeiten selbst hätte durchführen müssen, wären darüber Jahrzehnte vergangen.

Ich sah technische Wunder, die von hervorragenden Fachleuten in die Hohlräume hineingezaubert worden waren. Ich bekam Mammutmaschinen vorgeführt, die den Durchbruch zu den einzelnen Höhlen und Felsdomen schufen. Wie unersättliche Ungeheuer fraßen sie sich mit mahlenden Bohrköpfen in das Gestein, spritzten vollautomatisch die dickflüssige Sprengmasse hinein und zogen sich dann zurück.

Ich vernahm das Donnern der Sprengungen. Kurz darauf tauchten die stählernen Giganten mit den gepanzerten Führerständen wieder auf. Es war eindrucksvoll, wie schnell und sicher die Maschinen die losgebrochenen Gesteinsmassen nach hinten schafften, wo schon andere Transportmaschinen warteten. Menschen waren kaum zu sehen. Achtzig Prozent aller Maschinen wurden von den einzelnen Zentralen aus ferngesteuert und fernsehtechnisch überwacht.

Der Film lief eine halbe Stunde. Als es wieder hell wurde, wußte ich genug über den Marinestützpunkt Tanaga.

„Besser als zehnstündige Erklärungen“, stellte der Alte sachlich fest. „Leutnant Teefer, sie können sich fertigmachen. Die Maschine wird in knapp dreißig Minuten landen. Konnat werde ich selbst über den Rest informieren. Sie sehen sich morgen im neuen U-Boot-Hafen von Alameda.“

Elis erhob sich und reichte mir die Hand.

„Viel Glück, Sir“, wünschte sie. „Wir werden einen sehr schweren Stand haben, denn in Tanaga muß es Leute geben, die mit unseren Gegnern in Verbindung stehen. Anders ist das Verschwinden des Transporters mitsamt dem Kernphysiker nicht erklärbar. Es tut mir leid, aber ich kann Ihnen keine Anhaltspunkte geben. Sie dürfen sich darauf verlassen, daß ich meine Augen offengehalten habe. Wenn wir schon vor vier Monaten geahnt hätten, daß das Geheimnis um den Stützpunkt doch bekannt wird, hätte mich General Reling in eine andere Position eingeschleust. Wenn ich in den Augen der gegnerischen Geheimdienstes bedeutungsvoller wäre, hätte man sich wahrscheinlich um eine Kontaktaufnahme mit mir bemüht. Ich bin aber lediglich die Chefin eines der vielen Planungsbüros. Das bedeutet nicht sehr viel. Agent MA-23 hat dagegen eine weitaus vorteilhaftere Position, und Ihre wird direkt aufreizend sein. Bis morgen, Sir."

Während sie durch die aufgleitenden Türen schritt und draußen von zwei Leuten in Empfang genommen wurde, meinte General Reling:

„Konnat, Sie haben Ihre letzte Aufgabe so hervorragend gelöst, daß ich in Sie die allergrößten Hoffnungen setze. Es ist stets mein Prinzip gewesen, meine Leute so unauffällig wie möglich in die Reihen der Gegner einzuschleusen, denn nur dort ist eine Lösung möglich. Sie werden deshalb versuchen, mit den Leuten in Verbindung zu treten, die unser größtes Geheimnis verraten haben. Ich brauche Ihnen wohl nicht zu sagen, was in der Arktis auf dem Spiel steht."

Ich nickte. In meinem Gehirn tauchten unzählige Fragen auf, die alle noch geklärt werden mußten.

„Sie werden in San Francisco als Kapitän zur See eintreffen. Tadellose Papiere erhalten Sie in unserer Ausrüstungsabteilung. Sie müssen zehn Jahre älter wirken. Ihre Verschönerung wird nachher von unseren Spezialisten vorgenommen werden. Ein Kapitän zur See im Alter von nur vierunddreißig Jahren ist in der Navy eine Unmöglichkeit. Man könnte Verdacht schöpfen. Sie werden ab morgen Robert Liming heißen. Ihre Papiere lauten auf diesen Namen. Sie waren bisher ein enger Mitarbeiter von General-Admiral Sethler, Chef der U-Boot-Waffe im Navy-Department. Genaue Informationen über Sethler, sein Aussehen, seine Gewohnheiten und so weiter erhalten Sie noch. Sie hatten Schwierigkeiten mit Ihrer Frau.

Washington wurde Ihnen verleidet. Sie haben Sethler ersucht, Ihnen ein Kommando zu überlassen. Ihrem Gesuch wurde stattgegeben. Der Kommandant von U-2338 ist vor acht Tagen wegen Krankheit abgelöst worden. Sie sind der neue Kommandant und werden direkt dem Nachschubchef unterstehen.

Vizeadmiral Songal ist über Ihre Kommandierung bereits informiert. Sie haben sich deshalb nach Ihrer Ankunft bei ihm zu melden. Sie erhalten einen Atom-U-Kreuzer vom Typ „Aggression D-XI". Aus Ihrer U-Boot-Schulung ist Ihnen bekannt, daß Sie damit einen Sechstausend-Tonnen-Kreuzer von ungeheurer Schlagkraft erhalten. Ich setze voraus, daß Sie Ihre gründliche Ausbildung als U-Boot-Kommandant noch nicht vergessen haben."

Ich nickte und lächelte ein wenig. Der Alte schien zu wissen, daß mich gerade dieses Gebiet begeistert hatte.

„Ausgezeichnet. Sie können also mehr und wissen mehr als ein durchschnittlicher Kommandant. Sie werden in der Hinsicht keinesfalls negativ auffallen können. Im U-Boot-Hafen von Alameda weiß niemand, daß Sie Spezial-Agent der GWA sind. Nur General-Admiral Sethler mußte zwangsläufig eingeweiht werden. Ich darf Ihnen jedoch versichern, daß dieser Offizier zu schweigen versteht! Verziehen Sie nicht das Gesicht, Konnat! Ich weiß genau, daß Sethler einwandfrei ist. Der alte Haudegen hat aufgeatmet, als ich ihn benachrichtigte. Sollten bei ihm Rückfragen eingehen, werden Sie in jeder Hinsicht gedeckt sein. Er hat dafür gesorgt, daß Ihre Unterlagen im Marine-Personalbüro ‚erschienen' sind. Ist das soweit klar?"

Mir waren noch viele Dinge unklar, doch meine Fragen konnten später beantwortet werden. Ich wußte ohnehin, daß die halbe Nacht vergehen würde, bis ich über jede Einzelheit informiert sein konnte. Reling war in solchen Dingen ausgesprochen gründlich.

Die Stunden vergingen. In meinem Schädel speicherten sich immer mehr Daten, Namen und technische Bezeichnungen. General Reling verließ zweimal seinen Arbeitsraum und begab sich in die Säle, in denen unser gigantisches Elektronengehirn aufgebaut war. Jedesmal kehrte er mit neuen Unterlagen und Informationen zurück.

Es war schon vier Uhr, als er unsere Besprechung beendete.

„Konnat, Sie wissen nun, wie Ihr Auftrag lautet und was Sie zu unterlassen haben. Sie werden mit Ihrem U-Kreuzer sofort auslaufen. Es ist dafür gesorgt worden, daß Sie eine staatswichtige Transportaufgabe erhalten. Sie werden neben kostbaren Geräten auch vier Kohlenstoffbomben befördern, die zum Einbau in unsere neuen Fernlenkraketen bestimmt sind. Sie sind also ein wichtiger Mann, der eine große Verantwortung auf seinen Schultern trägt. Sie haben den harten, kaltschnäuzigen, selten lachenden Vorgesetzten zu spielen. Sie gehören zu den Offizieren, die zwar nicht ungerecht sind, aber von ihren Leuten alles verlangen. So sind Sie geschildert worden. Ist das auch klar?"

Ich nickte nur, da ich ziemlich erschöpft war.

„Gut, das wäre es. Viel Glück bei der Lösung des Problems."

Langsam erhob ich mich. Auch an General Reling waren die letzten Stunden nicht spurlos vorübergegangen. Unter seinen Augen lagen dunkle Ringe.

„Ruhen Sie sich einige Stunden aus. Sie haben Zeit bis zum späten Vormittag. Dann müssen Sie Ihre Ausrüstung empfangen. Wenn Sie mit Ihrem Boot auslaufen, denken Sie daran, daß Sie die gefährlichsten Vernichtungswaffen der Staaten an Bord haben. Den Wissenschaftlern des GAS ist die Kohlenstoffbombe in dieser Form noch unbekannt. Größte Vorsicht ist daher geboten! Diesen Leuten traue ich zu, daß sie ohne vorherige Warnung angreifen, wenn kein Zeuge in der Nähe ist. Immerhin werden Sie durch diesen Transport in Tanaga als sehr bedeutender Mann gelten. Wenn sich unsere unbekannten Gegner mit einem Marineoffizier in Verbindung setzen wollen, dann werden Sie es bei Ihnen versuchen. Die psychologischen Momente des Kapitäns Robert Liming sind Ihnen doch klar?"

Liming – ja, mit diesem Namen hatte ich auch meine Persönlichkeit gewechselt. Vor meiner Besatzung hatte ich den harten, Disziplin fordernden Vorgesetzten zu spielen; außerhalb des Bootes mußte ich jedoch einen verschlagenen, geldgierigen Burschen glaubwürdig darstellen. Laut Plan mußte ich meine Frau über alles lieben. Ich mußte Besorgnis heucheln, sie könnte sich mit einem anderen Mann vergnügen. Ein Ausweg aus diesem Dilemma war für Kapitän Robert Liming Geld, viel Geld, da seine Frau große Ansprüche stellte.

Okay, das war mir alles klar. Ich verabschiedete mich von General Reling und folgte den beiden Begleitern, die mich zu den luxuriösen Gästezimmern brachten, wie sie jedem GWA-Mann bei einem Aufenthalt im Hauptquartier zustanden.

4.

Ich trug die sandgelbe Khaki-Uniform mit den dunkelblauen Schulterstücken der Navy-Offiziere. Über den Schulterstücken lagen vier mittelbreite Goldstreifen als Rangbezeichnung. Sie wiesen mich als Kapitän zur See aus, vergleichbar mit einem Oberst der Armee.

Als Kopfbedeckung trug ich eine etwas verdrückte Schirmmütze mit weißem Sommerbezug. Es war ein seltsames Gefühl, wenn ich gelegentlich an den Schirm griff und damit den respektvollen Gruß der Leute erwiderte.

Aus dem achteren Turmluk des U-Kreuzers 2338 tauchte mein Erster Offizier auf, in Kurzform I. O. genannt.

Ich bemühte mich, eine möglichst kaltschnäuzige und unpersönliche Miene aufzusetzen, so wie es mir von meiner Rolle vorgeschrieben wurde.

Sonth blieb dicht vor mir stehen und tippte lässig an den Rand seiner Schirmmütze.

Ich musterte ihn und sagte laut:

„Mr. Sonth, für einen aktiven Offizier der Navy grüßen Sie recht nachlässig."

Ich beobachtete, wie er bei meiner Zurechtweisung zusammenzuckte. Ein Oberfähnrich, der in unmittelbarer Nähe stand, verhielt sich völlig unbeteiligt, obwohl er die Worte gehört haben mußte. Ich konnte mir jedoch lebhaft vorstellen, was er über den neuen Kommandanten dachte, den man im U-Boot-Hafen von Alameda noch niemals gesehen hatte.

„Jawohl, Sir", stieß der I. O. hervor.

„Aye, Sir, heißt das", berichtigte ich ihn boshaft.

„Aye, aye, Sir. Sie haben mich rufen lassen?"

„Nein, ich habe Sie auf die Brücke befohlen", sagte ich aufgebracht. „Mr. Sonth, mir scheint, mein Vorgänger hat keinen Wert auf Disziplin gelegt. Das wird sich von nun an ändern. Ich verlange, daß Sie als I. O. den Leuten mit gutem Beispiel vorangehen. Bilden Sie sich meinetwegen ein, Sie seien in West-Point."

Er blickte mir starr ins Gesicht, das sich unter den Händen der GWA-Spezialisten etwas verändert hatte. Ich sah um etwa zehn Jahre älter aus. Die grauen Haare an meinen Schläfen machten sich gut.

Lieutenant-Commander Sonth bemühte sich, seine Gefühle zu verbergen. In seinen dunklen Augen funkelte verhaltener Spott. Dann nahm er Haltung an.

„Ihre Befehle, Sir?"

Ich nickte anerkennend. In dieser Situation konnte sich der Oberfähnrich ein anzügliches Lächeln nicht versagen. Die Brüder waren anscheinend gewillt, ihren neuen Kommandanten unauffällig, aber nachhaltig auf den Arm zu nehmen.

Innerlich amüsierte mich ihr Verhalten, doch nach außen mußte ich meine Rolle spielen.

„Zwanzig Uhr seeklar, Mr. Sonth!"

„Zwanzig Uhr seeklar. Jawohl, pardon, aye, aye, Sir!"

Der Oberfähnrich hustete. Ich erwiderte den exakten Gruß des I. O. Anschließend schaute ich mich um wie ein Mann, der schon einen beachtlichen Erfolg errungen hatte. Das konnte ja noch heiter werden!

Der „Erste" blieb plötzlich stehen, ehe er sich zögernd umdrehte. In militärischer Haltung erkundigte er sich, ob er eine Frage stellen dürfe.

Ich nickte.

„Ich bitte um Entschuldigung, Sir, aber ist es sicher, daß der angekündigte Passagier auch um zwanzig Uhr an Bord ist?"

„Lassen Sie das bitte meine Sorge sein, Mr. Sonth. Der Passagier wird an Bord sein."

Er zuckte unmerklich mit den Schultern, doch ich ignorierte sein Benehmen. Zwei Minuten später tauchte der Leitende Ingenieur auf.

Er hatte ebenfalls zwei mittelbreite und einen schmalen Goldstreifen über den Schulterstücken, stand demnach im Range eines Kapitänleutnants.

Er machte seine übliche Meldung und meinte abschließend:

„Sir, vielleicht dürfte ich darauf hinweisen, daß die Reaktionsmasse des Pu-Meilers spätestens in Tanaga erneuert werden muß. Der Meiler arbeitet im Augenblick einwandfrei, doch unser Aktionsradius beträgt bestenfalls noch zwölftausend Meilen."

„Das würde ich noch lauter herausbrüllen, L. I.", wies ich ihn zurecht. Diesmal war meine Verärgerung echt. Die Männer waren mehr als leichtsinnig, und dieser Ingenieur erwähnte sogar den richtigen Namen der Insel.

„Wenn Sie schon den Stützpunkt nennen müssen, so gebrauchen Sie gefälligst die Tarnbezeichnung. Sie sind wohl irrsinnig geworden!"

„Verzeihung, Sir", entschuldigte sich der ältere Mann. „Ich dachte, da wir uns hier im U-Boot-Hafen befinden und da ...!"

„Es ist gleichgültig, wo wir uns befinden, L. I. Sie haben den Ort nicht namentlich zu erwähnen. Haben Sie Laderaum T-3 vorschriftsmäßig sichern lassen? Ladung einwandfrei verstaut?"

Blässe überzog sein Gesicht. Wahrscheinlich dachte er in diesem Augenblick an die Kohlenstoffbomben, die das Boot bereits vor meiner Ankunft übernommen hatte. Ich war vor drei Stunden bei meinem Inspektionsgang durch den Kreuzer auch in Raum T-3 gewesen und hatte die schweren Bleiwalzen gesehen, in denen der milliardenfache Atomtod lauerte.

Nachdem ich den Leitenden Ingenieur entlassen hatte, sah ich mich weiter auf dem Boot um.

Die Bezeichnung Boot war für diesen großen U-Kreuzer mit

dem gewaltigen Atomtriebwerk nicht mehr zutreffend. U-2338 gehörte zu den modernsten Einheiten der U-Flotte. Er verfügte über eine komplizierte Maschinerie, die aus den Atom-U-Booten hervorgegangen war, wie man sie um das Jahr 1956 erstmalig konstruiert hatte.

In den vergangenen sechsundvierzig Jahren hatte sich sehr viel verändert. Aus den damaligen Prototypen waren lange, zigarrenförmige Giganten geworden, die für die reine Überwasserfahrt nicht mehr geeignet waren. Vor dem flachen, langgestreckten Turm war nur eine kurze, schmale Laufbrükke aufgeschweißt. Die achtere Laufbrücke war noch kleiner. Die modernen Atomtriebwerke waren von einer Sauerstoffversorgung unabhängig. Die Schnorchelvorrichtung diente nur noch dazu, das Boot gelegentlich zu ent- und belüften.

Wir hatten eine Techert-Orson-Sauerstofferzeugungsanlage an Bord, die zusammen mit der hochwertigen Luftregenerierung bewirkte, daß U-2338 jahrelang unter Wasser bleiben konnte, ohne daß die Besatzung unter Sauerstoffmangel litt. Die Maschinen waren auf Grund der Erfahrungen geschaffen worden, die man beim Dauereinsatz der ersten Atom-U-Boote gewonnen hatte. Es war nur eine Energiefrage, wie lange man dem Meereswasser den Sauerstoffbestandteil entziehen konnte.

Da dieser Kreuzer ausschließlich für die Unterwasserfahrt angelegt war, hatte man den Rumpf entsprechend ausgebildet. Der Kreuzer besaß nur eine Schraube am spitz zulaufenden Heck. Der Druckkörper wurde lediglich durch die etwas aufbauchenden Tauch- und Trimmzellen verunziert; sonst glich er einem schlanken Raubfisch.

Die vorderen und achteren Tiefenruder konnte ich nicht sehen, da sie mitsamt dem Bootskörper schon tief unter der Wasseroberfläche lagen. U-2338 hatte seine volle Nutzlast an Bord. Infolgedessen war er schon zu neunzig Prozent getaucht.

Ich stand auf dem Turm und blickte auf die beiden großen Flächen der Stabilisierungsruder, die man bei dieser Neukonstruktion an den Turmseiten angeordnet hatte. Der Kreuzer stellte ein machtvolles Vernichtungsinstrument dar, das nicht nur selbstlenkende Torpedos mit Plutonium-Sprengköpfen, sondern auch robotgesteuerte Kampfraketen abschießen konnte. Der Raketenabschuß erfolgte unter Wasser. Im Auftrag der Navy waren von der Industrie Spezialraketen vom Typ „Wega-Delta“ entwickelt worden.

Die Weiterentwicklung der U-Waffe war forciert worden. Ausgedehnte Versuche hatten bewiesen, daß schon eine einzige Kreuzerflottille genügen würde, um einen Kontinent von der Größe Asiens zu vernichten.

Die Flugzeugträger, auf die man im Navy-Department noch im Jahre 1974 geschworen hatte, wurden kaum noch eingesetzt. Die Verantwortlichen hatten erkannt, daß diese Kolosse zu groß, zu schwerfällig und zu anfällig gegen jeden Angriff waren.

Die Marine-Luftwaffe hatte sich überwiegend auf landgebundene Stützpunkte umgestellt. Bei dem großen Aktionsradius selbst kleinster Jäger war dies eine richtige Entscheidung. Das Hauptgewicht der Offensiveinheiten lag ohnehin auf den strategischen und taktischen Fernlenkwaffen, die bemannte Riesenbomber immer fragwürdiger erscheinen ließen. Dennoch waren sie in bestimmten Situationen jeder Rakete weit überlegen.

Die stählernen Fische mit ihren kraftvollen Atomtriebwerken waren zum Rückgrat der Flotte geworden. Operationen zur See wurden nur noch von großen U-Transportern durchgeführt, die sich mit großer Geschwindigkeit siebenhundert bis zweitausend Meter unter der Wasseroberfläche in ihre Operationsgebiete hineinschlichen.

Ich erwähne diese Tatsachen nur, um Ihnen einen kurzen Überblick über die marinetechnischen Entwicklungen zu geben. Vielleicht wird es dadurch verständlicher, warum der Chef so großen Wert auf die absolute Sicherheit im Marinestützpunkt Tanaga legte. Da dort hauptsächlich Einheiten der U-Flotte stationiert werden sollten, war es unbedingt erforderlich, unter den mächtigen Inselbergen auch Depots aller Art anzulegen.

Während ich noch die weitläufigen Anlagen des neuen U-

Boothafens von Alameda betrachtete, flammte vor mir das Bildsprechgerät auf. Auf der Sichtfläche erschien der L. I.

„Frage an Kommandanten: Können die beiden Dampfstrahlzusatztriebwerke zum Probelauf angelassen werden?"

„Genehmigt! Wenn Sie mir aber das Boot gegen die Kaimauer drücken, soll Sie der Teufel holen. Ende."

Der L. I. schaltete ab. Gleich darauf hörte ich die schweren Turbopumpen anlaufen. Das bedeutete, daß der Plutonium-Meiler bereits arbeitete und die angesaugten Kaltwassermassen durch den glühenden Wärmeaustauscher geleitet wurden.

Ich sah in meiner Vorstellung, wie das Wasser infolge der hohen Temperaturen schlagartig verdampft und mit Überdruck aus den Strahlrohrdüsen ausgestoßen wurde. Das ergab eine sehr hohe Schubleistung nach dem Newtonschen Gesetz.

Weit hinter mir sah ich das Hafenwasser brodeln. Obwohl die beiden Triebwerke nur mit einem Bruchteil ihrer Schubleistung liefen, begann der schwere Kreuzer zu erzittern. Besorgt blickte ich zu der nahen Betonmauer des Ausrüstungskais hinüber, doch es passierte nichts. Nach fünf Minuten war der Probelauf beendet. Ich erhielt die entsprechende Meldung.

Zusammen mit dem normalen Schraubenaggregat verfügte der Kreuzer über drei Triebwerke, die ihm eine Höchstgeschwindigkeit von knapp neunzig Knoten verliehen. Das waren etwa hundertfünfundsechzig Kilometer pro Stunde, mit denen der Riesenkörper durch die See schießen konnte.

Die Männer der Besatzung befanden sich bereits vollzählig an Bord. Ich begann unruhig zu werden.

Für zwanzig Uhr hatte ich seeklar befohlen. Jetzt war es bereits neunzehn Uhr. Es wurde allerhöchste Zeit, daß der „Passagier" kam. Was mochte Elis Teefer aufgehalten haben? Seitdem ich in Frisco eingetroffen war, hatte ich sie noch nicht gesehen und auch keine Nachricht von der Zentrale erhalten.

Ich blickte mit dem Fernglas über die gewaltigen Betonbunker des Hafens hinweg.

Alameda liegt mitten in der Bucht von San Francisco, südlich der großen Stadt Oakland. Wenn man den offenen Pazifik erreichen wollte, mußte man erst die stark gesicherte Durchfahrt von „Golden Gate“ passieren.

Der U-Boothafen war zusätzlich mit den modernsten Mitteln der Technik gegen unwillkommene Eindringlinge abgeschirmt, dazu gehörte auch eine einwandfrei funktionierende Unterwasserabwehr.

Als ich den Entschluß gefaßt hatte, den zur Wache gehörenden Oberfähnrich anzurufen, um ihn mit einem Auftrag an Land zu schicken, wurde zwischen den Verwaltungsgebäuden des Hafens ein schwerer Turbowagen sichtbar. Ich erspähte sofort den Admiralsstander am Kotflügel, wartete jedoch die Sichtmeldung des Wachoffiziers ab.

Im gleichen Augenblick brüllte der junge Fähnrich: „Admiralswagen kommt achteraus auf, Sir. Läuft mit hoher Fahrt an.“

Ich mußte ein Lächeln unterdrücken, als ich den aufgeregten Jungen maßregelte.

„Meldet man so die Ankunft eines Landfahrzeugs? Sie sind doch nicht auf hoher See! Machen Sie gefälligst die Fallreepsgäste munter und lassen Sie ordentlich Seite pfeifen, wenn der Admiral an Bord kommt. Hoffentlich ist da vorn bald die Proviantkiste verschwunden. Runter mit dem Plunder. Nehmen Sie Luk drei.“

„Aye, aye, Sir“, bestätigte der Junge und rannte los.

Während ich erleichtert aufatmete, tauchte der I. O. auf. Etwas nervös zupfte er an seiner vorschriftsmäßig gebundenen Krawatte. Dann brüllte er die Leute an, die mit der Kiste noch nicht verschwunden waren.

Über seine ungewöhnlichen Ausdrücke hätte ich beinahe gelacht. Ich konnte mich jedoch noch rechtzeitig beherrschen und warf ihm statt dessen einen strafenden Blick zu.

Der Wagen hielt vor der Kunststofflaufbrücke, die uns mit dem Kai verband. Vizeadmiral Songal, Nachschubchef der Sektion Tanaga, kletterte aus dem Fond. Er war ein hochgewachsener Mann. Seine große Nase hatte ihm den Spitznamen „The Nose“ eingebracht.

Galant reichte er der jungen Dame die Hand und war ihr beim Verlassen des Wagens behilflich.

Hinter mir pfiff jemand schrill durch die Zähne. Das konnte nur der I. O. sein. Ich drehte mich wütend um und bemerkte sofort seine glänzenden Augen.

„Wenn Sie noch einmal pfeifen, verwende ich Sie als Kampfrakete", schrie ich ihn an. „Nehmen Sie gefälligst Haltung an, wenn der Admiral an Bord kommt."

Der Zweite Wachoffizier grinste so unverschämt, daß ich mühelos seine Zähne bewundern konnte. Das war eine übermütige Meute!

Unten schrillten die Bootsmannspfeifen. Ich kletterte eilig, aber nicht zu schnell, die stählernen Sprossen hinunter.

Als ich auf dem achteren Laufdeck ankam, betrat der Admiral gerade die Verbindungsbrücke. Er grüßte unsere Flagge und grüßte auch den Offizier der Wache, der wie erstarrt neben den Fallreepsgästen stand.

Songal wartete, bis Elis nachgekommen war. Dann ging er mit einigen weitausholenden Schritten auf mich zu.

„Ah, Liming, ich sehe, Sie haben sich schon akklimatisiert. Wie gefällt Ihnen der Kreuzer?"

„Danke, Sir, ganz ausgezeichnet", erwiderte ich laut, damit es alle hören konnten. Ich war entschlossen, mir bei dieser Gelegenheit die ersten Sympathien bei der Mannschaft zu erwerben. Sie durfte mich nicht nur für einen bissigen Nörgler halten. Ich sollte laut Plan hart, aber nicht ungerecht sein.

Der Admiral schüttelte mir die Hand.

„Sind Sie mit den Leuten zufrieden, Liming? Ich habe gehört, der Haufen an Bord von U-2338 sei etwas verwildert."

„Ausgeschlossen, Sir", behauptete ich noch lauter. „Ich habe selten eine so disziplinierte und mustergültige Besatzung angetroffen. Ich kann mich in keiner Weise beklagen."

Songal schien überrascht zu sein. Dann begann er versteckt zu schmunzeln. Ich hatte den Eindruck, als habe er mich durchschaut.

„So, na, das ist erfreulich. Übrigens, ah ja, ich bitte um Entschuldigung ...!"

Er wandte sich um, da er sich jetzt erst an Elis zu erinnern schien und machte uns miteinander bekannt.

„Das ist Kapitän Liming, Kommandant des Kreuzers. Liming, Doktor Fiskul wird Ihr Passagier und Gast sein, bis Sie den Stützpunkt erreicht haben."

Ich salutierte, verbeugte mich kurz und murmelte die üblichen Phrasen.

Meine Herren Offiziere standen stramm, als wir oben auf der Brücke ankamen. Elis spielte ihre Rolle meisterhaft, wie man das von einer geschulten GWA-Agentin auch verlangen konnte. Als sie die Sprossen hinaufkletterte, benahm sie sich nicht zu geschickt, aber auch nicht zu unbeholfen.

Ich stellte ihr die Offiziere vor, die mich teilweise erstaunt anstarrten. Der Satz über die „mustergültige Disziplin" hatte seine Wirkung nicht verfehlt.

Songal wollte mit nach unten. Nachdem wir das vordere Turmluk durchschritten hatten, betraten wir die schmale Rolltreppe.

Wir glitten durch den Turm und verließen hinter der Zentrale die Treppe. Mein Steward ließ die stählerne Schiebetür zu der nebenan gelegenen Kommandantenkabine aufgleiten, die für U-Bootverhältnisse sehr geräumig war. Ich hatte sogar mein eigenes Bad.

Der Steward brachte noch einige Erfrischungen; dann waren wir alleine.

Plötzlich wurde der Admiral sehr ernst. In seinen Augen erschien wieder der grübelnde Ausdruck, der mir schon aufgefallen war, als ich mich kurz nach meiner Ankunft bei ihm gemeldet hatte.

Er sagte offen, was er über mich dachte.

„Liming, es kann sein, daß Sie ein eminent tüchtiger U-Boot-Kommandant sind. Das steht jedenfalls in Ihren Papieren. Sie dürfen es mir aber nicht verübeln, wenn ich mißtrauisch bin. Sie haben eine Ladung an Bord, die für unsere Sicherheit mehr als bedeutsam ist. Hoffentlich kommen Sie gut in Tanaga an."

Ich blickte ihn warnend an, worauf er lächelnd meinte:

„Sie können vor Dr. Fiskul ruhig sprechen. Sie gehört zum Planungsstab des Stützpunktes und ist auch über Ihre Ladung informiert."

Ich verbeugte mich leicht, als Elis mich anlächelte.

„Ich werde in Tanaga ankommen, Sir. Darauf können Sie sich verlassen", entgegnete ich ruhig. „Mein Boot ist kriegsmäßig bewaffnet. Falls ich angegriffen werden sollte, werde ich mich wehren. Wenn der Überfall zu überraschend erfolgen sollte, dann gehen die C-Bomben hoch."

„Dazu wären Sie fähig?" Bei diesen Worten sah mich der Admiral durchdringend an.

Ich sagte nichts, er konnte die Antwort ebensogut in meinem Gesicht lesen.

„Hmm, sieht mir beinahe danach aus."

„Darf ich mir eine Frage erlauben, Sir?"

Er nickte.

„Weshalb bestehen Befürchtungen, daß ein Boot der US-Navy angegriffen werden könnte? Ich verstehe das nicht ganz. Wer sollte etwas über meine Ladung wissen? Auch das ist mir unbegreiflich."

Mit den Fragen hatte ich unsere Ermittlungen endgültig aufgenommen.

Songal zuckte mit den Schultern.

„Viele Fragen, Liming. Ich kann sie nicht einwandfrei beantworten. Überlassen Sie diese Dinge dem Sicherheitsdienst der Navy und den dafür zuständigen Polizeieinheiten. Sie sind Soldat und haben nur dafür zu sorgen, daß Sie sicher in den Bunkern von Tanaga ankommen. Ich kann Ihnen lediglich einen Tip geben."

Er sah mich nachdenklich an.

„Es sieht so aus, als sei unser größtes Geheimnis kein Geheimnis mehr. Man scheint auf der anderen Seite etwas über den Ausbau der Insel erfahren zu haben. Halten Sie die Augen offen. Lassen Sie ununterbrochen Ihre Ortungsgeräte spielen, auch wenn Sie mit achtzig Knoten Marschfahrt und in tausend Meter Tiefe nach Norden brausen. Das wäre alles."

Er blickte auf die Uhr und erhob sich. Zehn Minuten später war der Nachschubchef verschwunden. Auf dem Kreuzer begann die übliche Dienstroutine.

Als ich oben auf der Brücke ankam, sagte der I. O. leise:

„Danke, Sir. Ich meine die Bemerkung über die Disziplin."

Ich murmelte etwas, was er nicht verstehen konnte. Danach entfernte sich der Offizier im Eiltempo. Die Männer grinsten.

Nach dem Vorfall war ich davon überzeugt, daß mein Verhalten bereits allen Besatzungsmitgliedern bekannt geworden war. Die Leute mußten inzwischen eingesehen haben, daß der „neue Alte" doch nicht so übel war, wie er vorher den Eindruck erweckt hatte.

Während der I. O. die Vorbereitungen zum Ablegen traf, glitt ich rasch ins Boot hinunter. Elis hatte die kleine Kabine unseres Funkoffiziers erhalten, der dafür bei einem Kameraden einquartiert war.

Sie begegnete mir auf dem schmalen Gang. Ihre Augen wiesen auf die Schiebetür meiner Kabine.

Ich verstand ihren stummen Wink sofort und forderte sie höflich, aber reserviert auf, mir für einen Augenblick zu folgen, da ich ihr noch einige Richtlinien zu geben hätte.

Als wir alleine waren, schüttelte ich ihr erst einmal die Hand. Sie betrachtete lachend meine grauen Schläfen.

„Sehr schön, Sir. Soweit hätten wir es geschafft."

„Warum sind Sie so spät gekommen?" erkundigte ich mich. „Ich war schon beunruhigt."

Ihr Gesichtsausdruck veränderte sich. Leise erklärte sie:

„Ich erhielt eine dringende Meldung vom Chef. Die Information wurde von Agent TS-19 persönlich überbracht."

„Und …? fragte ich gespannt.

„Der verschwundene U-Transporter ist gefunden worden. Hat Ihnen der Chef mitgeteilt, daß der Verdacht bestand, der Transporter könnte im Aleuten-Graben angegriffen worden sein?"

Ich bejahte. An seine Erklärungen konnte ich mich gut erinnern. Deshalb hatte er mich auch gefragt, ob ich mir unter dem Begriff „Aleuten-Graben" etwas vorstellen könnte. Durch ihre Nachricht war offenbar eine ganz neue Lage entstanden, was mich natürlich brennend interessierte.

„Es waren dort von einem der Küstenwachboote Explosionen und Sinkgeräusche vernommen worden. Deshalb suchte man dieses Seegebiet planmäßig ab. Es wurden Tiefseeboote eingesetzt, deren Druckkörper aus molekularverdichtetem Panzerstahl bestehen. Der Transporter ist in der vergangenen Nacht geortet und anschließend gefunden worden. An Bord muß eine schwere Explosion stattgefunden haben, denn das halbe Vorschiff ist weggerissen worden. Das Boot liegt nur dreitausendachthundert Meter unter dem Meeresspiegel, da es sich auf einem unterseeischen Plateau gefangen hat, das, von einer Aleuten-Insel ausgehend, weit bis in den Graben hineinragt."

„Sind die Panzertaucher schon im Boot?" fragte ich atemlos.

„Sie sind dabei. Die Männer sind der Ansicht, daß aus dem Transporter kein Mensch lebend herausgekommen ist. Es ist also möglich, daß Professor Morrows Leiche gefunden wird Wenn er während der Explosion noch im Boot war, so müßte sie an sich geborgen werden. Mit den neuen Tiefsee-Tauchgeräten kann das ganze Boot abgesucht werden."

Ich wollte noch etwas sagen, aber hinter mir flammte die Bildfläche des Sichtsprechgerätes auf. Der Erste Offizier meldete den Kreuzer klar zum Auslaufen.

„Ich muß auf die Brücke", sagte ich hastig. „Wir unterhalten uns über die Angelegenheit, sobald wir die offene See erreicht haben. Gehen Sie besser in Ihre Kabine."

Als ich meine Mütze ergriff, rief sie mir noch nach:

„Blamieren Sie sich nur nicht bei dem Auslaufmanöver. Die Besatzung wird Sie dabei besonders scharf beobachten. Sie will sehen, was der neue Kommandant kann."

„Sie wird auf ihre Kosten kommen."

5.

Der Kreuzer hatte bei einer Unterwasser-Marschfahrt von achtzig Seemeilen knapp dreißig Stunden benötigt, um die Strecke San Francisco – Tanaga zu überwinden.

Ich stand in der kreisförmigen, direkt unter dem Turm eingebauten Zentrale und beobachtete die Bildschirme des hochwertigen Sup-Asdic-Gerätes, das ununterbrochen das vor uns liegende Seegebiet abtastete.

Auf den drei anderen Rundsichtbildschirmen erschienen der Meeresboden und die seitlich von uns liegenden Wassermassen.

Die Nummernskala des Tiefenmessers stand seit einigen Stunden auf der Zahl „fünfhundert". Diese Tiefe war von den vollautomatischen Kontrollen laufend eingehalten worden. Die technischen Einrichtungen des Kreuzers waren zu neunzig Prozent automatisiert; deshalb erforderte der Sechstausend-Tonnen-Gigant nur eine Besatzungsstärke von hunderteinundzwanzig Mann einschließlich Kommandant.

Außer dem Unterwasserradar zur Außenbordbildaufnahme lief noch das auf Ultraschallbasis arbeitende Sup-Asdic-Gerät, dessen Tast- und Ortungsergebnisse in bildartigen Grafiken wiedergegeben wurden.

Damit verfügte der Kreuzer über zwei verschiedenartige Ortungsgeräte, die sich in ihren Ergebnissen ergänzten. Das moderne U-Radar hatte außerdem den Vorteil, daß geortete Körper optisch sichtbar gemacht werden konnten. Die genauen Relief-Echogramme des Asdic-Gerätes waren ebenfalls verläßlich.

Ich konnte durch die vollautomatische Auswertung an den Instrumenten ablesen, daß der unter uns liegende Meeresboden fast übergangslos nach unten absank. Die Walzenskalen tickten sehr rasch weiter. Das Unterwasserfernbild des Radars begann zu verschwimmen.

„Der Aleuten-Graben, Sir", berichtete der Erste Radaroffizier des Bootes. „Da muß vor unbekannten Zeiträumen ein gewaltiger Einbruch des Meeresbodens stattgefunden haben."

Ich nickte geistesabwesend. Meine Gedanken kehrten wieder zu dem U-Transporter zurück, der nach den Mitteilungen meiner Kollegin in dreitausendachthundert Meter Tiefe auf Grund liegen sollte. Ich konnte mir vorstellen, wie es in dem stählernen Fisch aussah. Die zulässige Höchsttauchtiefe für meinen starken Offensivkreuzer belief sich auf fünfzehnhundert Meter, kurzzeitig verantwortbar waren allenfalls zweitausend Meter. Sollte ich es riskieren, noch tiefer zu gehen, so konnte ich sicher sein, daß der starke Wasserdruck das Boot zusammenpressen würde.

Wahrscheinlich war das mit dem Druckkörper des Transporters aber nicht geschehen. Die Explosion hatte zweifellos schon stattgefunden, als er sich noch in geringeren Wassertiefen befand. Das Wasser mußte in den Rumpf eingedrungen sein und den Druckausgleich hergestellt haben. Infolgedessen konnten die Überreste nicht zerdrückt worden sein. Wenn meine Annahme stimmte, gab es berechtigte Hoffnung, daß Professor Morrows Leiche gefunden wurde.

Diese Überlegungen beschäftigten mich schon während der ganzen Fahrt. Morrow hatte sehr wichtige Unterlagen mitgeführt. Es handelte sich um Pläne über die unterirdischen Atomwaffendepots auf Tanaga, die er persönlich nach Washington bringen sollte. Sollte seine Leiche nicht entdeckt werden, so konnte daraus nur die Schlußfolgerung gezogen werden, daß man ihn vor dem Untergang aus dem Boot herausgeholt hatte. Das aber würde eine Katastrophe bedeuten, da Morrow zu den Kernphysikern gehörte, die an der Entwicklung der C-Bombe maßgebend beteiligt waren.

Die Kohlenstoffbombe war eine Weiterentwicklung der H-Bombe. Etwa vor einem Jahr hatte man den ersten Versuch mit der C-Bombe gestartet. Man hatte alle Vorsichtsmaßnahmen getroffen und dieses Experiment auf der Rückseite des Mondes vorgenommen.

Dabei war festgestellt worden, daß man sich wieder einmal verrechnet hatte. Die Energieentwicklung der C-Reaktion war tausendmal stärker gewesen als die einer H-Bombe. Man sprach vergleichsweise von zehn Milliarden Tonnen TNT.

Vier dieser Bomben hatte ich an Bord, und der verschwundene Kernphysiker wußte genau, wie die C-Bomben hergestellt wurden.

Während ich noch über den Fall nachgrübelte, zuckte der neben mir sitzende Radaroffizier zusammen. Ich bemerkte, daß er sich nach vorn beugte und auf die Bildfläche des Grundtasters blickte.

Ich wollte ihn gerade fragen, als er erregt meldete:

„Ortung, Sir. Fremdkörper etwa vierhundert Meter unter uns. Liegt noch etwas zurück, kommt aber rasch auf."

Ich fuhr herum, wie von einer giftigen Viper gebissen. Mit zwei Sprüngen war ich vor dem Bildschirm, auf dem die verschwommenen Umrisse des tief unter uns liegenden Meeresboden zu sehen waren. Ich beobachtete jetzt etwas, was vor Augenblicken noch nicht sichtbar gewesen war.

Es war ein langgestreckter, grünleuchtender Fleck, der sich sehr rasch über den Rand der Bildfläche bewegte. Aus der Gradeinteilung ging hervor, daß dieser Fleck, der nur von einem großen Körper herrühren konnte, genau in unserem Kielwasser folgte.

Der Radaroffizier schaltete bereits. Unser spezieller Objekttaster begann zusätzlich zu arbeiten. Es war ein typischer Richtstrahler, der sich nun automatisch auf das von dem Breitbandgerät ausgemachte Objekt einpeilte.

„Schalten Sie auf Bild", befahl ich mit geschauspielerter Ausgeglichenheit. Ich war mir nicht bewußt, daß ich mit beiden Händen die Sitzlehne des vor mir angebrachten Drehsessels umklammerte.

Eine andere, ebenfalls kreisförmige Bildfläche flammte auf. Sie gehörte zum Objekttaster und zeigte nur das, was von dem scharfgebündelten Impulsstrahl aufgenommen wurde.

Der tief unter uns aufkommende Körper wurde in seinen Umrissen sichtbar. Es dauerte einige Augenblicke, bis das Bild schärfer wurde.

Der Radaroffizier drehte an der Mikrometerabstimmung der Feineinstellung. Plötzlich entstand der Eindruck, als schösse der Körper auf uns zu.

„Vergrößerungsstufe fünf, Sir. Wahre Entfernung 832. Boot liegt auf Kurs 326 Grad."

Das war exakt unser Kurs. Ich hörte die diensthabenden Männer der Zentrale erregt atmen und fühlte auch ihre Blicke.

Vor dem Bildschirm stehend starrte ich auf das naturgetreue Abbild des Bootes, das mit großer Geschwindigkeit von achtern aufkam.

Der Radarmann ermittelte bereits die Feindaten. Ich vernahm das Summen der elektronischen Rechenmaschine.

„Fahrt des fremden Bootes genau 98,3 Seemeilen", meldete er. Seine Stimme klang so ruhig, als säße er in einer Hotelhalle und nicht in der Zentrale eines kampfstarken U-Kreuzers. „Wahrscheinlich ein schnelles Jagdboot!"

„Können Sie noch stärker vergrößern?"

„Nein, Sir. Fünffach ist die Grenze."

„Dann versuchen Sie, ob Sie das Bild noch etwas klarer bekommen. Ich möchte den Typ erkennen."

Es gelang ihm tatsächlich. Der dunkle Körper zeichnete sich plötzlich noch schärfer ab.

„Kenne ich nicht, Sir", meinte der Radarmann. Ich zweifelte nicht an seiner Aussage. Er konnte diesen Bootstyp auch nicht kennen, da er wahrscheinlich niemals in einem chinesischen U-Bootshafen herumgeschnüffelt hatte.

Ich dagegen erkannte augenblicklich, mit wem wir es zu tun hatten. Die plumpe Torpedoform des etwa hundertvierzig Meter langen Bootes war mir sehr gut bekannt, da ich gerade in dieser Richtung in Asien gearbeitet hatte. Ich wußte, daß es sich um eines der modernsten und schnellsten U-Jagdboote des GAS handelte. Charakteristisch war der fehlende Turmaufbau, der an dem fremden Boot durch eine flache Stahlkuppel ersetzt war.

Ich wandte mich wieder um und schlug mit der Hand auf den roten Schalter. Während die anwesenden Männer der Wache zu schwitzen begannen, schrillten im Boot die Alarmanlagen auf.

Die Klingeln hallten noch nach, als der I. O. in die Zentrale gestürzt kam. Schreckensbleich sah er mich an. Ich ahnte, daß er in dem Augenblick an die vier C-Bomben dachte, die wir an Bord hatten.

„Klar Schiff zum Gefecht, Mr. Sonth. Ich will die Leute in einer halben Minute auf den Gefechtsstationen sehen."

Er begab sich sofort an die Mikrophone der Rundrufanlage.

Ich drückte den Schalter nieder. Vor mir flammten etliche kleine Bildflächen auf.

„Maschine", schrie ich in das Mikrophon, „dreimal äußerste

Kraft voraus und alle mehr! Fahrtsteigerung auf mindestens neunzig Knoten."

Der diensthabende Ingenieur bestätigte. Ich sah auf der Bildfläche, wie seine Hände arbeiteten.

In das dumpfe Rauschen der schweren Staustrahltriebwerke mischte sich das Aufheulen der Quecksilber-Dampfstrahlturbinen. Der Plutonium-Meiler hatte nun für alle Triebwerkseinheiten die thermische Aufheizungsenergie zu liefern. Bei den enorm hohen Arbeitstemperaturen geschah das innerhalb von Sekunden.

Die Turbinen heulten noch schriller auf. Im gleichen Augenblick kuppelte die ebenfalls turbobetriebene Schraube ein, die normalerweise lediglich als Zusatztriebwerk diente. Sie wurde sonst nur bei Aus- und Einlaufmanövern verwendet.

„Schraubenturbinen laufen Umdrehungen für zwanzig Knoten", meldete die Maschine. „Schubleistung der DS- und Staustrahltriebwerke für siebzig Meilen."

Die Meldung war sehr schnell gekommen. Demnach hatten sie die Maschinen auf Leistung „gekitzelt". U-2338 schoß plötzlich mit neunzig Meilen durch die See.

„Fremdes Boot holt auf", meldete der Radaroffizier nervös. „Aufkommgeschwindigkeit 8,3 Knoten."

Diese Angabe war für mich die letzte Bestätigung. Ich wußte genau, daß die neuen, kleinen Jagdkreuzer des GAS etwa hundert Seemeilen laufen konnten.

„Wer ist das, Sir?" fragte der I. O. und fuhr sich über die schweißbedeckte Stirn. Aus geweiteten Augen starrte er auf die Spezialbildfläche des Objekttasters. Der chinesische Jäger wurde immer deutlicher sichtbar. Infolge unserer Fahrterhöhung kam er nicht mehr so schnell auf, doch es konnte nur noch eine Frage von Minuten sein, bis er direkt unter uns stehen würde.

Über diese Tatsache war ich mir klar, doch ich fragte mich, was dieses sinnlos erscheinende Tun eigentlich bedeuten sollte! Wenn der fremde Kommandant zum Angriff entschlossen war, dann hätte er längst dazu übergehen können. Deshalb brauchte er nicht so nahe heranzukommen!

Ich überlegte angestrengt, doch ich fand keine befriedigende Erklärung. Wieder mußte ich an die vier C-Bomben denken, die gut verstaut im Laderaum T-3 lagen.

„Was hat der nur vor?" schrie der „Erste". „Gleich ist er genau unter uns."

Darauf hatte ich nur gewartet. Auf dem Bildschirm konnten wir das fremde Boot nun genau von oben betrachten. Ich verzog die Lippen zu einem bissigen Grinsen und drückte wieder einen Schalter nieder. Der L. I. erschien auf dem Kontrollschirm.

„L. I., klarmachen zum Manöver. Ich wünsche, daß Sie blitzartig reagieren."

In unserem Ortungstaster tickte es. Der Zentralemaat rief zu mir herüber:

„Wir werden angepeilt, Sir. Ultrakurze Impulse, Lautstärke dreizehn."

Sogleich darauf meldete sich der Radaroffizier erstaunlich ruhig.

„Fremdes Boot steigt. Hat seine Fahrtstufe der unseren angeglichen."

Auf der Bildfläche konnte man das noch nicht bemerken, da sich der Bug des kleinen Kreuzers nur unmerklich aufgerichtet hatte. Es waren auch keine entweichenden Luftblasen zu beobachten, so daß der stählerne Fisch dynamisch auftauchte. Das geschah in dem Fall nur mit Hilfe der vorderen und achteren Tiefenruder.

„Boot steigt mit drei Meter pro Sekunde", ergänzte der Radaroffizier.

Nun hatte ich Gewißheit. Wenn die Burschen nicht etwas Gemeines beabsichtigten, dann wollte ich nicht in der Zentrale von U-2338 stehen.

„I. O., sehen Sie genau auf den Schirm. Können Sie auf dem Boot irgendwelche Nationalitätskennzeichen erkennen?"

Die Antwort lautete klar „nein". Ich begann eisig zu lächeln.

„Sliter, lassen Sie die automatische Filmkamera anlaufen. Tempo."

Der Radaroffizier schaltete, und schon surrte die Kamera. Sie hielt das Bild fest, das auf der Spezialbildfläche erschien.

„Meine Herren, ich stelle fest, daß wir es hier mit einem Piraten-U-Boot zu tun haben. Einwendungen?"

Sie starrten mich schweigend an. Ich bemerkte eine allgemeine Bestürzung.

„Also keine Einwendungen. Sie werden später zu bezeugen haben, daß das Boot keine Nationalitätsfarben, noch nicht einmal eine Nummer trug. Das wäre alles."

Ich drückte erneut einen Schalter nieder und sprach ins Mikrophon.

„Achtung, Hecktorpedoraum. Klarmachen zum Unterwasserbeschuß. Viererfächer vorbereiten. Raketenstrahltorpedos mit Plutonium-Sprengköpfen verwenden. Robotzielgeräte in Torpedoköpfen anlaufen lassen. Ausführung."

Der achtere Torpedooffizier bestätigte.

„Sir, um Himmels willen, das können Sie doch nicht ...!" rief der I. O. entsetzt.

„Ich habe Sie nicht um Ihre Meinung gefragt, Mr. Sonth", entgegnete ich hart.

„L. I., dynamisch auftauchen. Steigwinkel dreißig Grad. Auf Antennentiefe gehen, klarmachen zum Ausfahren der Richtstrahlantenne. Ausführung."

Die Befehle drangen aus allen Lautsprechern der Rundrufanlage. Im nächsten Augenblick schoß der U-Kreuzer so ruckartig nach oben, daß sich die Leute krampfhaft festhalten mußten.

Unsere Maschinen tobten nach wie vor mit höchster Kraftentfaltung, so daß wir regelrecht auf die noch ferne Wasseroberfläche zurasten.

„Sliter, kommt das fremde Boot mit?"

Der Radaroffizier zögerte eine Sekunde. Hinter ihm summte die elektronische Rechenmaschine.

Er hatte anscheinend verneinen wollen, doch plötzlich rief er erregt:

„Boot folgt, Sir."

Das reichte mir zum endgültigen Entschluß. Obwohl ich mir noch immer nicht darüber klar war, was die Manöver zu bedeuten hatten, traute ich dem Frieden nicht mehr. In mir kam ein ungutes Gefühl auf, zumal ich mich daran erinnerte, daß ich nur ein Pseudo-Kommandant war. Natürlich war ich verantwortlich für das Boot, aber ich hatte auch meine weitreichenden Sondervollmachten als Captain der GWA in der Tasche.

Wir waren nur noch knapp fünfzig Meter unterhalb der Wasseroberfläche. Unter uns kam der schwarze Stahlrumpf mit steil nach oben gerichtetem Bug angeschossen.

Unser L. I. brachte den Kreuzer wieder in die waagerechte Lage. Kurz danach klang seine Stimme auf:

„L. I. an Kommandant. Boot befindet sich auf Antennentiefe. Frage: Soll Richtstrahler ausgefahren werden?"

Ich zögerte einige Augenblicke. Plötzlich vernahm ich die pochenden Schläge, die durch den ganzen Rumpf liefen.

„Was ist das?" erkundigte sich der Erste. „Das ist keine Asdic-Ortung. Das klingt anders."

Ein seltsames Gefühl ergriff mich! Eine dringende Warnung, die mich immer mahnte, wenn irgend etwas gefährlich war.

Ich zögerte keine Sekunde mehr.

„Heck-Torpedoraum, Achtung!" brüllte ich in die Mikrophone. „Rohr eins klar zum Schuß."

„Rohr eins klar", wurde gemeldet. „Fernsteuergerät zur Zielkurseinweisung läuft. Robotsteuerung in Torpedokopf läuft."

„Rohr eins ... lllos ...!"

Weit hinten, im achteren Torpedoraum, zischte es kurz auf. Zusammen mit einem quirlenden Preßluftstrom schoß der zehn Meter lange Torpedo aus dem Ausstoßrohr. Auf den Heckbildflächen des Radarbreitstrahlers erschien er als blitzender Strich, der unter der Entwicklung einer Leuchterscheinung und aufwallender Wassermassen erst nach achtern und dann plötzlich nach unten schoß.

Der Torpedo war mit einem Feststoffraketentriebwerk ausgerüstet, das auch unter Wasser arbeitete, da der zur Verbrennung notwendige Sauerstoff im Treibsatz enthalten war.

Diese Torpedos erreichten eine Geschwindigkeit von einhundertsiebzig Knoten und liefen vier Meilen weit. Fehlschüsse waren so gut wie unmöglich. Die vollautomatischen Robotzielgehirne waren jahrelang erprobt und immer wieder verbessert worden.

Der Aal verschwand. Unser Kreuzer jagte weiter.

Das seltsame Pochen hatte sich zu einem kreischenden Geräusch verstärkt, das den gesamten Bootskörper erzittern ließ.

Wir hielten uns krampfhaft an den Halteschlingen fest, die überall im Boot angebracht waren. Die Sichtgläser der Instrumente führten einen seltsamen Tanz auf. In diesem Augenblick drang die Stimme des Leitenden Ingenieurs aus allen Lautsprechern.

„Sir", schrie er, „wir werden offenbar mit einem Ultraschallstrahler angegriffen. Ich kenne das bohrende Heulen aus den letzten Manövern, bei denen wir ebenfalls Versuche mit einem Unterwasserschallstrahler durchführten. Wenn der Torpedo nicht sitzt, dann ..."

Der L. I. beendete den Satz nicht mehr. Im nächsten Sekundenbruchteil wurde ich mit größter Wucht auf den Boden der Zentrale geschleudert.

Der I. O. fiel schwer auf meine Beine. Dicht vor mir schrie jemand gellend auf.

Der U-Kreuzer war von der verheerenden Druckwelle erfaßt worden, die durch die Detonation des Atomsprengkopfs des Torpedos erzeugt worden war.

Das Licht begann zu flackern, doch die Bildfläche des Objekttasters arbeitete einwandfrei weiter.

Ich sah den grellweißen Feuerschein, der tief unter uns in der nachtschwarzen See aufglutete. Ich bemerkte auch die blutrot leuchtenden Wasserdampfmassen, die infolge der hohen, thermischen Wirkungsgrade der Kernspaltung dort unten brodelten.

Die Explosion fand in einer Wassertiefe von dreihundertvierzig Metern statt. Das war das Ende des unbekannten Bootes. Ich konnte deutlich feststellen, daß unser Torpedo dicht über dem Buckelturm detoniert war. Das war aber auch alles, was ich mit den Blicken erhaschen konnte.

Der stählerne Fisch verwandelte sich schlagartig in ein zerberstendes Gebilde, das von den unheimlichen Kräften förmlich atomisiert wurde.

Im nächsten Augenblick dröhnte unser Kreuzer auf, als wollte er sich ebenfalls in seine Bestandteile auflösen. Es donnerte und krachte so ohrenbetäubend, daß mir der Schädel schmerzte. In dem kurz aufzuckenden Licht sah ich den weit aufgerissenen Mund des I. O. Er schrie sicherlich, doch ich konnte keinen Ton hören.

Dann erfaßte uns endgültig die Druckwelle, die sich nun gewaltsam nach oben durchgearbeitet hatte. Wir konnten uns nur noch am Rande der entfesselten Gewalten befinden, trotzdem wurde unser Sechstausend-Tonnen-Kreuzer mit unheimlicher Wucht nach oben gerissen. Wir schossen meterhoch aus den brodelnden und verdampfenden Wassermassen heraus, fielen schwer in die Fluten zurück und wurden nochmals hochgerissen.

Es war ein Wunder, daß der Druckkörper diesen Kräften trotzen konnte.

Ich hörte das schrille Heulen unserer Triebwerke, als sie sekundenlang im Leerlauf rasten. Dann tauchten wir wieder ein. Plötzlich wurde es ruhiger. Das Boot rollte noch wie ein verwundeter Riesenfisch, doch wir waren endgültig aus dem Randgebiet der Druckwelle heraus.

Weit hinter uns stiegen Fontänen aus der kochenden See auf. Gischtend, brühheiß und verdampfend schossen die Fluten in den wolkenverhangenen Himmel. Als die aufgewühlten Wassermassen wieder zurückfielen, waren wir schon weit entfernt. Das Grollen verhallte. Das Boot wurde von den vollautomatischen Stabilisatoren aufgefangen. Vorübergehend flackerte das Licht noch leicht; dann strahlten die Leuchtröhren wieder in hellem Glanz.

Stöhnend richtete ich mich vom Boden auf. Unbewußt fuhr ich mir mit dem Handrücken über mein blutverschmiertes Gesicht. Neben mir erhob sich taumelnd der Erste Offizier. Sein Gesicht war verzerrt und leichenblaß.

Ich achtete nicht auf die erregten, überall aufklingenden Rufe, sondern stürzte an die Mikrophone.

„L. I.“, schrie ich hinein, „ist das Boot noch klar? Maschine, sofort Meldung abgeben.“

„Wassereinbruch im achteren Torpedoraum“, gab der Chefingenieur ruhig durch. „Lecksicherungskommandos unterwegs. Trimmzellen 8,13 und 14 sind leckgeschlagen. Das achtere Steuerbord-Tiefenruder klemmt.“

„Trimmen Sie den Hering aus“, rief ich ruhiger zurück. „Maschine, wie sieht es bei Ihnen aus?“

„Keine Schäden, Sir“, berichtete der diensthabende Ingenieur. „Geringfügiger Wassereinbruch kann abgedichtet werden. Fahrt kann gehalten werden.“

„Gehen Sie auf reduzierte Marschfahrt fünfzig Meilen. L. I., auf vierzig Meter Tiefe abtauchen. Lassen Sie den Kahn nicht absacken!“

Die Meldungen aus den anderen Abteilungen kamen ohne Verzögerung. Die übrigen Besatzungsmitglieder waren völlig verstört, doch sie reagierten einwandfrei. Aus den Meldungen ergab sich, daß die Schäden nur achtern aufgetreten waren, da sich die Druckwelle dort am stärksten ausgewirkt hatte.

Ich setzte mich auf den Drehsessel des Kommandanten und blickte die Männer an. Einige von ihnen grinsten schon wieder.

„Das ..., das war aber verflucht nahe, Sir!“ äußerte der I. O. „Der Sprengkopf hatte immerhin eine Energieentwicklung von sechshundert Tonnen TNT. Wenn wir nicht im ‚weichen‘ Wasser dicht unter der Oberfläche gewesen wären, hätte es uns zerrissen.“

„Was denken Sie wohl, weshalb ich vor dem Schuß aufgetaucht bin?“ entgegnete ich sachlich. „Unsere hohe Fahrtstufe hat uns noch rechtzeitig aus dem Hexenkessel herausgebracht. Hängen Sie sich nun den Geigerzähler um den Hals, und gehen Sie mit dem Ortungstrupp das Boot ab. Falls der Druckkörper irgendwo radioaktiv geworden ist, erwarte ich sofort Meldung.“

Er salutierte und verließ die Zentrale. Als er gerade die Schiebetür schließen wollte, tauchte Elis Teefer auf. Ich sah ihr leichenblasses Gesicht und bemerkte die blutunterlaufene Beule an ihrer Stirn.

Fragend sah sie mich an. Ihre Beherrschung war bewundernswert. Es gab keine hysterischen Rufe, sondern nur eine stumme Frage.

„Hallo, Doktor, habe ich Sie gestört?"

Sie lächelte schwach.

„Ich nehme an, daß wir uns dicht am Zentrum einer Unterwasserdetonation befunden haben."

„Exakt definiert", bestätigte ich. „Jemand hatte sich tatsächlich eingebildet, er könnte ums ungestraft mit einem Ultraschallstrahler angreifen. Wahrscheinlich hoffte der fremde Kommandant, wir würden lange genug zögern. Diesen Gefallen haben wir ihm aber nicht getan. Sliter, Ihre Kamera hat doch hoffentlich fehlerfrei funktioniert?"

„Darauf können Sie sich verlassen, Sir", versicherte der Radaroffizier. Er nahm soeben den Film aus der Automatkamera.

„Sie sollten zum Bordarzt gehen, Sir", riet Elis mir noch, bevor sie sich wieder zurückzog.

Ich betrachtete mein Gesicht in der spiegelnden Scheibe eines Bildgerätes. Über dem linken Auge hatte ich eine klaffende Rißwunde.

„Schön, konsultieren wir den Arzt. Sliter, geben Sie Anweisung an den L. I. Er soll auf Antennentiefe gehen. Schicken Sie mir den Funkoffizier. Ich bin bei Dr. Tolst."

„Aye, aye, Sir."

6.

Wir wurden von zwei kleinen Booten der Küstenwache bereits erwartet. Es handelte sich um schwerbewaffnete Tiefseeboote, deren schwarze Hechtkörper direkt vor der Einfahrt lagen.

Deutlich erschienen sie auf den Bildflächen unserer Radarbreitstrahltaster. Im Empfänger des Unterwassersprechfunkgerätes begann es zu knacken.

„CC-215", Commander Furles an U-2338, bitte melden."

Ich ergriff das Mikrophon und meldete mich. Unser Richtstrahler war genau auf das anrufende Boot eingepeilt.

„Verstanden, Sir", gab der Commander des Wachbootes zurück. „Anfrage im Auftrag von Admiral Porter: Sind Sie voll manövrierfähig? Können Sie ohne fremde Hilfe in die Schleuse einlaufen?"

Die offene Anfrage erschien mir etwas unvorsichtig, bis ich mich daran erinnerte, daß die Richtstrahlimpulse eines Unterwasserfunksprechgerätes sich so schnell ausbreiteten, daß sie schon einen Kilometer hinter dem angepeilten Boot nicht mehr abgehört werden konnten. Unterwassersprechgeräte eigneten sich nur zur unmittelbaren Bord-zu-Bord-Verbindung. Sollten größere Entfernungen auf dem Funkweg überbrückt werden, mußten die Boote notgedrungen auftauchen und die Antenne über die Wasseroberfläche bringen.

„Ich bin voll manövrierfähig", lautete meine Antwort.

„Danke, Sir. Achten Sie auf die Echosender, die auf dem Grund der Einfahrt aufgestellt sind. Sie werden eingeschaltet, sobald Sie die Sperrgebietmarkierung überfahren. Hauptschleuse II ist für Sie geflutet worden. Wir bleiben hinter Ihnen. Ende."

Auch ich schaltete ab. Dann achtete ich auf den vorderen Bildschirm, der zeigte, daß wir uns den unterseeischen Schluchten und Felsen der Aleuteninsel Tanaga näherten.

„Genau auf zweiundneunzig Meter Tiefe gehen", gab ich an den L. I. durch. „Auf Leuchtboje achten."

Mit langsam laufender Schraube schoben wir uns an die düsteren Felsmassen heran, die vor uns aus dem Grund emporwuchsen. Unter uns lag eine unwirklich anmutende Unterseelandschaft, die an dieser Stelle ausschließlich von erstarrten Lavamassen gebildet wurde. Hier mußte vor langen Zeiträumen die Hölle getobt haben.

Unsere beiden Haupttriebwerke waren längst abgeschaltet. Mit nur drei Seemeilen Fahrt näherten wir uns der Schlucht, die von zwei schwarzen Basaltwänden gebildet wurde. Das war die Einfahrt zur Hauptschleuse II.

Dicht vor uns zuckte das rote Licht der fest angebrachten

Grundboje auf. Als wir darüber hinwegglitten, begannen die automatischen Peilsender auf Ultraschallbasis zu arbeiten. So kamen wir sicher voran. Immer tiefer ging es in die unterseeische Schlucht hinein, bis wir uns direkt vor steil aufragenden Felswänden befanden.

Ich war zum erstenmal hier. Mein Erstaunen über die hier vollbrachte Leistung war echt. Die Männer, die dieses Wunderwerk geschaffen hatten, mußten unter härtesten Bedingungen gearbeitet haben.

Ich betrachtete die fremde Umgebung. Vor mir taten sich die Wunder des Meeres auf. Es war alles düster und schwarz, nirgends bemerkte ich schillernde Korallenbänke oder unterseeische Gewächse. Es machte sich bemerkbar, daß wir uns bereits in der arktischen Meereszone befanden.

Ich hatte nichts mehr zu tun, da die Einweisung des Kreuzers vollautomatisch vorgenommen wurde.

Ich hörte, daß die Maschine für Augenblicke verstummte. Plötzlich öffnete sich vor dem Boot eine stählerne Wand, die so geschickt den übrigen Felsmassen angepaßt war, daß ich sie erst jetzt erkennen konnte.

Ich vernahm ein dumpfes Poltern, als die Schleusentore aufglitten. Das also war einer der Eingänge zu dem geheimnisvollen Marinestützpunkt Tanaga.

Immer weiter öffnete sich die Schleuse. Nach einigen Augenblicken konnte ich eine riesige Felshalle erkennen, die sich tief in den Fels erstreckte. Sie mußte mehr als dreihundert Meter lang sein, so daß auch große Transporter einlaufen konnten. Der Eingang war quadratisch, doch die Halle schien rund zu sein.

Unser Kreuzer nahm wieder Fahrt auf. Langsam schob sich der Bug in die gewaltige Öffnung hinein. In der Schleusenhalle flammte das Licht auf. Es brach sich in dem dunklen Wasser, mit dem die Schleuse gefüllt war. Sie war hundertprozentig geflutet worden.

Das halbe Vorschiff war hindurch. An dem kurzen Rucken und Zittern bemerkte ich, daß die magnetischen Greifer das Vorschiff erfaßt hatten. Unsere Maschine verstummte endgültig, da wir nun automatisch in die unterseeische Halle hineinbugsiert wurden.

Atemlos beobachtete ich die verschiedenartigen Manöver, bis wir plötzlich stillagen. Unter mir polterte und rumorte es, als der Bootskörper auf die Magnetschienen gezogen wurde.

Vor mir flammte rotes Licht auf. Ich drückte den Schalter nach unten.

„Schleusenzentrale", klang es auf. „Boot ist magnetisch verankert. Wir lenzen die Schleuse."

Ich bestätigte den Empfang und wartete. Hinter uns dröhnte es erneut, als sich die Schleusentore schlossen. Anschließend begannen die Turbopumpen zu arbeiten. Fasziniert beobachtete ich den Vorgang, denn ich konnte mir vorstellen, welcher Kraftaufwand erforderlich war, die gewaltigen Wassermassen aus der großen Schleuse hinauszupumpen. Wir befanden uns immerhin in einer Tiefe von zweiundneunzig Metern.

Das Wasser umquirlte schaumig den Bootskörper, doch es dauerte nicht lange, bis der Wasserspiegel rapide sank. Sie mußten sehr starke Pumpen einsetzen, denn nach knapp fünf Minuten tauchte bereits unser Turm aus dem Wasser auf.

Ich erteilte einige kurze Befehle und betrat die Rolltreppe, die mich nach oben brachte. Nachdem das vordere Turmluk aufgeglitten war, schwang ich mich hinaus. Der I. O. folgte mir. Plötzlich befanden wir uns in der hellerleuchteten Riesenhalle, in der der Wasserspiegel sehr rasch sank. Ich konnte das dumpfe Heulen schwerer Turbopumpen hören. Als das Geräusch verstummte, war der Kreuzer praktisch aufgetaucht.

Sie hatten die Halle nicht vollständig leergepumpt, aber das war auch nicht erforderlich. Es genügte, wenn der Turm und die Ladeluken frei waren. Das Boot wäre noch geschwommen, wenn unsere Tauchzellen nicht geflutet gewesen wären. Durch diese Überbelastung lagen wir fest auf den Spezialschienen, mit denen wir zusätzlich magnetisch verankert waren.

„Feine Sache, nicht wahr, Sir", meinte der I. O. Er blickte mich respektvoll an. Die Sache mit dem gewagten Torpedoschuß hatte offensichtlich auf die Leute einen starken Eindruck gemacht.

Ich nickte und sah zu dem Teil der hervorragend ausbetonierten Halle hinüber, wo sich soeben ein halbrundes Panzerschott öffnete. Die breiten Fahrbahnen auf beiden Seiten der Halle waren frei vom Wasser, so daß der kleine Wagen hereinfahren konnte.

Es war ein offener Militärwagen, vergleichbar mit einem alten Jeep. Ich erkannte einige uniformierte Männer, die auf den Ärmeln ihrer dunkelblauen Uniformjacken die weißen Armbinden des Marinesicherheitsdienstes trugen.

Mit kreischenden Bremsen stoppte der Wagen vor der langen Auslegerbrücke, die augenblicklich noch eingefahren war.

Als die Leute ausstiegen, begann es zu summen. Die Brücke aus einem leichten, aber stabilen Kunststoffmaterial senkte sich herab. Es dauerte nur wenige Augenblicke, bis sie auf der vorderen Laufbrücke aufschlug. Sie schob sich noch etwas auseinander, bis sie fest und sicher auflag.

„Das ist Tanaga, Sir", sagte der I. O. beinahe ehrfurchtsvoll. Und in diesen Minuten konnte ich ihn gut verstehen.

Als ich dann aber den Mann sah, der mit seltsam hüpfenden Schritten über die Laufbrücke kam, mußte ich mich gewaltig zusammennehmen. Der Gnom hatte sich wirklich nicht verändert!

*

Hinter mir hüstelte jemand. Aus den Augenwinkeln heraus erkannte ich, daß Elis Teefer nach oben gekommen war. Die Beule an ihrer Stirn war durch die medizinischen Künste unseres Bordarztes fast verschwunden. Auch meine Stirnwunde würde spätestens morgen verheilt sein, da sie mit lebenden Gewebekulturen behandelt worden war.

Augenblicklich war die Wunde noch geklebt. Ich hatte deshalb die Gewißheit, daß keine störende Narbe zurückblieb.

Vor dem Turm öffneten sich die Luken. Die Leute strömten heraus. Sie sahen sich nicht besonders verwundert um, da sie schon oft in Tanaga gewesen waren.

Ich achtete kaum auf sie, da sich meine volle Aufmerksamkeit auf den Zwerg richtete, der über die Verbindungsbrücke getänzelt kam.

Die Leute, die sich unten vor dem Turm aufhielten, begannen unverhohlen zu grinsen. Ich konnte es ihnen nicht verübeln.

Agent MA-23 war schließlich erst seit sieben Tagen in Tanaga, so daß sie ihn vorher nicht kennengelernt haben konnten.

Ich blickte zu den Männern des Navy-Sicherheitsdienstes hinüber, die hinter ihrem Korvettenkapitän herschritten. Tatsächlich, der liebe Hannibal-Othello-Xerxes hatte drei mittelbreite Goldstreifen an den Ärmeln. Das verschlug mir fast die Sprache. Wenn das nur gutging! Wie war der Alte nur auf den Gedanken gekommen, ausgerechnet Hannibal als Korvettenkapitän in den Sicherheitsdienst von Tanaga einzuschleusen. Den nahm doch niemand ernst!

Seine Männer bemühten sich, ihre Heiterkeit nicht zu zeigen. Meine Leute husteten krampfhaft. Mein I. O. stieß so seltsame Laute aus, daß ich ihn ärgerlich zurechtwies.

„Ich bitte um Beherrschung, Mr. Sonth. Was gibt es hier zu feixen?"

Der I. O. gewann seine Selbstbeherrschung zurück. Ich begann jedoch allmählich zu schwitzen. Sie hätten meine Gefühle bestimmt geteilt, wenn Sie miterlebt hätten, wie Klein-Hannibal in der Uniform aussah! Seine dunkelblaue Schirmmütze war nach oben ausgebeult; verursacht wurde das durch seine eigenartige Kopfform. An dem Burschen schien überhaupt nichts normal zu sein.

Elis hustete in ihr Taschentuch, als Utan auf dem Boot ankam. Der Bootsmann, der unten stand, grüßte stramm, doch seine Augen glänzten verdächtig.

Utan machte seinem Namen alle Ehre, als er behende wie ein Affe die stählernen Sprossen zum Turm hinaufkletterte. Jemand lachte. Ich warf ihm einen drohenden Blick zu.

Hannibal tänzelte auf mich zu. Sein von Runzeln und Sommersprossen bedecktes Gesicht ließ eitel Freude erkennen. Beim Betrachten der Armeepistole an seiner Hüfte mußte man sich unwillkürlich fragen, ob der Kleine mit seinen Kinderhänden auch fähig war, die schwere Waffe zu bedienen.

Dicht vor mir bemühte er sich, eine angemessene Haltung anzunehmen. Er salutierte. Als seine Stimme ertönte, hätte ich mir am liebsten die Ohren zugehalten, um die Lautstärke etwas zu mildern. Hannibals Meldung konnte man überall in der Halle verstehen.

„Korvettenkapitän Ridgeman, Sir. Zweiter Sicherheitschef Tanagas, Sektion Schleusenkammern. Willkommen, Sir."

Ich legte die Hand an die Mütze.

„Captain Liming. Freut mich, Sie kennenzulernen, Mr. Ridgeman."

„Ganz meinerseits, ganz meinerseits, Sir", schrie Hannibal begeistert. „Ist Ihr Boot tatsächlich noch voll manövrierfähig?"

„Wie Sie sehen, bin ich ohne fremde Hilfe eingelaufen."

„Ausgezeichnet. Admiral Porter möchte Sie sofort sprechen. Ihre rapide Abwehr hat allerhand Staub aufgewirbelt. Dürfte ich Ihre Transportpapiere sehen?"

Seine breiten Lippen zuckten, aber seine Augen blickten ernst. In diesem Augenblick erkannte ich erneut, wie sehr man sich in Utan täuschen konnte. Seine äußere Erscheinung, sein Gebaren, der bewußt einfältige Ausdruck seines Gesichts ..., alles war nur Maske. Eine vorzügliche Maske, wie ich zugeben mußte.

Ich bat ihn höflich nach unten. Er forderte Elis auf, ebenfalls zu folgen, da er auch ihre Papiere zu überprüfen habe.

Ich gab dem I. O. einige Anweisungen und glitt die Rolltreppe hinunter. Sorgfältig verschloß ich die Schiebetür. Als ich mich umwandte, war Hannibal wie verwandelt. Sein faltiges Gesicht hatte sich verhärtet. Er wirkte plötzlich gar nicht mehr lächerlich. Seine zuvor wässerigen Augen hatten sich ebenfalls verändert. In gedämpftem Ton sagte er:

„Sehr schön, Langer, daß du endlich hier bist. Hast du schon einmal den Begriff ‚Kommandosache HC-9' gehört?"

Ich blickte ihn bei dieser Frage erstaunt an. HC-9 war meine Codenummer. Mein Auftrag lief unter der Tarnbezeichnung „Kommandosache HC-9."

„Was soll das, Kleiner? Treibst du einen deiner seltsamen Scherze?"

„Mir ist nicht danach zumute", entgegnete er mit dem Anflug eines Lächelns. „Ich habe nur danach gefragt, damit du dich rechtzeitig daran erinnerst, daß du nicht nach Tanaga gekommen bist, um mit der Tür ins Haus zu fallen."

„Das betrifft wohl den Zwischenfall mit dem GAS-U-Boot, nicht wahr?"

„Natürlich. Kein Mensch macht dir einen Vorwurf, daß du den Kahn abgeschossen hast. Es war vermutlich die einzige Lösung. Wir haben inzwischen festgestellt, daß der verschwundene Transporter ebenfalls durch Beschuß aus einer sehr starken Ultraschallkanone angegriffen worden ist. Die Unterwasseraufnahmen kannst du dir später ansehen. Daraus geht hervor, daß das Schicksal deines Kreuzers an einem Fädchen gehangen hat. Du hast noch rechtzeitig geschaltet."

„Schön, daß man das einsieht", sagte ich ärgerlich. „Ich hatte schließlich vier C-Bomben an Bord."

„Sicher, hattest du. Trotzdem bist du mit der Tür ins Haus gefallen, denn die andere Seite wird einen Kommandanten, der derart hart und schnell reagiert hat, vielleicht nicht für geeignet halten. Es ist doch wohl deine Hauptaufgabe, dich mit den Leuten in Verbindung zu setzen."

Ich winkte ab.

„Kein Grund zur Besorgnis. Die Leute werden sich fragen müssen, ob ich ausschließlich aus Vaterlandstreue gehandelt habe oder auf Grund einer anderen Überlegung. Ich war verantwortlich für die Ladung, also mußte ich unter allen Umständen handeln. Damit ist noch lange nicht gesagt, daß ich ein unbedingt verläßlicher Offizier bin. Meine Erfahrungen mit den führenden Köpfen des GAS-Geheimdienstes gehen dahin, daß man solche Punkte genau beachtet und testet. Das ist ein psychologisches Rechenexempel, sonst nichts."

Er blickte mich zweifelnd an. Ruhig fügte ich hinzu:

„Laß das meine Angelegenheit sein, Kleiner. Ich werde schon dafür sorgen, daß man mich nicht für so unbedingt verläßlich hält, wie es augenblicklich noch den Anschein hat.

Wie weit bist du mit deinen Nachforschungen? Vor allem, was macht dein Sender?"

„Aufgebaut und sicher untergebracht. Bisher konnte ich noch keine direkte Verbindung aufnehmen, da mir der Richtstrahler fehlte. Habt ihr ihn mitgebracht?"

„Dafür bin ich schließlich ins Hauptquartier gefahren", warf Elis ein. „Die Antenne ist in meinem Gepäck, getarnt als persönlicher Bedarf. Sorgen Sie dafür, daß der Schrankkoffer gut an Land kommt."

„Wird erledigt. An der Quelle sitzt der Knabe", lachte er leise. „Wie ist es mit der Verbindungsmaschine? Mit den Sup-Ultrakurzen-Wellen komme ich nur dann bis nach Washington durch, wenn wir eine Relaisstation dazwischenschalten."

„Der Atombomber wird in diesen Minuten starten", entgegnete Elis. „Er wird so lange über Tanaga kreisen und als Relaisstation dienen, bis die Sache erledigt ist."

„Ist die Besatzung zuverlässig?"

„Garantiert. Agent TS-19 ist an Bord. Wenn die Maschine nach vierundzwanzig Stunden durch einen anderen Atombomber abgelöst wird, wird sich ein weiterer Agent als Kommandant in der Maschine befinden. Die Direktverbindung ist damit gesichert."

Hannibal nickte zufrieden, doch ich hatte Bedenken.

„Paß nur auf, daß der Spezialsender nicht durch einen dummen Zufall entdeckt wird", warnte ich beunruhigt. „In dem Falle hättest du deine GWA-Marke zu zeigen, und das wäre gleichbedeutend mit einem Scheitern des Unternehmens."

„Er wird nicht entdeckt werden. Abhörgefahr besteht nicht. Ich kann unbesorgt funken, da es in Tanaga kein einziges Gerät gibt, mit dem man die Sup-Ultra-Welle abhören kann. Sie ist immer noch ein sorgfältig gehütetes Geheimnis der GWA. Die Funkabwehr läuft zwar auf Hochtouren, aber das kann uns nichts schaden. Habt ihr eure Kleinsender, damit wir zu jeder Zeit miteinander in Verbindung treten können?"

Ich nickte. Elis bejahte ebenfalls.

Hannibal wollte einige Erklärungen abgeben, doch ich unterbrach ihn mit einer Handbewegung.

„Keine Zeit dafür. Wir werden uns später sehen. Suche mich in meinem Quartier auf und erstatte Bericht. Wir dürfen uns hier nicht zu lange aufhalten."

„Okay", meinte er. „Wie steht es mit deinen Leuten? Zuverlässig?"

Ich zuckte mit den Schultern, da ich trotz schärfster Aufmerksamkeit nichts hatte bemerken können.

„Die Gauner sitzen in unserem Stützpunkt, aber es muß auch Verbindungsleute in Washington oder in Frisco geben", teilte er mit. „Von dem Transport der vier C-Bomben war hier nichts bekannt, das weiß ich bestimmt. Nicht einmal Porter war darüber informiert, demnach muß in den Staaten jemand sitzen, der über den Transport orientiert war und der die Nachricht sofort weitergegeben hat. Was hältst du von Vizeadmiral Songal?"

„Undurchsichtig, aber zweifellos ein tüchtiger Offizier. Der Alte nimmt ihn und seinen näheren Stab zur Zeit unter die Lupe. Vielleicht finden wir etwas. Im Navy-Department sitzt Chef-Admiral Sethler. Er hat die Einschleusung von zwei Agenten ermöglicht. Wir werden infolgedessen sofort feststellen können, ob einer verdächtig ist. Rückendeckung ist also vorhanden. Was macht die Sache mit dem Transporter? Ist Professor Morrow gefunden worden?"

Ich hatte bereits den Daumen auf dem Öffnungskontakt der Schiebetür, als er entgegnete:

„Vor zwei Stunden. Tot! Es ist niemand mehr aus dem Transporter herausgekommen. Morrows Leiche wurde hier einwandfrei identifiziert. Die Unterlagen wurden mitsamt seiner Mappe gefunden."

Wir wechselten einige nachdenkliche Blicke, während ich die Tür aufgleiten ließ. Hannibal nahm die Transportpapiere an sich, und wir gingen zur Kabine hinüber. Er stellte das Gepäck zusammen und ließ es von den Männern des Sicherheitsdienstes nach oben bringen.

Der ermordete Wissenschaftler tat mir leid; trotzdem fühlte

ich mich erleichtert. Plötzlich glaubte ich zu wissen, warum ein verwegener U-Boot-Kommandant den Versuch unternommen hatte, meinen schwerbewaffneten Kreuzer anzugreifen.

Er mußte gewußt haben, daß ich vier C-Bomben an Bord hatte, die für die asiatische Wissenschaft eine unschätzbare Beute dargestellt hätten. Bei dem Angriff auf den Transporter mußte ein Fehler unterlaufen sein, der zur vorzeitigen Vernichtung des Bootes geführt hatte. Vielleicht hatte der Kommandant sich auch im letzten Augenblick entschlossen, das Boot zu opfern. Das konnte wohl kaum noch festgestellt werden, es sei denn, die gefundenen Bänder der Sprechverbindung waren noch in Ordnung. Vielleicht hatte er einige kurze Hinweise auf ein Band gesprochen.

Ich folgte meinen beiden Mitarbeitern nach oben und rief den I. O. an.

„Mr. Sonth, ich melde mich bei Admiral Porter. Sorgen Sie dafür, daß die Ladung ordentlich gelöscht wird. Sobald das geschehen ist, haben alle Mann das Boot zu verlassen, da es von den Technikern des Stützpunktes untersucht wird. L. I. ..."

Der Chefingenieur kam näher.

„Beantragen Sie sofort die Frischaufladung des Reaktors. Das Boot kommt ohnehin in die Werft, da kann das gleich erledigt werden."

„Aye, aye, Sir."

„Sie finden mich in meinem Quartier. Ich werde Bescheid geben, über welche Leitung Sie mich erreichen können."

Ich tippte flüchtig an die Mütze und begab mich nach unten. Während ich Hannibal über die Verbindungsbrücke folgte, stellte ich zufrieden fest, daß die Männer des Sicherheitsdienstes mein Gepäck auf einen zweiten Wagen verluden.

Auf den Gepäckstücken leuchteten die Siegelfolien des Sicherheitsdienstes. Nach menschlichem Ermessen konnte niemand mehr auf den Gedanken kommen, daß der Inhalt nicht vollkommen harmlos war. Es wäre äußerst peinlich gewesen, wenn ein Unbefugter meine Spezialausrüstung gesehen hätte.

Ich setzte mich neben Hannibal in den Wagen. Er spielte

wieder den etwas leichtfertigen Burschen, was zu seiner Rolle als Zweiter Sicherheitschef, Sektion Schleusen, eigentlich gar nicht paßte. Ich blickte ihn warnend an.

„Keine Sorge, die sind schon an mich gewöhnt", flüsterte er. „Ich komme in zwei Stunden zu dir. Dein Quartier habe ich ausgesucht. Liegt günstig und etwas abseits. Ich habe noch einige Neuigkeiten. Vorsicht, wenn du vor dem Admiral stehst. Ein verflucht scharfer Bursche."

7.

Wir fuhren einen tadellos betonierten Stollen hinunter, der parallel zu der langen Schleusenhalle verlief.

Die Fahrbahn war ausgezeichnet. Hoch oben, unter der gewölbten Decke, bemerkte ich die Rohrschlangen der Frischluftanlage. Ich schnupperte in der Luft herum, konnte aber keine störenden Gerüche feststellen.

„Hier wurde tadellose Arbeit geleistet, Sir", meinte Hannibal in respektvollem Ton, da vor uns der Fahrer und ein Sergeant des Sicherheitsdienstes saßen.

„Sie werden sich noch wundern, wenn Sie die Anlagen näher sehen. Das hier ist erst der Anfang. Tanaga ist eine große Insel, fast vollständig vegetationslos. Sie besteht praktisch nur aus unwirtlichen Bergen, deren Gipfel fast das ganze Jahr über von dichten Nebelschwaden und Wolken verhangen sind. Draußen ist es ausgesprochen ungemütlich, das kann ich Ihnen aus eigener Erfahrung versichern."

Der Sergeant lächelte verhalten. Wahrscheinlich dachte er an die Figur, die Hannibal abgegeben hatte, als er in den unwegsamen Felsschluchten herumgekrochen war. Die Angehörigen des Sicherheitsdienstes mußten ja in bestimmten Abständen hinaus.

Der Stollen bog scharf nach Norden ab. Nach einigen Minuten schneller Fahrt kamen wir in eine riesige Felshalle, die strahlend hell erleuchtet war.

„Verteilerring II-H", konnte ich auf dem Leuchtschild lesen.

Wir bogen in den Kreisverkehr ein und hielten dann vor einer Kraftwagenkolonne.

Es waren Dienstwagen der Navy, die den ankommenden Offizieren zur Verfügung gestellt wurden. Ich erhielt einen Turbowagen und einen Begleitoffizier des Sicherheitsdienstes zugeteilt, der mich zum hiesigen Hauptquartier bringen sollte.

Nachdem sich Hannibal in strammer Haltung verabschiedet hatte, setzte ich mich neben den jungen Leutnant, der sich mir mit dem „seltenen" Namen Brown vorgestellt hatte.

„Wie gefällt Ihnen der Kapitän, Sir?" fragte er lachend, während er die Verbrennungsturbine anließ. Sie lief weich, fast lautlos und erschütterungsfrei.

Zuerst wollte ich ein abweisendes Gesicht aufsetzen, doch im letzten Augenblick fiel mir ein, daß ich den kaltschnäuzigen und unnahbaren Offizier nur an Bord des Bootes zu spielen hatte.

Ich lächelte erheitert und warf einen Blick nach hinten. Der Kleine verschwand soeben mit seinem Wagen in einem hellerleuchteten Verbindungsstollen.

„Das ist der seltsamste Abwehroffizier, den ich jemals gesehen habe", sagte ich gutgelaunt. „Er hat mich doch tatsächlich gefragt, ob ich etwas hochprozentigen Stoff in meinem Gepäck hätte. Der scheint auch nur dann auf den dürren Beinen stehen zu können, wenn er inspiriert ist, was?"

Der Leutnant grinste. An dieser Reaktion erkannte ich, daß Hannibal seine Rolle gut spielte.

„Hmm, ich will nichts gesagt haben, Sir, aber Sie haben ungefähr recht. Der oberste Sicherheitsbulle hat bald einen Tobsuchtsanfall bekommen, als Ridgeman hier eintraf. Das ist auch so ein typischer Vertreter aus dem Navy-Department. Vielleicht hat er dort einen Onkel sitzen."

Ich machte ebenfalls „hmm ..." und bemühte mich, den jungen Mann nicht zu maßregeln. Seine Worte waren eine ausgesprochene Frechheit gewesen.

„Fahren Sie los, der Admiral wartet", ordnete ich etwas reservierter an.

Er sah mich unsicher an, ließ den Wagen anrollen und lenkte ihn in den Kreisverkehr. Vor den aufflammenden roten Ampeln mußte er anhalten. Diesen unterirdischen Riesenbetrieb hatte ich in noch größeren Dimensionen im Luftwaffenstützpunkt Atlanta kennengelernt, so daß ich über den dichten Verkehrsstrom nicht besonders überrascht war.

Atlanta lag am anderen Ende der Welt. Dort hatte man die Stollen, Hallen und Depots in das kilometerstarke Eis der Antarktis hineingetrieben.

Hier mußte das entschieden schwieriger gewesen sein, denn auf Tanaga gab es kein Eis, das sehr leicht zu bearbeiten war.

Vor uns donnerte eine Lastwagenkolonne vorbei. Dann bekamen wir grünes Licht.

Mit summender Turbine ruckte unser Wagen an. Brown bog in einen riesigen Stollen ein, der mehr als zwanzig Meter hoch sein mochte. Hier gab es vier Fahrbahnen. Über uns bemerkte ich die Schienen einer Hochbahn, die in einem Nebenschacht verschwanden. Als ich in die Richtung blickte, kam aus der düsteren Öffnung gerade ein blitzendes Etwas hervorgeschossen.

Die Wagenschlange jagte mit hoher Fahrt durch die scharfe Kurve. Gleich darauf war die Maschine über uns.

Ich hörte das heller werdende Heulen schwerer Elektromotoren. Die Wagenschlange raste über uns hinweg. Ehe ich sie noch richtig mit den Blicken erfaßt hatte, verschwand sie schon weit vorn.

Brown lachte so selbstgefällig, als sei er es gewesen, der diese wundervolle Anlage erschaffen hatte.

„Ein Materialzug, Sir. Der fährt jetzt zwanzig Meilen weit nach Norden, denn dort wird noch gearbeitet. Das ist am nördlichen Ende der Insel. Sie wollen da auch noch zwei Großschleusen bauen. Die Verbindungswege sind noch nicht vollkommen fertig, denn die Geologen entdecken fast jeden Tag neue Hohlräume, die teilweise sechshundert Meter unter der Wasseroberfläche liegen. Das ist hier ein gigantisches Labyrinth von natürlichen Hohlräumen, die wie Blasen im Fels liegen. Wir haben sogar einen alten Krater entdeckt, dessen Tiefe noch nicht einmal mit Radar- und Echogeräten feststellbar ist. Hoffentlich fängt der nicht eines Tages an zu spukken."

„Was wird dagegen getan?"

„Nun, sie legen in der engsten Stelle einen Pfropfen aus Stahlbeton an. Er soll fünfhundert Meter stark werden. Die Geologen behaupten, der Krater sei nur sehr klein. Wenn es wirklich einmal losgehen sollte, wird der Pfropfen wohl halten. Sie sagen, die Gasmassen und Lavaströme würden sich dann einen bequemeren Weg suchen, denn auf der kleinen Nachbarinsel gibt es einen mächtigen Krater, der wohl mit dem unseren in einer unterseeischen Verbindung stehen dürfte."

Für die Auskünfte war ich ihm dankbar, da ich wissen wollte, wo ich mich eigentlich befand.

Während er erklärte und unentwegt redete, bewegten wir uns mit hoher Geschwindigkeit durch den Hauptstollen, der uns direkt zum Hauptquartier bringen mußte. Immer wieder bemerkte ich hellerleuchtete Öffnungen von Nebengängen, die recht wahllos in den Hauptstollen mündeten. Das lag anscheinend an der völlig unterschiedlichen Größe und Lage der aufgefundenen Hohlräume, die alle nur miteinander verbunden worden waren.

Der Verkehr wurde noch dichter. Vor uns brauste erneut eine Lastwagenkolonne vorbei.

Wir mußten unsere Fahrt drosseln, da wieder rote Ampeln aufzuckten. Eine strenge Verkehrsregelung war hier dringend erforderlich.

Als wir anfahren konnten, beobachtete ich, daß die Lastwagen in einen Nebenstollen einschwenkten. Brown erklärte beflissen:

„Das ist die Umgehungsstraße, Sir. Die Zentrale ist für den Durchgangsverkehr gesperrt."

Das bemerkte ich nun auch, doch meine Blicke richteten sich hauptsächlich auf die Öffnung des Hauptstollens, der dort in eine andere Felshalle zu münden schien.

„Halten Sie sich fest, Sir", rief Brown mit glänzenden Augen. „So etwas haben Sie bestimmt noch nicht gesehen."

Im selben Augenblick verließen wir den Stollen – und ich hatte wirklich allen Grund, mich krampfhaft festzuklammern.

Vor mir lag eine Stadt! Eine Stadt mit Hochhäusern, Grünanlagen, kleinen, villenartigen Ranchhäusern, Verwaltungsbauten und Kaufhäusern. Es gab reguläre Straßen und Plätze. Der Eindruck war tatsächlich überwältigend.

Langsam erhob ich den Kopf. Jetzt bemerkte ich erst die gewölbte Decke des gigantischen Felsdomes, den die Natur unter den Inselbergen erschaffen hatte.

„Gut zweihundertachtzig Meter hoch, Sir", meinte Brown. „Die Halle ist fast rund. Sie durchmißt etwas mehr als zwei Meilen. Wenn Sie zu Fuß hindurchwollen, brauchen Sie eine dreiviertel Stunde."

Ich konnte nur noch staunen. Da hatte man doch tatsächlich mitten in dieses Naturwunder eine Stadt hineingebaut. Alles war strahlend hell erleuchtet. Sogar die üblichen Reklameleuchtschriften fehlten nicht.

Brown bog in eine Straße ein. „River-Road" konnte ich auf dem Leuchtschild lesen. Es war hier so hell, daß man noch nicht einmal die Scheinwerfer einzuschalten brauchte. Wir fuhren an einer gepflegten Grünanlage vorbei, über der eine künstliche Sonne hing. Die fette Muttererde mußte man unter größten Mühen herbeigeschafft haben. In diesen Minuten wurde mir erst so recht klar, was der Marine-Stützpunkt Tanaga eigentlich bedeutete.

„Toll, wirklich toll. Wo liegt nun das Hauptquartier?"

„Rechts von uns, Sir. Dort drüben, der große Betonklotz."

★

Ich ging an den beiden schwerbewaffneten Posten vorbei und betrat einen Raum, der der eigentlichen Halle vorgelagert war.

Ich wurde durchleuchtet und somit sorgfältig kontrolliert. Als ich durch eine lautlos aufschwingende Stahlpforte weitergehen durfte, wurde ich auf der anderen Seite von einem Offizier des Sicherheitsdienstes erwartet. Er lächelte höflich und forderte mich auf, meine Dienstwaffe abzugeben.

Ich sah ihn starr an, bis mir einfiel, daß ich eine kleine Automatik in der Tasche trug. Nur gut, daß ich vorläufig darauf verzichtet hatte, meine GWA-Spezialwaffe einzustekken.

„Ich bitte um Entschuldigung, Sir, aber das Hauptquartier darf mit Schußwaffen nicht betreten werden", erklärte der Kapitänleutnant. „Sie erhalten Ihre Pistole zurück, sobald Sie das Gebäude verlassen. Darf ich bitten ..."

Er wies auf eine breite Rolltreppe. Leutnant Brown mußte in der gepanzerten Wachstube warten. Obwohl er zum Sicherheitsdienst gehörte, durfte er ohne besonderen Auftrag nicht weitergehen.

Ich folgte dem Kapitänleutnant, der neben mir auf die Rolltreppe trat, die uns rasch nach oben brachte.

Aufmerksam fragte ich:

„Weshalb haben Sie hier so strenge Sicherheitsmaßnahmen? Fürchten Sie um das Leben des Admirals oder sind schon Versuche unternommen worden, in das Hauptquartier einzudringen?"

Er lächelte undurchdringlich und meinte dazu:

„Nun, Sir, Sie wissen aus eigener Erfahrung, daß hier nicht alles so ist, wie es eigentlich sein sollte. Hier befinden sich wichtige Aufzeichnungen und Pläne, die wir nicht genug abschirmen können. Wir sind schon so weit, daß wir keinem Menschen mehr trauen. Ich bin ermächtigt, Ihnen diese Auskünfte zu geben, da Sie durch Ihr rasches Handeln bewiesen haben, daß Sie zu den Offizieren gehören, zu denen man offen sprechen kann. Darf ich Ihnen einen Rat geben, Sir?"

Ich nickte zögernd. Mit gesenkter Stimme fuhr er fort:

„Admiral Porter ist ein hervorragender Offizier, aber etwas eigenartig. Er empfindet es als eine persönliche Beleidigung, wenn man über gewisse Dinge spricht, die leider passiert sind. Er fühlt sich sozusagen als Vater des Stützpunktes, da er von Anfang an das Kommando hatte. Vielleicht sind Sie etwas zurückhaltend, wenn die Sprache auf den Vorfall kommt. Der Chef kann sehr bissig werden, wenn unbewiesene Verdachtsmomente ausgesprochen werden. Das soll nicht heißen, daß er es grundsätzlich ablehnt, über unangenehme Dinge informiert zu werden. In solchen Fällen verlangt er aber unbedingt logische und stichhaltige Erklärungen. Sie verstehen doch, Sir."

Ja ..., ich verstand sehr gut. Admiral Porter schien jedenfalls ein Mann zu sein, der es verstand, unklare Gerüchte von Tatsachen zu unterscheiden. Ich wußte aus meinen Erfahrungen, wie unangenehm es ist, wenn man sich ständig phantastische Hirngespinste anhören muß.

Wir glitten bis zum achten Stockwerk hinauf. Die Rolltreppe endete vor einem schmalen Betongang.

Er erinnerte mich an ähnliche Zugänge im GWA-Hauptquartier, denn ich entdeckte auch hier die fest eingebauten Säurestrahler und andere Abwehrvorrichtungen.

Wir gingen an winzigen Öffnungen vorbei, die zu den optischen Aufnahmelinsen der dahinterliegenden Wachstation gehörten. Für Unbefugte konnte es keinesfalls ein Kinderspiel sein, bis zum „Chef-Tanaga" vorzudringen.

Der Offizier meldete uns an. Wir mußten drei Minuten warten, bis uns der Zutritt genehmigt wurde. Über uns flammten grüne Lampen auf, die uns bewiesen, daß die automatische Abwehr abgeschaltet worden war.

Mein Begleiter beobachtete mich verstohlen, doch ich ließ mir nichts anmerken. Er konnte ja nicht ahnen, daß ich an noch schärfere Sicherheitsvorrichtungen gewöhnt war.

Wir durchschritten eine Stahltür und befanden uns in einem dürftig möblierten Vorraum, den wir ebenfalls durchqueren mußten. Dahinter lagen die Räume des Stabes.

Ich nahm meine Mütze ab und grüßte einen Kapitän, der mit einigen Schriftstücken neben einer Frau vom Marine-Helferinnen-Korps stand.

Er schien mich sofort zu erkennen. Ein Lächeln huschte über seine Lippen.

„Ah, Kapitän Liming, nicht wahr! Ich habe Ihr Einlaufmanöver über die Bildschirme beobachtet. Ein Wunder, daß Sie es noch mit eigener Kraft geschafft haben. Lewrik ist mein Name. Erster Stabsoffizier."

Ich schüttelte ihm die Hand. Die ältere Frau im Range eines Oberleutnants musterte mich mit mißtrauischen Augen.

„Warten Sie hier", wandte sich Lewrik an meinen Begleitoffizier. Dann faßte er mich freundschaftlich am Arm.

„Der Chef erwartet Sie bereits. Wir sehen uns später, nicht wahr? Ich möchte gerne einige Details erfahren. Haben Sie schon etwas von dem Vorfall ‚Aleuten-Tief' gehört?"

Ich beherrschte mich und zeigte ein erstauntes Gesicht. „Aleuten-Tief" war die Tarnbezeichnung für den verschwundenen Marine-Transporter.

„Also noch nicht. Schön, Porter wird Sie sicherlich aufklären. Ich möchte mit Ihnen darüber sprechen. Der Adjutant soll Sie dann zu mir bringen."

Ich sah auf die vier goldenen Streifen an seinen Ärmeln. Der Mann sah an sich vertrauenswürdig aus, doch es wollte mir nicht gefallen, daß er sofort den Vorfall „Aleuten-Tief" erwähnt hatte.

Als die Doppeltüren zum Arbeitsraum des Admirals aufschwangen, preßte ich die Aktentasche mit meinen Unterlagen fester an mich.

Ich wurde vom Adjutanten des Admirals empfangen, der mich durch ein weiteres Vorzimmer führte, das anscheinend sein Domizil war.

Augenblicke später stand ich in einem taghell erleuchteten, saalähnlichen Raum, der nur zwei kleine Fenster aus meterstarkem Panzerplastik aufwies.

Hinter dem großen Schreibtisch saß ein grauhaariger Mann mit scharfen Augen und einem faltigen Gesicht. Auf seinen Ärmeln leuchteten ein breiter und drei mittelbreite Goldstreifen.

Ich grüßte respektvoll, während der Adjutant meinen Namen murmelte und sich anschließend zurückzog.

Porter musterte mich schweigend. Seine Augen verengten sich. Als er langsam aufstand, bemerkte ich, daß er untersetzt und etwas füllig war.

„So, Sie sind also der Mann, der sich mitten im tiefsten Frieden nicht scheut, ein anderes U-Boot zu vernichten." In seiner Stimme schwang ein grollender Unterton. „Hat man Ihnen in Washington entsprechende Anweisungen gegeben oder haben Sie aus eigener Initiative gehandelt?“

Während er mich durchdringend ansah, überlegte ich, welche Antwort ich geben sollte. Ob es vorteilhaft war, auch diesem Admiral gegenüber den unbedingt vaterlandstreuen Offizier zu spielen?

Das erschien mir zweifelhaft, zumal ich nicht wußte, wie der Mann wirklich dachte. Ich war also vorsichtig.

„Sir, ich hatte vier C-Bomben an Bord. Wahrscheinlich wäre mein Boot vernichtet worden“, entgegnete ich kurz.

Er runzelte die Stirn und kam langsam auf mich zu.

„Ah ..., interessant! Ich hoffe, daß Sie diese Ansicht begründen können.“

„Allerdings, Sir. Mir war von Admiral Songal, Nachschubchef für Tanaga, dringend empfohlen worden, vorsichtig zu sein. Als das fremde Boot geortet wurde, dachte ich lediglich an die vier C-Bomben und griff deshalb an, als mir die Sache zu gefährlich erschien. Wenn Sie meinen Kreuzer untersuchen lassen, werden Sie zweifellos porös gewordenes Material finden, da ich mich im Aktionsstrahl einer Ultraschallkanone befand.“

Seine Gegenfrage kam sofort.

„Woher wußten Sie das? Was wissen Sie über Ultraschallkanonen? Diese Unterwasserwaffen sind noch nicht verwendungsreif.“

„Ich bitte um Entschuldigung, Sir, aber sie sind verwendungsreif!“

Ich sagte das sehr bestimmt, da ich an den Ersten Stabsoffizier denken mußte.

Lewrik war mir etwas verdächtig erschienen. Deshalb legte ich Wert darauf, daß er mich für einen ausgezeichnet orientierten Mann hielt. Es stand außer Zweifel, daß er erfuhr, was ich mit dem Admiral besprach. Es war meine Aufgabe, den unbekannten Gegner auf mich aufmerksam zu machen. Aus diesem Grunde konnte es nur vorteilhaft sein, wenn man bei mir ein umfangreiches Wissen über geheime Neuentwicklungen vermutete. Um das zu erreichen, war mir jedes Mittel recht. Es war mir in dem Augenblick gleichgültig, ob ich hinsichtlich Lewrik verkehrt tippte oder nicht. Ich versuchte es jedenfalls.

„Was ist die Kanone ...?“ fragte der Admiral eindringlich. Er stand nun dicht vor mir. Ich hatte meine stramme Haltung noch nicht gelockert.

„Was haben Sie soeben behauptet? Wiederholen Sie das, Liming.“

„Ich sagte, Sir, die Ultraschallkanone sei verwendungsreif.“

„Woher wissen Sie das? Oder besser gesagt, woher wollen Sie das wissen?“

„Ich war unmittelbarer Mitarbeiter von General-Admiral Sethler, Sir. Schon vor einem halben Jahr erhielt ich den Geheimauftrag, die Ultraschallkanone zu testen. Das geschah im südlichen Atlantik. Ich wußte also sofort, daß mein Kreuzer mit einer solchen Waffe angegriffen wurde, da mir die damit verbundenen Geräusche genau bekannt sind.“

Er sah mich nachdenklich an.

„Sethler scheint viel von Ihnen zu halten, Liming. Ihre Papiere sind bereits hier. Sie kamen mit einem Boot an, das drei Tage vor Ihrem Kreuzer aus Alameda auslief. Ich habe etwa hundertfünfzig U-Boot-Kommandanten unter meinem Befehl, doch ich bin sicher, daß es keiner gewagt hätte, so rasch und bedenkenlos zu schießen. Haben Sie sich in dem Augenblick nicht überlegt, daß Sie die allergrößten Komplikationen heraufbeschwören könnten?“

„Verzeihung, Sir, aber das war mir vollkommen gleichgültig. Ich war verantwortlich für die C-Bomben. Das befreite mich von allen weiteren Überlegungen, die mich kostbare Sekunden gekostet hätten. Ich sah unter mir ein Boot, das keine Nationalitätskennzeichen trug. Der Bursche war für mich ein Pirat; deshalb schoß ich. Außerdem vernahm ich die Geräusche der auftreffenden Schallwellen.“

„Wenigstens ein stichhaltiger Grund“, knurrte er. „Haben Sie das Ortungsbild filmen lassen?“

„Selbstverständlich, Sir. Der entwickelte Film befindet sich in meiner Tasche.“

„Stehen Sie endlich bequem", befahl er und wandte sich ab. Mit großen Schritten ging er auf die Fenster zu, die anscheinend einen Ausblick auf das unterirdische Stadtzentrum boten.

Ich lockerte meine Haltung und wartete auf die Worte, die zweifellos noch kommen mußten. Mein erster Eindruck vom Admiral war sehr gut. Ich hatte den Eindruck, daß dieser Mann nur um die Sicherheit des wichtigen Stützpunktes besorgt war.

Er wandte mir den Rücken zu, als er leise sagte:

„Liming, ich schätze es, wenn man mir aufrichtig entgegentritt. Wollen Sie mir eine Frage ehrlich beantworten?"

„Ja, Sir."

„Schön, wir werden sehen. Sie haben also nur deshalb so rasch reagiert und mit einem Plutonium-Torpedo geantwortet, weil Sie vier C-Bomben an Bord hatten und weil Sie um Ihre eigene Haut zitterten. Selbst wenn Sie heil davongekommen wären, hätte man Sie vor ein Kriegsgericht gestellt. Sie hatten die Bomben gut nach Tanaga zu bringen. War das so gewesen?"

Ich fühlte, daß ein Lächeln über meine Lippen glitt. Der Mann konnte denken. Seine Schlußfolgerungen waren nicht abwegig, wenn man von der Voraussetzung ausging, daß er über meine Eigenschaft als Spezial-Agent der GWA nicht informiert war.

„Sie haben es genau getroffen, Sir. Wenn ich nicht um meine kostbare Haut gezittert hätte, wäre ich wahrscheinlich nicht so schnell entschlossen gewesen. In dem Fall hätte ich mich sehr eingehend mit den möglicherweise entstehenden Verwicklungen beschäftigt."

Er drehte sich langsam um. Ich blickte in sein schmunzelndes Gesicht.

„Das nenne ich eine ehrliche Antwort. Sie hätten also nicht gefeuert, wenn die vier Bomben nicht an Bord gewesen wären. Das wollte ich nur wissen. Dessenungeachtet haben wir nun die gleichen Schwierigkeiten, denn ich erhielt vor zwei Stunden eine Funkmeldung aus Washington, wonach Peking eine geharnischte Protestnote auf den Weg gebracht hat. Es wird darin behauptet, südlich der Aleuten sei ein Boot der GAS-Marine während einer völlig harmlosen Übungsfahrt von einem US-Kreuzer angegriffen und vernichtet worden. Es sei ein Schwesterboot des zerstörten Kreuzers in der Nähe gewesen, das sich ebenfalls auf einer Übungsfahrt in den arktischen Gewässern befunden habe. Die Zeugenaussagen des Kommandanten lägen vor. Seine Unterlagen bewiesen, daß sich beide Boote während des völlig unmotivierten Angriffes weit außerhalb der Dreimeilenzone und damit nicht in amerikanischen Gewässern befunden hätten. Die GAS-Regierung fordert eine exemplarische Bestrafung des Kreuzerkommandanten und stellt Schadenersatzansprüche in Höhe von zweiundneunzig Millionen Dollar. Was halten Sie davon, mein Lieber?"

Ich sah ihn verblüfft an. Mit einer solchen Entwicklung hatte ich keinesfalls gerechnet.

„Eine Protestnote, Sir? Ich werde verrückt!"

„Lassen Sie das sein, Liming, wir brauchen Sie noch. Natürlich werden wir die Note zurückweisen. Sind Sie ganz sicher, daß der von Ihnen vernichtete Kreuzer keine Kennzeichen trug? Sie befanden sich nämlich tatsächlich in internationalen Gewässern."

Ich schwieg, hielt ihm aber die Filmkassette hin.

„Lassen Sie sich den Film vorführen, Sir. Man kann das Boot einwandfrei erkennen. Es trug keine Kennzeichen."

Er wog den Plastikbehälter in der Hand und bot mir einen Sitzplatz an. Das Eis schien endgültig gebrochen zu sein.

Als uns der Automat Drinks gespendet hatte, meinte er düster:

„Sie sind in einer dummen Lage, Liming. Der Teufel mag wissen, wie man in Washington entscheidet. Unter Umständen stellt man Sie vor ein Kriegsgericht, wenn die Geschichte noch höhere Wellen schlagen sollte. Ich werde für Sie tun, was in meiner Macht steht, dessen dürfen Sie sicher sein. Mir hat Ihr rascher Angriff imponiert und Ihre ehrlichen Worte auch. Jedenfalls haben Sie dafür gesorgt, daß die vier C-Bomben gut in

Tanaga ankamen. Und das war Ihre Pflicht und Schuldigkeit. Ich bin nämlich auch davon überzeugt, daß Sie die Hölle erlebt hätten, wenn Sie nicht Ihrem Instinkt gefolgt wären."

Fast übergangslos kam er auf den verschwundenen Transporter zu sprechen. Aus seinem Munde erfuhr ich nun, was man alles entdeckt hatte. Ich lauschte aufmerksam und gab mit keiner Bemerkung zu erkennen, daß ich über den Vorfall längst informiert war. Er schloß mit den Worten:

„Das soll Ihnen zu Ihrer eigenen Beruhigung und als Beweis dienen, daß Sie durchaus richtig gehandelt haben. Auch der Transporter wurde mit einem Ultraschallstrahler angegriffen. Wir können daraus folgern, daß auch der GAS diese Waffe entwickelt hat. Wenn es zu einer Verhandlung kommen sollte, so haben Sie alle Chancen auf einen ehrenvollen Freispruch. Notfalls werde ich meine Unterlagen in die Waagschale werfen. Daraus wird man ersehen können, daß Sie richtig gehandelt haben. Haben Sie schon ein Quartier?"

Er hatte das Thema unvermittelt gewechselt.

„Jawohl, Sir, aber ich weiß noch nicht, wo ich es finden kann. Korvettenkapitän Ridgeman erledigt das."

„Ah, Ridgeman", sagte er mit sonderbarer Betonung. „Der Bursche geht mir auf die Nerven. Tüchtig scheint er zu sein, aber mir gefällt es nicht, daß er sich in seiner Freizeit in den Bars herumtreibt. Was halten Sie davon?"

„Was soll ich davon halten, Sir", lachte ich. „Ich habe vor, ähnliche Dinge zu tun."

Er schmunzelte und ließ sich meine anderen Unterlagen geben. Das nun folgende Gespräch betraf nur dienstliche Dinge, die ich hier übergehen kann. Nach einer Stunde wurde ich entlassen. Den Film behielt er zurück."

Als ich vom Adjutanten hinausgeleitet wurde, hatte ich das Gefühl, als hätte ich in Admiral Porter einen Verbündeten gefunden. Wenn er nicht um die Sicherheit des Stützpunktes besorgt war, so war es niemand.

Der Adjutant brachte mich zu Kapitän Lewrik, der mich mit harten Drinks bediente. Da wir im gleichen Rang standen, konnte ich es, ohne besonders aufzufallen, wagen, ihm gegenüber etwas anzugeben. Ich erzählte mein Abenteuer und ließ dabei Bemerkungen über die Ultraschallkanone fallen, die ich im Südatlantik angeblich gründlichst ausprobiert hatte.

Er lauschte interessiert und fragte nach technischen Einzelheiten, die ich aber mit einem Hinweis auf die Geheimhaltung nicht beantwortete. Dessenungeachtet teilte ich ihm unter dem Siegel der Verschwiegenheit einige Daten mit, die sogar richtig waren.

Er pfiff durch die Zähne. Ich war davon überzeugt, daß er mich für einen geschwätzigen Offizier hielt, dem es schwerfiel, ihm anvertraute Geheimnisse für sich zu behalten.

Ich erwähnte auch meine angebliche Frau und das zerrüttete Verhältnis, das mich wieder zu einem Bordkommando getrieben hatte. Anscheinend deprimiert vertraute ich ihm an:

„Wissen Sie, Lewrik, sie ist zu schön, um nur einem Mann gehören zu können, es sei denn, er ist zufällig vielfacher Millionär. Mein Sold im aktiven Tanaga-Dienst ist dreimal höher; dazu kommen noch die Gefahrenzulagen. Ob das aber ausreichen wird? Meine Frau ist mit einem Pelzmantel für fünfhundert Dollar nicht zufrieden."

Er bedauerte mich aufrichtig. Ich zeigte ihm noch die Bilder, die aus dem Archiv der GWA stammten.

„Allerhand", sagte er überrascht. „Eine wirkliche Schönheit. Sie sollten sich scheiden lassen, Liming, denn bei der Navy werden Sie niemals Millionär."

Ich zuckte mit den Schultern und erhob mich.

„Schweigen wir darüber. Es ist sinnlos, zumal es noch fraglich ist, ob ich mein Kommando behalten kann. Die Protestnote ist nicht auf die leichte Schulter zu nehmen. Ich werde mir einmal Ihre Vergnügungslokale ansehen. Vielleicht gibt es dort jemand, der ..."

Ich verstummte, da er offensichtlich grinste.

„Tun Sie das. Sie werden hier einen wilden Rummelplatz vorfinden. Passen Sie aber auf, daß Sie dem Alten nicht begegnen, wenn Sie zufällig einen glasigen Blick haben sollten. Bei solchen Anlässen kann Porter hochgehen wie eine Wasserbombe."

Ich verabschiedete mich mit dem Bewußtsein, daß ich alles getan hatte, um so unauffällig wie möglich meine persönlichen Verhältnisse, Bedenken und Wünsche bekanntzumachen. Wenn Lewrik zu den Leuten gehörte, auf die mich der GWA-Chef angesetzt hatte, so rollte die Lawine bereits. Es mußte ihm durch unser Gespräch klar geworden sein, daß ich für große Scheine nicht unempfindlich war.

Zufrieden verließ ich das Gebäude und kletterte in den Wagen, in dem Brown bereits wartete.

„Bringen Sie mich zu meinem Quartier, Brown. Sie wissen doch hoffentlich, wo man mich einlogiert hat?“

„Natürlich, Sir. Ich habe Ridgeman angerufen. Sie wohnen in einem Nebenstollen, in unmittelbarer Nähe der Zentrale.“

8.

Ich lag auf der Schaumplastikcouch meines verhältnismäßig geräumigen Wohnzimmers und dachte über die Dinge nach, die sich nach dem Willen des GWA-Chefs noch ereignen sollten.

Ich war etwas skeptisch, obwohl ich aus Erfahrung wußte, wie vorteilhaft die „Einsickerungstaktik“ war. Wenn ich offiziell als GWA-Schatten angekommen wäre, hätte ich von vorneherein aufgeben können.

Neben mir stand der Erfrischungsautomat und weiter vorn das plastische Farbfernsehgerät. Man konnte zu jeder Tages- und Nachtzeit die amerikanischen Programme bekommen, da die Sendungen von den Raumstationen in einem wechselnden Rhythmus auf die Erde abgestrahlt wurden. Im Stützpunkt Tanaga war alles für die Bequemlichkeit und Unterhaltung der Leute getan worden. Das schien auch dringend notwendig zu sein.

Ich richtete mich auf und griff an den Regulierungsschalter der Klimaanlage. Es war recht warm in dem Fertighaus, das man in einem kleinen Nebenstollen erbaut hatte. Unter den wilden Bergen der Insel gab es viele dieser halbrunden Bauten, die mit allem neuzeitlichen Komfort ausgestattet waren.

Es gab größere Gebäude für Familien und solche mit zwei Zimmern und Bad, die für alleinstehende Personen vorgesehen waren. Mehr als tausend der hier tätigen Menschen hatten ihre Familien mitgenommen. Das hatte sich auch gar nicht umgehen lassen. Es konnte den Leuten nicht zugemutet werden, jahrelang vollkommen abgeschlossen zu leben.

Ich erhob mich und schritt auf das breite Fenster zu, das mir freien Blick auf den Stollen ermöglichte. Hier wohnten fast nur Offiziere der örtlichen Dienststellen. Direkt gegenüber lag ein größeres Fertighaus, das einem Fregattenkapitän aus dem Stab des Admirals gehörte.

Der Stollen war knapp eine halbe Meile lang und ziemlich schmal. Die zwischen den Hausfronten verlaufende Fahrbahn war aber breit genug; schwere Laster verkehrten hier allerdings nicht. Deshalb hatte Hannibal auch von einer „ruhigen" Lage gesprochen.

Obwohl ich mich schon seit vier Stunden in meinem Quartier aufhielt, hatte sich der Zwerg bisher noch nicht sehen lassen. Ich wurde unruhig, da ich ohne seine näheren Informationen nichts anfangen konnte. Zwar wußte ich, daß ich zu warten hatte, bis sich die andere Seite meldete, aber es war fraglich, ob sie sich überhaupt melden würde. Ich brauchte Hannibals Informationen, um die Angelegenheit beschleunigen zu können.

Wenn die hiesige Spionagezentrale gut orientiert war, dann mußten die Leute wissen, daß ich der Kommandant war, den man mit dem Transport der C-Bomben beauftragt hatte.

Das war ein ausgezeichnetes Lockmittel. Bis zu diesem Punkt war für mich alles klar. Für die Leute mußte ich der geeignete Mann sein, der infolge des Vertrauens, das er genoß, unauffällig wichtige Unterlagen aus dem Stützpunkt bringen konnte.

Ich überlegte, ob die wahrscheinlich anlaufende Kriegsgerichtsverhandlung von Vorteil sein konnte oder nicht. Das wollte ich unbedingt mit dem Kleinen besprechen. Notfalls mußte ich die Verhandlung durch die GWA-Zentrale niederschlagen lassen. Diese Geschichte war ein Faktor, den wir bei der Vorplanung nicht hatten einkalkulieren können.

Sogar der Alte hatte nicht mit einem direkten Angriff durch ein GAS-U-Boot gerechnet. Ferner hatte ich er noch vor einigen Stunden für unmöglich gehalten, daß die GAS-Regierung die Frechheit aufbringen könnte, eine Protestnote zu schicken.

Das aber war geschehen; daran ließ sich nichts mehr ändern. Da sich in Washington bereits die Dienststellen mit dem Zwischenfall beschäftigten, war es nicht ratsam, in der gegenwärtigen Situation mit den Machtmitteln der GWA in dieses Räderwerk einzugreifen. Im Marine-Ministerium brauchte nur ein Mittelsmann zu sitzen, und schon war mein Einsatz verraten.

Ich beschloß, die Verhandlung ruhig abzuwarten, falls es wirklich dazu kommen sollte.

Als ich meine Gedankengänge soweit abgeschlossen hatte, hielt ein Dienstwagen vor der Tür. Ich beobachtete, wie GWA-Leutnant Utan gravitätisch über den Bürgersteig stolzierte.

Der Wagen fuhr weiter. In meiner Diele klang der Summer auf. Auf einer kleinen Bildfläche erschien Hannibals faltiges Gesicht, das unter der breiten Schirmmütze so komisch wirkte, daß ich unwillkürlich lachen mußte. So etwas war nun ein GWA-Agent!

Ich öffnete. Hannibal stolperte durch die aufgleitende Tür und riß grinsend seine Dienstmütze vom Kopf. Verhältnismäßig leise erkundigte er sich:

„Bist du alleine, Langer?"

Ich nickte. Daraufhin ließ sich der Zwerg in einen Sessel fallen. Übergangslos teilte er mir mit:

„Vor fünfzehn Minuten ist dein Chefingenieur tödlich verunglückt."

Ich fuhr bei dieser Hiobsbotschaft zusammen, als hätte ich mit den Fingern eine Hochspannungsleitung berührt.

„Wie war das?" flüsterte ich.

„Dein Chefingenieur ist tot", wiederholte er. „Ich bekam gerade die Meldung, kurz bevor ich abgelöst wurde. Er ist in Trockendock III auf die Stromschiene eines Laufkrans gefallen. Er soll sehr unangenehm aussehen. Das wäre alles."

Er sagte das mit der Sachlichkeit eines Mannes, der dem Tod schon oft ins Auge gesehen hatte.

Ich stand wie erstarrt. Die verschiedensten Überlegungen begannen sich in meinem Gehirn zu jagen. Deutlich sah ich den Chefingenieur vor mir, wie ich ihn vor Tagen zum erstenmal kennengelernt hatte.

„Verunglückt worden?" fragte ich, meine Bestürzung überwindend.

„Ganz recht, Langer. Oder glaubst du ernsthaft, der Mann hätte sich freiwillig auf eine Stromschiene gesetzt? Ich bin kurz dort gewesen und habe mir die Umgebung angesehen. Ein einigermaßen vernünftiger Mensch kann gar nicht auf den Gedanken kommen, die Laufstege im Dock zu verlassen und auf den Kranschienen herumzuklettern. Die liegen sechs bis sieben Meter höher. Aus den Erklärungen der Werfttechniker geht hervor, daß dein L. I. keinen Grund hatte, das sichere Gelände zu verlassen. Der Unfall passierte an einer recht einsamen Stelle. Es sieht ganz danach aus, als seien bestimmte Leute daran interessiert gewesen, den Ingenieur zu beseitigen."

Ich schaute ihn schweigend an und kam zu der Ansicht, daß Hannibals Verdacht wohl den Tatsachen entsprach. In solchen Dingen hatte er einen gewissen Instinkt; das hatte ich schon bei unserem letzten Unternehmen bemerkt.

Schwerfällig ließ ich mich in einen Sessel sinken und strich mit den Fingerspitzen über meine grauen Schläfen.

„Angenommen, der Unfall wäre geschickt arrangiert worden ..., welche Motive stecken dahinter?"

Utan lachte grimmig.

„Wenn dein L. I. nicht ausgerechnet ein U-Boot-Fahrer gewesen wäre, könnte man unter Umständen auf den Gedanken kommen, daß er hier persönliche Feinde hatte. Das halte ich aber für ausgeschlossen."

„Das heißt mit anderen Worten, daß Chefingenieur Spencer den Leuten im Wege war, die wir fieberhaft suchen, nicht wahr?"

„Richtig! Ich frage mich nur, weshalb er ihnen plötzlich im Wege war. Es gibt Anhaltspunkte dafür, daß er für den GAS-Geheimdienst gearbeitet hat. Er muß zu den Offizieren gehört haben, die es wagten, wichtige Unterlagen und Nachrichten aus Tanaga hinauszubringen. Nun muß irgend etwas schiefgegangen sein, was zur Folge hatte, daß man ihn schnellstens beseitigte."

„Von diesen Gesichtspunkten ausgehend, hat es den Anschein, als sei Spencer gewillt gewesen, mir oder dem hiesigen Sicherheitschef einige Mitteilungen zu machen."

„Möglich. Wir wissen nicht, was in dem Mann vorgegangen ist. Ich nehme aber stark an, daß ihm der Angriff auf deinen Kreuzer erheblich auf die Nerven gegangen ist. Vielleicht hat er im Augenblick der größten Gefahr erkannt, worauf er sich eigentlich eingelassen hat. Hast du hinsichtlich dieser Sache Anweisungen zu geben?"

Ich überlegte einige Augenblicke.

„Du bist jetzt dienstfrei?"

„Ja, für zwölf Stunden. Morgen früh um neun Uhr muß ich wieder antreten."

„Demnach liegt eine lange Nacht vor uns. Wir gehen heute zusammen aus. Zeige mir die Lokale, in denen wichtige Leute verkehren. Vorher verschwinde für einige Zeit in ein Quartier und funke den Atombomber an, der in hundert Kilometer Höhe die Insel umkreist."

„Okay, Wortlaut?"

„HC-9 an GWA-Zentrale. Chefingenieur Spencer, U – 2338, acht Stunden nach Ankunft Tanaga ermordet worden. Testunterlagen von Navy-Department und Geheime-Bundeskriminalpolizei anfordern, oder direkt einsehen. Psychoanalysen beachten und feststellen, ob Spencer beeinflußbar und wankelmütig war. Habe Verdacht, daß Spencer begangene Verfehlungen eingestehen wollte. Anfrage, ob Verdacht begründet."

Ich hatte die Worte in Hannibals Diktaphon hineingesprochen, das zu seiner GWA-Spezialausrüstung gehörte. Das Gerät war nicht viel größer als ein Uniformknopf seiner Jacke. Auch das war ein Wunderwerk, das in den mikromechanischen Spezialwerkstätten der GWA entstanden war.

„Ich gebe den Spruch sofort durch."

„Ist dein Sender gut getarnt?“

„Darauf kannst du dich verlassen. Ich habe die Felswand hinter meinem Quartier durch Poram-Sprengungen ausgehöhlt. Sie sind bekanntlich lautlos, da das Gestein langsam zerpulvert wird.“

„Gut. Laß dir den Empfang bestätigen und schalte den automatischen Aufnehmer ein, falls die Antwort in deiner Abwesenheit durchkommt. Ist dein Mikrosender ebenfalls klar?“

Er tippte an seine linke Achselhöhle, unter der das winzige Gerät verborgen war. Es hatte nur eine Reichweite von wenigen Meilen, die aber vollkommen für unsere gegenseitige Verbindung genügte.

Ich sah auf die Uhr und erhob mich.

„Verschwinde nun und zieh eine frische Uniform an. Du darfst nicht auffallen, wenn du wiederkommst. Es kann leicht möglich sein, daß wir bereits unter Beobachtung stehen.“

„Schön wäre es. Ich habe seit meiner Ankunft schon etliche hundert Leute in führenden Positionen kennengelernt und so gut wie nichts entdeckt. Man könnte wahnsinnig werden bei dem Gedanken, daß wir mitten unter den Burschen stecken, die drauf und dran sind, sämtliche Geheimnisse von Tanaga an den Mann zu bringen. Elis kann dir auch nicht weiterhelfen. Sie sitzt in einer ungünstigen Position.“

„Sie soll sich vorläufig zurückhalten, bis ich weitergekommen bin. Wir werden sie später anrufen und in ein Lokal bestellen. Das kann keinen Verdacht erregen, da ich sie immerhin zur Insel gebracht habe. Soll man ruhig annehmen, wir hätten uns etwas angefreundet. Sie hat nachts doch keinen Dienst, oder?“

„Nein. Die Bauarbeiten an den Schleusen sind beendet, deshalb wird in den Planungsbüros nachts nicht mehr gearbeitet. Sie erwartet unseren Anruf.“

Er erhob sich seufzend und reckte seine kleine Gestalt. Gleichzeitig glitten seine Augen forschend durch den Raum, der sehr elegant eingerichtet war.

„Hier gibt es allerhand versteckte Winkel, in denen man ein Abhörmikrophon unterbringen könnte“, murmelte er. „Paß auf, wenn du zurückkehrst. Es ist fraglich, ob wir dann noch offen sprechen können."

„Darauf hoffe ich direkt, Kleiner. Du kannst dich darauf verlassen, daß ich es bemerken werde. Einen größeren Gefallen könnten mir die Burschen gar nicht tun."

„Wenn sie dich für wichtig genug halten, werden sie Wert darauf legen, deine Gespräche zu belauschen. Sind deine Mikrokameras klar?"

„Ich werde eine in der Diele anbringen. Verschwinde nun, die Warterei geht mir auf die Nerven."

„Die sollte ein GWA-Captain aber nicht haben", spöttelte er. Ehe er die Tür aufgleiten ließ, warnte er mich noch.

„Sei vorsichtig mit deiner Bewaffnung. Du darfst keinesfalls deine GWA-Automatik führen. Wenn man sie findet, weiß man, wie der Hase läuft."

Ich drängte ihn hinaus und winkte ihm nach. Ziemlich laut rief ich ihm noch nach:

„Beeilen Sie sich aber, Ridgeman."

Er nickte und schritt eilig davon.

Kaum hatte ich die Tür geschlossen, summte in meinem Wohnzimmer bereits das Bildsprechgerät. Ich drückte den Schalter nieder. Auf der handgroßen Bildfläche erschien das Gesicht eines uniformierten Mannes. Es war der Adjutant des Admirals.

Ich nickte ihm zu, da ich wußte, daß er mich auf seiner Bildfläche ebenfalls sehen konnte.

„Gut, daß Sie da sind, Sir", klang es aus dem Lautsprecher. „Admiral Porter möchte Sie sprechen. Ich verbinde."

Sein Bild verblaßte. Augenblicke später wurde das Gesicht von Porter sichtbar.

Er erhob grüßend die Hand.

„Eine bodenlose Schweinerei, Liming", vernahm ich seine aufgeregte Stimme. „Sind Sie schon informiert?"

Ich überlegte blitzschnell und beschloß, den Besuch von Hannibal zu erwähnen.

„Wenn Sie den Unfall meinen, Sir, so bin ich unterrichtet. Soeben war Ridgeman vom Sicherheitsdienst bei mir."

„Ah, interessant. Was wollte er?"

„Er stellte einige Fragen über die Charaktereigenschaften meines L. I., die ich aber nicht beantworten konnte. Schließlich kannte ich ihn nur seit knapp zwei Tagen. Ich konnte nicht feststellen, ob er schwermütig war oder nicht. Ridgeman vermutet Selbstmord."

„So, tut er das? Nun, wir werden sehen, ob es wirklich ein Unfall war. Die Sache erscheint mir seltsam. Was hatte Spencer auf den Kranschienen zu suchen? Er war lediglich beauftragt worden, die Reparaturarbeiten an Ihrem Kreuzer zu überwachen. Haben Sie einen begründeten Verdacht?"

„Nein, Sir, keinen. Ich stehe vor einem Rätsel."

Ich sah seine prüfenden Augen und die zusammengepreßten Lippen.

„Schön, lassen wir das. Das ist der vierte Unfall, der sich innerhalb der letzten drei Monate ereignet hat. Tanaga scheint für gewisse Personen gefährlich zu werden."

„Ich verstehe nicht ganz, Sir", entgegnete ich zögernd.

„Brauchen Sie auch nicht. Sie melden sich morgen früh um neun Uhr bei mir. Es handelt sich um Ihre Sache."

„Jawohl, Sir. Haben sich neue Gesichtspunkte ergeben?"

„Sieht so aus. Die Antwortnote unserer Regierung ist äußerst scharf zurückgewiesen worden. Ich habe die Meldung soeben erhalten. Es ging alles sehr rasch, da man sich bemüht, die Sache unter den Tisch zu bringen. Washington wird nochmals abweisend antworten. Bis morgen früh werden wir sehen, wie sich die Geschichte entwickelt hat. Man stellt immer noch die hohen Schadensersatzansprüche und fordert Ihre exemplarische Bestrafung. Die Angelegenheit sieht für Sie gar nicht gut aus. Ist Ihnen das klar?"

„Vollkommen, Sir", bestätigte ich bedrückt. In meinem Gehirn begann es zu arbeiten, da ich fest gewillt war, die Sachlage zu meinem Vorteil auszunutzen.

Wenn ich in dem Augenblick schon geahnt hätte, was dieser Notenwechsel zu bedeuten hatte, dann wäre mir bestimmt übel geworden!

„Wir treffen uns also um neun Uhr. Lassen Sie sich von

Ridgeman nicht in allen unmöglichen Bars herumschleppen. Der Bursche verführt mir sämtliche Offiziere zum Saufen. Ich sehe das nicht gern."

„Ich werde mich danach richten, Sir."

„Ah, damit geben Sie zu, daß Sie seine todsicher erfolgte Einladung schon angenommen haben, was?"

Ich wich seinem Blick nicht aus und sagte nur: „Ja."

Porter murmelte noch einige undeutliche Worte, ehe er abschaltete.

Schmunzelnd drückte ich den Schalter nach unten. Die Bildfläche verblaßte. Von Hannibal schien er wirklich nicht viel zu halten. Der Kleine konnte froh sein, daß er auf eine Karriere in der Navy nicht angewiesen war. Unter Porter hätte er lebenslänglich auf eine Beförderung warten können.

Interessant war jedoch die Tatsache, daß auch der Admiral nicht an einen Unfall glaubte.

Während ich über das Gespräch nachdachte, öffnete ich mein Gepäck und entnahm einem Koffer meine Spezialausrüstung. Sie war vollständig; es fehlte nichts. Hannibal hatte sorgfältig darauf geachtet.

Ich nahm eine der winzigen Spezialkameras und klebte sie in einem Deckenwinkel meiner kleinen Diele so fest, daß das Weitwinkelobjektiv die gesamte Türbreite erfaßte. Den Auslösekontakt der auf Infrarotbasis arbeitenden Mikrokamera befestigte ich an den Gleitschienen der Schiebetür und legte anschließend die haarfeine Leitung. Sobald sich der Kontaktgeber einschaltete, würde jeder unbefugte Eindringling automatisch gefilmt werden.

Es verging einige Zeit, bis ich die Kamera ausreichend getarnt hatte. Das war eine Kunst, auf deren exakte Beherrschung man auf der GWA-Akademie größten Wert gelegt hatte.

Zufrieden betrachtete ich meine Arbeit und ließ die Kamera probeweise anlaufen. Das Wunderwerk aus den mikromechanischen Werkstätten der GWA arbeitete einwandfrei.

Draußen hörte ich einen Dienstwagen vorfahren. Es war Hannibal, der seine Sendung in der Zwischenzeit erledigt hatte. Ich unterbrach den Auslösekontakt und ließ ihn ein. Er trug eine frische Uniform; sein Kunstfaserkragen glänzte so weiß, daß ich geblendet die Augen schloß.

„Findest du mich nicht unwiderstehlich?" fragte der Kleine. Ein breites Grinsen huschte über sein Gesicht.

Prüfend sah er sich in der Diele um.

„Erstklassige Arbeit. Ich kann die Kamera nicht entdecken. Besorge dir ein gutes Versteck für deine Ausrüstung. Wenn hier jemand eindringen sollte, so wird man garantiert dein Gepäck durchsuchen."

„Wenn überhaupt jemand eindringt", sagte ich unzufrieden. „Ist dein Spruch gut durchgekommen?"

„Ohne Schwierigkeiten. Der Chef wird jetzt schon informiert sein. Aufnahmegerät ist eingeschaltet."

„Dann wollen wir uns fertigmachen. Ich bin neugierig, wie es in den Bars und Klubs dieser gigantischen Maulwurfsiedlung zugeht."

„Du wirst dich wundern. Hat dich Porter angerufen? An sich müßte er dich ja benachrichtigen."

„Ist geschehen. Er hat mich vor dir gewarnt, da du die Leute zu Saufgelagen verführen würdest."

Er lachte amüsiert, während ich meine Ausrüstung anlegte, die ich von nun an immer am Körper tragen mußte. Dabei handelte es sich in erster Linie um den würfelförmigen Sender, der auf Sup-Ultra-Welle arbeitete, die von keiner Station abgehört werden konnte.

Ich entblößte meinen rechten Oberschenkel. Hannibal betrachtete fachmännisch die tiefe Narbe, die ehemals nur eine geringfügige Schußverletzung gewesen war. Als sie von den GWA-Chirurgen entdeckt worden war, konnte ich ihnen nicht mehr entgehen. Die Wunde wurde erweitert, sauber ausgeschnitten und genau auf die Maße gebracht, daß einer unserer Mikrosender hineinpaßte.

„Exzellent gemacht", brummelte der Zwerg, als er vorsichtig das winzige Gerät hineingleiten ließ. Er verband es mit der haarfeinen Antenne, die unter der Haut am Bein entlanglief und an meinem rechten Fuß endete. Auch diesen Eingriff hatte ich den medizinischen Könnern der GWA zu verdanken.

Der eingeträufelte Biokleber hielt den Sender fest. Darüber kam synthetischer Gewebestreifen, der sich nahtlos mit der echten Haut verband, so daß man den Sender mit dem besten Willen nicht mehr entdecken konnte.

Diese Geräte, die jeder GWA-Agent bei seinen Unternehmungen am Körper trug, bildeten für uns eine gewisse Lebensversicherung. Jedenfalls konnte man damit erreichen, daß andere GWA-Leute rechtzeitig über die Ermittlungsergebnisse informiert wurden.

Kritisch betrachtete ich mein Bein, ehe ich wieder in die Uniformhose schlüpfte. Ich griff in die rechte Hosentasche und tastete nach der winzigen Erhöhung, die sich unter dem künstlichen Hautstreifen abzeichnete. Sekunden später gab ich mein Rufzeichen durch, das ich fünfmal wiederholte.

Hannibal beobachtete mich gespannt. Als das Bildtelefon zu surren begann, nickte er befriedigt.

„Gut! Sie meldet sich schon. Also hat sie dein Rufzeichen empfangen. Das Gerät arbeitet tadellos."

Ich schaltete ein. Elis' Gesicht erschien auf der Bildfläche.

„Hallo, Captain, ich wollte Sie nur einmal anrufen. Haben Sie sich in Tanaga schon umgesehen?"

Ich verneinte und lud sie zu einem Bummel ein. Planmäßig nahm sie meinen Vorschlag an.

Damit war die Funkkontrolle erledigt. Elis war dafür ausersehen worden, Hannibal und mir als Verbindungsperson zu dienen. Sie verfügte über einen Empfänger, der auf die Sup-Ultra-Wellen unserer Mikrosender ansprach. Wenn wir in akute Gefahr kommen sollten, so konnte sie jederzeit handeln.

Vorsichtig legte ich meine Spezialuhr an, deren winzige Sprühdüse nur bei einer sehr sorgfältigen Untersuchung zu entdecken war. Innerhalb des normal aussehenden Gehäuses befanden sich wenige Tropfen einer höllischen Säure, die sogar besten Stahl in kochende Materie verwandelte. Die Uhr diente nur als Notwehrwaffe. Die unter Druck stehende Füllung reichte für drei Sprühschüsse, die aber vollkommen genügten, um das Gesicht eines Gegners restlos zu zerstören.

Ich hatte bei meinem Einsatz in Ostasien erfahren, wie wichtig eine solche Notwehrwaffe sein konnte.

Hannibal reichte mir die Krawattennadel, auf deren Rückseite eine Widmung eingraviert war. Sie konnte für das Geschenk einer Freundin gehalten werden. Dieser Eindruck war auch beabsichtigt.

Ich drückte auf den kaum fühlbaren Knopf, und die lange Spange klappte auseinander. Darin befanden sich acht winzige rote Kugeln, vergleichbar mit Stecknadelköpfen. In den Hohlräumen der Plastikkügelchen befanden sich geringe Mengen jenes grauen Pulvers, das unsere Wissenschaftler „Thermonital" nannten.

Der Stoff glich dem veralteten Thermit. Sobald er mit dem Sauerstoff der Luft in Berührung kam, brannte das Pulver unter der Entwicklung von zwölftausend Hitzegraden ab.

Unsere Versuche hatten bewiesen, daß die Füllung einer einzigen Ladung ausreichte, um den Stahlriegel einer Panzertür verdampfen zu lassen.

Sorgfältig schob ich die Spange über mein schwarzes Halstuch. Anschließend griff ich nach der Waffe, die ich zu meinem größten Bedauern nicht führen durfte.

Die schwere Thermo-Rak-Automatik mit dem 25-Schuß-Magazin wäre bei einer Entdeckung sofort als GWA-Spezialwaffe erkannt worden. Das hätte den sofortigen Verrat meines Unternehmens bedeutet.

Thermo-Rak-Pistolen besaßen nicht einmal die Beamten der Geheimen-Bundeskriminalpolizei. Sie waren eine Spezialentwicklung der GWA und ausschließlich den GWA-Agenten vorbehalten. Die Waffen schossen nicht mehr mit normalen Patronen, sondern mit winzigen Raketengeschossen, so daß nach dem Schuß kein Hülsenauswurf erfolgte. Die Geschoßzündung erfolgte elektrisch. Das bedeutet eine enorme Feuergeschwindigkeit, sobald man auf Dauerfeuer umstellte.

Ich sah auf den mantelverkleideten Lauf mit den Abgasöffnungen und betrachtete auch die fünf Zentimeter langen Geschosse, die nach dem Aufschlag sofort zündeten. Die Ladung bestand aus Thermonital.

„Zwecklos, Langer“, warf Hannibal sachlich ein. „Du kannst die Thermo-Rak nicht am Körper tragen. Nimm die andere Kanone.“

Ich legte die Waffe weg und ergriff die 38er-Automatik mit dem zwölfschüssigen Magazin. Es war meine Dienstwaffe, die ich als Kommandant eines U-Kreuzers auch innerhalb des Stützpunktes Tanaga tragen durfte. Das konnte also keineswegs auffallen.

Ich entleerte das Magazin und griff nach der Schachtel mit der GWA-Spezialmunition, die ich von unserer Ausrüstungsabteilung erhalten hatte.

Die blanken Messinghülsen der Patronen unterschieden sich überhaupt nicht von der normalen Munition. Die Ladung war auch die gleiche.

Im Gegensatz dazu aber besaßen die harmlos aussehenden Nickelmantel-Geschosse eine verhältnismäßig große Thermonital-Füllung. Sie reichte aus, um einen schweren Felsblock in glutflüssige Lava zu verwandeln.

„Nimm das Ding schon“, drängte Hannibal ungeduldig. „Sie ist unseren Spezialkanonen zwar unterlegen, doch dafür hat sie ein weitaus größeres Kaliber, was eine achtfach größere Thermonital-Füllung bedeutet. Ich möchte nicht auf dem gleichen Fleck stehenbleiben, wenn so ein Geschoß einen Meter neben mir abbrennt. Du brauchst deinen Mann gar nicht genau auf den Punkt zu treffen. Was bei einem normalen Geschoß nur einen Streifschuß bedeutet, das bringt bei dieser Ladung den sofortigen Hitzetod.“

„Danke für die Aufklärung“, fuhr ich ihn an. „Bring mich nun in einen Laden, wo wichtige Leute verkehren. Die Kleinen interessieren mich nicht; die kriegen wir ohnehin, wenn wir wissen, wo die Großen zu suchen sind.“

„Schön gesagt“, meinte der Zwerg. In seinem Gesicht bildeten sich tausend Falten. „Glaubst du ernstlich, daß man sich heute schon an dich heranmacht? Die werden dich erst einmal näher unter die Lupe nehmen, wenn sie diese Absicht überhaupt haben. Wir können froh sein, wenn nach Ablauf einer Woche die erste Annäherung erfolgt.“

Ich preßte die Lippen zusammen und sagte nichts mehr. Ich wußte nur zu genau, daß der Kleine recht hatte. Die „Einsickerungstaktik" war zweifellos gut, doch sie hatte auch ihre Nachteile. Wenn man überhaupt nichts wußte, so mußte man wohl oder übel auf den Zeitpunkt warten, wo sich der Gegner von selbst meldete. Damit konnte man etwas anfangen, aber vorher hieß es warten, sogar geduldig warten. Das aber kostete Nerven.

Ich verstaute die anderen Geräte meiner Sonderausrüstung innerhalb des Fernsehgerätes und hoffte, daß man sich das Innere des Empfängers nicht so genau ansehen würde. Der Hohlraum, in dem sich die Reste meiner Spezialausrüstung befanden, war jedenfalls gut abgedeckt.

Hannibal sah kritisch in das Gerät hinein.

„Sehr schön, sieht gut aus. Was passiert aber, wenn einer auf den Gedanken kommen sollte, den Kasten anzuschalten?"

„Gar nichts, das solltest du wissen", fuhr ich ihn leicht gereizt an. „Die Verbindungen sehen nur so aus wie Lötstellen. Die Klebemasse leitet nicht."

Fünf Minuten später verließen wir das Haus. Ehe ich die Schiebetür verschloß, schaltete ich den Auslösekontakt der Kamera ein. Wenn ich zurückkehrte, würde sie zwar auch anlaufen, aber das war bedeutungslos.

Da es bis zur Zentrale nur zehn Minuten zu gehen war, hatten wir auf einen Wagen verzichtet. Gemütlich schlenderten wir den Nebenstollen hinunter, bis vor uns die gewaltige Höhlung auftauchte, in die man eine regelrechte Stadt hineingebaut hatte.

„Da wären wir", stellte der Kleine fest, als wir den hellerleuchteten Dom betraten. „Ich werde dir unter die Arme greifen, Langer."

„Dazu müßtest du dich gewaltig anstrengen", ärgerte ich ihn. „Zeige mir einen teuren Laden und sorge dafür, daß ich in ein Spiel verwickelt werde. Vielleicht Poker! Ich möchte, daß man sieht, wie leicht ich mein Geld verliere, von dem ich ohnehin nicht genug besitze. Bunt wollen es die Leute haben, verehrter Kollege!"

9.

Es hatte sich nichts, aber auch gar nichts ereignet, was mich auch nur um eine Erkenntnis reicher gemacht hätte.

Ich hatte eine turbulente Nacht erlebt. Der liebe Hannibal hatte seinem Ruf alle Ehre gemacht. Ich hatte reichlich viel getrunken, gepokert und bei den Spielen rund elfhundert Dollar verloren. Ich hatte mit hohen Offizieren gesprochen und mit meinem Abenteuer angegeben. Es waren Bemerkungen über die neue Schallkanone gefallen; aber ich war vorsichtig gewesen.

Eine Bardame hatte mich zu trösten versucht, als ich ihr niedergeschlagen von meiner treulosen Frau erzählt hatte. In den vergangenen Stunden war von mir alles unternommen worden, was gerade noch zu verantworten gewesen war – trotzdem hatte ich nichts erreicht. Hannibal hatte über den unbefriedigenden Verlauf der Nacht geflucht. Gegen acht Uhr war er abgefahren, da er seinen Tagesdienst antreten mußte.

Ich hatte mich im „Three Hell Club“ erfrischt. Ein Mixer hatte mir seine Tube mit Bartentfernungscreme ausgeliehen.

Nun sah ich wieder einigermaßen menschenwürdig aus, zumal der Kunstfaserstoff meiner Uniform nicht knitterte.

Danach suchte ich Porter in seinem Büro auf und grüßte vorschriftsmäßig. Das Gesicht des Admirals verriet nichts Gutes. Er musterte mich abschätzend. Seine Verärgerung war nicht zu übersehen.

„Aha“, empfing er mich, „es hätte mich auch gewundert, wenn Sie ausgeschlafen angekommen wären. Hatte ich Sie nicht vor Ridgeman gewarnt? Hoffentlich haben Sie die Erfahrung gemacht, daß es in den Nachtlokalen von Tanaga auch teuer ist, obwohl Sie die Getränke steuerfrei erhalten. Setzen Sie sich.“

Anscheinend betroffen setzte ich mich auf den Rand eines Sessels und umklammerte meine Dienstmütze. Vorübergehend hatte ich den Eindruck, als habe der Admiral trotz seiner Zurechtweisung innerlich geschmunzelt. Aber ich konnte mich auch getäuscht haben.

Mit einigen Papieren in der Hand kam er näher und nahm ebenfalls Platz. Er schwieg einige Sekunden, bevor er sagte:

„Liming, ich habe vor zwei Stunden den Befehl erhalten, Sie vorläufig zu inhaftieren. Sie dürfen den Stützpunkt nicht verlassen, bis die Sache entschieden ist. Wenn Ihr Kreuzer vorher seeklar sein sollte, hat ein anderer Offizier das Kommando zu übernehmen. Es tut mir leid, aber ich kann daran nichts ändern. Der Befehl kommt aus Washington."

Ich saß wie erstarrt. Wäre ich ein „normaler" Navy-Offizier gewesen, hätten diese Worte praktisch das Ende meiner Laufbahn bedeutet. Ich dachte darüber nach, was die ganze Geschichte bedeuten sollte. Selbstverständlich gab es für mich keinen Zweifel, daß der GWA-Chef längst über den Notenwechsel in allen Einzelheiten orientiert war.

Es sah danach aus, als hielte es General Reling für richtig, die drohende Verhandlung nicht abzubiegen. Für diesen Entschluß gab es sicherlich gute Gründe. Ich mußte abwarten.

Stockend entgegnete ich:

„Ich ..., ich verstehe, Sir. Ich erlaube mir auch keine Kritik an den Anordnungen des Navy-Departments, obwohl ich allerhand zu sagen hätte."

„Sprechen Sie es lieber nicht aus", knurrte Porter. Seine Hände ballten sich. „Die einzige Sache, die Ihnen das Genick brechen kann, ist die Tatsache, daß Sie das Boot in international offenen Gewässern angegriffen haben. Es wird auf die Zeugenaussagen Ihrer Offiziere ankommen. Sie können aber auch nur bestätigen, daß der fremde Kreuzer keine Erkennungszeichen trug. Das wird von der GAS-Regierung bestritten. Es wird behauptet, die Kennziffer hätte sich seitlich am Rumpf befunden, so daß Sie sie von oben her nicht hätten ausmachen können. Womit wollen Sie also Ihre Maßnahme begründen?"

„Sir, ich war schließlich für die vier C-Bomben verantwortlich."

„Selbstverständlich, aber das wird man als stichhaltige Begründung nicht anerkennen. Sie müssen den einwandfreien Beweis erbringen, daß Sie angegriffen worden sind. Können Sie das?"

„Natürlich, Sir! Ich vernahm das kreischende Geräusch der auftreffenden Ultra-Schallwellen."

Er lachte rauh.

„So, das vernahmen Sie. Die Erklärung wird man zur Kenntnis nehmen, sie aber nicht als beweiskräftig beurteilen, da Sie schließlich von Ihnen stammt. Sie sind Partei, Liming. Wer kann außer Ihnen bezeugen, daß Sie mit einem Schallstrahler angegriffen wurden?"

„Mein L. I., Kapitänleutnant Spencer", warf ich erregt ein. „Er hat an den Manövern mit unseren neuen Schallkanonen teilgenommen und kannte genau das Geräusch, das beim Auftreffen der ..."

Ich verstummte und starrte ihn an. Sein gebräuntes Gesicht war maskenhaft starr.

„Liming, Ihr Leitender Ingenieur ist gestern tödlich verunglückt", erklärte der Admiral. „Ihr Zeuge kann Sie nicht mehr entlasten."

In meinem Gehirn blitzte ein Funke auf. Mir war, als breite jemand die Geschehnisse bildlich vor mir aus. Plötzlich glaubte ich zu wissen, warum Spencer verunglücken mußte!

„War das der einzige Zeuge, der über die Arbeitsweise einer Unterwasser-Schallkanone genau orientiert war?"

Ich nickte. Schwer aufatmend ließ sich Admiral Porter in seinem Sessel zurücksinken.

„Mann – , wissen Sie, was das für Sie bedeuten kann? Sie haben einen Kreuzer des GAS vernichtet. Sie behaupten, das Boot habe keine Kennzeichen geführt. Das wird bestritten. Sie sagen, Sie seien für die C-Bomben verantwortlich gewesen, was man Ihnen genau entgegengesetzt auslegen wird. Die Psychologen des Ministeriums werden Ihre Handlungsweise als überstürzt und unverantwortlich bezeichnen, da Sie wegen der Bombenladung übermäßig nervös gewesen seien. Der Ankläger wird behaupten, daß Sie nicht den geringsten stichhaltigen Grund hatten, den GAS-Kreuzer zu vernichten, nur weil er zufällig über Ihren Kurs gelaufen war. Auf die Aussagen Ihrer Besatzung können Sie nicht setzen. Sie sollten wissen, wie vorsichtig die Herren Offiziere sind, wenn sie vor einem Kriegsgericht zugunsten eines Vorgesetzten aussagen sollen, dessen Sache äußerst schlecht steht. Ich habe vor einer Stunde Ihren Ersten Offizier angehört. Soll ich Ihnen verraten, was mir der Mann sagte?"

Er sah mich durchdringend an. Ich ahnte alles. Natürlich, mein I. O. hatte vor dem Torpedoschuß noch leichenblaß gestammelt:

„Sir, um Himmels willen, das können Sie doch nicht ..."

Ich konnte mir lebhaft vorstellen, was er ausgesagt hatte. Seine Haut war ihm entschieden kostbarer als meine.

„Sonth sagte, er habe Sie noch warnen wollen, aber Sie hätten nicht auf ihn gehört, sondern das Kommando zum Abschuß des Torpedos gegeben. Stimmt das?"

Ich nickte schweigend, warf jedoch ein:

„Sir, der I. O. kann aber auch bestätigen, daß der fremde Kreuzer keine Kennzeichen führte."

„Sicher, das gibt er auch zu. Auch der Film beweist das. Es wird aber behauptet, Sie hätten die Kennzeichen gar nicht bemerken können, da das U-Boot unter Ihnen war. Mensch, Liming, denken Sie gründlichst über die Sache nach, oder Sie kommen in Teufels Küche! Lassen Sie Ihre Hände vom Alkohol und bereiten Sie Ihre Verteidigung vor. Man wird Sie in Washington fertigmachen. Die Juristen werden Ihnen Zahn auf Zahn ziehen. Ich weiß mit dem besten Willen nicht, wie ich Sie aus dieser Geschichte herauspauken soll."

Zehn Minuten später war ich entlassen. Innerhalb des Stützpunktes durfte ich mich noch frei bewegen.

Langsam ging ich durch den Verkehrsstrom der unterirdischen Stadt und bog in den schmalen Nebenstollen ein. Mein Gehirn arbeitete auf Hochtouren. Die drohende Kriegsgerichtsverhandlung war für mich uninteressant, doch die damit verbundenen Details waren von größter Bedeutung.

Ich kam schließlich zu dem Schluß, daß in der hartnäckigen Forderung der GAS-Regierung ein tieferer Sinn stecken mußte. Ob man mich derart zermürben wollte, daß ich auf alles einzugehen bereit war? Sollte das eine neuartige Taktik über die eigenen, höchsten Dienststellen sein, um einen Offizier zum Verrat zu bewegen?

Ich kannte den Geheimdienst des Groß-Asiatischen-Staatenbundes und wußte auch, daß er kein Mittel scheute, wenn es darum ging, einen wichtigen Mann zu gewinnen.

Wenn meine Überlegungen stimmten, so war das wieder ein typisches Beispiel für die teuflischen Intrigen hinter den Kulissen. Das Motiv für den plötzlichen Tod meines Leitenden Ingenieurs schien nun klar auf der Hand zu liegen. Man hatte einen Zeugen ausschalten wollen, der mit gutem Gewissen hätte beschwören können, daß mein Kreuzer tatsächlich angegriffen worden war. Jetzt war dieser Zeuge tot; ausgeschaltet, wie man wenig schön sagte.

Spencer tat mir leid. Ich hatte ihn für einen tüchtigen und ehrlichen Mann gehalten. Nun glaubte ich auch nicht mehr daran, daß er für die gegnerische Spionage gearbeitet haben könnte. Er war das Opfer eines Plans geworden, der sich gegen einen Kapitän zur See, U-Boot-Kommandant in der US-Navy, richtete.

Als ich mit meinen Schlußfolgerungen so weit gekommen war, zuckte ein Lächeln über meine Lippen. Ich fühlte, daß ich auf dem richtigen Wege war. Meine unbekannten Gegner hatten ein geniales Manöver eingeleitet, um einen bis dahin unbescholtenen, als tüchtig anerkannten Navy-Offizier in den Schmutz zu ziehen.

Sie hatten alles hervorragend arrangiert. Ich war felsenfest davon überzeugt, daß eine Verhandlung vor dem Kriegsgericht zum Untergang des Kapitäns Robert Liming führen mußte.

Das wußten die führenden Männer auf der anderen Seite auch, doch sie hatten sich in einem einzigen Punkt getäuscht! Sie wußten nicht, daß es diesen Kapitän Liming niemals gegeben hatte. Sie ahnten auch nicht, daß sie gegen einen Captain der Geheimen-Wissenschaftlichen-Abwehr antraten, dessen Vollmachten sogar ausgereicht hätten, notfalls den gesamten Stützpunkt in die Luft zu sprengen.

Mein stilles Lächeln verstärkte sich, als ich meine Tür öffnete und die Kamera aus der Tarnung löste. Es waren einige Meter Film abgelaufen. Das konnte nicht nur durch meinen raschen Eintritt geschehen sein. Ich hatte also in der Zwischenzeit Besuch bekommen.

Behutsam steckte ich die Kamera in meine Rocktasche und sicherte sorgfältig die Tür.

Vorsichtig betrat ich mein Wohnzimmer, in dem sich anscheinend gar nichts verändert hatte.

Ich hustete, trat laut auf und blickte mich forschend um. Man hatte mich nicht umsonst zwölf Jahre lang geschult, ehe ich aktiv für die GWA in den Einsatz durfte.

Nach zehn Minuten hatte ich ein nur stecknadelkopfgroßes Mikrophon entdeckt, das mein Besucher hinterlassen hatte.

Es hing geschickt versteckt hinter einer Rohrkrümmung der Klimaanlage. Die haarfeine Spezialleitung war hinter der Rohrschlange an die Wand geklebt worden. Der Draht verschwand durch die Rückwand meines Fertighauses, hinter der in unmittelbarer Nähe ein sicherlich starker Sender stehen mußte. Der ungebetene Gast hatte säuberlich die Kunststoffwand durchbohrt und die Stelle vorbildlich getarnt.

Trotzdem konnte es sich nicht um einen erfahrenen Mann gehandelt haben, da er sonst das hochempfindliche Mikrophon niemals ausgerechnet nahe der Rohrschlange der Klimaanlage angebracht hätte.

Das mußte laufend Störgeräusche geben, da die Anlage ununterbrochen arbeitete.

Ich lachte lautlos vor mich hin und suchte anschließend die anderen Räume ab. Aber ich konnte nichts mehr entdecken. Sie hatten sich mit dem Mikrophon im Wohnzimmer begnügt. Wahrscheinlich in der Annahme, daß ich im Schlafzimmer keine Unterhaltungen führen würde. Auch im Bad war nichts zu erspähen.

Jetzt stellte sich für mich die Frage, ob es irgendwo einen Mann gab, der laufend vor dem Empfänger saß und lauschte.

Allerdings war die Wahrscheinlichkeit größer, daß mein Besucher keinen abhörgefährdeten Sender, sondern nur einen Mikroverstärker zwischen der Rückwand meines Quartiers und der Stollenwandung aufgestellt und ihn direkt mit einem Aufnahmegerät verbunden hatte.

Jedermann konnte Mikrobandgeräte kaufen, deren Drahtspulen vierundzwanzig Stunden hindurch liefen. Wenn das zutraf, mußte in der nächsten Nacht jemand kommen, um die Spule auszuwechseln und die abgelaufene mitzunehmen.

Die zweite Möglichkeit erschien mir entschieden logischer als die Sendertheorie. Der Abhördienst der Insel wäre sehr schnell informiert gewesen.

Mein Gepäck war auch durchsucht worden; das Versteck im Fernsehgerät war aber unangetastet geblieben.

Zufrieden und voller Hoffnungen nahm ich ein Bad. Danach legte ich mich auf die Couch. Mit Elis Teefer hatte ich mich um dreizehn Uhr in der Messehalle für leitende Angestellte und Offiziere verabredet. Dort konnte ich erfahren, was der Chef auf meinen Funkspruch geantwortet hatte.

„Die Fische haben angebissen", dachte ich, ehe ich einschlief.

★

Der Mikrofilm hatte sich automatisch entwickelt. Im Betrachter konnte ich die einzelnen Aufnahmen des Streifens gut erkennen und stellte fest, daß der Eindringling ein junger, hagerer Mann gewesen war.

Es verblüffte mich nicht, daß er die Uniform des Sicherheitsdienstes trug. Aus seinen Winkeln auf der Uniform ersah ich, daß er im Range eines Sergeanten stand.

Ich rollte den hauchfeinen Streifen sorgfältig zusammen und machte die Kamera wieder „schußfertig". Nach zehn Minuten klebte sie an ihrem alten Platz. Anschließend verließ ich die Wohnung.

Auf dem Zentralplatz nahm ich mir einen Wagen. Er brachte mich durch Verbindungsstollen AB-17 zu jenem Teil der unterirdischen Anlage, wo sich die Messehalle für die Wissenschaftler und Offiziere befand, die im östlichen Sektor des Stützpunktes beschäftigt waren.

Nach knapp fünfzehn Minuten kam ich in einer anderen Felshalle heraus, die längst nicht so groß war wie der Zentrale Felsdom, immerhin aber einer Reihe von Gebäuden Platz bot.

Es war kurz vor dreizehn Uhr, als ich die langgestreckte, mit allen Bequemlichkeiten ausgestattete Halle betrat. Es gab einen schönen Vorraum, in dem man sich aufhalten konnte. Der Betrieb war so organisiert, als würde man sich in einer Großstadt der Staaten befinden.

Ich schlenderte durch die einzelnen Räume, bis ich weiter hinten Elis entdeckte. Sie saß alleine an einem kleinen Tisch. Ein Platz war offensichtlich reserviert.

Ich wurde von einigen Leuten begrüßt, die ich in der vergangenen Nacht kennengelernt hatte. Noch sagten mir die Gesichter nichts, aber wenn es planmäßig weiterging, war es leicht möglich, daß sich einige von ihnen demaskierten.

Ich begrüßte Elis und beugte mich über ihre Hand. Sie war sehr elegant gekleidet. Ihr Lächeln wirkte vertraut. Ich sah die Blicke der in der Nähe sitzenden Leute, die offensichtlich annahmen, daß ich mit meinem ehemaligen weiblichen Passagier eine etwas engere Freundschaft geschlossen hätte.

Ich legte meine Mütze auf den freien Stuhl und setzte mich so, daß ich die Wand im Rücken hatte.

„Sehr schönes Plätzchen, Doktor“, murmelte ich. Meine Blicke wanderten forschend durch den Raum.

Sie erzählte einige nebensächliche Dinge, bis unser Essen aufgetragen war. Dann erkundigte sie sich leise:

„Besuch gehabt, Sir?“

„Allerdings. Ein Sergeant vom Sicherheitsdienst. Das Mikrophon habe ich entdeckt. Wir können uns also in unserem Quartier nicht mehr unterhalten. Kommt Hannibal?“

„Noch unbestimmt. Wenn er kommt, ist er spätestens in einer Viertelstunde hier.“

„Wenn er nicht erscheint, so geben Sie ihm den Filmstreifen. Er soll feststellen, wer der Mann ist. Funknachrichten vom Chef eingetroffen?“

„Ja, sogar eine sehr interessante. Hannibal hat mich noch informiert, ehe er seinen Dienst antrat.“

Sie unterbrach das Gespräch, da einige Leute vorübergingen. Wir grüßten höflich. Sobald die Mithörgefahr vorüber war, fuhr Elis fort:

„Der sinngemäße Wortlaut der Nachricht ist der, daß die genaue Untersuchung der Psychotestergebnisse Ihren Verdacht nicht bestätigt. Chefingenieur Spencer war weder leicht beeinflußbar noch wankelmütig. Sein Tod dürfte also andere Gründe haben als Sie annehmen."

Ich begann zu lächeln und atmete innerlich auf.

„Ausgezeichnet, meine Ansicht hat sich auch geändert. Sonst noch Mitteilungen?"

„Ja, äußerst wichtige. Der Chef teilt mit, daß Sie genau aufpassen sollen. Er hegt den Verdacht, daß sich bei Ihnen bald jemand melden wird. Es betrifft die Sache mit der drohenden Verhandlung. Er läßt Ihnen übermitteln, daß er vorläufig den normalen Gang der Dinge nicht unterbinden will. Er vermutet, daß damit auf Sie Druck ausgeübt werden soll. Er ist über den Notenwechsel genau informiert. Sie sollen unter allen Umständen den vollständig Verzweifelten spielen."

„Ist schon geschehen. Er hat demnach die gleichen Ansichten. Wir sind weitergekommen, Doktor."

Ich gab ihr gerade einige Anweisungen hinsichtlich der Nachrichtenübermittlung, als Hannibal auftauchte.

Er zog durch sein Benehmen die allgemeine Aufmerksamkeit auf sich und steuerte so direkt auf unseren Tisch zu, wie er es sich als intimer Zechgenosse auch erlauben konnte.

Ich verhielt mich ziemlich reserviert, als er fragte, ob wir zwei „Liebende" etwas dagegen einzuwenden hätten, wenn er sich bei uns häuslich niederlassen würde.

Er lärmte und lachte, so daß es überhaupt nicht auffiel, als ich ihm die Informationen zuflüsterte. Die Suppe schlürfte er so geräuschvoll, daß ich fast einen Schüttelfrost bekam. Anschließend brüllte er nach einem Eisgetränk. Der Kellner brachte zwar einen Fruchtsaft, dem aber ein reichlicher Schuß Whisky beigefügt war. Hannibals Schwäche für scharfe Sachen schien in der Messehalle ein offenes Geheimnis zu sein.

„Nanu, Ridgeman, sind Sie unter die Abstinenzler gegangen?“ fragte ich laut und bedachte den Zwerg mit einem anzüglichen Blick.

Nebenan begann ein älterer Mann zu lachen. Ich erkannte Doktor Siluk, den Chef-Geologen des Stützpunktes.

„Ich darf im Dienst natürlich keinen Alkohol trinken, Sir“, gab Hannibal zu und schnüffelte genußvoll an dem Glas herum.

Während er trank, flüsterte ich ihm zu:

„Funknachricht absetzen. Den Sergeanten namentlich erwähnen. Du kommst sofort zu mir, sobald dein Dienst beendet ist. Wir werden uns unter dem Mikrophon unterhalten. Ich werde von meinen Sorgen sprechen. Laß Bemerkungen fallen, aus denen hervorgeht, daß du den Kram lieber heute als morgen hinwerfen würdest. Mach mir einen Vorschlag zur Flucht. Alles klar? Du willst mir behilflich sein. Ich möchte, daß die Unbekannten zum schnelleren Auftreten verführt werden. Eine Flucht dürfte ihnen nicht gelegen kommen.“

„Alles klar. Ich bin um siebzehn Uhr bei dir.“

„Kennst du den Sergeanten, der mir das Mikrophon ins Haus geschmuggelt hat?“

„Ja, Strubing ist sein Name. Er untersteht Kapitänleutnant Turlak, Sektion Arsenal-Überwachung.“

Ich stieß eine Verwünschung aus. Elis sah mich warnend an. Dieser Sergeant saß doch tatsächlich vor den geheimen Bombenarsenalen, die er vor unwillkommenen Eindringlingen bewachen sollte. Das war ein starkes Stück.

Hannibal lachte, doch in seinen Augen loderte ein drohendes Feuer. Es konnte nicht mehr lange dauern, bis sich die Burschen meldeten. Der Ansicht war wenigstens ich. Ich glaubte nicht, daß ich mich täuschte.

Hannibal kam pünktlich um siebzehn Uhr. Ich hatte ihn bereits ungeduldig erwartet und öffnete schon die Tür, als er dem Dienstwagen entstieg.

Er trat ein und begrüßte mich respektvoll mit der Anrede „Sir“. Das Mikrophon konnte garantiert alle Worte aufnehmen. Die Durchgangstür zu meinem Wohnzimmer stand offen, und ich deutete auf die Ecke, wo der Sergeant das Gerät verborgen hatte.

Hannibal sah hinauf und nickte.

Ich schloß die Tür und sagte betont unwirsch:

„Mensch, laß die Anrede ‚Sir'. Mir wird schon übel, wenn ich das nur höre. Haben wir vergangene Nacht nicht Brüderschaft getrunken?"

„Sicher, haben wir", gab der Kleine mit seiner ewig heiseren Stimme zu. „Das braucht aber nicht zu bedeuten, daß das auch mein Fahrer hören muß. Warum bist du denn so niedergeschlagen? Etwa wegen der blöden Geschichte mit dem U-Boot?"

Ich lachte ein wenig hysterisch und gab ihm gleichzeitig einen Wink, in einem Sessel der Couchecke Platz zu nehmen. Die Polstergruppe stand direkt unter dem Mikrophon.

„Setz dich. Der Erfrischungsautomat steht neben dir. Die Whiskybehälter sind gefüllt. Wenn ich gewußt hätte, was mich in diesem Inselladen erwartet, hätte ich das Kommando über U-2338 abgelehnt. Verdammte Geschichte. Laß dir mal erzählen, was ich heute von Porter erfahren habe."

Das war der erste Schachzug, da es mir verboten war, über die Angelegenheit zu sprechen.

Hannibal hörte aufmerksam zu. Ab und zu warf er einen kräftigen Fluch ein. Ich schloß mit den Worten:

„Ich bin jetzt so weit, daß nicht nur mein Kommando, sondern sogar meine Laufbahn auf dem Spiel steht. Wie beurteilst du meine Chancen? Du bist schließlich beim Sicherheitsdienst."

Behaglich lehnte er sich in seinem Sessel zurück und schielte beharrlich auf das Mikrophon, das unser „Hörspiel" bestimmt mit größter Präzision aufnahm.

„Nun, dazu muß ich dir zuerst sagen, daß ich heute Vormittag einen Befehl vom Sicherheitshäuptling erhalten habe, und der hat ihn von Porter. Demnach bist du so gut wie verhaftet. Es kann nur noch eine Frage von wenigen Tagen, vielleicht nur von Stunden sein, bis der Befehl aus Washington kommt, dich in die Staaten zu bringen. Da Kapitän Orlop, unser Sicherheitschef, schon erfahren hat, daß wir uns angefreundet haben, hat er mir den Befehl erteilt, dich unauffällig zu überwachen. Deshalb kann ich dich auch ohne Schwierigkeiten aufsuchen. Normalerweise hätte ich noch Dienst, doch ich bin abgestellt worden."

Er kritzelte etwas auf einen Zettel, den ich vorher bereitgelegt hatte.

„Information stimmt", konnte ich lesen.

Ich runzelte nachdenklich die Stirn und warf spöttisch ein:

„Was du nicht sagst! Und warum erzählst du mir das? Du weißt doch, du würdest unbarmherzig bestraft, wenn irgendwie herauskäme, daß du mich orientiert hast."

„Ich will dir mal etwas sagen, mein Lieber", entgegnete er humorlos. „Dieses Tanaga läßt mich so kalt, daß es mir völlig gleichgültig ist, was die über mich denken. Ich habe dir die Information gegeben, weil du mir leid tust und weil mir der hiesige Laden in zunehmendem Maße mißfällt. Unter Porter komme ich nicht weiter, darüber bin ich mir klar. Ich will aber weiterkommen. Oder glaubst du, ich möchte bis zu meinem Lebensende Korvettenkapitän und obendrein noch in Tanaga bleiben? Dabei lege ich gar keinen Wert darauf, in der Navy Karriere zu machen. Das würde mir wohl auch kaum gelingen. Ich habe mich nicht nach dem Kommando gedrängt. Sie haben mich aus den Staaten auf diesen Posten abgeschoben, weil ich ihnen dort auf die Nerven gegangen bin. Was man jetzt mit dir macht, ist eine bodenlose Schweinerei. Hättest du die dreimal verd... Bomben doch zum Teufel gehen lassen. Du kannst mir nicht vormachen, daß du ein heldenhafter Vaterlandsverteidiger bist."

Ich lachte hintergründig und murmelte:

„Womit du recht haben dürftest. Ich habe auch nur deshalb das Boot angegriffen, weil ich mir darüber klar war, daß es sonst mein Ende bedeutet hätte. Wenn mir die Leute vorher gesagt hätten, ‚Hör mal, wir wollen nur deine Ladung, dich lassen wir laufen', dann hätte ich anders gehandelt. Das war aber wohl schlecht möglich, denn die konnten nicht wissen, daß ich mich nur deshalb zu einem Bordkommando gedrängt habe, weil ich mehr verdienen wollte. Der Dienst im Navy-Department war angenehm, aber die Besoldung war es nicht.

Wenigstens nicht vom Standpunkt meiner Frau aus gesehen. Das war der Grund, warum ich Chef-Admiral Sethler um das Kommando gebeten habe. Und jetzt sitze ich erst recht in der Klemme."

Hannibal amüsierte sich köstlich. Ich erkannte, daß ihm die Sache Spaß machte. Unsere Gegner sollten auf ihre Kosten kommen.

„Hmm, jetzt sei mal ganz ehrlich, die Sache bleibt unter uns."

„Was willst du wissen?"

„Stimmt es wirklich, daß dich der Fremde mit einem Ultraschallstrahler angegriffen hat? Ich habe da so etwas gehört."

„Ja, es stimmt. Ich kenne die Geräusche durch meine Versuche im Südatlantik. Ich habe unsere neue Sup-Ultraschallkanone auf Herz und Nieren getestet und weiß daher auch sehr genau über die konstruktiven Daten Bescheid, da ich alle Unterlagen an Bord hatte. Ich kann dir versichern, daß die Kanone, mit der ich von dem GAS-U-Boot angegriffen worden bin, gegen unseren Strahler ein harmloses Gebilde ist. Ich habe mit unserer Kanone riesige Felsblöcke förmlich zerpulvert."

„Mensch", sagte er heiser, „du weißt tatsächlich hundertprozentig, wie das Ding beschaffen ist? Und da sitzt du noch hier?"

„Was willst du damit sagen?" fragte ich gedehnt zurück.

„Nicht viel und doch alles. Du hast ein riesiges Vermögen in deinem Schädel! Wenn ich an deiner Stelle gewesen wäre, hätte ich mich wirklich nicht auf das armselige Bordkommando eingelassen. Hast du noch niemals davon gehört, daß es in den Staaten genug Leute gibt, die für diese Informationen einige Millionen zahlen würden?"

Ich schwieg eine Weile, ehe ich erwiderte:

„Zum Teufel, das brauchst du mir jetzt nicht mehr zu sagen. Daran habe ich auch schon gedacht, aber nun ist es zu spät. Ich sitze in der Tinte. Was mir in Washington bevorsteht, brauchst du mir ebenfalls nicht zu schildern. Man wird mich in Unehren entlassen und mir eine langfristige Strafe aufbrummen. Außerdem werde ich für den Rest meines Lebens an der Schuld zu zahlen haben. Du weißt doch, daß Peking rund neunzig Millionen Dollar Schadensersatz fordert, nicht wahr?"

„Ja, das weiß ich. Deine einzige Chance liegt in Asien. Wenn der GAS die Protestnoten zurückzieht und auf die Ansprüche verzichtet, wird man in Washington nur zu gerne beide Augen zudrücken, denn die Leute wissen auch, daß du richtig gehandelt hast. Du hast nur keine Beweise, das ist alles. Das muß dir zwangsläufig das Genick brechen. Wenn dein L. I. noch leben wurde, könnte es gut ausgehen. Laß mich mal eine Minute überlegen. Ich hätte da ein Plänchen."

Ich ließ ihn nachdenken und blickte unterdessen zu dem Mikrophon hinauf. Auf einem Zettel teilte ich Hannibal mit:

„Komme auf die Flucht zu sprechen. Zwei-Mann-U-Boot."

Er nickte und begann gedämpft zu sprechen.

„Rob, ich könnte dich aus Tanaga herausbringen. In meinem Dienstbereich gibt es einige Zwei-Mann-Boote. Sie sind sehr schnell und wendig. Damit wärst du aus allen Dingen heraus. Du hast ein Vermögen in der Tasche, wenn du wirklich so genau über den Strahler informiert bist, wie du behauptest."

„Weiter", sagte ich kurz. „Mir ist jeder Strohhalm lieber als die jetzige Lage. Wenn du mich aus der Mausefalle entwischen läßt, wirst du deinen Teil bekommen. Ich denke nicht daran, mich fertigmachen zu lassen. Besorge mir ein Boot, dann werde ich verschwinden. Gib mir eine Adresse an, wo ich das Geld hinterlegen kann."

Er lachte und meinte zynisch:

„Stopp, mein Lieber, so weit geht die Freundschaft nicht. Wenn du verschwindest, so bin ich mit von der Partie. Kurs Peking, verstehst du! Wir können mit unserem Sender anrufen, ehe wir einlaufen. Ich finde schon Mittel und Wege, damit wir nicht hereingelegt werden. Hier das Geld, da die Informationen."

„Falsch kalkuliert", warf ich ein. „Wir müssen erst nach Washington, wo ich meine Unterlagen habe. Wie stellst du dir den Aufbau eines schweren Ultra-Schallstrahlers vor! Die Daten kann ich doch nicht alle im Kopf haben. Da entscheiden winzige Zahlenwerte, ob das Ding auch funktioniert. Ich habe die Pläne damals mit einer Mikrokamera aufgenommen."

Von da an sprachen wir stundenlang über den Fluchtplan. Wir arbeiteten ihn so sorgfältig aus, wie es nur möglich war. Unsere unbekannten Freunde durften durch unvollständige Angaben nicht argwöhnisch werden.

Wir überlegten und planten, daß uns im Sinne des Wortes die Schädel rauchten. Dafür hatte die Sache aber auch Hand und Fuß. Auf dem gewählten Weg hätten wir tatsächlich aus Tanaga entfliehen können.

Wir legten auch fest, auf welche Weise wir meine Unterlagen aus Washington besorgen wollten. Die neuen Zwei-Mann-Boote besaßen Atomantrieb. In ihnen waren erstmalig die Kleinreaktoren eingebaut worden, die auch für leichte Jäger und Jabos der Air-Force in Frage kamen.

Die Boote hatten einen unbegrenzten Aktionsradius, da Wasser als Arbeitsmedium immer zur Verfügung stand.

Wir konnten infolgedessen gut um Kap Horn herumfahren und die Chesapeake-Bucht anlaufen. Von dort aus war es nur noch ein Katzensprung bis nach Washington.

Als wir die Planung fertig hatten, war es kurz nach einundzwanzig Uhr. Ich notierte auf einen Zettel:

„Aufhören. Es kann sein, daß ihr Tonband fast abgelaufen ist. Es muß ausgewechselt werden."

Hannibal nickte und fuhr sich seufzend über die schweißbedeckte Stirn.

„So, das hätten wir. Ich besorge dir die Karten, die du noch haben willst. Wir müssen so schnell wie möglich verschwinden. Dabei spielt es keine Rolle, ob wir draußen helles Tageslicht haben, oder finstere Nacht. Ich gebe dir morgen spätestens gegen sieben Uhr Bescheid, zu welchem Zeitpunkt wir auslaufen können. Die Boote liegen klar in der kleinen Nebenschleuse mit der Nummer zwölf. Man kann sie innerhalb einer halben Minute fluten. Das werde ich veranlassen. Du kannst sicher sein, daß wir gut ins offene Wasser kommen. Wenn wir in einem Zwei-Mann-Boot sitzen, dann sollen sie uns erst einmal finden. Die Dinger können dreitausend Meter tief tauchen und entwickeln eine Höchstfahrt von hundert Seemeilen. Das schafft kein leichter U-Kreuzer."

Ich machte noch einige Bemerkungen über den einzuschlagenden Kurs, ehe ich warnend einwarf:

„Es wäre besser, wenn wir nun aus meiner Bude verschwänden. Im Klub können wir uns weiter unterhalten. Vielleicht hat der Sicherheitschef noch mehr Leute mit meiner Überwachung beauftragt. Sie könnten unter Umständen wegen deines ausgedehnten Besuches argwöhnisch werden. Gehen wir, und laß kein unbedachtes Wort über deine Lippen kommen."

„Meinst du, ich wollte mich selbst ans Messer liefern?" reagierte er aufgebracht. Wir beendeten unsere Unterhaltung.

Zehn Minuten später verließen wir das Haus. Meine Aufnahmekamera war wieder einsatzbereit.

Wenn alles gutging, würden die unbekannten Drahtzieher in spätestens vier Stunden über unser Gespräch informiert sein.

Wenn sie es aber direkt abgehört hatten, mußten sie jetzt schon unseren Plan kennen.

Ich warf keinen Blick auf die geglättete Felswand, an die sich das Fertighaus anlehnte. Vorsicht und nochmals Vorsicht – das waren Grundsätze, die jedem GWA-Agenten mit auf den Weg gegeben wurden.

10.

Ich erkannte den Mann sofort und blieb wie erstarrt stehen. Seine schwere Dienstpistole drohte zu deutlich. Es war eine vollautomatische Henderley, Kaliber 38. Diese neuen Dienstwaffen mit dem zwanzigschüssigen Magazin wurden vom Sicherheitsdienst des Stützpunktes benutzt.

„Ich würde Ihnen raten, Sir, schön ruhig zu bleiben", murmelte der lange, schlaksig wirkende Mann. In seinem hageren Gesicht bewegte sich kein Muskel.

Ich stand im Toilettenraum des „Three Hell Club". Hannibal hielt sich draußen auf, doch ich war beinahe sicher, daß er in dem Augenblick ebenfalls Besuch erhalten hatte.

Sergeant Strubing, er hatte mir das Mikrophon in die Wohnung geschmuggelt, schien beunruhigt zu sein. Ich blickte auf meine Uhr und stellte fest, daß es kurz nach Mitternacht war.

Man hatte also den von Hannibal und mir besprochenen Tondraht schon abgehört. Es war so gekommen, wie ich es erhofft hatte.

Innerlich jubelte ich, doch äußerlich gab ich mich gefaßt. Schneidend fragte ich:

„Soll das bedeuten, Sergeant, daß ich endgültig verhaftet bin?“

„Fragen Sie nicht zu viel, Sir, Sie werden es in wenigen Minuten wissen. Folgen Sie mir, und machen Sie keine Dummheiten. Diese Tür! Ihre Rechnung wird beglichen. Kommen Sie.“

Ich drehte mich langsam um und nahm die Haltung eines Mannes an, der alles verloren glaubt. Mit hängenden Schultern ging ich vor dem Sergeanten des Sicherheitsdienstes her, der auf eine Nebentür gedeutet hatte, die direkt in den kleinen Garten hinausführte.

Draußen war es recht dunkel, da wir uns auf der Rückseite des Klubhauses befanden. In einigen Metern Entfernung verlief eine schmale Verbindungsstraße direkt an der Felswand entlang. Dort bemerkte ich einen schweren Turbowagen, der mit leise surrender Maschine auf uns zu warten schien.

Strubing sah sich aufmerksam um; doch hier hinten hielt sich niemand auf.

„Gehen Sie weiter, Sir“, sagte er kurz.

Ich ging auf den Wagen zu, dessen Fondtür sofort geöffnet wurde. Im Innern bemerkte ich einen Mann, der ebenfalls eine schwere Schußwaffe in der Hand hielt.

„Einsteigen, Liming“, klang eine Stimme auf, die mir bekannt vorkam.

Ich kletterte in den Fond hinein und ließ mich in die Polster sinken. Jetzt erkannte ich den Mann. Ich hatte ihn in der vergangenen Nacht kennengelernt. Es war Dr. Tonther, Physiker und erster Assistent des hiesigen Chefphysikers, Professor Centrew.

Leuchtröhren warfen einen schwachen Schein ins Wageninnere. Anscheinend konnte der Physiker mein erstauntes Gesicht sehen.

Er lachte leise, doch seine Waffe drohte nach wie vor.

„Was soll das bedeuten, Doktor?" fragte ich aufgeregt. „Gehören Sie etwa auch zum Sicherheitsdienst? Wenn ja, dann ist das eine reichlich seltsame Verhaftung. Ich ..."

„Regen Sie sich nicht auf, Liming, und seien Sie vor allem nicht so laut", unterbrach er mich. „Sie sind nicht verhaftet, aber es kann sehr leicht möglich sein, daß der Sicherheitschef diesen Befehl geben wird, sobald er von Ihren Fluchtplänen erfährt, die obendrein noch mit Landesverrat verbunden sind. Bleiben Sie sitzen!"

Ich hatte mich aufgerichtet. Er mußte den Eindruck gewinnen, als wollte ich ihn angreifen.

Die Mündung seiner Waffe preßte sich in meinen Leib.

„Sie Narr, haben Sie noch nicht begriffen? Ich spreche offen zu Ihnen, weil wir Sie hundertprozentig in der Hand haben. Ihr Gespräch mit Ridgeman ist abgehört worden. Wenn wir wollten, könnten wir das Band dem Sicherheitsdienst zuspielen. Sie würden in spätestens drei Tagen an der Wand stehen."

Ich stöhnte verhalten und sank in mich zusammen.

„Ich ... ich verstehe nicht ganz", stammelte ich. „Da ist doch dieser Sergeant vom Sicherheitsdienst, und er ..."

„Machen Sie sich darüber keine Sorgen", unterbrach er mich erneut. „Er gehört zu unserer Organisation. Dort kommt er mit Ridgeman. Klären Sie diesen sofort auf, damit er keinen Lärm schlägt. Bedenken Sie, daß es um Ihre Haut geht. Wir dürfen nicht auffallen."

„Wer sind Sie? Für wen arbeiten Sie?" keuchte ich.

„Das brauchen Sie wirklich nicht zu fragen, Liming", entgegnete er.

„Ich gehöre zu den Leuten, an die Sie das Geheimnis um Ihren neuen Ultra-Schallstrahler verkaufen wollen."

„Woher wollen Sie wissen, daß ich ..."

„Seien Sie doch nicht kindisch", fuhr er mich erbost an. „Ich sagte Ihnen doch unmißverständlich, daß wir Ihr Gespräch mit

Ridgeman abgehört haben. Ich würde an Ihrer Stelle nicht auf den Gedanken kommen, diese Tatsache abzustreiten. Klären Sie Ridgeman auf."

Ich drehte mich um und sah den Kleinen leicht schwankend durch den Garten auf uns zukommen. Hinter einem Zierstrauch stand der Sergeant mit gezogener Waffe. Hannibal war in Begleitung einer Bardame, die offensichtlich ebenfalls zu dem Verein gehörte. Ich beobachtete, daß sie Strubing einen Wink gab, während Hannibal erfolgreich den Betrunkenen spielte.

Augenblicke später war seine Begleiterin verschwunden. Hannibal wurde nun von dem Sergeanten festgehalten und unsanft in den Wagen gestoßen. Fluchend richtete sich der Kleine auf, da er sich die Knie angeschlagen hatte.

Ich war ihm beim Aufstehen behilflich und drückte ihn neben mich auf den Sitz. Strubing begab sich hinter das Steuer und ließ den Wagen anfahren.

„He, was soll das heißen?" brüllte der Zwerg, der schlagartig nüchtern zu werden schien. „Eh, Rob, was willst du von mir? Kitty hat gesagt, ich sollte zu dir kommen und ..., verdammt", unterbrach er sich. „Was soll die Pistole? Sind Sie nicht Dr. Tonther?"

„Halte endlich den Mund", mischte ich mich ein. „Ich habe dich nicht rufen lassen, aber wir sind gerufen worden. Unser Gespräch über die beabsichtigte Flucht ist abgehört worden und ..."

Hannibal spielte seine Rolle hervorragend. Bei meinen Worten zuckte er zusammen; seine Hand fuhr sofort in die Tasche, wo er seine leichte Dienstwaffe trug.

Ich umklammerte ihn mit beiden Armen und schrie ihm erregt zu:

„Laß das, es ist sinnlos. Wir werden nicht vom Sicherheitsdienst abgeholt, sondern von den Leuten, mit denen wir ohnehin Verbindung aufnehmen wollten. Tonther und der Sergeant gehören zu einem Spionegering. Laß die Hand von der Waffe."

Er saß wie erstarrt und sah den Physiker unentwegt an, der

in seine Ecke gerückt war und die Henderley auf uns gerichtet hielt.

Strubing schien sich nicht um uns zu kümmern. Er hatte die unterirdische Stadt bereits durchfahren und bog in einen großen Verbindungsstollen ein, der direkt nach Norden führte.

Mit hastigen Worten erklärte ich Hannibal, was ich von dem Physiker erfahren hatte. Die sprungbereite Haltung des Kleinen lockerte sich.

Als ich fertig war, begann er derart gekonnt und ausgiebig zu fluchen, daß ich ziemlich sprachlos die Augen aufriß. Strubing begann zu grinsen, und Dr. Tonther schien aufzuatmen.

„Gut, daß Sie vernünftig geworden sind, Ridgeman", erklärte er laut. „Sie haben unverschämtes Glück gehabt, daß Ihr Sicherheitschef, Kapitän Orlop, nicht auf den Gedanken gekommen ist, in Limings Quartier ein Abhörmikrophon einzubauen. Wenn er daran gedacht hätte, dann wären Sie wirklich verhaftet worden."

„Großartig." Ich lachte aufreizend. „Und was haben Sie mit uns vor? Die Sache sieht mir sehr nach einer Entführung aus."

„Seien Sie froh, daß wir rechtzeitig geschaltet haben. Wenn Sie vernünftig sind, passiert Ihnen nichts. Ich habe lediglich den Auftrag erhalten, Sie zwecks einer eingehenden Aussprache an einen anderen Ort zu bringen. Sie brauchen sich also nicht aufzuregen."

„Was verstehen Sie unter Aussprache?" fragte Hannibal aggressiv.

„Das kommt auf Sie an. Wir werden Ihnen gewisse Vorschläge unterbreiten. Wenn Sie annehmen, sind Sie aus allen Schwierigkeiten heraus. Das kriegsgerichtliche Verfahren gegen Liming wird dann eingestellt werden. Sie können verdienen, was Sie wollen. Natürlich werden Sie unsere Bedingungen erfüllen müssen."

„Es erscheint mir verwunderlich, daß Sie so frei von Ihrem offensichtlichen Verrat sprechen", bemerkte ich rauh.

„Das ist gar nicht verwunderlich, Liming. Das sollten Sie wissen. Wir haben Sie vollkommen in der Hand. Das Tonband mit Ihrem Fluchtplan und dem damit verbundenen Landesverrat ist in unserem Besitz. Sie werden sich hüten, auch nur die geringfügigste Bemerkung gegenüber Uneingeweihten fallenzulassen. Ist Ihnen das klar?"

Ich schwieg, da ich fürchtete, daß man den Triumph in meiner Stimme wahrnehmen könnte. Die Leute hatten so prompt angebissen, wie ich es sehnlichst erwartet hatte. Vielleicht hätten sie noch tagelang gezögert, wenn wir sie durch unser „Hörspiel" nicht zu einer sofortigen Verbindungsaufnahme bewegt hätten.

„Ich habe begriffen, Doc", murmelte ich leise. „Was wollen Sie von uns. Oder von mir? Natürlich die Unterlagen über die amerikanische Ultraschall-Unterwasserkanone, nicht wahr?"

„Auch, aber erst in zweiter Linie. Sie werden alles hören. Fahren Sie langsamer, Strubing."

Der Sergeant nickte und fuhr in einen Stollen ein, der sich serpentinenartig nach unten wand. Weit entfernt hörte ich grollende Geräusche, aus denen ich entnehmen konnte, daß wir uns recht weit im nördlichen Teil der Insel befinden mußten. Dort wurde noch gearbeitet. Sprengungen donnerten Tag und Nacht durch das unterirdische Labyrinth.

Uns begegneten schwere Lastwagen, die mit Felsschutt beladen waren. Anschließend kreuzten wir die Geleise der Hochbahn.

Es dauerte noch fünf Minuten, bis wir endlich in einen breiten Tunnel einbogen, der offensichtlich mehr zu Wohnzwekken als dem Durchgangsverkehr diente.

Der Wagen hielt vor einem größeren Fertighaus, das sich in seiner halbkugelförmigen Konstruktion an die Felswand anlehnte. In guter Sichtdeckung zur Straße stoppte der Wagen.

Dr. Tonther sah sich vorsichtig um und deutete auf das Haus, in dem sich eine Seitentür öffnete.

„Verlassen Sie den Wagen, und gehen Sie schnell hinein! Beeilen Sie sich! Sie werden erwartet."

Als Sergeant Strubing die Tür öffnete, gab ich Hannibal einen Wink. Der Kleine stieg aus und rannte zu dem Gebäude hinüber. Ich folgte ihm rasch. Tonther und Strubing kamen hinterher.

Ich betrat den kleinen Vorraum, in dem Hannibal bereits wartete. Vor uns glitt eine Schiebetür zurück. Ich erblickte eine schwarzhaarige Frau, die betont ruhig in einem Sessel saß und in einem Buch las.

„Oh, bitte, treten Sie näher", empfing uns Doris Elvador, die ich in der vergangenen Nacht ebenfalls kennengelernt hatte. Sie gehörte zum engeren Stab des Chef-Geologen Dr. Siluk und war die geologische Leiterin eines Bauabschnitts.

Beim Eintritt ließ ich meine Blicke durch das geräumige und luxuriös eingerichtete Wohnzimmer schweifen. Sie bewohnte ein großes und komfortables Haus. Es war nur bedauerlich, daß sie es für ihre gesetzwidrigen Geschäfte benutzte.

Hannibal grinste sie ungeniert an.

„Sieh mal an, Doktorchen Elvador gehört also auch zu dem Verein. Das hätte ich schon vor Wochen wissen sollen."

„Was hätten Sie denn in dem Fall getan, Ridgeman?" fragte die schöne Frau, in deren Adern mexikanisches Blut floß. „Sie hätten sich wohl einen Orden verdient, nicht wahr?"

Ihr voller Mund lächelte, doch ihre dunklen Augen glänzten kalt. Ich fühlte instinktiv, daß diese Geologin gefährlich war. Wir waren hier mit Leuten zusammen, die innerhalb der Spionageorganisation mit Sicherheit eine führende Position einnahmen. Sergeant Strubing schien ein enger Mitarbeiter zu sein, und der unauffällig aussehende Bursche, der sich außer Doris Elvador noch im Zimmer aufhielt, gehörte zweifellos auch dazu.

Ich mußte mich beherrschen, um nicht ein unbedachtes Wort auszusprechen. Vor mir saßen die Leute, die mit ihrem Wissen die wichtigsten Anlagen des Stützpunktes verraten konnten. Besonders die Geologin war darüber informiert, an welchen Punkten die Bombenarsenale angelegt worden waren.

„Nehmen Sie doch Platz, Mr. Liming", sagte sie höflich. „Es unterhält sich besser, wenn man sitzt. Strubing, schließen und sichern Sie die Tür. Edgar, nehmen Sie doch die Hand aus der Tasche. Eine Schußwaffe scheint hier nicht angebracht zu sein."

„Die beiden sind bewaffnet", gab der mit dem Namen Edgar angeredete Mann zu bedenken.

„Sind Sie das wirklich?" fragte sie betont, während ich mich setzte. „Sie werden doch hoffentlich nicht auf dumme Gedanken kommen, Mr. Liming! Ich darf Sie darauf aufmerksam machen, daß sich das Originaltonband nicht in meinem Haus befindet. Sollten Sie also so unvorsichtig sein, Ihre Beherrschung zu verlieren, dürfte Ihnen das nicht viel nützen."

„Wo ist das Band, besser gesagt, das angebliche Band?" wollte Hannibal wissen. „Ich glaube Ihnen nicht eher, bis ich es gehört habe. Denken Sie nur nicht, daß Sie mit uns Katz und Maus spielen können."

Dr. Tonther lachte, während Doris Elvador amüsiert den Kopf schüttelte.

„Mr. Ridgeman, mit Ihnen haben wir erst in zweiter Linie zu tun. Sie sollten also froh sein, daß wir gewillt sind, auch Sie in unsere Organisation aufzunehmen. Es dürfte Ihnen auch gar nichts anderes übrig bleiben. Erklären Sie jetzt aber nicht, Ihr kostbares Leben sei Ihnen gleichgültig, und Sie würden uns trotzdem Ihrem Sicherheitschef melden. So heroisch sind Sie nicht veranlagt, das haben wir längst festgestellt. Dessenungeachtet bin ich bereit, eine Kopie des Bandes abspielen zu lassen. Edgar, schalten Sie das Gerät ein."

Hinter uns klang ein Lautsprecher auf. Wir hörten das, was wir vor einigen Stunden gesprochen hatten.

Aus meinen Überlegungen herausgerissen, lauschte ich einige Minuten und winkte dann ab.

„Schon gut, schalten Sie aus. Ich glaube Ihnen."

„Sehr vernünftig. Kann ich zur Sache kommen? Meine Zeit ist begrenzt. Im geologischen Stab wird auch noch nachts gearbeitet."

„Wer sind Sie, oder was sind Sie?" fragte Hannibal wütend. „Wer ist hier eigentlich der Chef? Wenn wir schon verhandeln, dann wollen wir es auch mit Leuten zu tun haben, deren Anweisungen befolgt werden."

„Ich bin nicht der sogenannte Chef, aber das, was ich Ihnen zusichere, wird auch eingehalten werden. Vorläufig sind wir noch nicht soweit. Ich habe lediglich den Auftrag erhalten, mich über Ihre Gesinnung zu vergewissern. Ihre Aufgaben bekommen Sie später gestellt."

„Was verstehen Sie unter Aufgaben?" warf ich kühl ein. „Ich sehe ein, daß wir uns vollkommen in Ihrer Hand befinden. Sie kennen unseren Plan. Das würde genügen, uns restlos auszuschalten. Insoweit sehe ich klar. Was wollen Sie nun eigentlich? Wissen Sie nicht, daß mir eine kriegsgerichtliche Verhandlung droht; daß ich jeden Augenblick verhaftet werden kann? Was kann ich Ihnen unter solchen Umständen nützen? Lassen Sie mich meinen Fluchtplan durchführen."

Sie musterte mich. Mir war dabei gar nicht wohl zumute.

„Das ist nicht notwendig, Mr. Liming", entgegnete sie nach einigen Augenblicken. „Wenn Sie auf mein Angebot eingehen, kann das Verfahren gegen Sie niedergeschlagen werden. Die GAS-Regierung wird die Protestnoten zurückziehen und auch auf die Schadensersatzansprüche verzichten. Das muß Ihnen genügen."

Ich sah sie zweifelnd an.

„Haben Sie wirklich einen solchen Einfluß?"

„Sind sie wirklich so naiv, oder geben Sie sich nur so? Der Chef wird das besorgen. Sind Sie einverstanden? Wir garantieren für Ihre Sicherheit. Sie werden auch Ihr Kommando wieder erhalten."

Hannibal lachte bissig.

„Schön, auch das will ich glauben. Was habe ich dafür zu tun?" fragte ich beunruhigt.

„Für uns zu arbeiten; das ist alles. Wir legen Wert auf eine gute Verbindung zur Außenwelt. Bisher hat sich das außerordentlich schwierig gestaltet. Sie wissen selbst, daß Tanaga nur durch U-Boote erreichbar ist. Infolgedessen benötigen wir U-Boot-Kommandanten, die unsere Nachrichten nach draußen bringen. Untergeordnete Besatzungsmitglieder sind für uns bedeutungslos, denn nur ein Kommandant kann die Befehle geben, die zur Übergabe der Nachrichten erforderlich sind."

Hannibal sah gegen die Decke, und ich begann verhalten zu lächeln.

„Interessant. Ich soll also wichtige Unterlagen aus dem Stützpunkt hinausbringen. Ist das alles?"

„Das ist alles. Mehr haben Sie nicht zu tun. Die Unterlagen werden nicht sehr umfangreich sein. Es handelt sich immer nur um kleinere Behälter, die Sie auf hoher See zu übermitteln haben. Sie haben die Behälter lediglich ins Wasser zu werfen, wo sie von einem anderen U-Boot aufgenommen werden. Dafür ist es erforderlich, daß Sie entweder auftauchen, oder die Behälter mitsamt Ihren Abfällen aus dem Boot ausstoßen. Ich sage Ihnen offen, Mr. Liming, daß wir besonderen Wert auf Ihre Mitarbeit legen. Sie gehören zu den wenigen U-Boot-Kommandanten, denen man hier im Stützpunkt allergrößtes Vertrauen entgegenbringt, was Sie in Ihrem Fall durch den Transport der C-Bomben gerechtfertigt haben. Sie erhalten für jede erfolgte Nachrichtenübermittlung hunderttausend Dollar."

„Und ich? Was habe ich dabei zu tun?" fragte Hannibal interessiert.

Sie sah ihn abschätzend an und entgegnete ruhig:

„Nicht so viel, Ridgeman. Es trifft sich gut, daß Sie zweiter Sicherheitschef für die Schleusen sind. Es ist Ihre Aufgabe, darauf zu achten, daß Liming unkontrolliert sein Boot betreten kann, sobald er Nachrichten bei sich hat. Das können Sie doch, nicht wahr?"

„Was springt dabei für mich heraus?"

„Zwanzigtausend, nicht mehr. Wir zahlen schon sehr anständig für eine an und für sich leichte Arbeit."

„Die aber ebenso leicht den Kopf kosten kann", brummte ich. „Waren das Ihre Vorschläge?"

„Vorläufig ja. Wir werden Ihnen den Weg ebnen. Sind Sie einverstanden?"

Ich sah zu Hannibal hinüber. Er zuckte mit den schmalen Schultern. Mit einem zynischen Unterton in der Stimme meinte er:

„Es dürfte dir wohl kaum ein anderer Ausweg bleiben, mein Lieber! Wenn das Verfahren abgebogen wird, ist ja alles gut. Dann brauchst du auch nicht mehr Hals über Kopf zu verschwinden."

Ich überlegte einige Augenblicke, während sie ungeduldig auf die Uhr blickte.

„Geht Ihre Nachricht sofort hinaus? Ich meine, haben Sie jemand, der Ihre Leute noch rechtzeitig genug verständigen kann, damit die Noten auch zurückgezogen werden?"

„Wenn Sie sich noch lange besinnen, dann ist es zu spät", sagte Dr. Tonther. „Unsere Verbindungen sind äußerst dürftig, zumal wir erst vor wenigen Tagen einen Kommandanten verloren haben."

„Sprechen Sie vielleicht von dem Kommandanten des Transporters, der Professor Morrow an Bord hatte?"

Sie warf Dr. Tonther wegen seiner unbedachten Bemerkung einen ärgerlichen Blick zu. Er ließ meine Frage daraufhin unbeantwortet.

„Das hat Sie gar nicht zu interessieren, Mr. Liming", erklärte sie. „Ich habe Ihnen offen gesagt, daß wir Sie dringend benötigen, was aber nicht bedeuten soll, daß wir nun unter allen Umständen auf Ihre Mithilfe angewiesen sind. Vergessen Sie nie, daß Ihr Schicksal von unserem Willen abhängt. Erklären Sie sich zur Mitarbeit bereit?"

„Ja, es bleibt mir keine andere Wahl", stieß ich hervor.

Sie nickte sachlich und gab Edgar anschließend einige Anweisungen.

„Machen Sie sich sofort auf den Weg. K-3 soll die Nachricht ‚positiv' absetzen."

Der Mann verschwand in größter Eile. Ich war sicher, daß er noch den Kommandanten eines U-Bootes erreichen mußte, das anscheinend kurz vor dem Auslaufen stand.

Die Bande hatte bereits die ersten, schwerwiegenden Fehler begangen, die als solche ihnen aber nicht erkennbar sein konnten. Wenn sie gewußt hätten, mit wem sie verhandelten!

Doris Elvador erhob sich abrupt und sah erneut auf die Uhr.

„Wir müssen unsere Unterhaltung leider abbrechen. Mein Dienst beginnt. Tonther, bringen Sie unsere neuen Mitarbeiter zum Klub zurück. Wenn Sie gefragt werden sollten, wo sie waren, so sagen Sie, Sie hätten mich besucht, um mich zu einem Bummel zu verleiten. Der Wagen kann bemerkt worden sein. Strubing, Sie verschwinden unauffällig."

Das war kurz und schmerzlos gewesen, überhaupt nicht romantisch. Aber daran war ich längst gewöhnt, da ich erfahren hatte, daß es im unterirdischen Kampf der Geheimdienste keine Spur von Romantik gab. Es ging stets um das nackte Dasein. Wenn ein Mitarbeiter versagte oder wenn es nur den Anschein hatte, daß er eventuell versagen könnte, so wurde er rücksichtslos ausgeschaltet.

Der Sergeant blieb zurück. Zusammen mit Dr. Tonther fuhren wir zum Klub zurück. Unsere kurze Abwesenheit war nicht aufgefallen.

Die Bardame, die Hannibal so fürsorglich zum Wagen gebracht hatte, warf Dr. Tonther einen fragenden Blick zu. Er nickte bestätigend. Aus ihrem Lächeln konnte ich ersehen, daß sie ebenfalls zu der Organisation gehörte. Es war allerhöchste Zeit, daß mit dieser Spionagezentrale innerhalb von Tanaga aufgeräumt wurde.

Die Leute saßen in wichtigen Positionen. Es war unvorstellbar, was alles geschehen konnte, wenn genaue Pläne und Angaben über die geheimsten Daten des Stützpunktes in falsche Hände gelangten.

Wir blieben bis vier Uhr. Dann ließ ich einen Wagen anrufen, der uns zu den Quartieren brachte. Ehe wir gingen, raunte uns Dr. Tonther noch zu:

„Wir ziehen nun am gleichen Strick, Liming. Seien Sie wachsam, denn mit dem hiesigen Sicherheitschef ist nicht zu spaßen. Wir haben vergeblich versucht, einen Mann in die Unterwasserortungszentrale hineinzubringen. Das war auch bei der Funküberwachung unmöglich. Ich rate Ihnen dringend, äußerst vorsichtig zu sein."

„Sie sollten den Sicherheitschef in eine Falle locken", erwiderte ich sarkastisch. „Das ist Ihnen in meinem Fall doch auch gelungen."

Er zuckte mit den Schultern und sah sich unruhig um.

„Leider hat er kein GAS-Boot versenkt. An den Mann ist nicht heranzukommen; und tüchtig ist er auch. Ridgeman soll vorsichtig sein, daß er nicht auffällt. Orlop läßt ihn schneller an die Wand stellen, als er ahnen kann."

Ich hatte das bestimmte Gefühl, daß Dr. Tonther die Wahrheit sagte. Er war derart nervös, daß dieser Zustand nicht gespielt sein konnte.

Als ich mit Hannibal im Wagen saß, der ihn zuerst zu seinem Quartier bringen sollte, fragte ich leise:

„Was hältst du von Kapitän Orlop? Könnten wir es riskieren, ihm unsere Marken zu zeigen? Hast du ihn unter die Lupe genommen?"

Er schwieg einige Sekunden, ehe er zurückflüsterte:

„Orlop ist zweifellos in Ordnung. Ich habe ihn schon lange aus dem Kreis der Verdächtigen ausgeschlossen. Er gibt sich alle Mühe, die Schweinereien aufzudecken."

„Ich brauche ihn! Alleine kommen wir nicht weiter. Kannst du dafür sorgen, daß ich ihm vorgeführt werde? Er soll mich, wenn möglich, anrufen und mir persönliche Anweisungen geben. Warnungen vor unüberlegten Handlungen, Verbot zum Betreten der Schleusensektoren und so weiter. Kannst du ihm verständlich machen, daß eine solche persönliche Verwarnung erforderlich ist? Schließlich bist du von ihm mit meiner Überwachung beauftragt worden."

Er begann breit zu grinsen.

„Wird sofort erledigt. Spätestens um acht Uhr hast du den Befehl. Was habe ich zu tun?"

„Sofort Funknachrichten an den Atombomber absetzen. Berichten, was vorgefallen ist. Alle Namen erwähnen, die uns bekanntgeworden sind. Wir sehen uns um dreizehn Uhr in der Messehalle."

11.

Ich war im Begriff, etwas zu tun, was ich im Rahmen meiner Vollmachten nur durfte, wenn ich davon überzeugt war, daß es den Ermittlungen förderlich war.

So ähnlich stand es in den Dienstvorschriften der GWA. Vor

einer halben Stunde war der Anruf des Sicherheitschefs erfolgt, der mir bewies, daß Hannibal prompt gearbeitet hatte.

In meiner Hüfttasche steckte das Plastiketui mit der unverkennbaren GWA-Marke. Ich hatte es dem Versteck entnommen; dann hatte ich mich sofort auf den Weg gemacht.

Das Hauptquartier des Sicherheitsdienstes von Tanaga lag ebenfalls in dem riesigen Felsdom, gar nicht weit entfernt von dem Betonriesen, in dem Admiral Porter residierte.

Ich hatte erwogen, ihn ins Vertrauen zu ziehen, doch der Gedanke an seinen Ersten Stabsoffizier hielt mich davon ab. Kapitän Lewrik erschien mir nicht vertrauenswürdig. Gern hätte ich mich nach ihm erkundigt, doch das war mir zu gefährlich erschienen. Aus diesen Beweggründen hatte ich es unterlassen, Admiral Porter einzuweihen. Die Unterstützung des Sicherheitschefs konnte für mich vorteilhafter sein, da er alle Machtmittel des Stützpunktes in Händen hatte. Im Gefahrenfalle war er sogar dem militärischen Chef, Admiral Porter, weit übergeordnet.

Ehe ich das flache und langgestreckte Bürogebäude betrat, tastete ich verstohlen nach meiner Thermo-Rak-Pistole, die ich ebenfalls eingesteckt hatte. Der Sicherheitschef konnte mißtrauisch werden. Es war vielleicht gut, wenn er neben der Marke auch die Waffe sah, über die nur GWA-Agenten verfügten.

Ich wurde bereits von einem Offizier erwartet, der mich ins zweite Stockwerk brachte.

Nach zehn Minuten wurde ich vorgelassen. Anschließend stand ich dem hochgewachsenen Mann gegenüber, der auf den Ärmeln seiner Uniform vier mittelbreite Goldstreifen trug.

Er schickte seinen Mitarbeiter hinaus und bot mir einen Platz an. Ich musterte ihn eingehend. Auch seine Blicke ruhten prüfend auf mir.

„Ja, Liming“, begann er, „es tut mir leid, daß ich Sie so förmlich zu mir befehlen muß. Es bleibt mir aber keine andere Wahl. Sie befinden sich in einer äußerst unangenehmen Situation.“

Ehe er weitersprechen konnte, fiel ich ein:

„Sind wir hier vollkommen ungestört, Kapitän Orlop?"

Er sah mich etwas verständnislos an.

„Ich meine, gibt es hier keine Abhör- oder Kontrollanlagen, die unser Gespräch weiterleiten könnten?"

Sein schmales Gesicht ließ Argwohn erkennen. Er schien mir plötzlich nicht mehr zu trauen. Wahrscheinlich dachte er, ich hätte eine Dummheit im Kopf.

„Was wollen Sie damit ausdrücken, Liming?" fragte er. „Wir sind vollkommen ungestört. Was haben Sie vor?"

Ich begann verhalten zu lachen und fragte ihn, ob er etwas dagegen einzuwenden hätte, wenn ich in die Hüfttasche griffe.

Er verneinte, doch seine Körperhaltung ließ größte Wachsamkeit erkennen. Dieser Mann war mehr als mißtrauisch.

Ich faßte in die Tasche und zog das Plastiketui hervor.

„Sehen Sie nicht zu lange auf die Marke. Es dürfte Ihnen bekannt sein, daß sie stark radioaktiv strahlt", sagte ich, ehe ich den flachen Behälter aufschnappen ließ.

Durch den Arbeitsraum zuckte das unruhig wallende Fluoreszenzlicht der GWA-Marke. In Kapitän Orlops weit aufgerissenen Augen spiegelte sich das rötliche Leuchten. Sein blaß gewordenes Gesicht wurde davon angestrahlt.

„Ich bin Captain HC-9, Spezialagent ZBV der Geheimen-Wissenschaftlichen-Abwehr, abgestellt zum Unternehmen Tanaga, das die Tarnbezeichnung Kommandosache ‚HC-9' erhalten hat."

Nach diesen Worten klappte ich das Etui wieder zu.

Er sah mich fassungslos an. Dann ließ er sich schwer aufatmend in seinen Sessel zurücksinken.

„Ich werde wahnsinnig", murmelte er mit vibrierender Stimme. „Bringt man uns so wenig Vertrauen entgegen, daß man uns schon einen GWA-Schatten auf den Hals schickt? Sollen Sie mich ablösen, Sir?"

„Wo denken Sie hin. Ich brauche Sie dringend. Mein Einsatz hat mit einem Mißtrauensbeweis nichts zu tun, aber ich darf Ihnen trotzdem versichern, daß Sie alleine keinen Schritt weitergekommen wären. Sie ahnen nicht, mit welchen Elementen wir es hier zu tun haben."

„Ihre Verhandlung, der U-Boot-Angriff – war das alles Tarnung?" stieß er hervor.

„Nein. Der Angriff kam völlig unerwartet, doch er hat mich in eine Situation gebracht, die mehr als wünschenswert war. Wir könnten heute schon zuschlagen, Orlop, wenn wir wüßten, wer der Chef der feindlichen Organisation innerhalb des Stützpunktes ist."

Er schüttelte nur noch den Kopf. Langsam vertraute er mir wieder.

„Ich kann das nicht fassen! Ich habe hier Unterlagen, aus denen hervorgeht, daß Sie ein fähiger U-Boot-Kommandant sind. Jetzt stellen Sie sich als GWA-Captain vor und behaupten außerdem, Sie könnten schon zuschlagen, wenn ..."

Er verstummte und schüttelte wieder den Kopf. Damit er nicht von neuen Zweifeln geplagt wurde, hielt ich ihm meine Thermo-Rak-Automatik unter die Nase.

„Sind Sie jetzt überzeugt? Diese Waffen kennen Sie doch, nicht wahr?"

„Vom Hörensagen, Sir." Seine Blicke glitten über die gefährliche Waffe hinweg.

„Orlop, ich habe es riskiert, mich Ihnen gegenüber auszuweisen. Ich weiß aber trotzdem noch nicht hundertprozentig, ob sie eindeutig auf unserer Seite stehen. Sie müssen das verstehen, denn ich habe schon die tollsten Sachen erlebt. Ehe ich Sie weiter informiere, muß ich mich davon überzeugen, daß Sie nichts mit den Leuten zu tun haben, die recht bald vor dem Richter stehen werden."

Er sah mich unverwandt an und blickte dann wieder auf die Waffe in meiner Hand.

„Wenn Sie mich jetzt abschießen würden, könnte Ihnen kein Mensch etwas wollen, nicht wahr?"

„Reden Sie keinen Unsinn, Orlop. Auch ein GWA-Agent kann nicht willkürlich vorgehen. Ich werde Ihnen aber vorläufig keine Gelegenheit geben, zu einem dritten von den Dingen zu sprechen, die ich Ihnen mitgeteilt habe. Ich werde Sie vorher überprüfen."

„Womit?"

„Mit einer Droge, die bei einer einmaligen Anwendung vollkommen harmlos ist. Sie sind in dreißig Minuten wieder in Ordnung. Sind Sie damit einverstanden?"

„Ralowgaltin, nicht wahr?" flüsterte er rauh.

„Ja. Ich werde die geringste Dosis wählen. Zwei Kubikzentimeter. Das reicht für eine Rauschbefragung von knapp zehn Minuten. Ich werde Sie nur nach Dingen fragen, die mich dienstlich interessieren. Sonst nichts. Sind Sie einverstanden?"

Er blickte wieder auf meine gefährliche Waffe, doch diesmal huschte ein Lächeln über seine Lippen.

„Schön, ich bin es. Aber nicht, weil ich mich gezwungen fühle, sondern weil ich mit Ihnen zusammenarbeiten möchte. Beginnen Sie. Nein, warten Sie noch. Ich veranlasse, daß wir nicht gestört werden."

Er ging an das Bildsprechgerät und gab die Anweisung. Als er zurückkam, zog er schon seine Jacke aus.

Ich atmete innerlich auf, holte die Injektionsspritze aus meiner Tasche und füllte sie zur Hälfte mit der unheimlichen Droge, die eine totale Ausschaltung des Willenszentrums bewirkte. Ein Mensch, der Ralowgaltin im Blut hatte, konnte nicht mehr lügen. Er mußte wahrheitsgemäß auf jede Frage antworten.

Ich injizierte ihm den Inhalt in die Armvene und wartete einige Minuten, bis sich die Reaktion einstellte. In dieser Zeit zog ich schon das Gegenmittel auf, das die Wirkung der Droge wieder aufheben sollte.

Die Reaktion trat sehr schnell ein. Ich bemerkte es an seinen starr werdenden Augen und dem heftigen Schweißausbruch, typische Symptome. Meine Fragen beantwortete er anschließend so monoton wie eine Maschine.

Ich nahm eine gründliche Überprüfung vor und erhielt die Gewißheit, daß Kapitän Orlop vollkommen loyal war. Nach zehn Minuten wurde die Wirkung auf Grund der Minimaldosis bereits schwächer. Ich injizierte das Gegenmittel.

Während er sich langsam erholte, packte ich mein Gerät zusammen und verstaute es mitsamt den leeren Ampullen in der Tasche. Nach dem dritten Whisky war er wieder klar, obwohl sein Gesicht noch leichenblaß war.

„Nun?“ fragte er keuchend.

„Ich bitte um Entschuldigung, Orlop. Alles einwandfrei. Sie müssen verstehen, daß ich sichergehen mußte. Notfalls hätte ich Sie dazu zwingen müssen, denn es steht zu viel auf dem Spiel.“

Danach begann ich zu berichten. Seine Fassungslosigkeit war nicht zu übersehen. Als ich ihm erklärte, daß Hannibal ebenfalls GWA-Agent sei, begann er wie ein Irrer zu lachen.

Abschließend sagte ich:

„Ich muß nun verschwinden, da man garantiert schon weiß, daß ich bei Ihnen bin. Sorgen Sie dafür, daß Sergeant Strubing mitgeteilt wird, Sie hätten mich eingehend darüber belehrt, was ich tun darf und was nicht. Stellen Sie ferner fest, welches U-Boot gegen ein Uhr dreißig ausgelaufen ist. Der betreffende Kommandant hat eine Meldung an Bord geschmuggelt und gehört demnach zu den Leuten, die wir suchen. Ich bleibe mit Ihnen über Doktor Fiskul in Verbindung, da man uns nicht zusammen sehen darf. Ich werde Sie nur in einem sehr dringenden Fall persönlich anrufen. Meine Mitarbeiterin wird Sie sofort informieren, falls unvorhergesehene Dinge geschehen sollten. Ich bleibe mit ihr über mein Funkgerät in Verbindung. Ist soweit alles klar?“

„Sie können sich auf mich verlassen“, erwiderte er und drückte mir kräftig die Hand. „Ich werde im rechten Augenblick mit allen verfügbaren Mitteln zuschlagen. Sorgen Sie nur dafür, daß Ihre Mitarbeiterin nicht erkannt wird. Wir brauchen sie als Verbindungsperson.“

„Sie wird im Hintergrund bleiben und nur die Vermittlung besorgen. Sobald aus Washington die Nachricht eintrifft, daß das Verfahren gegen Kapitän Liming eingestellt worden ist, können Sie mich nochmals rufen lassen. Das ist ein guter Grund für einen unauffälligen Besuch.“

„Sie können sich auf mich verlassen“, betonte er nochmals, ehe er mich zur Tür brachte.

Als die Doppeltür geöffnet wurde, war sein Gesichtsausdruck wieder so unnahbar wie immer. Bei der Verabschiedung sagte er laut:

„Sie sind also eingehend informiert, Liming. Machen Sie keine Dummheiten und warten Sie Ihre Verhandlung ab. Bleiben Sie von den Schleusen fern. Ich muß Sie notgedrungen überwachen lassen."

Die beiden Soldaten im Vorzimmer sahen kurz auf. Dann erschien der Offizier, der mich hinaufbegleitet hatte.

„Kapitän Liming hat nach wie vor seine volle Bewegungsfreiheit", sagte Orlop. „Die Waffe kann ihm belassen werden."

„Jawohl, Sir."

★

Ich war knapp eine halbe Stunde in meinem Quartier und wollte mich eben etwas hinlegen, als das Bildsprechgerät summte.

Auf der Bildfläche erschien Dr. Tonther.

„Was wollte man von Ihnen?" fragte er, ohne zu grüßen.

„Sie arbeiten prompt, das muß man Ihnen lassen", schrie ich aufgebracht in das Mikrophon. „Man hat mich ins Hauptquartier befohlen und mir stundenlang Belehrungen erteilt. Das war alles. Noch Fragen?"

Tonther lachte und meinte, er hätte nur auf Anweisung angerufen.

„Schön, das glaube ich Ihnen. Ist Ihre Nachricht durch?"

Er nickte kurz und fügte hinzu, ich sollte mit einem baldigen Bescheid rechnen.

„Wir sehen uns heute abend im ‚Three Hell Club'." Damit schaltete er ab.

Ich schlief bis elf Uhr, nahm ein Bad und ging dann in die Messehalle. Hannibal war schon da. Während ich meine Speisen aussuchte und den auf dem Tisch stehenden Wählautomaten entsprechend bediente, flüsterte mir der Kleine zu:

„Funkspruch vom Alten. Soeben eingetroffen. Die GAS-Regierung hat die Noten zurückgezogen. Es sei nachträglich festgestellt worden, daß die Werft übersehen habe, die Erkennungszeichen auf dem Bootskörper anzubringen. Das sei bei den gewissenhaften Nachforschungen endlich bemerkt worden. Man bittet um Entschuldigung und gibt formell zu, daß der Kommandant des US-Kreuzer im Recht gewesen sei. Was sagst du dazu?"

„Phantastisch", murmelte ich. „Die arbeiten so sicher, daß man darüber fast wahnsinnig werden könnte. Anweisungen vom Alten eingetroffen?"

„Ja. Porter hat jetzt schon den Befehl, deine milde Haft aufzuheben. Der Chef hat über Chef-Admiral Sethler dafür gesorgt, daß du ein neues Kommando erhältst. Du bekommst einen 500-Tonnen-Kreuzer des Küstenschutzdienstes und wirst Chef der Vierten Küstenwachflottille. Er meint, daß du damit die schönste Gelegenheit hättest, die Nachrichten der Organisation nach draußen zu bringen. Du kannst ein- und auslaufen, wann du willst, da du als Flottillenchef gleichzeitig dem äußeren Sicherheitsdienst angehörst."

Ich hatte Mühe, meine Heiterkeit zu verbergen. Das war allerhand, was der Alte da wieder ausgeknobelt hatte. Meine „Freunde" würden zutiefst befriedigt sein, wenn sie von dem neuen Kommando erfuhren.

„Du sollst sofort zuschlagen, sobald du weißt, wo der hiesige Chef der Bande zu suchen ist. In den Staaten haben unsere Jungs einen GAS-Agenten gefaßt, der ein Mikrotonband mit Geheiminformationen über beabsichtigte Waffentransporte bei sich trug. Unsere Spezialisten haben das Band ausgewertet. Dabei wurde festgestellt, daß es von einem Offizier aus dem Stab von Admiral Songal, Nachschubchef für Tanaga, besprochen worden war. Der Mann steht bereits unter Bewachung, doch vorläufig läßt ihn der Alte noch auf freiem Fuß. Nun weißt du auch, woher der Gegner die Informationen über deinen Bomben-Transport erhielt. Admiral Songal selbst ist über jeden Verdacht erhaben. Er weiß nichts davon. Das wäre alles."

Während ich genußvoll meine Trüffelsuppe löffelte, flüsterte ich Hannibal zu:

„Gut, die Sache macht sich. Nach dem Essen Nachricht an

den Alten absetzen. Informiere ihn, daß ich Sicherheitschef Orlop eingeweiht habe. Ich habe ihn mit Ralowgaltin kontrolliert. Ist einwandfrei. Wir können auf ihn zählen. Er brennt darauf, der Bande das Handwerk zu legen."

„Ich weiß. Er hat mich vor zwei Stunden persönlich angerufen und mir mitgeteilt, daß heute nacht um ein Uhr vierunddreißig ein Sechstausend-Tonnen-Kreuzer ausgelaufen ist. Kommandant Fregattenkapitän Wilson. Er muß die Nachricht vom Zurückziehen der Noten übermittelt haben. Das Netz wird immer enger."

Als ich mit meiner Suppe fertig war, erschien Elis Teefer. Ich unterrichtete sie. Elis nahm meine Erläuterungen mit einem Auflachen zur Kenntnis, als hätte ich eine humorvolle Bemerkung gemacht. Leise gab sie uns zu verstehen:

„Ich komme so spät, weil ich bei Hannibal hineingesehen habe. Mein Empfangsgerät hatte angesprochen. Ich habe das Band ablaufen lassen. Neue Nachricht vom Chef."

„Was gibt es?" fragte ich unruhig.

„Etwas, was er offensichtlich erwartet hatte. Ihre angebliche Wohnung in Washington ist von Unbekannten aufgebrochen und durchsucht worden. Dabei wurde auch Ihr Wandtresor geknackt, in dem Unterlagen über eine Unterwasser-Ultraschallkanone lagen. Damit befinden Sie sich endgültig in den Fängen des GAS-Geheimdienstes, Kapitän Liming."

Ich riß maßlos verwundert die Augen auf. Hannibal begann zu grinsen, und sie lachte leise. Mein Erstaunen war nicht gespielt, denn ich hatte wirklich nicht gewußt, daß mir General Reling solche Unterlagen in den Tresor meiner Wohnung gelegt hatte, die ich noch dazu niemals betreten hatte.

„Teufel auch, er hat aber schnell geschaltet", sagte ich anerkennend. „Daran hatte ich gar nicht gedacht."

„Das ist durch eine Empfehlung unseres Super-Elektronengehirns geschehen. Die Maschine hielt es nach genauer Durchrechnung für erforderlich, solche Unterlagen an einem Ort zu verbergen, auf den auch der Gegner kommen könnte. Das Robotgehirn war wieder einmal schlauer als wir."

Ich sagte nichts mehr, da ich aus Erfahrung wußte, daß die

Riesenmaschine Lösungen unterbreitete, die verblüffend waren. Der Alte hatte wieder einmal alle Machtmittel der GWA in Bewegung gesetzt. Für mich war es ein wundervolles Gefühl, eine solche Organisation als Rückendeckung zu haben.

Zehn Minuten später verabschiedete ich mich, da für mich ein Anruf von Admiral Porter gemeldet worden war. Der Chef Tanaga wünschte, mich sofort zu sehen.

Ich ließ mich zur Zentrale fahren. Dort erklärte mir ein freudestrahlender Admiral, daß ich ein unwahrscheinliches Glück gehabt hätte. Anscheinend hätten die Herren in Washington doch eingesehen, daß sie mir bitter Unrecht getan hätten, und so sei ich vom Chef-Admiral persönlich zum Kommandeur einer Fünfhundert-Tonnen-Kreuzerflottille der enorm wichtigen Küstenwache ernannt worden.

Er gratulierte mir feierlich und rief in meiner Gegenwart den Sicherheitshäuptling an, der sich über die Nachricht hocherfreut zeigte.

Als ich von Porter entlassen wurde, hatte ich dem Alkohol so stark zugesprochen, daß ich kaum noch mein Quartier erreichte.

Jetzt rollte die Lawine! Wenn es vorher zu langsam gegangen war, so begannen sich die Ereignisse nun zu überstürzen. Für meine „Freunde" war ich endgültig zum wichtigsten Mann des Stützpunktes geworden, denn nun mußte es für mich eine Kleinigkeit sein, selbst größere Behälter mit gefilmten Unterlagen und wörtlichen Nachrichten ins offene Wasser zu bringen.

12.

Gegen sechzehn Uhr wurde ich angerufen. Es war Sicherheitschef Orlop, der mich diesmal nicht offiziell in sein Hauptquartier befahl, sondern höflich und freundlich darum bat.

Ich sagte zu. Dreißig Minuten später stand ich vor ihm. Der Offizier, der mich zu ihm bringen sollte, schüttelte mir die Hand und gratulierte mir zu dem Erfolg.

In der Wachstube saß Sergeant Strubing. Er hatte anscheinend Dienst. Als er mir verstohlen zublinzelte, kniff ich ebenfalls ein Auge zusammen. Er schien schon zu wissen, daß Kapitän Orlop nach mir verlangt hatte. Die Nachricht hatte sich herumgesprochen, und ich mußte von vielen Leuten Glückwünsche entgegennehmen.

Als sich die Doppeltüren hinter mir geschlossen hatten, kam Orlop lachend auf mich zu. Etwas außer Atem und freudig erregt meinte er:

„Na, Sir, das nenne ich prompte Arbeit. So etwas habe ich niemals erlebt, obwohl ich seit zwanzig Jahren im Sicherheitsdienst der Navy tätig bin. Arbeitet die GWA immer so schnell?"

„Diesmal hatte der Zufall seine Hand im Spiel", schmunzelte ich. „Wenn mich der Kommandant des GAS-Bootes nicht angegriffen hätte, dann wäre die Sache anders verlaufen. Der Bursche kam mir wie gerufen. Admiral Porter hat gestrahlt. Es war ihm anscheinend böse auf die Nerven gegangen, daß er mir nicht helfen konnte. Haben Sie einmal die Personal-Unterlagen vom Ersten Stabsoffizier eingesehen? Ich meine Kapitän Lewrik?"

Er nahm ein dünnes Aktenstück vom Schreibtisch.

„Ist geschehen. Ehe er nach Tanaga versetzt wurde, hat man ihn natürlich sorgfältig überprüft. Aus den Akten geht überhaupt nichts hervor. Nur eine Sache macht mich etwas stutzig."

„Das wäre?" fragte ich gespannt.

„Er hatte in den Staaten eine sehr unangenehme Affäre. Vergehen gegen das Rauschgiftgesetz. Durch eine schwere Verletzung bei einem Dienstunfall wurde er mit Morphin bekannt. Anschließend hat er es sich schwarz besorgt. Er wurde gewaltsam entwöhnt. Es liegt schon fünf Jahre zurück. Sonst konnte ich keine bedenklichen Angaben finden."

„Ist der Mann rückfällig geworden?"

„Konnte nicht festgestellt werden."

Das waren Angaben, mit denen ich nichts anfangen konnte. Trotzdem wollte mir Lewrik nicht gefallen, da er mich zu offensichtlich ausgehorcht hatte. Im Hauptquartier des Stabes saß er an der Quelle. Es mußte für ihn leicht sein, an die wichtigsten Geheimunterlagen heranzukommen.

„Ordnen Sie eine unauffällige Überwachung an, aber nehmen Sie nur Leute, denen Sie unbedingt vertrauen können. Beauftragen Sie Männer, die bisher in der Unterwasserortung arbeiteten. Ich weiß, daß es unseren Gegnern bisher nicht gelungen ist, dort Agenten einzuschmuggeln. Klappt die Verbindung mit meiner Kollegin, Dr. Fiskul?"

„Ausgezeichnet. Ich habe ihr eine Sonderleitung freigemacht, die direkt in mein Arbeitszimmer führt. Abhörgefahr besteht nicht."

„Sehr gut. Warten wir ab, was der heutige Abend bringt. Nun bin ich ja offiziell der Chef der Vierten Küstenwachflottille. Es wäre daher für unsere Freunde an der Zeit, endlich Farbe zu bekennen. Wir kennen noch zu wenig Agenten. Verabschieden Sie mich nun, ich muß in einer Stunde das Kommando übernehmen."

„Toll", lachte er. „Ich möchte nur wissen, woher Sie das alles wissen. Sind die Schulungsmethoden der GWA so umfassend und gründlich?"

„Darauf können Sie sich verlassen, Orlop."

★

Eine Stunde später stand ich in der riesigen Schleusenhalle, in der zwölf Fünfhundert-Tonnen-U-Kreuzer vertäut waren. Die Besatzungen waren auf den schmalen Decks angetreten. Die Offiziere der Boote hatten sich auf dem Kai aufgebaut.

Der alte Flottillenchef wurde abgelöst, und ich übernahm das Kommando. Kurze Ansprache, Mahnung an die Leute, unbedingt ihre Pflicht zu erfüllen, daran zu denken, daß Tanaga eine Schlüsselposition zur Verteidigung der westlichen Welt sei. Händeschütteln folgte.

Es dauerte einige Zeit, bis die Offiziere und einzelnen Kommandanten vorgestellt waren. Anschließend sprach Porter als militärischer Chef des Stützpunktes. Lobend erwähnte er meine rasche Entschlußkraft, die zur Verhütung eines schwerwiegenden Verlustes geführt habe. Die Entschuldigung der GAS-Regierung wurde offiziell bekanntgegeben.

Ich war erleichtert, als das Zeremoniell endlich vorüber war. Dann wurden mir meine Diensträume in der Nähe der Schleuse angewiesen. Mein Adjutant salutierte, daß ihm bald das Kreuz brach.

Ich kam mir reichlich komisch vor, wenn ich in die begeisterten Augen der Männer blickte. Sie hielten mich nun für einen Märtyrer im Sinne des Wortes. Es tat mir leid, daß ich sie so täuschen mußte.

Admiral Porter gab noch einen kurzen Empfang, an dem auch die Damen teilnahmen.

Doktor Doris Elvador war ebenfalls anwesend. Ihre Augen schimmerten ironisch, als sie mir gratulierte.

„Nun, Mr. Liming, wie fühlen Sie sich?" erkundigte sie sich. Um ihren Mund legte sich ein spöttischer Zug.

Ich murmelte etwas und sah mich dabei unruhig um.

„Nur nicht nervös werden", beruhigte sie mich. „Es ist alles in bester Ordnung. Vergessen Sie aber niemals, daß wir ein gewisses Tonband besitzen. Im Auftrag des Chefs habe ich Ihnen mitzuteilen, daß man Ihnen bei einer südamerikanischen Großbank ein Konto unter dem Namen Joe Tefler eingerichtet hat. Man wird Ihnen wahrscheinlich in den nächsten Tagen eine Summe von drei Millionen Dollar überweisen."

Sie amüsierte sich über mein sprachloses Gesicht. Ehe ich etwas sagen konnte, gab sie die Erklärung, die ich bereits erwartet hatte.

„Wir haben uns nämlich erlaubt, Ihre Wohnung in Washington aufzusuchen und den Inhalt Ihres Wandtresors an uns zu nehmen. Sehr unvorsichtig, Mr. Liming, sehr unvorsichtig! Wie kann man nur Mikrofilme mit Unterlagen über eine geheime Waffe in einem Tresor deponieren, der sich in der eigenen Wohnung befindet! Ihre Filme befinden sich zur Zeit auf dem Weg nach China, wo sie überprüft werden. Wenn die Sache Hand und Fuß hat, sind uns die Filme drei Millionen wert. Sind wir nicht anständig? Wir hätten Sie doch auch betrügen können, nicht wahr?"

„Sehr anständig", entgegnete ich sarkastisch. „Damit haben Sie noch mehr Beweismaterial gegen mich in Händen."

Sie lachte verführerisch.

„Ein Grund mehr für Sie, besonnen und vorsichtig zu sein. Wir können die besten Freunde sein, wenn Sie keine Dummheiten machen. Wir wollen unser Gespräch nun unterbrechen. Kommen Sie gegen zweiundzwanzig Uhr unter allen Umständen in Ihren Stammklub. Ich erwarte Sie dort. Bringen Sie aber nicht wieder diese Mauryn Fiskul mit. Die Dame mag Ihnen nett erscheinen, aber uns stört sie. Sie ist zu unwichtig. Das, was sie weiß, ist uns längst bekannt."

Ich schmunzelte. Die Bemerkung war etwas zu gleichmütig gewesen. Ich wußte, daß sie eine aparte Frau und außerdem noch recht oft alleine war.

„Dann müssen Sie aber mit mir tanzen."

Sie lächelte unmerklich. Als sie sich umwandte, streifte sie mit ihrem Arm meine Schulter.

„Ich werde es mir vielleicht überlegen, Robert Liming!"

Ich sah ihr nach, wie sie in stolzer Haltung durch den Raum schritt. Also um zweiundzwanzig Uhr sollte ich im Klub sein. Meine Gedanken überstürzten sich. Ich mußte mich konzentrieren, um meine gesellschaftlichen Verpflichtungen zu erfüllen.

Der Erste Stabsoffizier, Kapitän Lewrik, fragte anzüglich, ob ich nun zufrieden sei. Ich bejahte zurückhaltend. Danach kam er wieder auf die Ultraschallkanone zu sprechen. Es schien ihn stark zu interessieren, was ich persönlich von der Wirkungsweise der Waffe hielt.

Ich nannte ihm einige Daten, die beeindruckend klangen, mit der echten Leistung aber gar nicht vergleichbar waren. Dabei fiel mir ein, daß der GWA-Chef bestimmt dafür gesorgt hatte, daß den GAS-Agenten ausgezeichnet gefälschte Unterlagen in die Hände gefallen waren. Natürlich hatte er niemals die echten Pläne in meinen Washingtoner Tresor legen lassen.

13.

Um einundzwanzig Uhr kam Hannibal. Er sagte mir, daß eine neue Funknachricht über Sup-Ultra-Welle eingetroffen sei. Der Chef teilte mit, daß auf seine Veranlassung hin ein Unterwasserflugzeugträger ausgelaufen sei, der fünfzig Seemeilen südwestlich der Insel über dem Aleuten-Graben für alle Fälle auf Warteposition bleibe.

Diese Mitteilung entlockte mir einen leisen Pfiff. Meine Unruhe steigerte sich. Unterwasserflugzeugträger waren Riesenboote von sechzehntausend Tonnen. Sie waren ausgerüstet mit Raketenjägern, die zwanzigfache Schallgeschwindigkeit erreichten und bis zu den Grenzen des Weltraums vorstoßen konnten.

An Bord hielt sich ein GWA-Agent auf, der mit einer Sup-Ultra-Wellen-Sende- und -Empfangsanlage ausgerüstet war. Wenn ich hier funkte, so mußte er innerhalb von wenigen Augenblicken informiert sein, da der hoch fliegende Atombomber die Nachricht sofort an den U-Träger abstrahlen würde.

An Bord des Trägers befanden sich auch Maschinen zur U-Boot-Abwehr, die mit den neuesten Ortungsgeräten ausgerüstet waren. Wahrscheinlich dachte der Chef daran, daß ich draußen in der offenen See eventuell in Schwierigkeiten kommen könnte. Aus diesem Grunde hatte er wohl das Trägerboot in See geschickt.

Um zweiundzwanzig Uhr betraten wir den Klub und suchten sofort die riesige Bar mit der raffiniert beleuchteten Tanzfläche auf.

Zehn Minuten später erschien Doris Elvador. Sie war die schönste Frau im Klub. Ich bemerkte das heimliche Lächeln der anderen Gäste, als sie sich zu uns an den Tisch setzte.

Ich tanzte mit ihr, und während sie ihren Körper an mich schmiegte, raunte sie mir ins Ohr:

„Wir müssen für etwa eine Stunde weggehen. Sie werden erwartet. Der Chef hat wenig Zeit."

Ich mußte mich zusammennehmen, um meine freudige

Überraschung nicht zu verraten. Ich preßte sie unwillkürlich noch fester an mich, so daß sie schwer atmend meinte:

„Nicht hier! Man beobachtet uns. Ich werde schon genügend kompromittiert, wenn ich mit Ihnen den Klub verlasse."

„Macht nichts, wir nehmen Ridgeman mit", flüsterte ich. „Wir machen eben einen Bummel, nicht wahr?"

„Denken Sie etwa, man würde das glauben?" lachte sie leise. „Lehren Sie mich die Leute kennen! Sie treten doch morgen aktiv Ihr Kommando an, oder irre ich mich?"

„Ja, um acht Uhr."

„Fein, dann können Sie sofort auslaufen, da Sie ohnehin eine Inspektionsfahrt machen müssen. Der Chef wird Ihnen nachher die Unterlagen geben, die Sie aus dem Stützpunkt bringen müssen."

„Wohin?"

„Er wird Ihnen die Position bekanntgeben, wo eines unserer Boote wartet. Sie können sich etwas darauf einbilden, daß er Sie persönlich zu sprechen wünscht. Sie haben anscheinend auch auf ihn Eindruck gemacht. Wenn Sie so weitermachen, werden Sie ein bedeutender Mann. Es dürfte nicht lange dauern, bis Ihr Vermögen die Fünf-Millionen-Grenze überschreitet. Was wollen Sie damit anfangen? Etwa an Ihre Frau hängen, die Sie doch betrügt? Ich kann Ihnen Beweise für ihre Untreue geben."

„Erstaunlich, daß Sie sich auch darum gekümmert haben."

„Man tut, was man kann. Vielleicht interessiert es mich."

Sie fuhr mir mit den Fingerspitzen über meine grauen Schläfen. Bedauernd stellte ich wieder einmal fest, daß sie leider eine gefährliche Landesverräterin war, die auf den elektrischen Stuhl gehörte. Auch ein GWA-Schatten ist nur ein Mensch. Ich muß offen zugeben, daß Doris Elvador eine Frau war, die mein Herz im Sturm hätte erobern können.

Wir blieben etwa eine Stunde, dann verschwanden wir so unauffällig, wie es nur möglich war.

Draußen stiegen wir in ihren Privatwagen. Sie setzte sich hinter das Steuer. Die Verbrennungsturbine heulte auf, und wir fuhren durch die Straßen der unterirdischen Stadt.

Wir bogen in den Hauptstollen ein, der direkt nach Norden führte. Diesmal brachte sie uns aber nicht zu ihrer Wohnung, sondern wir fuhren in einen großen Lastenaufzug hinein, der uns um dreihundert Meter tiefer beförderte.

Wir erreichten den Sektor des Stützpunktes, wo die kernphysikalischen Labors lagen. Die Atomwaffenmagazine befanden sich noch tiefer.

Ein Wagen des Sicherheitsdienstes stoppte uns. Es sah beinahe so aus, als wollten uns die Soldaten aufhalten. Als sie mich jedoch erkannten und Hannibals Uniform sahen, grüßten sie respektvoll und erkundigten sich nur:

„Sie wollen doch sicherlich nicht zu den Magazinen hinunter, Sir? Das ist leider verboten."

„Keine Sorge", fiel unsere Begleiterin ein. „Wir wollen nur zur physikalischen Abteilung, um Dr. Tonther abzuholen, der über seiner Arbeit wahrscheinlich vergessen hat, daß er sich mit uns verabredet hatte."

Der junge Leutnant des Sicherheitsdienstes lachte. Dann konnten wir unangefochten weiterfahren.

„Erstaunlich, wie Ihr Gesicht auf die Leute wirkt", meinte Doris.

Während ich einige Bemerkungen machte und Hannibal sehr scharf auf den Weg achtete, verschwand meine Rechte in der Hosentasche. Mein Zeigefinger tastete nach dem winzigen Sendeknopf, der sich auf meinem Bein abzeichnete.

Hannibal bemerkte mein Vorhaben und begann deshalb ununterbrochen zu reden. Dieses Ablenkungsmanöver benutzte ich, um Elis Teefer anzurufen, die hinter ihrem Empfangsgerät auf Posten war.

„HC-9 an TS-102", gab ich durch. „Befinden uns auf dem Weg zu Chef Spionage-Organisation. Nähern uns kernphysikalischer Abteilung auf Sohle acht. Fahrtrichtung genau Nord. Orlop anrufen, Alarmstufe I befehlen. Nachricht an Bomber weiterleiten. Ich schlage zu, sobald der Chef wirklich erscheint. Auf Signal fünfmal ‚T' Einsatzbefehl an Orlop geben. Ende!"

Ich wiederholte, um sicherzugehen. Hinter mir lachte und lärmte der Zwerg. Doris schien sich köstlich zu amüsieren.

Wir kamen in einen sehr ruhigen Teil der Riesenanlage. Die Stollen wurden immer enger. Teilweise zogen sie sich in seltsamen Schlangenlinien durch den Fels. Immer wieder durchfuhren wir kleinere Hohlräume, in denen die verschiedenen Labors untergebracht waren. Hier unten wohnte kein Mensch, da Sohle acht nur für Arbeitsräume bestimmt war.

Vor einem schweren Schiebetor hielten wir. Doris lenkte den Wagen dicht an die Felswand heran.

Die Tür gehörte zu einem physikalischen Labor, in dem anscheinend Dr. Tonther arbeitete. Jedenfalls hatten sie sich für die Zusammenkunft einen recht stillen und abgelegenen Ort ausgesucht.

Sie stellte sich vor das Aufnahmeokular des Fernbildgerätes und sprach einige Worte. Unmittelbar darauf glitt die Stahltür in den Schienen zurück. Wir betraten einen hell erleuchteten Vorraum.

Ich vernahm das Arbeitsgeräusch von Maschinen, die aber nicht zu sehen waren.

Eine weitere Tür schwang auf. In der Öffnung erschien Dr. Tonther, der einen nervösen Eindruck machte. Er musterte mich prüfend.

„Sie kommen recht spät. Der Chef wartet schon. Folgen Sie mir."

Als wir die Tür durchschritten, bemerkte ich drei Männer, die mit schußbereiten Waffen neben der Wand standen. Einer von ihnen war Sergeant Strubing; den zweiten Mann kannte ich auch.

Es war der Mann, den Dr. Elvador mit „Edgar" angesprochen hatte. Inzwischen hatte sich herausgestellt, daß er Green hieß und Kranführer in einem U-Boot-Dock war. In mir hatte sich der Verdacht gefestigt, daß er es gewesen war, der meinen ehemaligen Leitenden Ingenieur auf die Stromschienen geschleudert und anschließend überrollt hatte.

Den dritten Burschen kannte ich nicht; er schien nur eine Bewacherrolle zu haben.

Die drei Männer hielten Maschinenpistolen in den Händen, die offensichtlich aus den Beständen der Navy stammten.

„Was soll der Unsinn?“ fragte ich stehenbleibend.

„Nur eine Vorsichtsmaßnahme“, erklärte Doris beruhigend. „Das ist immer so, wenn man mit dem Chef persönlich spricht. Kommen Sie schon, wir haben keine Zeit zu verlieren.“

Wir durchquerten das Labor und betraten einen weitaus größeren Raum.

Im Hintergrund fiel mir eine schwere Bleitür auf, die in eine anscheinend meterstarke Betonmauer eingelassen war.

„Warnung“, stand darüber. „Versuchslabor, Radioaktivität.“

Hinter uns rollten die Stahltüren des großen Raumes zusammen. Dr. Tonther deutete auf einige Sessel, die in einer mit durchsichtigen Plastikscheiben abgegrenzten Ecke aufgestellt waren.

Wir setzten uns. Die drei Burschen mit den Maschinenpistolen blieben stehen. Sie wußten bestimmt, daß wir bewaffnet waren, doch sie schienen die Anweisung erhalten zu haben, uns die Pistolen nicht abzunehmen.

In dieser Annahme hatte ich mich jedoch getäuscht, denn im gleichen Augenblick trat der Sergeant auf uns zu und streckte auffordernd die Hand aus.

„Ich muß um Ihre Pistolen bitten, Sir. Das läßt sich leider nicht umgehen. Anordnung vom Chef, da ist nichts zu machen.“

Hannibal warf mir einen blitzschnellen Blick zu. Ich erkannte, daß sich auf seiner Stirn feine Schweißperlen bildeten.

Es wäre unsinnig gewesen, wenn wir uns lange geweigert hätten. Wortlos zogen wir unsere 9-Millimeter aus dem Halfter.

„Danke! Es ist nur eine Formsache.“

Strubing steckte Hannibals und meine Pistole in den Gürtel, der zu seiner Dienstuniform gehörte. Eine leichte Unruhe überfiel mich, als ich daran dachte, daß beide Automatiks mit unserer Spezialmunition geladen waren.

Dr. Tonther war durch eine schmale Tür verschwunden, die von der Glaskabine in einen anderen Raum führte.

Ich kämpfte um meine Beherrschung. Auch Hannibal war

so erregt, daß es ihm kaum gelang, seine üblichen Witze und geistreichen Bemerkungen loszuwerden.

Doris Elvador sah laufend auf die Uhr. Hinter uns standen die drei Burschen lässig an die durchsichtige Wand der geräumigen Kabine gelehnt. Die Maschinenwaffen hingen in ihren Armbeugen.

Ich gab Hannibal einen Hinweis durch einen verstohlenen Augenwink und sah dabei den mir unbekannten Mann an. Der Kleine schloß unmerklich die Lider und gab mir dadurch zu verstehen, daß das im Falle eines Falles „sein" Mann war.

Mit den beiden anderen Burschen konnte ich alleine fertig werden. Zwölf Jahre langer, regelmäßiger Drill befähigten mich dazu. Ich griff wie absichtslos an meine Spezialuhr, in der sich die Säureladung befand. Ich zog sie mitsamt dem elastischen Metallband nach vorn über das Handgelenk, als hätte sie mich vorher gedrückt.

Hannibal folgte meinem Beispiel nach einigen Augenblikken. Die Spannung in mir wurde immer unerträglicher. Es schien Ewigkeiten zu dauern, bis Dr. Tonther zurückkam.

Dann ging alles sehr schnell; undramatisch und wieder nicht effektvoll. Der wichtigste Mann der Spionageorganisation gestaltete seinen Auftritt überhaupt nicht geheimnisvoll.

Er stand plötzlich in der Tür und sagte nur: „Guten Abend." Das war alles. Hinter einem breiten Grinsen verbarg Hannibal seine große Enttäuschung.

Unser „Oberfreund" war aber trotzdem vorsichtig. Er schien keinen Wert darauf zu legen, von uns erkannt zu werden. Von seinem Standpunkt aus gesehen, war das auch vollkommen richtig. Ich hätte keinesfalls anders gehandelt.

Allerdings kam er nicht in dunkler Kapuze und geheimnisvoller Maske, diese Verkleidung wäre auch lächerlich und unpassend gewesen, sondern er trug einen schweren Schutzanzug aus grauem Plastikmaterial. Der Anzug stammte zweifellos aus den Schränken der kernphysikalischen Abteilung. Es war eine normale Schutzkleidung gegen radioaktive Strahlungen, wie sie von den Wissenschaftlern getragen wurde, wenn sie sich mit radioaktiven Stoffen oder Reaktoren beschäftigen mußten.

Unter der weiten Hose und dem plumpen, sackartigen Überwurf für den Oberkörper konnte man mit dem besten Willen nicht erkennen, welche Figur der eintretende Mann hatte. Sogar die Hände steckten in schweren Schutzhandschuhen. Das Schuhwerk war ebenfalls von dem gleichen Material bedeckt.

Über dem Kopf lag die übliche Schutzhaube mit den eingefärbten Bleigläsern, die zu einer regulären Schutzkleidung gehörte.

War das ein Physiker, der daran gewohnt war, einen derart monströsen Anzug zu tragen?

Vergeblich bemühte ich mich, wenigstens einen winzigen Teil des Gesichtes hinter dem schmalen Sichtglas der Haube zu erkennen. Der Mann hatte sich gut getarnt. Er hatte seine Verkleidung so geschickt ausgewählt, daß er überhaupt nicht lächerlich wirkte. Wäre er mit Maske aufgetreten, hätte ich bestimmt lachen müssen.

Ich bemühte mich, meine Enttäuschung zu verbergen. Der Kleine schien mit den gleichen Gefühlen zu kämpfen. Dessenungeachtet grinste ich spöttisch, so daß sich der Spionagechef anscheinend zu einigen erklärenden Worten genötigt sah.

„Ich bitte um Entschuldigung wegen der Maskerade, Mr. Liming. Das ist keineswegs ein Mißtrauensbeweis gegen Sie oder Ridgeman, aber auch ich habe meine Anweisungen zu befolgen. Meine Vorgesetzten legen keinen Wert darauf, daß ich von allen Mitarbeitern in Tanaga erkannt werde. Das verstehen Sie doch?"

Hannibal lehnte sich in seinem Sessel zurück. Ich lächelte verbindlich und grübelte über den Klang der Stimme nach, die dumpf und undeutlich unter der schweren Haube hervorgedrungen war.

Ich kam zu der Überzeugung, daß ich den Mann weder an der Figur noch an der Tonlage wiedererkennen würde.

In meinem Kopf jagten sich zahllose Gedanken. Eine Überlegung löste die andere ab. Wenn ich die Identität dieses Mannes hätte entschleiern können, hätte ich mich wahrscheinlich entschlossen, noch nicht zuzuschlagen. So aber war es vollkommen ungewiß, ob ich mit dem Chef nochmals zusammentreffen würde. Doris hatte angedeutet, daß das Auftauchen des Chefs eine Seltenheit darstellte. Wahrscheinlich trat er nur dann mit seinen Mitarbeitern in Verbindung, wenn diese erstmalig einen Auftrag zu erfüllen hatten. Vielleicht wollte er diese Leute persönlich begutachten.

Ich gab Hannibal durch eine Handbewegung zu verstehen, daß der Augenblick zum Handeln gekommen war. Ich durfte diesen Mann nicht entkommen lassen.

Hannibal und ich zögerten noch etwas. Erst wollte ich hören, was der Unbekannte zu sagen hatte. Das konnte für die restlose Aufdeckung des Spionageringes nur vorteilhaft sein.

Der Chef setzte sich schwerfällig und legte die Hände auf die Knie. Ich bemerkte, daß er mich sorgfältig musterte. Wieder klang die dumpfe Stimme auf:

„Ich freue mich, Mr. Liming, daß Sie zugesagt haben. Sie sind für mich zu einem wichtigen Mann geworden. Sind Sie mit unserer Arbeit zufrieden? Ich meine die Aufhebung der Protestnoten."

Ich verneigte mich höflich.

„Ausgezeichnet arrangiert, das muß ich zugeben, Sir. Meine Ernennung zum Chef der Vierten Wachflotille war eine Glanzleistung."

Sein Lachen hörte sich eigenartig an.

„Ich war auch überrascht, aber angenehm. Es ist für Sie nun eine Spielerei, die Nachrichten nach draußen zu bringen. Sind Sie von Dr. Elvador über den leider erforderlichen Einbruch in Ihre Wohnung informiert worden?"

Ich verheimlichte ihm gegenüber nicht meine Verärgerung über das Vorgehen der Organisation und erwiderte knapp „ja".

„Regen Sie sich darüber nicht mehr auf. Es ließ sich nicht umgehen. Die Anordnung kam von oben, nachdem ich Bericht erstattet hatte, daß Sie im Besitz von Unterlagen über den neuen Schallstrahler der Navy sind. Wenn sie brauchbar sind, wird man Ihnen drei Millionen überweisen, das wissen Sie ja bereits. Wir sind nicht kleinlich. Ein tüchtiger Mann kann immer mit unserer Hilfe rechnen, sobald er sich den Gegebenheiten entsprechend verhält und keine Dummheiten begeht. Ich denke, mit drei Millionen können Sie sehr zufrieden sein."

„Ich frage mich nur, zu welchem Zeitpunkt ich in den Genuß dieser Summe kommen soll. Sagt man nicht immer, ein Mann, der einmal als Spion gearbeitet hat, käme nie mehr davon los?"

„Das sagt man allgemein, aber es hängt von den näheren Umständen ab. Es liegt also in Ihrem eigenen Interesse, daß Sie mich niemals ohne Schutzkleidung sehen und niemals zuviel erfahren. Doch darüber sollten Sie sich jetzt keine Gedanken machen. Außerdem habe ich nicht viel Zeit. Kommen wir jetzt zu Ihrer Aufgabe."

Er hob die Rechte und gab Dr. Tonther, der hinter ihm durch die Nebentür eingetreten war, einen Wink.

Wortlos reichte der Physiker dem Unbekannten einen etwa dreißig Zentimeter langen und drei Zentimeter Durchmesser messenden Metallstab, der aus kräftigem Stahlblech bestand.

Der Chef wog ihn in der Hand.

„Mr. Liming, in diesem kleinen Behälter befinden sich Mikrofilme und Mikrotonbänder. Diese enthalten alle Ergebnisse über Tanaga, die wir bisher ermitteln konnten. Ich habe es nicht gewagt, sie einem anderen Kommandanten anzuvertrauen, da der Inhalt zu wichtig ist. Sie erhalten für den Transport die dreifache Normalgebühr, also dreihunderttausend Dollar. Auch daran können Sie erkennen, daß wir ehrlich sind. Wenn Sie mit dem Material gefaßt werden, bedeutet das Ihr Ende. Darauf mache ich Sie ausdrücklich aufmerksam. Seien Sie also besonders vorsichtig. Verbergen Sie den Stab unauffällig an Ihrem Körper, wenn Sie Ihr Boot betreten. Es wird niemand auf den Gedanken kommen, den Held des Tages zu untersuchen."

Ich nickte und blickte fasziniert auf den Metallstab, in dem sich umfangreiches Informationsmaterial befinden mußte. Stellen Sie sich einmal vor, was ein Mikrofilm alles enthalten kann!

Wenn ich den Inhalt in der Form von Papieren hätte transportieren müssen, dann hätte das einige Kisten und Koffer gefüllt.

Der Unbekannte fragte Doris Elvador nach der Uhrzeit. Anschließend erklärte er auffallend hastig:

„Meine Zeit ist begrenzt, Mr. Liming. Sorgen Sie dafür, Ridgeman, daß man den Kapitän nicht belästigt. Ist das klar verstanden worden?"

„Okay", knurrte der Kleine, der fiebernd auf mein Zeichen wartete.

„Gut, Mr. Liming, sehen Sie her. Ehe Sie den Stab über Bord werfen oder ihn durch Ihre Unterwassermüllentleerung ausstoßen, müssen Sie diesen Knopf niederdrücken."

Ich beugte mich vor. Er nestelte unbeholfen mit seinen schweren Handschuhen an dem Behälter herum. Ich vernahm einen leisen Fluch. Plötzlich zog er den linken Handschuh aus.

„Hier ..., da ist der Knopf. Sehen Sie ihn?"

Unvermittelt galt meine volle Aufmerksamkeit nur noch einer Brandwunde, die auf seinem Handballen sichtbar geworden war. Sie wies eine sternartige Form auf und war etwas bläulich verfärbt.

Wo hatte ich diese Narbe früher schon einmal gesehen? Ich wußte mit Sicherheit, daß sie mir bereits aufgefallen war, aber ich kam mit dem besten Willen nicht darauf, mit welcher Person ich sie in Zusammenhang bringen sollte. Die Wahrnehmung war wohl seinerzeit unbewußt von mir registriert worden, als ich mit dem betreffenden Mann gesprochen oder ihn flüchtig gesehen hatte. Ich war ja daran gewöhnt, auf jede Kleinigkeit zu achten.

In mir fieberte alles. Wenn ich nicht ein hartes GWA-Training absolviert hätte, hätte ich mich jetzt zumindest durch einige hastige Atemzuge verraten.

„Wenn Sie den Knopf drücken, strahlt die hier oben angebrachte Linse infrarotes Licht aus. Außerdem beginnt der eingebaute Kleinsender Peilsignale abzusetzen. Die Hülse kann von unserem wartenden U-Boot leicht entdeckt werden, denn es ist speziell dafür eingerichtet. Das ist alles, was Sie zu tun haben."

„Wo soll ich die Hülse ausschleusen? Welche Position?“

„Außerhalb der Dreimeilenzone. Genau auf 178 Grad westlicher Länge und 51 Grad nördlicher Breite. Das ist südlich der Insel, direkt über dem Aleuten-Graben. Die Daten sind leicht zu behalten. Wiederholen Sie.“

Er hatte seinen Handschuh wieder angezogen. In meinem Kopf überstürzten sich die Überlegungen. Ich dachte ununterbrochen über die sternförmige Narbe nach, doch ich kam zu keinem zufriedenstellenden Ergebnis. Während ich noch angestrengt überlegte, ob ich auf Grund dieser Tatsache unseren Gegenschlag hinauszögern sollte, knallte es dicht hinter mir.

Ich fuhr ruckartig herum und erkannte, daß dem Sergeanten meine Pistole aus dem Gürtel gerutscht und auf den Boden gefallen war.

„Sie Tölpel, passen Sie doch auf“, rief der Chef zornig.

Strubing bückte sich hastig. Seine Hände zitterten so heftig, daß er beim Ergreifen der Waffe an den Abzug kam, bei dem sich durch den Aufprall die Sicherung der durchgeladenen Pistole herumgeschoben hatte.

Ich sah das aufblitzende Mündungsfeuer. In meinen Ohren gellte der peitschende Knall der Waffe.

Im gleichen Augenblick flammte es rechts von mir auf. Die durchsichtige Plastikwand der Kabine begann zu brodeln.

Das Spezialgeschoß mit der starken Thermonital-Ladung hatte gezündet. Ein weißglühender Feuerball von zwölftausend Hitzegraden fraß sich in das sofort zerlaufende, glutflüssig zischende Material.

Das war das Ende! Entweder jetzt oder nie. In dem Augenblick mußte ich handeln! Thermonital-Geschosse hatte nur die GWA.

Ich sprang aus meinem Sessel auf und rannte zu dem Schützen hinüber. Der Sergeant taumelte geschockt zurück und lief mir direkt in die Fäuste.

Erbarmungslos schlug ich zu und stieß mit dem Knie nach. Durch den Genickschlag war er nach vorn gesunken; infolgedessen traf ich ihn mit dem Knie so hart, daß er lautlos zu Boden ging.

Alles hatte sich in wenigen Sekunden ereignet. Hannibal hatte ebenso rasch gehandelt.

Dicht neben mir hörte ich ein zischendes Geräusch. Im nächsten Sekundenbruchteil schrie ein Mensch so durchdringend, daß ich mir bei einer anderen Gelegenheit schaudernd die Ohren zugehalten hätte.

Hannibal wußte, worauf es ankam. Es ging nicht nur um den Erfolg unserer Ermittlungen, sondern auch um unser Leben. Deshalb hatte er seine Notwehrwaffe angewandt.

Der mir unbekannte Mann, den ich als Bewacher eingestuft hatte, ließ die Maschinenpistole fallen und taumelte stöhnend zurück. Die teuflische Säure zerfraß sein Gesicht.

Ich sah, daß der Mann mit dem Namen Edgar seine MP hochriß, sofort fuhr mein Fuß nach oben. Einige Schüsse peitschten auf, die aber nur noch die Decke der Kabine durchschlugen, da die schwere Waffe auf Grund meines Fußtritts durch die Luft wirbelte. Im nächsten Moment hatte ich auch diesen Mann kampfunfähig gemacht.

Unser Angriff war derart überraschend und schnell gekommen, daß die Gegner keine Zeit gehabt hatten, entsprechend zu reagieren.

Ich wollte soeben herumfahren, als ich Hannibals gellende Stimme hörte.

„Vorsicht, hinwerfen!"

Ich handelte instinktiv und fiel so hart auf den Boden, daß ich dachte, mein Kopf müßte zerspringen.

Hinter mir peitschte ein Schuß auf. Das Geschoß fuhr so dicht über mich hinweg, daß ich den heißen Luftzug verspürte.

Mit einem verzweifelten Ruck schob ich mich nach vorn. Es gelang mir, meine Pistole zu ergreifen, die dem Sergeanten entfallen war. Ich warf mich sofort herum und brachte die Waffe in Anschlag, als schon wieder ein Mensch zu schreien begann.

Doris Elvador wand sich auf dem Boden. Sie hatte den Schuß abgefeuert. Hannibal hatte deshalb von seiner Notwehrwaffe erneut Gebrauch machen müssen.

Der elektrische Stuhl wäre der Spionin ohnehin sicher gewesen, aber einen so grausamen Tod hätte ich ihr doch nicht gewünscht. Ein Mensch, der von einem solchen Säurestrahl getroffen worden war, konnte auch mit den medizinischen Mitteln des Jahres 2002 nicht mehr gerettet werden.

Ich sah mich nach dem Unbekannten um, doch sein Sessel war leer. Gleichzeitig erblickte ich Dr. Tonther, der soeben versuchte, durch die Nebentür zu flüchten.

Meine rechte Hand zuckte nach vorn; die 38er peitschte auf. Zwischen den Füßen des Physikers wallte der weißglühende Ball der abbrennenden Thermonital-Ladung auf.

„Da draußen ist er", schrie Hannibal. Ich fuhr vom Boden hoch und bemerkte die vermummte Gestalt, die eben durch die spaltweit geöffnete Bleitür entfloh.

Entweder war der Chef nicht bewaffnet gewesen oder er hatte es trotzdem vorgezogen, seine Rettung in der Flucht zu suchen.

Ich rannte wie ein Wahnsinniger im Amoklauf. Hannibal eilte dicht hinter mir her. Zusammen erreichten wir die schwere Pforte, bevor sie fest ins Schloß gleiten konnte. Ich warf mich förmlich hindurch und erblickte den Mann, der in diesem Moment durch eine andere Tür verschwand, die ebenfalls aus einer starken Bleiwand bestand.

Hinter mir stieß Hannibal einen wilden Fluch aus. Ich schoß, ohne lange zu zielen.

In der Hast hatte ich aber um wenigstens drei Meter mein Ziel verfehlt. Die Thermonital-Ladung des Geschosses flammte in der meterstarken Betonwand auf. Ehe ich nochmals abdrücken konnte, war der Vermummte entkommen. Die schwere Tür hatte sich geschlossen.

Draußen klangen einige dumpfe Schußdetonationen auf. Als ich auf den Knopf des elektrischen Öffnungsmechanismus der Pforte drückte, begriff ich, was die Schüsse zu bedeuten hatten. Das Tor bewegte sich nicht mehr. Als ich herumfuhr, um nach der anderen Tür zu sehen, bemerkte ich, daß sie sich ebenfalls geschlossen hatte.

„Er hat die Leitungen zerschossen", schrie Hannibal. Blässe überzog sein Gesicht.

Er starrte auf den Uranmeiler, der mitten im Raum stand

und von dem garantiert eine tödliche, radioaktive Strahlung ausging, denn er war noch nicht mit der Abschirmung verkleidet. Ich konnte den Graphitblock erkennen, in dem die Hohlstäbe mit dem spaltbaren Uran-Isotop U-235 eingelagert waren. Was uns aber besonders entsetzte, war die Tatsache, daß der Meiler arbeitete!

Erst jetzt fielen mir die grellroten Leuchttafeln auf. Nun hörte ich auch das Summen der Robotsteuerung, die den einwandfreien Ablauf der Kernspaltung durch die vollautomatische Regulierung der Neutronen absorbierenden Kadmiumstäbe kontrollierte.

Der Meiler mußte ein Versuchsgerät sein, das man ohne die üblichen Abschirmungen in der Felshalle aufgestellt hatte. Jetzt verstand ich auch den Zweck der starken Bleitüren! Der Raum war abgeschirmt, nicht aber der Uranmeiler.

Mein Blick fiel auf das Gitter des Wärmeaustauschers, in dem die atomar erhitzten Natriumdämpfe zirkulierten. Ich sah auch die Rohrschlangen, die in der hinteren Betonwand verschwanden. Wir erhielten die unumstößliche Gewißheit, daß der Meiler arbeitete und eine tödliche Radioaktivität aussandte. Auch der Wärmeaustauscher und die Rohrleitungen strahlten – und wir befanden uns ohne Schutzanzüge in diesem Raum!

„Raus hier", schrie Hannibal gellend. „Raus, sonst haben wir eine so hohe Dosis aufgenommen, daß wir sie nicht mehr aus dem Körper bekommen."

Zusammen begannen wir auf die Tür zu feuern, nachdem wir uns einige Meter zurückgezogen hatten.

Im Krachen unserer Schüsse hörten wir nicht, daß in dem hinter uns liegenden Raum ebenfalls Schüsse aufklangen. Wir bemerkten auch nicht, daß die in Bereitschaft stehenden Männer des Sicherheitsdienstes unter der persönlichen Führung von Kapitän Orlop in das Labor eingedrungen waren, da man die Schußdetonationen gehört hatte. Der Streifenwagen war uns nicht zufällig begegnet, als uns Doris Elvador zu dem Treffpunkt gebracht hatte.

Wir schossen weiter. Vor uns zerlief die schwere Tür in hellster Weißglut. Das Blei und der darin eingelagerte Stahl zerflossen wie Butter unter einem Schneidbrenner. Als ich meine letzten Schüsse auf die Pforte feuerte, brach sie endgültig zusammen.

Wir sprangen in wilder Verzweiflung über die geschmolzenen Metallmassen hinweg. Ich weiß heute noch nicht, wie ich diesen unvorstellbar weiten Sprung vollbringen konnte.

Hannibal schrie vor Schmerzen auf, da die Hosenbeine seiner Uniform Feuer gefangen hatten. Er wälzte sich auf dem Boden. Ich warf mich über seine Beine, um das Feuer zu erstikken. Nachdem meine Bemühungen erfolgreich gewesen waren, rief ich ihm zu:

„Bleib hier, ich folge ihm."

Während ich weitersprang, sah ich, daß er mir trotzdem folgte. Er mußte qualvolle Schmerzen haben, doch ich hörte keinen Laut. Als wir um eine Biegung des schmalen Stollens herumrannten, tauchten vor uns einige Männer des Sicherheitsdienstes auf. An ihrer Spitze befand sich Kapitän Orlop. Wenn ich nicht rechtzeitig gerufen hätte, wäre ich von ihm beinahe erschossen worden.

„Um Himmels willen, wo kommen Sie her?" schrie er entsetzt. „Doch nicht aus dem Raum mit dem Versuchsmeiler? Wir hörten zahlreiche Schüsse; deshalb umgingen wir die Testanlage."

„Leider blieb uns keine andere Wahl. Der Bursche floh bei der Verfolgung durch dieses Labor. Wir mußten die Tür erst aufschmelzen, ehe wir hinaus konnten. Stellen Sie jetzt keine Fragen, das hat Zeit. Strahlung haben wir ohnehin aufgenommen. Er jedoch nicht, denn er trug einen Schutzanzug. Haben Sie diesen Mann nicht gesehen? Er kann sich doch nicht in Luft aufgelöst haben. Es war der Chef der Organisation."

„Ich weiß", keuchte er. „Ein Mann, den Sie niedergeschlagen haben, hat es ausgesagt. Wir haben sie alle gefaßt. Dr. Tonther ist besinnungslos. Er hat keine Beine mehr."

„Wohin führt dieser Stollen?" fragte Hannibal und deutete auf den etwas breiteren Felsgang, in dem wir herausgekommen waren.

„Da habe ich vor fünf Minuten einen Wagen abfahren sehen, Sir", rief ein Soldat diensteifrig. „Er ist in Richtung Nordschleusen gefahren."

„Das war er", tobte ich außer mir. „Welche Schleusen liegen dort?"

„Nur eine kleine Schleuse für Zwei-Mann-Boote. Die Großschleusen sind noch im Bau", erklärte Orlop.

Augenblicke später saßen wir in einem Dienstwagen. Der Fahrer raste mit einer solchen Geschwindigkeit durch die gewundenen Stollen und Serpentinen, daß mir bald übel wurde. Neben mir begann Hannibal zu stöhnen. Die Schmerzen schienen sich jetzt erst richtig bemerkbar zu machen.

Es dauerte etwa zehn Minuten, bis wir die Schaltzentrale der kleinen Schleuse erreichten. Hier schien große Aufregung zu herrschen.

Unser Wagen hielt mit kreischenden Reifen. Ich brüllte einem nervös umherlaufenden Offizier zu:

„Was ist los? Ist hier vor fünf bis zehn Minuten ein Mann angekommen?"

Er schien verblüfft zu sein.

„Aye, aye, Sir. Vor etwa zehn Minuten."

„Wer war es? Mensch, so reden Sie schon, wer war es?" herrschte ich den Offizier an.

„Admiral Porter, Sir. Er verlangte sofort ein Zwei-Mann-Boot, da draußen sein persönliches Erscheinen erforderlich sei. Er hatte es so eilig, daß er mir nicht einmal die üblichen Papiere unterschrieben hat."

Grenzenlose Wut stieg in mir hoch. Plötzlich wußte ich, an wessen Hand ich die sternförmige Narbe gesehen hatte. Porter – Admiral Porter, militärischer Chef von Tanaga, war der Mann, den ich so fieberhaft suchte! Es war der Mann, der sozusagen an der Quelle saß, denn ihm wurden die geheimsten Pläne zur Kenntnisnahme vorgelegt. Damit hätte ich niemals gerechnet.

„Ist er schon aus der Schleuse?" schrie ich und rannte, ohne die Antwort abzuwarten, in die Schaltzentrale hinein, in der die Unterwasserbildschirme arbeiteten.

Ich sah die offenen Tore der gefluteten Halle und bemerkte

auch das kleine Zwei-Mann-Boot, das mit wallender Strahldüse hinausschoß.

„Klar bei Unterwasserabwehr", rief ich und eilte an die Schalter, mit denen die Abwehrwaffen in unmittelbarer Nähe der Insel bedient werden konnten.

„Halten Sie sich zurück!" befahl Kapitän Orlop hinter mir und hielt den leichenblassen Offizier fest, der mich an den Schaltungen hindern wollte.

Ich kippte sämtliche Schalter nach unten. Im gleichen Augenblick brach draußen die Hölle los.

Es waren die schweren Wasserbomben, die entlang der einzig möglichen Schleusenzufahrt auf dem Grund verankert waren. Obwohl es sich um keine atomaren Explosionen handelte, war die Druckwelle so gewaltig, daß die Schleusentore aus den Schienen gerissen wurden. Es war ein Wunder, daß die inneren Schotte hielten, die uns von den Wassermassen des Meeres trennten.

Auf den Kontrollbildschirmen der Außenbeobachtung sah ich, wie der schlanke Torpedokörper des Bootes mit furchtbarer Gewalt gegen eine unterseeische Felswand geschleudert wurde und zerschellte. Zusammen mit den Druckwellen wurden die Überreste nach oben gewirbelt, wo sie nochmals mit anderen Hindernissen kollidierten.

Das war das Ende für Admiral Porter; darüber konnte es keine Zweifel geben. Langsam drehte ich mich um – und blickte in die entsetzten Augen der Soldaten. Für ihre Begriffe hatte ich soeben einen Admiral ermordet. In diesen Minuten war es für mich eine Beruhigung zu wissen, daß der Chef des Sicherheitsdienstes in der Nähe war.

„Sehen Sie mich nicht so drohend an", wandte ich mich an den jungen Kapitänleutnant, der als diensthabender Schaltoffizier der Schleuse fungierte. „Admiral Porter war das Oberhaupt einer Spionagebande, die im Stützpunkt ihr Unwesen trieb. Sichern Sie mit Ihren Leuten die Schleuse. Es kommt mir hier niemand durch. Ist das klar?"

Unsicher sah der Mann auf den Sicherheitschef, der zornig einwarf:

„Richten Sie sich gefälligst nach den Befehlen, die Sie erhalten haben, und sehen Sie nicht zweifelnd in der Gegend herum."

„Jawohl, Sir", entgegnete der Mann und gab sofort die erforderlichen Kommandos.

Kapitän Orlop hatte bereits das Funksprechgerät in der Hand. Im gleichen Augenblick schlugen seine Soldaten los. Sie befanden sich schon vor dem Hauptquartier und hatten außerdem sämtliche Schlüsselpositionen des Stützpunktes besetzt.

Als wir nach rasender Fahrt in dem riesigen Felsdom ankamen, wimmelte die unterirdische Stadt von Soldaten des Sicherheitsdienstes. Die Stabsoffiziere waren in der großen Empfangshalle versammelt. Als wir eintraten, begannen in den Diensträumen des Admirals die Thermonital-Ladungen zu zischen, mit denen die beiden Mammuttresore aufgeschmolzen wurden, über deren Zahlenkombinationen nur Porter informiert gewesen war.

Es dauerte eine halbe Stunde, bis die Panzertüren aus molekularverdichtetem Edelstahl aufgeschmolzen waren und wir eintreten konnten.

Es war so, wie ich es erwartet hatte. Porter hatte die Frechheit besessen, sämtliche Unterlagen, ohne die er nicht hatte auskommen können, in den Tresoren aufzubewahren.

Anschließend wurden zahlreiche Verhaftungen vorgenommen. Wir räumten so gründlich auf, daß uns kein Mann entging, der mit der Organisation in Verbindung gestanden hatte. Stabsoffizier Lewrik, den ich so verdächtigt hatte, gehörte nicht zu der Spionageorganisation.

Funksprüche wurden mit Washington gewechselt. Ich sprach direkt mit dem GWA-Chef. General Reling ordnete die sofortige Verhaftung des U-Boot-Kommandanten Wilson an, der die Nachricht zur Zurücknahme der Noten übermittelt hatte.

Dann wurden Hannibal und ich in die Klinik des Stützpunktes eingeliefert.

In der Stimme des Chefarztes schwang Verärgerung mit, als er uns mit den Worten empfing:

„Es wird aber langsam Zeit, daß Sie kommen! Sie wollen wohl unbedingt eine so starke Veränderung Ihres Knochenmarks erleiden, daß wir Ihnen nicht mehr helfen können, wie?“

Wir erhielten sofort unsere Absorberinjektionen, die man seit fünf Jahren kannte und so vervollkommnet hatte, daß man Strahlschäden heilen konnte, sobald die aufgenommene Strahlendosis nicht dreihundertfünfzig Röntgeneinheiten überstieg. Die medizinische Behandlung erfolgte bei uns gerade noch rechtzeitig.

Hannibal lag neben mir. Sein Stöhnen verstummte erst, als ihm die Ärzte schmerzstillende Medikamente injizierten.

Nach zwei Stunden suchte uns Sicherheitschef Orlop auf. Sein Gesicht drückte Zufriedenheit aus. Er schickte die Schwester hinaus und rückte seinen Stuhl zwischen unsere Betten.

Ich richtete mich etwas auf und fragte erregt:

„Nun, haben Sie das Wrack endlich finden können?“

Er lächelte, griff in seine Aktentasche und zeigte mir den leicht deformierten Metallstab.

„Wir haben es gefunden. Porter sieht nicht sehr schön aus; das Boot noch weniger. Es gleicht einem flachgedrückten Hering und lag zwischen zwei scharfkantigen Klippen. Ich gratuliere, Sir. Wir haben alle Mitglieder der Organisation gefaßt. Ich soll Ihnen Glückwünsche von Ihrem Chef ausrichten. Damit hier niemand Verdacht schöpft, daß Sie kein Offizier der Navy sind, werden Sie durch einen Befehl aus Washington offiziell abgelöst und zum Kommodore befördert. Außer mir weiß niemand, daß Sie ein Captain der Geheimen-Wissenschaftlichen-Abwehr sind.“

„Schon wieder eine Ablösung“, jammerte der Zwerg, dessen Beine mit lebender Gewebeplastik umgeben waren.

„Sie müssen sich noch einer Frischzellenkur unterziehen, Sir“, fuhr Orlop besorgt fort. „Sie haben eine erhebliche Strahlendosis aufgenommen. Werden Sie übrigens feststellen können, was Admiral Porter dazu verleitete, zum Landesverräter zu werden?“

„Wir werden es versuchen“, erwiderte ich matt. „Er war

jedenfalls der geschickteste Agent, den ich bisher erlebt habe. Sie hätten einmal hören müssen, wie er mich unter dem Mäntelchen ehrlicher Anteilnahme für sich einzunehmen versuchte. Wie er strahlte, als er mir seine Glückwünsche aussprach. Schade um den Mann."

„Gar nicht schade", sagte Hannibal rauh. „Wenn die Unterlagen in dem Behälter durchgekommen wären, hätten wir hier allerhand erlebt. Menschen, die wie er handeln, werde ich immer rücksichtslos bekämpfen. Mein Wort darauf."

Das glaubte ich ihm ohne Einschränkung, denn schließlich waren wir beide Beamte der GWA.

„Kommandosache HC-9 ist damit erledigt", erklärte Orlop, während er sich erhob. „Ansonsten, Sir, werde ich vergessen, was ich von Ihnen erfahren habe."

„Danke, Orlop", murmelte ich und winkte ihm nach. Er gehörte zu den Männern, auf die man sich verlassen konnte.

Als Elis Teefer den Kopf zur Tür hereinsteckte, war alles gut. Ihr Lächeln verriet mir, daß sie nicht nur eine kühle Agentin, sondern auch eine gefühlsbetonte Frau sein konnte.

„Übermorgen fahren wir", sagte sie leise. „Übermorgen."

„Ja ... und dann kommt der nächste Einsatz", grinste der Zwerg, der schon wieder übermütig wurde und seinen skurrilen Humor zurückgewonnen hatte.